東洋古典譯註叢書 108

譯註 孔子家語 1

句解 王廣謀
책임번역 許敬震
공동번역 具智賢 崔二浩

전통문화연구회

東洋古典譯註叢書를 발간하면서

　우리의 古典國譯事業은 민족문화 진흥의 기초사업으로 1960년대부터 政府 支援으로 古文獻 現代化 작업을 추진하여 많은 成果를 거두었다. 당시 이 사업 추진의 先行課題로 東洋古典이라 일컬어지는 중국의 基本古典을 먼저 飜譯하여야 한다는 學界의 주장이 있었음에도 불구하고 우리 고전이 아니라는 일부의 偏狹한 視角과 財政 事情 등으로 인하여 배제되어 왔다.

　전통적으로 중국의 기본고전은 우리 歷史와 함께 숨쉬며 각종 교육기관의 敎科書로 활용됨은 물론이고 지식인들의 必讀書가 되어 왔으며, 우리 文化의 基底에 자리잡고 거의 모든 방면의 體系와 根幹을 형성하여 왔다. 그래서 학문연구의 기본서 역할을 해 왔을 뿐만 아니라 오늘날에도 우리의 國學徒 및 東洋學 硏究者들에게 같은 역할을 하고 있음은 주지의 사실이다. 그럼에도 불구하고 中國古典은 우리 것이 아니라 하여 專門機關의 飜譯對象에 포함하지 않음으로써, 대부분 原典에서의 직접 번역이 아닌 重譯이나 拔萃譯의 방식이 주를 이루면서 敎養水準으로 出版되어 왔다.

　오늘날 東洋 三國 중에서 우리의 東洋學 연구가 가장 부진한 이유는, 東洋基本古典에 대한 폭넓은 이해의 부족과 漢文古典 讀解力의 저하에 기인함을 우리는 솔직히 인정하여야 한다. 따라서 이들 중국고전에 대한 신뢰할 만한 國譯이 이루어지는 것이 한국학 연구를 촉진시키는 시급한 先行課題라 할 수 있다.

　이에 韓國學 및 東洋學의 연구와 古典現代化의 基盤構築을 위해서는, 전문기관으로 하여금 동양고전을 단기간에 각 분야의 專門 硏究者와 漢學者가 상호 협동하여 연구번역하여 飜譯의 傳統性과 效率性, 硏究의 專門性을 높일 수 있도록 政策的 配慮가 있어야 한다.

  이에 本會에서는 元老 및 中堅 漢學者와 斯界의 專攻者로 하여금 協同硏究飜譯하여 공부하는 사람들이 믿고 引用하거나 깊이 있는 註釋 등을 활용할 수 있게 하고, 知識人들의 敎養을 증진시켜 줄 수 있는 東洋古典의 國譯書 간행을 지속적으로 추진해 왔다. 근래에 다행히 이 사업에 대하여 각계 지도층의 폭넓은 이해와 지원에 힘입어 2001년도부터 國庫補助를 받아 東洋古典譯註叢書를 간행하게 되었다. 이를 계기로 우리 先學의 註釋과 見解를 반영하는 등 국역사업의 內實을 기하게 되었음을 이 자리를 빌어 衷心으로 감사드리며, 아울러 國譯에 參與하신 관계자 여러분의 勞苦에 깊은 謝意를 표한다.

  끝으로 우리의 이러한 작업은 오랜 역사 위에 축적된 先賢들의 業績과 現代學問을 이어주는 튼튼한 架橋와 礎石이 되어 진정한 韓國學과 東洋學 발전에 기여할 것을 굳게 믿으며, 21세기를 우리 文化의 世紀로 열어 가는 밑거름이 되도록 우리의 力量을 本 事業에 경주하고자 한다. 江湖諸賢의 부단한 관심과 지원을 기대해 마지않는다.

                                        社團法人 傳統文化硏究會 會長 李啓晃

解 題

具智賢 *)

1. ≪孔子家語≫의 가치

≪孔子家語≫는 孔子와 孔子 제자의 思想과 言行을 기록해 놓은 책이다. ≪孔子家語≫에 대해 가장 처음 언급한 기록은 ≪漢書≫〈藝文志〉에 보이는데, "凡論語十二家 二百二十九篇" 가운데 "孔子家語二十七卷"이 포함되어 있다. 이에 대해 顔師古(581~645)는 "지금 전해지는 ≪공자가어≫가 아니다.〔非今所有家語〕"라고 하여, 그가 살던 初唐 때 유전하던 ≪孔子家語≫와는 다르다고 주를 달았다.

안사고가 언급한 ≪孔子家語≫가 어떤 본인지는 확실치 않다. 그런데 ≪隋書≫〈經籍志〉에 "≪공자가어≫ 21권 王肅 解. 梁나라에 ≪當家語≫ 2권이 있었는데 魏나라 박사 장융이 지은 것으로 지금은 逸失되었다.〔孔子家語二十一卷王肅解 梁有當家語二卷 魏博士張融撰 亡〕"라는 구절

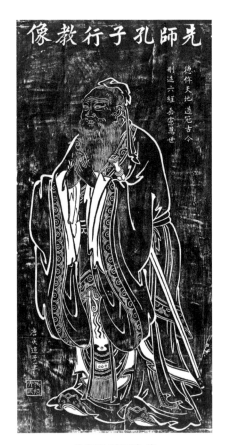

先師孔子行教像

*) 鮮文大學校 國語國文學科 敎授

이 나오고, ≪舊唐書≫〈經籍志〉에 "孔子家語十卷王肅注"라고 하였으며, ≪新唐書≫〈藝文志〉에 "왕숙이 ≪논어≫ 10권을 주해하였고 또 ≪공자가어≫ 10권을 주해하였다.〔王肅注論語十卷 又注孔子家語十卷〕"라는 구절이 보인다. 隋唐 시대에 유행하였던 ≪공자가어≫는 王肅(195~256)의 주해본이었던 것으로 추정된다.

이러한 문헌상의 기록을 종합해보면 兩漢에서 唐과 五代에 이르기까지 ≪孔子家語≫는 27권본과 21권본, 10권본 등이 전해졌고, 그 가운데 21권본과 10권본은 왕숙의 주해본이었던 것으로 짐작된다.1) 또한 宋代에 출현한 목록서에서 ≪孔子家語≫의 서목은 쉽게 찾을 수 있는데, 대부분 왕숙의 주해본이다. 따라서 송대에 流傳된 ≪공자가어≫는 모두 10권의 왕숙 주해본이라 할 수 있다.2)

宋의 유학자들은 漢代의 ≪孔子家語≫가 이미 逸失되었다고 보았다. 왕숙과 비슷한 시대를 살았던 馬昭는 ≪禮記≫〈樂記〉의 疏 가운데 "≪공자가어≫는 왕숙이 덧붙인 것으로, 정현이 본 것이 아니다.〔孔子家語王肅所增加 非鄭所見〕"라고 설명하였는데, 이 구절은 안사고의 주와 함께 이 시기 왕숙의 주해본이 僞書일 것이라는 추정의 근거가 되었다. 이로 인해, ≪공자가어≫는 오랜 세월 僞書 논란으로 인해 신빙성에 의심을 받아오기도 하였다.

≪공자가어≫의 위서설을 제일 먼저 주장했던 유학자는 王柏(1197~1274)이다. 그는 〈家語考〉에 다음과 같이 기록하였다.

> 지금의 ≪孔子家語≫ 10권은 모두 44편이다. 내 생각에 王肅이 ≪左傳≫, ≪國語≫, ≪荀子≫, ≪孟子≫, 二戴(≪大戴禮記≫와 ≪小戴禮記≫)의 잉여에서 마구 취해서 精粗를 섞고 전후를 잘라내어 편집해 만들고서 孔安國의 이름을 가탁한 것이고 孔衍의 서문 역시 왕숙이 스스로 지은 것이다.3)

---

1) 姜贊洙,〈중국본 ≪孔子家語≫의 국내 수용과 간행 양상〉, ≪中國文學研究≫ 35집, 한국중문학회, 2007, 1~22면.
2) 姜贊洙, 전게 논문.
3) 王柏, ≪魯齋集≫ 卷9〈家語考〉. "今之家語十卷 凡四十有四篇 意王肅雜取左傳國語荀孟二戴之緖餘 混亂精粗 割裂前後 織而成之 托以安國之名 孔衍之序 亦王肅自爲也"

왕백은 朱熹(1130~1200)의 ≪中庸章句≫를 읽으면서 ≪孔子家語≫와 ≪中庸≫을 비교할 때 '有缺有衍'이 있음을 발견하고 회의가 생겨났으며, 朱熹의 ≪孔子家語≫에 대한 입장에도 의문이 생겨났다고 한다. 朱熹는 ≪孔子家語≫에 대해서 오히려 "기록이 불순하더라도 당시의 책이다.〔雖記得不純 却是當時書〕", "책에 흠이 많더라도 왕숙이 지은 것은 아니다.〔其書雖多疵 然非肅所作〕"라고 평가하였기 때문이다.[4] 비슷한 시기 陳振孫(1179~1262)은 다음과 같은 의견을 내놓았다.

> ≪孔子家語≫ 10권은 孔子 22세손 孔猛이 전한 것인데, 魏나라 散騎常侍 王肅이 주를 냈다. 왕숙은 鄭玄(127~200)의 학문을 배척하였다. 孔猛이 왕숙에게 배운 적이 있어 왕숙이 공맹에게 이 책을 얻었다. 왕숙이 논한 바와 합치하는 것이 많아, 이 책을 따라 논증하여 마침내 세상에 유행하게 되었다. 박사 공안국이 벽 속에서 얻은 책이라고 하나 꼭 그렇다고는 할 수 없다. 책에 실린 것이 대부분 ≪春秋左氏傳≫과 ≪大戴禮記≫ 등의 책에 이미 보이는 것이라고 한다.[5]

陳振孫은 僞書라고 보지는 않았지만 ≪공자가어≫를 왕숙이 내어놓은 목적이 鄭玄을 반대하는 데 있었고, 孔安國에게서 연원하였다는 설은 거짓이라고 보고 있다.

이렇게 시작된 僞書說은 淸代까지 맹위를 떨쳤다. 孫志祖(1737~1801)의 ≪家語疏證≫, 範家相의 ≪家語證僞≫, 姚際恒의 ≪古今僞書考≫ 등 왕숙이 거짓으로 만들었다고 주장하는 학자의 논증이 '疑古思潮', 즉 考證學의 영향 하에 광범위하게 이루어졌다. 陳士珂의 ≪孔子家語疏證≫처럼 위서가 아니라고 주장하거나 錢馥의 〈家語疏證跋〉처럼 왕숙이 增減하였다는 설 역시 존재하였으나, 僞書說은 근대까지 뿌리 깊게 이어졌다. 顧頡剛(1893~1980)은 中山大學 시절 편찬한 ≪孔子研究講義≫에서 僞書說을 주장하는 논증만

---

4) 楊朝明,〈≪孔子家語≫的成書與可靠性研究〉,≪學術季刊≫ 26권 제1기, 臺灣故宮博物院, 2008년 가을.
5) 陳振孫,≪直齋書錄解題≫ 卷9〈儒家類〉. "孔子家語十卷 孔子二十二世孫猛所傳 魏散騎常侍 王肅爲之注 肅闢鄭學 猛嘗受學於肅 肅從猛得此書 與肅所論多合 從而證之 遂行於世 云博士 安國所得壁中書也 亦未必然 其間所載 多已見左氏傳大戴禮諸書云"

을 다루며, "취할 만한 어떤 가치도 없다.〔却無任何取信之價値〕"고까지 말할 정도였다.

《孔子家語》가 僞書라는 것이 거의 定說로 굳어져 가는 듯하였으나, 현대에 와서 새로운 전기가 마련되었다.6) 1973년 중국 河北省 定縣 八角廊 40호 漢墓에서 다량의 竹簡이 출토되어 80년대에 정리가 되었다. 8종의 古籍 가운데 《儒家者言》이라고 명명된 자료는 李學勤의 연구에 따라 '竹簡《家語》'라고 일컬어질 정도로 《孔子家語》와 유사한형태를 취하고 있었다.7)

1977년 安徽省 阜陽雙古堆 1號 漢墓에서 이른바 '阜陽漢簡'이 발굴되었는데, 西漢 때유물로서 1호 木簡이 《孔子家語》와 밀접한 내용으로 이루어져 있었다. 같은 시기 공개된 上海博物館 소장의 竹簡과 영국의 燉煌 寫本 《孔子家語》의 존재는 《孔子家語》의實傳에 대한 강한 확신을 주는 것이었다. 출토자료에 기반한 연구를 통해 《孔子家語》는 漢魏 시기 공씨 집안에서 이루어진 책으로서 유전되어 내려오던 것을 왕숙이 정리한것으로 결론이 지어졌다.

그러나 이러한 僞書說의 난립과 상관없이 《孔子家語》의 가치는 어느 시대에나 인정받아왔다. 주희는 《中庸章句》에서 "《공자가어》에도 이 장이 실려 있는데, 그 문장이 더욱상세하다.〔孔子家語亦載此章 而其文尤詳〕", "'博學之' 이하는 《공자가어》에 없으니 〈《공자가어》에〉 궐문이 있는 것이거나 〈《중용》에〉 자사가 보충한 것이 아닌가 한다.〔博學之以下 家語無之 意彼有闕文 抑此或子思所補也歟〕"라는 등의 주를 달아, 《공자가어》를 《중용》과 상보적인 문헌으로 활용하는 모습을 보였다. 같은 시기 葉適(1150~1223)은 다음과 같이 평가하였다.

《공자가어》 44편은 비록 孔安國이 撰次하였을지라도 〈後序〉를 살펴보면 실로 공씨의 제자들이 옛날에 모아 기록한 것이다. 《論語》, 《孝經》과 같은 시대이다. 正實하여 사실에 입각한 것을 취하여 따로 《論語》를 만들었고, 나머지는모두 모아 기록하여 《孔子家語》라 이름한 것이다.8)

---

6) 霍婉雯, 〈《孔子家語》及王肅注研究〉, 香港中文大學 碩士論文, 2008.
7) 李學勤, 〈竹簡《家語》與漢魏孔氏家學〉, 《孔子研究》 1987年 2期, 60~66면.
8) 葉適, 《習學記言》 卷17 〈孔子家語〉. "孔子家語四十四篇 雖安國撰次 按後序 實孔氏諸弟

위 인용문에 보듯 孔子의 언행을 기록한 책으로 ≪論語≫와 ≪孔子家語≫를 함께 들면서 동시대에 출현한 것으로 추정한다. 비록 ≪논어≫ 쪽이 "正實而切事"하다고 인정하고는 있으나 ≪공자가어≫ 역시 공자에 관한 주요한 문헌으로 다루고 있는 것이다.

僞書 여부에 상관없이 ≪孔子家語≫를 주요한 문헌으로 다루는 것은 청대까지 계속되었다. 다음은 ≪四庫全書總目≫에 나오는 ≪孔子家語≫에 대한 설명이다.

반복해서 고증해보면 왕숙의 손에서 나온 것이 분명하나, 다만 유전된 지 이미 오래되었고 遺文과 軼事가 왕왕 그 가운데 많이 발견되므로 唐代 이래로 僞書임을 알면서도 없애지 못하였다. 책이 明代에 이르러서는 전해지는 본이 매우 드물었기 때문에 何孟春이 ≪공자가어≫를 注解한 곳에서는 왕숙본을 보지 못하였다고 自述하였다. 王鏊의 ≪震澤長語≫에 역시 ≪공자가어≫를 일컬어 수本은 근세 용렬한 이들이 산삭한 것이고 오직 왕숙의 주만이 금본에 없는 것이 많이 갖추어져 있다고 하였으니 역시 겨우 본 것이다. 明代에 전한 것은 모두 2개의 본인데, 閩의 徐𤊹家本은 20여 장이 결락되어 있고, 海虞의 毛晉家本은 조금 다르나 처음부터 끝까지 완전하였다. 지금 徐𤊹家本은 전하는지 아닌지 알 수 없다. 이 본은 모진이 校刊한 것이니 방각본과 비교하여 오히려 옛것에 가깝다.9)

≪四庫全書≫를 정리한 館臣 또한 ≪孔子家語≫를 僞書라고 여기고 있다. 그러나 遺文과 軼事가 많이 보이는 내용의 풍부성 때문에 여전히 유전되어 왔다고 설명하였다. 위 기술에 따르면 明代에 이르러 상당히 다양한 주해본이 민간에 유포되었음을 짐작할 수 있다. 何孟春(1474~1536)과 王鏊(1450~1524)의 기술을 근거로, 王肅 주해본이 희귀하면서도 善本이라는 점을 지적하고 있다.

子舊所集錄 與論語孝經竝時 取其正實而切事者 別爲論語 其餘則都集錄之 名曰孔子家語"
9) ≪欽定四庫全書總目≫ 卷91 〈儒家類·孔子家語〉. "反覆考證 其出於肅手無疑 特其流傳旣久 且遺文軼事 往往多見於其中 故自唐以來 知其僞而不能廢也 其書至明代傳本頗稀 故何孟春所註家語 自云未見王肅本 王鏊震澤長語亦稱家語 今本爲近世妄庸所刪削 惟有王肅註者 今本所無多具焉 則亦僅見之也 明代所傳 凡二本 閩徐𤊹家本中缺二十餘頁 海虞毛晉家本 稍異而首尾完全 今徐本不知存佚 此本則毛晉所校刊 較之坊刻 猶爲近古者矣"

이상의 내용을 살펴보면, 현재 ≪공자가어≫는 위서가 아님이 증명되었으며 내용상으로도 공자에 관해 ≪논어≫에 못지않은 풍부성과 원시자료를 담고 있는 문헌이라고 할 수 있다.

2. ≪孔子家語≫의 板本과 流傳

宋代 이전의 ≪孔子家語≫는 각종 문헌에서 자취를 찾아볼 수 있을 뿐 완본을 찾기는 어렵다. 가장 오래된 ≪孔子家語≫는 필사본인 燉煌本으로, 英國博物館에 소장된 '斯一八九一'호이다. 모두 73행이 남아 있는데, 今本의 〈郊問〉과 〈五刑解〉에 해당되며, 〈郊問〉의 篇末 12행과 〈五刑解〉 전부로 구성되어 있다.10)

또 하나의 본은 唐 太宗 때 편찬한 것으로 알려진 ≪群書治要≫에 실린 ≪孔子家語≫이다. 이 책은 중국에서는 失傳되었으나, 일본 金澤文庫에 전해지다가 현재는 宮內廳 書陵部에 소장되어 있는데 이를 저본으로 江戶時代에 세 차례 간행된 바 있다. 이 역시 완본이 아니라, 〈始誅〉·〈王言〉·〈大婚〉·〈問禮〉·〈五儀〉·〈致思〉·〈三恕〉·〈好生〉·〈觀周〉·〈賢君〉·〈辨政〉·〈六本〉·〈哀公問政〉·〈顔回〉·〈困誓〉·〈執轡〉·〈五刑〉·〈刑政〉·〈問玉〉·〈屈節〉·〈正論〉·〈子夏問〉만을 초록한 것이다.

이 두 본은 완본은 아니더라도 篇目과 順序를 대조해보면 王肅本과 거의 같다. 이를 통해 魏晉 이전에 이미 ≪孔子家語≫의 내용과 편목이 정해졌음을 짐작할 수 있는11) 한편 王肅本이 僞書가 아닌 증거가 되기도 한다.

宋代의 목록을 살펴보면, 王堯臣 등의 ≪崇文總目輯釋≫에 "孔子家語十卷 東垣按孔子二十二世孫猛所傳 王肅注 卽王肅依託也 今本二十一卷", 晁公武의 ≪群齋讀書志≫에 "孔子家語十卷……右魏王肅序 注凡四十四篇", 陳騤 등이 지은 ≪中興館閣書目≫에 "家語十卷 王肅

---

10) 王重民, ≪敦煌古籍敍錄≫, 中華書局, 1979, 146면.
11) 金鎬, 〈孔子家語版本源流考略〉, ≪故宮學術季刊≫ 第20卷 2期, 故宮博物院, 2002, 165~201면.

注", 尤袤의 ≪遂初堂書目≫에 "孔子家語", 陳振孫의 ≪直齋書錄解題≫에 "孔子家語十卷……魏散騎常侍王肅爲之注"라고 한 기록들을 찾아볼 수 있다. 이러한 기록은 宋代에 통용되던 ≪孔子家語≫가 王肅이 주해한 10권본이라는 사실을 짐작하게 한다.12)

실제 板本에 관련된 기록은 陳造(1133~1203)의 ≪江湖長翁集≫ 권31 〈題家語〉에 "이 蜀本은 종이가 훌륭하고 글자가 크다. 制置使 袁公이 하사한 것인데 48년 동안 잃어버렸다가 지금에야 찾아서 가지고 있다.〔此蜀本 紙佳字大 蓋制置袁公所賜 去眼四十有八年 迺今得而有之〕"라고 한 것과 ≪景定建康志≫ 권33 〈文籍志〉에 "≪孔子家語≫에 監本과 建本이 있다.〔孔子家語 監本建本〕"라고 한 것이 있다. 이것을 미루어 宋代에 板刻한 ≪孔子家語≫는 蜀本(四川 간행본), 監本(國子監 간행본), 建本(建陽書房 간행본)의 3종이 있었음을 알 수 있다. 그러나 影宋蜀大字本(모각본)만이 전할 뿐 나머지 두 종의 판본은 전하지 않아 상세한 내용을 알 수 없다.13)

元代의 書目에서 달라진 점은 王肅 注本 외에 王廣謨 注本이 등장하기 시작하였다는 점이다. 이 시기의 간본은 4종으로 정리할 수 있다.14)

첫째, ≪新編孔子家語句解≫ 10권 1책이다. 현재 중국 國家圖書館에 소장되어 있으며, 至正 27년(1367)에 간행된 劉祥卿家 刻本이다. 권1 1행에 "新編孔子家語句解卷之一", 2행에 "並依王肅註義詳爲句解"라고 되어 있어, 본래 王肅의 注本을 기초로 하여 劉祥卿이 더 상세한 주석을 달았다는 사실을 밝히고 있다. 권1에 〈相魯〉·〈始誅〉·〈王言解〉·〈大婚解〉·〈儒行解〉·〈問禮〉·〈五儀解〉, 권2에 〈致思〉·〈三恕〉·〈好生〉, 권3에 〈觀周〉·〈弟子行〉·〈賢君〉·〈辯政〉, 권4에 〈六本〉·〈辯物〉·〈哀公問政〉, 권5에 〈顔回〉·〈子路初見〉·〈在厄〉·〈入官〉·〈困誓〉, 권6에 〈五帝德〉·〈五帝〉·〈執轡〉·〈本命解〉·〈論禮〉, 권7에 〈觀鄕射〉·〈郊問〉·〈五刑解〉·〈刑政〉, 권8에 〈禮運〉·〈冠頌解〉·〈廟制解〉·〈辯樂〉·〈問玉〉·〈屈節解〉, 권9에 〈七十二弟子解〉·〈本姓解〉·〈終記解〉·〈正論解〉, 권10에 〈曲禮子貢問〉·〈曲禮子貢問〉·〈曲禮公西赤問〉이 실려 있다. 기본적으로는 王肅 注本과 같은 계열로 분

---

12) 김호, 〈辨章學術, 考鏡源流：目錄과 學術思想의 관계 - ≪孔子家語≫를 중심으로〉, ≪중국어문논역총간≫ 31, 중국어문논역학회, 2012, 35~57면.

13) 金鎬, 〈孔子家語版本源流考略〉, ≪故宮學術季刊≫ 第20卷 2期, 故宮博物院, 2002.

14) 이하 간본의 종류에 관한 것은 金鎬의 전게 논문을 참조하였다.

류될 수 있을 것이다.

둘째, ≪標題句解孔子家語≫ 3권 4책이다. 元나라 王廣謨가 지은 것으로 泰定 元年(1324) 蒼巖書院 刊本이다. 元代의 官刻은 그 지방의 서원에서 담당하는 경우가 많았는데 蒼巖書院 역시 유명한 서원 가운데 하나였다. 이 판본의 선본으로 慶長 4년(1599) 일본에서 간행한 古活字本이 현전하는데, 德川家康의 명에 따라 京都 伏見円光寺에서 출판한 伏見版이다. 목록에는 권1에 〈相魯〉·〈始誅〉·〈王言解〉·〈大婚解〉·〈儒行解〉·〈問禮〉·〈五儀解〉, 권2에 〈致思〉·〈三恕〉·〈好生〉·〈觀周〉·〈弟子行〉·〈賢君〉, 권3에 〈辯政〉·〈六本〉·〈辯物〉·〈哀公問政〉·〈顔回〉·〈子路初見〉·〈在厄〉, 권4에 〈入官〉·〈困誓〉·〈五帝德〉·〈五帝〉·〈執轡〉·〈本命解〉·〈論禮〉, 권5에 〈觀鄕射〉·〈郊問〉·〈五刑解〉·〈刑政〉·〈禮運〉·〈冠頌解〉·〈廟制解〉·〈辯樂〉·〈問玉〉, 권6에 〈屈節解〉·〈七十二弟子解〉·〈本姓解〉·〈終記解〉·〈正論解〉·〈曲禮子貢問〉·〈曲禮子夏問〉·〈曲禮公西赤問〉이라고 되어 있으나, 실제 본문은 권상에 〈辯政〉까지, 권중에 〈刑政〉까지 분권되어, 상중하 3권으로 되어 있다. 그리고 1책의 부록이 더 있는데, 〈後序〉와 ≪新刊素王事記≫, ≪聖朝通制孔子廟祀≫가 수록되어 있다. 이 판본은 현재 일본 국회도서관에 소장되어 있다.

셋째, ≪新刊標題孔子家語句解≫ 6권 1책이다. 역시 王廣謨의 것으로 泰定 2년(1325) 崇文書塾 간본이다. 현재 臺灣 國家圖書館에 소장되어 있다. 분권은 ≪標題句解孔子家語≫와 같고, 권말에 〈元封時序〉와 〈孔安國傳略〉이 실려 있으며, ≪新刊素王事記≫가 부록되어 있다.

넷째, ≪標題句解孔子家語≫ 3권 3책이다. 王廣謨 注本으로 원나라 간본이기는 하나 정확한 출간 시기는 밝혀져 있지 않다. 현재 대만 국가도서관에 소장되어 있다. 상권에 〈辯政〉까지, 중권에 〈刑政〉까지, 하권에 나머지가 실려 있다. 서명, 권수, 편차를 볼 때 蒼巖書院 간본과 같은 계통으로 판단된다. 그러나 ≪新刊素王事記≫가 없으며, 42편 중반 이후는 낙질되었다. 권두에는 ≪聖朝通制孔子廟祀≫의 일부가 낙질된 상태로 수록되어 있다.

宋本을 복각한 첫 번째 ≪新編孔子家語句解≫를 제외한다면 元代는 王廣謨의 注本이 주류를 이루고 있음을 알 수 있다.

明代 初期에는 ≪孔子家語≫가 아주 유행한 것은 아니었으나, 중기 이후 여러 종의 판

본이 등장하였다. 중앙과 지방의 관아에서 판각한 것뿐 아니라 개인적인 판각도 이루어
졌는데, 현전하는 판본은 대부분 개인적인 판본들이다. 金鎬의 연구에서는 明代의 판본
을 12종으로 정리하였다.[15)]

① ≪孔子家語≫, 8권, 何孟春 注.

② ≪孔子家語≫ 3권 2책, 明 嘉靖 己亥(1539), 湯克寬 南京刊監印本

③ ≪孔子家語≫ 10권 2책, 明刊 九行二十字本

④ ≪標題句解孔子家語≫ 3권 5책, 王廣謨 撰, 明刊 黑口本

⑤ ≪孔子家語≫ 10권, 王肅 注, 明 嘉靖 甲寅(1554), 吳郡 黃周賢等 仿宋刊本

⑥ ≪孔子家語≫ 10권, 王肅 注, 明 隆慶 壬申(1572), 徐祚錫刊本

⑦ ≪孔子家語≫ 10권, 王肅 注, 明 萬曆 長州刊本

⑧ ≪孔子家語圖≫ 11권, 王肅 注, 明 萬曆 己丑(1589) 武林吳氏刊本

⑨ ≪孔子家語≫ 10권, 王肅 注, 日本 元和, 活字本 5冊

⑩ ≪孔子家語≫ 10권, 王肅 注, 明 萬曆 新安吳勉學刊本

⑪ ≪孔子家語≫ 10권, 王肅 注, 日本 寬永十五年, 風月宗智刊本

⑫ ≪孔子家語≫ 10권, 王肅 注, 明 天啓崇禎間 虞山毛氏汲古閣刊本

　①의 何孟春(11474~1536) 注本은 여러 종의 판본이 현전한다. 何孟春은 跋文에 "王肅
의 注本을 내가 보지 못하였으나 그 서문을 보니 금세에 전하는 ≪孔子家語≫는 왕숙의
본이 전혀 아니고 顔師古가 말한 '지금 있다'는 본도 아니다. 孔安國의 본은 시대가 멀어
져 다시는 찾아볼 수 없으니 이제 어디에서 찾아 바로잡을 것인가?……지금 ≪孔子家
語≫는 원나라 王廣謨가 句解한 것인데 주가 庸陋荒昧하여 새로 밝힌 것이 없으니 어찌
述作家와 더불어 말하기에 족하랴?〔肅之注 愚不獲見 而見其序 今世相傳家語 殆非肅本 非師古
所謂今之所有者 安國本 世遠不復可得 今於何取正哉……今家語勝國王廣謨所句解也 注庸陋荒昧 無
所發明 何足與語於述作家〕"라고 하였다.

---

15) 金鎬, 전게 논문.

何孟春은 당시 유행하던 王廣謨의 注本에 불만을 품고 자세한 주해본을 냈던 것으로 보이는데, 여기에 王肅本의 주는 참고하지 않았던 것으로 보인다. 그러나 ≪四庫全書總目提要≫에서는 "하맹춘이 어찌 옛날 ≪孔子家語≫를 얻었겠는가? 이 假借한 말은 篤論이 아니다. 최근의 교열본이 하맹춘이 빠뜨린 것과 잘못한 것을 보충하였는데, 모두 수백 조이고 모두 근거가 정확하니 하맹춘 주의 오류와 누락을 알 만하다.〔孟春安得古家語 此假借之詞 非篤論也 至近本所校 補孟春闕誤 凡數百條 皆引據精確 則孟春是註之舛漏 抑可知矣〕"라고 평가하고 있다. 何孟春이 王廣謨를 비판하였으나, 淸代에 이르러 王肅本의 신뢰를 넘을 수는 없었던 것으로 보인다.

②와 ③은 白文本〔注解가 없는 본〕이다. ②는 王廣謨 주해본의 편차를 따르고 있고 ③은 何孟春 注本의 편차와 같다. 白文本이라 하더라도 당시 유행하던 두 본을 따랐던 것이 아닌가 한다. ⑥, ⑦, ⑧은 王肅 주를 기초로 하여 보정이 이루어진 것으로 같은 계통으로 추정된다. ⑨와 ⑪은 일본에서 재간행된 것으로 宋本에서 유래한 것이다.

이상의 간본들을 정리하면, 네 가지로 분류할 수 있다. 첫째, 宋代의 蜀本·監本·建本에서 유래한 王肅의 注本이다. 둘째는 元代에 나타난 王廣謨의 注本으로 가장 오래된 본은 蒼巖書院 刻本이다. 셋째는 明代에 출현한 何孟春 注本이다. 넷째는 주해가 없는 白文本이다. 淸代에 출판된 ≪孔子家語≫ 역시 이 범주를 벗어나지 않는다.

일본에서는 江戶時代에 儒學者가 출현하면서 ≪孔子家語≫의 注釋書도 등장하였다. 최초의 주석서는 德川家康 시대에 출간된 元나라 王廣謀의 ≪標題句解孔子家語≫로 본래의 注本을 대폭 축약한 것이었고, 여기에 대항해 유행했던 것이 ≪日本博士家所傳王注全本≫(元和本)으로 王肅의 주석서였다. 이후 ⑨의 元和本을 저본으로 복각된 ⑪의 寬永本이 나왔으며, 이 두 판본의 등장으로 일본 내 ≪공자가어≫의 주석은 王肅의 注가 대세가 되었다. 일본에서 최초의 본격적인 주석서로 평가되는 것은 岡白駒의 ≪補註孔子家語≫(1741)와 太宰純의 ≪增註孔子家語≫(1742, 崇山房)이다. 수준 역시 에도시대를 통틀어 최고로 평가된다. 이외 千葉玄之의 ≪標箋孔子家語≫(1789), 冢田虎의 ≪註孔子家語≫(1792), 高田彪의 ≪孔子家語合注諺解≫(1794)가 있다. 千葉玄之본은 太宰純본의 增訂版이고, 高田彪본은 太宰純, 千葉玄之, 冢田虎 각주의 합본이다.16)

이처럼 ≪孔子家語≫는 僞書라는 인식이 있었음에도 불구하고 日本까지 전파되어 근세까지 지속적으로 출간되었던 것이다.

3. ≪孔子家語≫의 한국 流傳

　일본과 달리 우리나라는 중국과 직접적인 교류를 하고 있었으므로 ≪孔子家語≫ 역시 이른 시기에 전파되었을 것으로 추정된다. 현재 우리나라 도서관에서 明代에 출간된 王廣謨 注本과 何孟春 注本, 王肅 注本과 일본에서 간행된 太宰純 注本까지 확인할 수 있으나, 언제 전래되었는지 확인하기는 어렵다.

　그러나 간행에 관해서는 몇 가지 단서를 찾아볼 수 있다. 權近(1352~1409)은 韓尙敬(1360~1423)에게 다음과 같은 시를 지어 보냈다.

　　　소왕의 가어가 정미하기 최고인데　　　　　　　　素王家語最精微
　　　이 책이 남아 있어도 아는 이가 드물었네　　　　方冊雖存識者稀
　　　선생께서 가지고 와주신 마음 감사한데　　　　　多謝先生持贈意
　　　더욱이 밝은 촛불이 광휘를 더 돕는 데라　　　　明燈況復助光輝[17]

　素王, 즉 孔子의 '家語'는 곧 ≪孔子家語≫를 가리킨다. 위 시는 ≪孔子家語≫와 초를 선물해준 당시 강원도 순찰사 한상경에게 감사하여 쓴 시이다. 2구에 보이듯 ≪孔子家語≫는 고려 말 조선 초에 이미 들어와 있었으나 쉽게 손에 넣어 읽을 수 있는 책은 아니었던 것으로 보인다. 조선 초기를 대표하는 학자이자 관료였던 權近조차 아는 사람이 적다고 할 정도였던 것이다. 흥미로운 점은 이 책을 준 사람이 '江原道使相'인 한상경이라는 점이다. 우리나라 최초의 간본이 강릉에서 간행되었기 때문에 연관이 있어 보인다.

16) 南澤良彦, 〈日本に於ける≪孔子家語≫の受容 : 德川時代を中心として〉, ≪日本中國學會報≫ 65집, 日本中國學會, 2013, 233~247면.
17) 權近, ≪陽村先生文集≫ 卷8 〈謝江原道使相家語玉燭之惠 韓尙敬〉.

　한상경은 조선 개국공신으로 1392년에 우승지, 1393년에 도승지에 임명되고 잇달아 재상을 역임했으므로, 강원도 관찰사로 나갈 시간이 없었다. 1408년 7월 3일에 처녀를 선발하기 위해 각도에 순찰사를 파견했는데, 경기좌도·강원도·동북면에는 한상경을 파견했다. 이 시기에 강원도에 순찰사로 나갔던 한상경이 1402년에 간행된 강릉 간본 ≪공자가어≫를 구해 권근에게 준 듯하다.

　조선시대 王廣謨의 注本이 읽혔던 사실은 다음과 같은 구절에서 확인할 수 있다.

　　우리나라에 유행하는 ≪孔子家語≫는 바로 猷堂 王廣謀의 句解이다. 그 사이의 篇章이 매우 간단할 뿐 아니라 古文의 온전한 책이 아니다. 〈哀公問政〉 "成功一也" 의 아래에 끝내 "公曰子之言美矣至矣 寡人實固不足以成之也"라는 말이 없고 갑자기 宰予가 鬼神에 대해 물은 것이 이어지니, ≪中庸章句≫에서 朱子가 논한 것과 모순될 뿐 아니라 오류가 분명하다. 王肅이 고본에 注解한 것이 동방에 혹시 유포 되었을지 모르겠다. 간절히 듣고 싶다.18)

　위는 西人의 대표적인 이론가였던 朴世采(1631∼1695)가 1679년에 宋時烈의 문인인 李喜朝(1655∼1724)에게 보낸 편지의 일부이다. 박세채조차 王廣謨의 ≪新刊標題孔子家語句解≫만 보았을 뿐임을 알 수 있다. ≪中庸章句≫에 보이는 朱子의 注와 대조하여, 주자가 말한 ≪孔子家語≫와 王廣謨 注本에 보이는 ≪孔子家語≫가 다르다는 사실을 지적하고 있다. 이를 확인하기 위해 王肅의 注本을 찾을 수 있는지 묻는 편지이다. 실제로 박세채조차 주자가 보았던 王肅 注本의 유포 여부를 모를 정도로, 민간에 통용되는 주본은 王廣謨본이었던 것이다.

　후대에 와서는 다음과 같은 기록을 찾아볼 수 있다.

---

18) 朴世采, ≪南溪先生朴文純公文外集≫ 卷5 〈與李同甫別紙 己未七月八日〉. "我國見行家語 乃猷 堂王廣謀句解 不但其間篇章甚簡 有非古文全書者 哀公問政篇成功一也之下 終無公曰子之言美 矣至矣 寡人實固不足以成之也之語 而遽以宰予鬼神之問繼之 與中庸章句朱子所論 不啻矛盾 其誤決矣 未知王肅所註古本或能流布於東方耶 切願聞之"

家語를 편찬하여 '孔聖家語'라고 한 것은 매우 이치에 맞지 않는다. 家語라고만 칭한다면 '子曰'이라고 한 것과 뜻이 같다. 만약 孔聖家語라 칭한다면 이 '聖'자는 평등한 제목이 되어서 세상에 무수한 聖이 있게 된다. 반드시 '孔'자를 쓰고 싶다면 '孔氏家語'라 하면 오히려 괜찮을 것이다.[19)

魏伯珪(1727~1875)는 湖南 實學의 대표적인 학자로 꼽히는 인물이다. 위의 글을 보면 위백규가 읽은 家語가 ≪孔聖家語≫라는 제목을 지니고 있음을 알 수 있는데, 이 제목이 매우 적절치 않음을 지적하고 있다.

또한 安鼎福(1712~1791)이 李瀷(1681~1763)에게 보내는 편지글 가운데 '王鏊家語註'라는 구절을 발견할 수 있다.[20) 〈本姓解〉에 나오는 '丌'의 음은 '堅'이라는 註釋을 언급한 구절인데, 이러한 주석은 王廣謨본에 보이지 않고 ≪孔聖家語≫에만 보인다. ≪孔聖家語≫의 題辭를 王鏊(1450~1524)가 썼기 때문에 안정복이 대략 '王鏊家語'라 칭한 것으로 보인다.

이 두 가지 예를 본다면 18세기에 들어서 ≪新刊標題孔子家語句解≫나 ≪標題句解孔子家語≫ 외에 새로운 형태의 ≪공자가어≫가 출현했고, 이것이 吳嘉謨 集校本인 ≪孔聖家語≫였음을 알 수 있다.

현전하는 조선 판각 ≪孔子家語≫는 문헌의 기록과 마찬가지로 ≪新刊標題孔子家語句解≫와 ≪標題句解孔子家語≫, ≪孔聖家語≫의 3종이 보인다. 대표적인 간본을 추려보면 다음과 같다.[21)

(1) ≪新刊標題孔子家語句解≫
  ① 6권 1책. 江陵刊本. 1402년 간행.

---

19) 魏伯珪, ≪存齋集≫ 卷8〈讀書箚義 陽貨篇〉. "有編家語而稱孔聖家語者 甚無義理 只稱家語則與稱子曰之義同 若稱孔聖家語則這聖字便成平等題目 人間有無數聖了 必欲下孔字 稱以孔氏家語則猶可矣"

20) 安鼎福, ≪順庵先生文集≫ 卷2〈上星湖先生書 壬午〉. "丌官氏之丌字 王鏊家語註作開 音堅 中國之人亦知屛官之爲非 而不能知其爲丌矣"

21) 강찬수, 전게 논문 참조.

　(2) ≪標題句解孔子家語≫

　　① 3권 2책. 乙亥字本. 미상. 成守琛(1493~1564) 圖署.

　　② 3권 3책. 高興(興陽鄕校)刊本. 1603년 간행.22)

　　③ 3권 3책. 泰仁刊本. 1804년 간행.23)

　(3) ≪孔聖家語≫

　　① 10권 3책. 校書館筆書體字本, 미상. 국립중앙도서관 소장. 明 重刻本.

　현전하는 가장 오래된 ≪孔子家語≫ 판본은 江陵刊本 ≪新刊標題孔子家語句解≫이다. 현재 고려대학교 도서관과 명지대학교 도서관, 성균관대학교 존경각에 소장중인데, 다음과 같은 간기가 붙어 있다.

　　≪孔子家語≫는 고금을 통틀어 천하에서 보물로 여겼으나 우리나라에는 아직 판본이 없었다. 내가 이 본을 얻어서 강릉에서 간행하도록 명하여 후학에게 남긴다. 建文 4년 7월 보름에 반계 박은이 쓰다.〔家語古今天下寶之 而吾大東未有板本 予得是本 命刊于江陵以貽後學焉 建文四年七月望潘溪朴訔誌〕

　1402년 江原道都觀察黜陟使였던 朴訔(1370~1422)이 쓴 간기이다. 즉 1402년 이전 우리나라에는 독자적인 간본이 존재하지 않았으며 1402년 강릉에서 처음으로 간행하게 되었다는 사실을 알 수 있다. 간략한 서지사항을 기술하면, 6권 1책, 크기는 11.6㎝×18.7㎝, 半葉 版框, 有界欄, 每半葉 12行 每行 22字, 註文은 小字雙行이며, 上下 小黑口로 下向黑魚尾이고, 上下單邊이다.

　권1에 〈相魯〉·〈始誅〉·〈王言解〉·〈大婚解〉·〈儒行解〉·〈問禮〉·〈五儀解〉, 권2에 〈致

---

22) 미국 버클리대학 동아시아도서관에 소장된 ≪標題句解孔子家語≫ 刊記에 "癸卯至月下澣 興陽鄕校開刊"이라고 되어 있는데, '逸休亭', '李翶'이라는 藏書印이 찍혀 있어 李翶(1626~1688)의 생존 시기를 고려했을 때 1603년 간행이 확실하다.

23) 위의 3종 이외에, 李仁榮은 ≪淸芬室書目≫에서 宣祖 14년(辛巳, 1581)에 舒川 鳴谷書院에서 목활자본으로 간행된 ≪標題句解孔子家語≫를 소개했지만, 현재 확인할 수가 없다.

思〉·〈三恕〉·〈好生〉·〈觀周〉·〈弟子行〉·〈賢君〉, 권3에 〈辯政〉·〈六本〉·〈辯物〉·〈哀公問政〉·〈顏回〉·〈子路初見〉·〈在厄〉, 권4에 〈入官〉·〈困誓〉·〈五帝德〉·〈五帝〉·〈執轡〉·〈本命解〉·〈論禮〉, 권5에 〈觀鄕射〉·〈郊問〉·〈五刑解〉·〈刑政〉·〈禮運〉·〈冠頌〉·〈廟制〉·〈辯樂〉·〈問玉〉·〈屈節解〉·〈七十二弟子解〉, 권6에 〈本姓解〉·〈終記解〉·〈正論解〉·〈曲禮子貢問〉·〈曲禮子貢問〉·〈曲禮公西赤問〉이 실려 있으며, 권말에 孔安國의 〈後序〉가 실려 있고 ≪新刊素王事紀≫가 부록되어 있다.

또 "泰定甲子秋蒼巖書院刊行"이라는 간기가 있는 것으로 보아 元代에 간행된 王廣謨 注本인 ≪新刊標題孔子家語句解≫의 重刻本이라는 사실을 알 수 있다. 즉 元代 蒼巖書院本 계열이 底本으로 사용되었던 것이다.

1455년에서 1564년 사이에 간행된 것으로 추정되는 乙亥字本은 下卷 말미에 "延祐丁巳陳實夫刻于精一書舍"라는 간기가 실려 있다. 朱彝尊의 ≪經義考≫ 卷278에 "王廣謨의 家語句解 3권이 현존한다. 馬思贊이 '그 책 중에 延祐 丁巳年의 刊本이 있는데 말미에 精一書舍에서 판각했다고 쓰여 있다. 광모의 자는 景猷이고 또 다른 자는 猷堂이다.'라고 하였다.〔王氏廣謨家語句解三卷存 馬思贊曰 其書有延祐丁巳刊本 末題刻於精一書舍 廣謨字景猷 別字猷堂〕"라는 기록을 통해보면, 乙亥字本의 저본이 이것임을 알 수 있다.[24]

임진왜란 시기에 포로로 잡혔다가 명나라로 도망하였던 魯認(1566~1622)의 일기에서는 다음과 같은 기록을 찾아볼 수 있다.

明道堂 뒤 별채인 新德齋의 黃大晉 수재와 王繼皐 수재 두 사람이 책상을 바로 하고 책을 펼쳐놓고 있었다. 좌우에 도서가 있었고 藏書가 서가에 가득하였다. ≪孔子家語≫ 전35권이 書案 위에 놓여 있어 내가 물었다.

"우리나라에서는 ≪孔子家語≫ 상하권 밖에 보지 못하였는데 오늘 보니 이처럼 권수가 많군요. 후세에 뜻을 부연한 것이 아닙니까?"

수재가 웃으며 말하였다.

"상하권으로 된 것은 節要일 뿐이고 지금 이것은 全秩이니 부자의 평소 일상에

---

24) 강찬수, 전게 논문.

대한 기록이 여기에 쓰여 있습니다."25)

魯認은 조선에서 본 ≪孔子家語≫가 상하권으로 된 것이라고 말하고 있다. 두 권짜리라기보다는 상하의 2책으로 된 것이라고 보는 편이 문맥상 타당할 것이다. 시기를 추정해본다면 현존하는 판본 가운데 3권 2책의 을해자본이 魯認이 본 것과 가깝지 않을까 한다. 상책에는 상권과 중권이, 하책에는 하권과 ≪新刊素王事紀≫가 실린 형태가 조선시대 일반적으로 볼 수 있는 ≪공자가어≫의 형태였을 것으로 보인다.

중국과 지속적인 교류가 있었는데도 명청 시기의 주해본과 비교적 좋은 판본들이 조선으로 유입되지 않은 이유가 무엇인지 정확히 알 수 없다. 단, ≪新刊標題孔子家語句解≫는 '節要'의 형태로서, 내용은 풍부하지 않더라도 신속하게 간행하고 간편하게 열람할 수 있는 장점을 지니고 있다. 書院이나 鄕校에서 초심자가 읽기에는 원대 蒼巖書院本을 저본으로 한 판본이 유용한 측면이 있었기 때문에 여러 지방이나 향교에서 간행되었던 것이 아닌가 추측해본다.

4. 家語의 구성과 내용 : 乙亥字本을 중심으로

조선에서도 중국과 마찬가지로 ≪孔子家語≫가 僞書라는 인식이 분명 있었지만, 또한 그 가치 역시 중시하였다. 세종 12년(1430)에 朴墺이 ≪孔子家語≫의 문장을 인용하여 상주한 것을 비롯해 ≪朝鮮王朝實錄≫과 ≪承政院日記≫에 지속적으로 언급된 사실만 보더라도, 국가적으로 중시되는 문헌이었음이 분명하다. 正祖의 경우 ≪孔子家語≫〈相魯〉 구절을 箋과 賦의 제목으로 삼아 春塘臺試에 출제하기도 하였으며 그 이후에도 여러 차례 科文의 제목으로 출제하였다. 이러한 사실을 본다면 성균관 유생을 비롯해 많은 선비

---

25) 魯認, ≪錦溪日記≫ 5월 27일자. "明道堂後別間新德齋黃秀才大晉王秀才繼皐二人 正榻開卷 左右圖書 牙籤滿架 而家語共三十五卷 置于案上 我問曰 我國則只見家語上下卷 今日之見則如是其多數 無乃後世之衍義耶 秀才笑曰 上下卷則只是節要 而今此全秩 則夫子平生日記 書在于此矣"

들에게 이 책을 읽도록 권장하였던 것이 틀림없다. 또한 1897년 간행된 懸吐本 ≪標題句解孔子家語≫의 존재는 ≪孔子家語≫가 이후에도 지속적으로 유생들 사이에 널리 읽혔음을 알려준다.

　　≪孔子家語≫의 효용성은 孔子에 관한 일을 자세히 알려준다는 점에 있었다. 李滉(1501~1570)은 "공자 당시에 공경대부 및 제자들이 묻고 대답한 것들 가운데 正實하여 사실에 입각한 것을 취하여 따로 ≪論語≫를 만들었고, 나머지는 모두 모아 기록하여 ≪孔子家語≫를 만들었다."26)라고 하여 王肅 이래로의 인식을 그대로 받아들이고 있다. 宋時烈(1607~1689) 역시 "공자의 도는 詩書를 산삭하고 禮樂을 제정하고 〈繫辭傳〉과 ≪春秋≫를 지은 데 있어 갖춰지지 않은 것이 없으나 또 ≪論語≫와 ≪孔子家語≫가 있어 언행의 상세함에 유감이 없다고 할 만하다."27)라고 하여 공자의 遺事를 보여주는 문헌으로 평가하였다.

　　　내가 ≪孔子家語≫의 글을 살펴보니 ≪春秋左氏傳≫·≪禮記≫와 부합하는 것이 많으나 ≪論語≫의 취지와는 멀다. 그러나 처음부터 끝까지 반복해서 읽으면 성인이 아니면 말할 수 없는 것이니 모아놓은 내용이 매우 상세하다. ≪朱子集註≫ 역시 인용한 적이 있으니 그 말을 징험할 만하다. 그러나 지은 문장이, 서술하는 과정에서 한 번 잘못되고 增損하다 두 번 잘못되었기 때문에 의심스러운 곳이 많다. 이것이 ≪論語≫는 不刊之書인 聖經이 되었으나, ≪孔子家語≫는 諸子의 반열에 오른 까닭이다. 그러나 성인의 말씀에 精粗가 있는 것은 아니다.28)

위는 조선 말기의 학자 黃在英(1835~1885)이 ≪孔子家語≫를 읽고 쓴 글을 인용한 것

---

26) 李滉, ≪退溪先生文集考證≫ 卷4 〈與朴澤之〉. "孔子時 公卿大夫及弟子所嘗問對者 取其正實而切者 別出爲論語 其餘則集錄爲家語"

27) 宋時烈, ≪宋子大全≫ 卷138 〈淸陰先生遺事序〉. "孔子之道 於刪定繫作 無所不具 而又有論語家語 則其言行之詳 可謂無遺憾矣"

28) 黃在英, ≪大溪遺稿≫ 卷5 〈讀家語〉. "余按家語之文 多與左傳禮記合 而於論語之旨遠矣 然反覆首尾 有非聖人不能言者 所輯頗詳悉 朱子集註亦嘗引之 其辭足可徵 但其屬文 一誤於叙述者 二誤於增損者 故往往多可疑 此所以論語爲不刊之聖經 家語同列於諸子 非聖人之言有精粗也"

이다. ≪孔子家語≫가 내용상 ≪春秋左氏傳≫과 ≪禮記≫와 일치하는 부분이 있는 것을 인정하고 있고, 의심스러운 부분이 많은 것도 받아들이지만, 공자의 事蹟이 아닐 수도 있다는 의심은 전혀 보이지 않는다. ≪論語≫와 ≪孔子家語≫를 동급으로 보고 있을 뿐 아니라 서로 보완하는 문헌으로 평가하고 있다. 조선시대를 통틀어 공자 때의 일을 좀 더 상세하게 알 수 있는 문헌이라는 점에서 ≪孔子家語≫가 수용되었던 것이다.

乙亥字本 ≪標題句解孔子家語≫의 구성과 내용은 다음과 같다.

上冊 卷上에는 1편에서 14편까지 실려 있다.

- 〈相魯〉: "노나라의 재상을 지내다."라는 뜻으로, 공자가 재상을 지낼 때 있었던 일들을 모아 놓은 것이다.
- 〈始誅〉: "처음 주벌을 하다."라는 뜻으로, 공자가 노나라 司寇를 지낼 때 少正卯를 처벌한 일에 관한 것이다.
- 〈王言解〉: 공자가 말한 "以王言之"에 관한 해석으로, 曾子에게 王道에 관해 설명하는 내용이다.
- 〈大婚解〉: 哀公의 질문에 제후의 혼례 의식에 관해 설명하는 내용이다.
- 〈儒行解〉: 儒家의 행동과 태도에 관해 哀公에게 설명하는 내용이다.
- 〈問禮〉: 禮法에 관해 哀公에게 설명하는 내용이다.
- 〈五儀解〉: 庸人, 士人, 君子, 賢人, 聖人의 다섯 가지 인간 유형에 대한 해석이다.
- 〈致思〉: "깊이 생각한다."는 뜻으로 공자와 제자들의 여러 일화를 모아놓았다.
- 〈三恕〉: '세 가지의 용서'라는 뜻으로, 용서할 수 없는 세 가지 과오를 지적하고 관련된 고사를 모아놓은 것이다.
- 〈好生〉: "살리기를 좋아한다."라는 뜻으로, 백성들을 살리는 仁의 정치에 관한 내용이다.
- 〈觀周〉: "周를 살피다."라는 뜻으로, 공자가 주나라 문물을 관찰하는 내용이다.
- 〈弟子行〉: 공자의 제자인 顔回, 子貢, 冉雍, 子路, 冉求, 公西赤, 曾參, 卜商, 澹臺滅明, 言偃, 南宮縚 등의 일화를 모아놓았다.
- 〈賢君〉: 애공이 "가장 어진 임금이 누구인가?"라고 물은 것에서 따온 제목이다.

- 〈辯政〉: 정치에 대한 질문에 변론한 내용이 주이다.

　　上冊 卷中에는 15편에서 31편까지 실려 있다.

- 〈六本〉: '여섯 가지 근본'이라는 뜻으로, 군자의 몸가짐에 갖추어야 할 여섯 가지 근본으로 시작하여 立身處世에 관한 문제를 다루고 있다.
- 〈辯物〉: 사물을 분석하고 분변한다는 뜻으로, 각종 사물에 관한 공자의 담화가 실려 있다.
- 〈哀公問政〉: 애공의 爲政之道에 대한 공자의 대답과 宰我의 鬼神之義에 대한 대답이 실려 있다.
- 〈顔回〉: 제자 顔回의 사적을 주로 모아놓은 부분이다.
- 〈子路初見〉: 제자 子路를 처음 만난 일화부터 여러 제자들과의 대화 및 공자 사적에 대해 기록하였다.
- 〈在厄〉: '곤액을 당하던 때'라는 뜻으로 공자와 제자들이 陳과 蔡 사이에 갇혀 고생하던 정황을 기록하였다.
- 〈入官〉: '관리가 되는 것'을 의미하며, 子張이 관리가 되는 도리에 대해 질문하고 공자가 대답한 것이다.
- 〈困誓〉: "곤액을 당하여 경계하다."라는 의미로, 어렵고 곤란한 상황에서의 공자 말씀과 논의를 다루고 있다.
- 〈五帝德〉: '五帝', 즉 黃帝, 顓頊, 帝嚳, 帝堯, 帝舜과 大禹에 관한 사적에 대한 공자의 설명이 주를 이룬다.
- 〈五帝〉: 여기의 '五帝'는 전편과 달리 太皞, 炎帝, 黃帝, 少皞, 顓頊을 가리키며, 이에 대한 공자의 설명이 실려 있다.
- 〈執轡〉: "고삐를 쥐다."라는 뜻으로, 治國을 비유한 말이다. 閔子騫의 정치에 대한 물음과 공자의 대답, 子夏의 ≪周易≫에 대한 물음과 답을 기재하였다.
- 〈本命解〉: 哀公이 가르침을 청한 '命'과 '性'에 대한 문답이다.
- 〈論禮〉: 공자와 제자들의 禮에 대한 문답이 주를 이룬다.

- 〈觀鄕射〉: "鄕射禮를 관람하다."라는 뜻으로 공자가 鄕射禮와 鄕飮禮를 참관한 후 예절과 그 의미에 대해 대화를 나눈 내용이 주를 이룬다.
- 〈郊問〉: 南郊에서 上帝에 제사를 지내는 郊天之禮에 관한 定公의 물음에 공자가 대답한 것이다.
- 〈五刑解〉: '五刑'은 고대의 다섯 가지 형벌을 가리킨다. 三皇五帝 시절의 형벌에 관한 冉有의 질문에 공자가 대답하였다.
- 〈刑政〉: 刑罰과 政敎에 관한 제자 仲弓과 공자의 대화이다.

下冊 卷下에는 32편에서 44편까지 실려 있다.

- 〈禮運〉: 공자가 노나라 臘祭에 참여한 일을 계기로 제자 言偃과 나눈 대화이다.
- 〈冠頌〉: 冠禮에 관한 공자와 孟懿子의 대화이다.
- 〈廟制〉: 公廟를 私家에 설치하려는 衛文子의 물음에 공자가 자문한 것이다.
- 〈辨樂解〉: 음악에 관한 견해를 편 일화를 기재한 것이다.
- 〈問玉〉: 子貢이 玉에 관해 묻는 것을 시작으로 하여, 교화와 예치에 관한 대화를 실었다.
- 〈屈節解〉: '屈節'은 절개를 꺾음을 가리키는 것으로, 공자가 직접 겪었거나 屈節에 관계된 견해를 드러낸 것을 모아놓은 부분이다.
- 〈七十二弟子解〉: 72명의 제자를 뜻하나 실제로는 주요 제자 76명을 적은 것이다.
- 〈本姓解〉: 공자의 家世의 근본 내력과 제나라 太史의 공자에 대한 평가를 실었다.
- 〈終記解〉: 공자 임종 전의 사적과 죽고 난 후 제자들의 服喪에 관한 것이다.
- 〈正論解〉: 명분을 바르게 하는 것에 관한 공자의 견해이다.
- 〈曲禮子貢問〉: 子貢이 曲禮에 관해 질문한 것을 시작으로 하여, 예의에 관한 공자의 일화와 설명을 모아놓은 것이다.
- 〈曲禮子夏問〉: 子夏의 질문으로 시작하여, 공자가 禮에 대해 여러 사람에게 대답한 것을 모아놓은 것이다.
- 〈曲禮公西赤問〉: 公西赤의 질문으로 시작하여, 喪葬과 祭祀 예의에 관한 공자의 견해

를 모아놓은 것이다.

下冊 말미에는 ≪新刊素王事紀≫, 〈後序〉, ≪聖朝通制孔子廟祀≫가 수록되었다. 〈後序〉는 孔安國의 서문과 공안국의 〈後序〉에 관한 序로 이루어져 있다. 〈後序〉는 ≪新刊素王事紀≫와 별도로 작성된 글인데, 乙亥字本에는 〈新刊素王事紀目錄〉의 뒤에 위치해 있다. 이는 잘못 편집된 것으로 보인다.

≪新刊素王事紀≫의 '素王事紀'는 素王, 즉 공자에 관한 기록을 의미한다. 수록된 내용을 살펴보면, 〈魯司寇像〉은 공자의 초상이며, 〈先聖歷聘紀年之圖〉는 공자가 시기별로 열국에 초빙된 사적을 정리한 것이다. 〈孔子世系之圖〉는 공자의 조상부터 후손 子高까지의 세계를 그린 것이다. 〈歷代封諡爵號圖〉는 노나라 공자 당시부터 元代까지 孔子의 封爵을 도표로 나타낸 것이다. 〈歷代追崇事始〉는 노나라부터 宋代에 이르기까지 공자가 追崇되어 온 과정을 廟宇, 祠祭, 正南面, 賜袞冕, 州縣學廟, 設戟, 二仲丁祀, 祭用三獻, 獻官法服, 賜禮器, 賜樂, 設拜, 頒降祝文, 賜贊, 禁淫祀, 賜書, 賜田, 蠲稅役, 襲封, 世宦曲阜, 墓給灑掃, 墓禁樵採, 拜謁涖政 등의 항목으로 나누어 기술한 것이다.

≪聖朝通制孔子廟祀≫는 공자에게 드리는 제사인 釋奠의 전반에 대한 것이다. 省牲 - 釋奠 - 迎神 - 捧俎 - 徹豆 - 送神 - 望瘞의 각 과정에 필요한 사항을 기술하였다. 〈正配位陳設之圖〉는 神位와 음식 배열, 位官의 배치를 보여주는 그림이다.

乙亥字本보다 후대에 나온 泰仁 간본은 乙亥字本과 같은 구성이나 말미에 ≪大明會典祀儀≫와 ≪我朝文廟享祀位≫가 덧붙여져 있다.

≪大明會典祀儀≫는 ≪大明會典≫에 실려 있는 釋奠 관련 내용과 함께 陳設의 그림을 그려놓은 것이다. 특히 正壇陳設, 四配陳設, 十哲陳設, 兩廡陳設 등 4개의 圖를 실어서 상차림을 구체적으로 참조할 수 있도록 하였다.

≪我朝文廟享祀位≫는 조선조 문묘에 享祀한 인물들을 나열한 것이다. 主享인 孔子, 配享인 顔子, 子思, 曾子, 孟子, 從享인 孔門十哲과 宋朝六賢, 東廡의 從祀인 澹臺滅明 이하 55인과 西廡의 從祀인 宓不齊 이하 55인이다. 아울러 啓聖祠에 향사된 孔子, 曾子, 子思, 顔子, 孟子의 아버지가 나열되어 있다. 宋朝六賢을 大成殿 내 從享으로 올리고, 明朝 이후의 先儒는 從祀하지 않고 崔致遠 이하 우리나라 先儒를 從祀한 次第는 중국과 달

리 독자적으로 조선 도통의 淵源을 확립한 우리나라 문묘의 면모를 보여준다.

5. ≪孔子家語≫ 번역의 의의

　≪孔子家語≫는 조선시대에는 諺解本이 없었고 현대의 번역본은 대부분 중국 간본을 텍스트로 하였다. 실제로 조선시대 儒林에 가장 많은 영향을 주었던 王廣謨 註解本을 텍스트로 한 경우는 보이지 않는다. 王廣謨本은 중국에서 일찍이 출판되었던 王肅本과 달리 附錄을 포함하고 있어, 문헌을 많이 소장하지 못한 유림들에게 孔子事典의 역할까지 담당했기에 더 많이 읽혀져, 조선에서의 중요도가 높았다고 할 수 있다.

　가장 이른 시기의 간본인 강릉간본에는 ≪新刊素王事紀≫만 덧붙여 있지만, 후대에는 그 외에도 ≪聖朝通制孔子廟祀≫, ≪大明會典祀儀≫, ≪我朝文廟享祀位≫ 등의 여러 부록이 추가되었다. 이는 조선시대 ≪孔子家語≫의 독해가 원문을 이해하는 것에만 그치지 않고, 공자를 추숭하는 사적과 의례에도 관심이 확대되었음을 알 수 있게 한다.

　이러한 모든 사항을 번역 대상으로 하여 한국적 수용양상을 반영할 필요가 있다. 따라서 중국에서 간행한 판본이 아니라 조선시대 국가에서 활자로 간행한 乙亥字本을 번역 底本으로 선정하였다. 시기적으로도 이른 판본이면서 인쇄상태가 좋은 乙亥字本(국중본 일산 貴1241-5)을 본문 번역 저본으로 삼았다. 聽松 成守琛(1493~1564)의 인장이 찍혀 있어 碩學도 이 책을 읽었음을 입증해주는 판본인데, 卷上과 卷中은 精書한 筆寫本이다. 卷下 마지막 면에 "延祐丁巳陳實夫刻于精一書舍"라는 刊記가 남아 있어, 淸代 朱彝尊이 ≪經義考≫ 卷278에서 소개한 精一書舍 간본의 간행인 또는 刻手 이름이 陳實夫임이 밝혀졌다.

　아울러 조선에서 가장 확장된 형태라 할 수 있는 泰仁 간본 ≪標題句解孔子家語≫의 부록을 더하였다. 泰仁 간본은 1804년에 泰仁縣 衙前 田以采와 동업자 朴致維가 간행한 坊刻本인데, 乙亥字本보다 ≪大明會典祀儀≫·≪我朝文廟享祀位≫가 더 실려 있다. 이들은 1803년에 ≪孔子通紀≫ 8권 3책을 간행하고, 1804년에 ≪新刊素王事紀≫ 1책도 별책으로 간행하여 유통시켰지만, 이후에 佛經을 간행한 것을 보면 經典 간행에 관심이 있었다기보다 상업적인 목적으로 ≪標題句解孔子家語≫를 간행하였음을 알 수 있다. 독자들의 욕구를 충족시키기 위해 다양한 부록과 圖版이 첨부되었으므로, 가장 대중적인 판본이라 할 수 있다.

또한 후대의 誤脫字를 교정하기 위해 最古本인 강릉 간본 ≪新刊標題孔子家語句解≫를 본문 교감본으로 사용하였다. 元 泰定 元年 甲子(1324) 蒼巖書院 刊本을 저본으로 간행하였다는 刊記가 남아 있어 가장 오래된 모습을 전할 뿐만 아니라 牧民官이 지방 교육을 위해 간행했다는 사실도 출판문화사에 의의가 있어 보물 제1149호로 지정된 본이다.

이번 ≪孔子家語≫의 번역은 조선의 선본을 망라하였다는 데 의의가 있다. 실제로 조선인이 읽었던 家語가 무엇인지 파악할 수 있으며, 조선인이 이해하고 있던 孔子가 어떤 사람인지에 대해 알려주는 확대된 형태의 새로운 ≪孔子家語≫라 할 수 있다.

참고문헌

權近, ≪陽村集≫, 韓國文集叢刊 7, 民族文化推進會, 1990.

紀昀・陸錫熊・孫士毅, ≪欽定四庫全書總目≫, 中華書局, 1997.

魯認, ≪錦溪日記≫, 羅州牧鄕土文化研究會, 1999.

朴世采, ≪南溪集≫, 韓國文集叢刊 138~142, 民族文化推進會, 1994~1995.

葉適, ≪習學記言≫, 臺灣商務印書館, 1971.

宋時烈, ≪宋子大全≫, 韓國文集叢刊 108~116, 民族文化推進會, 1993.

安鼎福, ≪順庵集≫, 韓國文集叢刊 230, 民族文化推進會, 1999.

王栢, ≪魯齋集≫, 中華書局, 1985.

王重民, ≪敦煌古籍敍錄≫, 中華書局, 1979.

魏伯珪, ≪存齋集≫, 韓國文集叢刊 243, 民族文化推進會, 2000.

李仁榮, ≪淸芬室書目≫, 寶蓮閣, 1968.

李滉, ≪退溪集≫, 韓國文集叢刊 29~31, 民族文化推進會, 1989.

陳振孫, ≪直齋書錄解題≫, 臺灣商務印書館, 1968.

黃在英, ≪大溪遺稿≫, 韓國文集叢刊 續 140, 民族文化推進會, 2012.

姜贊洙, 〈중국본 ≪孔子家語≫의 국내 수용과 간행 양상〉, ≪中國文學硏究≫ 35집, 한국중
　　문학회, 2007

霍婉雯, 〈≪孔子家語≫及王肅注硏究〉, 香港中文大學 碩士論文, 2008.

金鎬, 〈孔子家語版本源流考略〉, ≪故宮學術季刊≫ 20卷 2期, 故宮博物院, 2002.

金鎬, 〈辨章學術, 考鏡源流 : 目錄과 學術思想의 관계 - ≪孔子家語≫를 중심으로〉, ≪중국
　　어문논역총간≫ 31, 중국어문논역학회, 2012.

南澤良彦, 〈日本に於ける≪孔子家語≫の受容 : 德川時代を中心として〉, ≪日本中國學會報≫
　　65집, 日本中國學會, 2013.

李學勤, 〈竹簡≪家語≫與漢魏孔氏家學〉, ≪孔子硏究≫ 1987年 2期.

楊朝明, 〈≪孔子家語≫的成書與可靠性硏究〉, ≪學術季刊≫ 26권 제1기, 臺灣故宮博物院,
　　2008년 가을.

凡 例

1. 본서는 ≪譯註 孔子家語≫의 제1책이다.

2. 본서는 국내에서 가장 널리 유통된 王廣謨 注解本 중에 成守琛의 인장이 찍힌 乙亥字本 ≪標題句解孔子家語≫(국중본 일산 貴1241-5)를 저본으로 하였다. 다만, 저본의 卷上, 卷中은 精書한 筆寫本이다.

3. 乙亥字本의 校勘에 참고한 書目의 略稱은 다음과 같으며, 본서의 校勘註에도 이 약칭으로 표기하였다.
   • 江陵本 : 元 泰定 元年 甲子(1324) 蒼巖書院 刊本을 輸入하여 太宗 2년(1402) 江陵監營에서 覆刻한 ≪新刊標題孔子家語句解≫. 木板本, 고려대 소장본(대학원 貴14).
   • 慶長本 : 日本 慶長 4년(1599) 古活字 印本 ≪標題句解孔子家語≫. 日本 國會圖書館 소장본(WA7-186).

4. 王廣謨 注解本에 실리지 않은 내용은 王肅 注解本에서 취사선택하여 번역하였다. 王肅 注解本은 四部叢刊本(商務印書館, 1926)을 底本으로 삼았고, 四庫全書本(商務印書館, 1983)과 漢文大系本(何孟春本, 富山房, 1977)을 참고하여 교감하였다.

5. 본서는 원전의 傳統性과 번역의 現代性을 구현하기 위해 노력하였다.

6. 懸吐가 남아 있는 金騏燁 筆寫本 ≪標題句解孔子家語≫(국중본 古1241-27)를 참고하여 原文에 우리나라 전통 방식으로 懸吐하였다. 김기엽의 생애는 미상이다.

7. 原文은 저본의 體制에 따라 단락을 구분하고, 각 단락마다 일련번호를 부여하였다.

8. 글자에 대한 저본의 反切 注가 있는 경우와 讀音이 특수하거나 僻字인 경우에는 원문의 해당 글자 뒤의 ( ) 속에 한글로 音을 달아주었다.

9. 각 篇마다 간략한 해설을 달아 독자의 이해를 돕고자 하였다.

10. 飜譯은 原義에 충실하게 하되, 이해가 어려운 부분은 意譯 또는 補充譯을 하였다.

11. 飜譯文은 한글과 漢字를 混用하였으며, 맞춤법과 띄어쓰기는 한글 맞춤법과 표준어
    규정을 따르는 것을 원칙으로 하였다.

12. 譯註는 인용문의 出典, 故事, 역사적 사건, 전문용어, 難解語, 人物, 制度, 官職, 異
    說, 校勘 등에 관한 사항을 밝혔다.

13. 校勘은 원문의 誤字, 脫字, 衍字, 倒文 등을 대상으로 하였다.

14. 본서의 校勘에 사용된 符號는 다음과 같다.

    ( )〔 〕: (저본의 誤字)〔교감한 正字〕

    〔   〕: 저본의 脫字 補充

    (   ): 저본의 衍字

15. 본서에 사용된 주요 符號는 다음과 같다.

    " " : 對話, 각종 引用

    ' ' : " " 안에서 再引用, 強調

    「 」: ' ' 안에서 再引用, 強調

    (   ): 원문에서는 讀音이 특수한 글자나 僻字의 音

             번역문에서는 간단한 譯註

    〔   〕: 번역문과 뜻은 같으나 音이 다른 漢字나 句節, 譯註에서 인용한 原文

    ≪ ≫ : 書名이나 典據

    〈   〉: 篇章名, 作品名, 補充譯

       ○ : 저본에 사용된 단락 구분 표시 遵用

參考文獻

1. 저본 및 주요 참고본

〔王廣謀 句解本〕
- ≪標題句解孔子家語≫, 국립중앙도서관 소장본(일산 貴1241-5).
- ≪新刊標題孔子家語句解≫, 고려대 소장본(대학원 貴14).
- ≪標題句解孔子家語≫, 日本 國會圖書館 소장본(WA7-186).
- ≪標題句解孔子家語≫, 보성 남평 문씨 소장본.
- ≪標題句解孔子家語≫, 국립중앙도서관 소장본(古1241-27).

〔王肅 注解本〕
- ≪孔子家語≫, 四部叢刊, 商務印書館, 1926.
- ≪孔子家語≫, 文淵閣四庫全書, 商務印書館, 1983.
- ≪孔子家語≫, 四部備要, 中華書局, 1989.
- ≪孔子家語≫, 新編諸子集成, 世界書局, 1974.
- ≪孔子家語≫, 諸子百家叢書, 上海古籍出版社, 1990.

〔何孟春 補注本〕
- ≪孔子家語≫, 漢文大系, 富山房, 1977.

〔吳嘉謨 集校本〕
- ≪孔聖家語≫, 국립중앙도서관 소장본(일산 古1241-6).

2. 교감주해서 및 번역서

〔中 國〕

- 《家語疏證》, 孫志祖 撰, 中華書局, 1985.
- 《家語正義》, 姜兆錫 撰, 四庫全書存目叢書, 齊魯書社, 1995.
- 《家語證僞》, 范家相 撰, 新編孔子家語句解, 續修四庫全書, 上海古籍出版社, 1995.
- 《孔子家語》, 王國軒・王秀梅 譯註, 中華書局, 2009.
- 《孔子家語》, 劉樂賢 編著, 北京燕山出版社, 1995.
- 《孔子家語考次》, 劉宗周 撰, 新編孔子家語句解, 續修四庫全書, 上海古籍出版社, 1995.
- 《孔子家語今注今譯》, 薛安勤・靳明春 譯註, 大連海運學院出版社, 1993.
- 《孔子家語疏證》, 陳士珂 撰, 中華書局, 1985.
- 《孔子家語譯注》, 高志忠 譯注, 商務印書館, 2015.
- 《孔子家語譯注》, 王德明 主編, 廣西師範大學出版社, 1998.
- 《孔子家語注譯》, 張濤 注譯, 三秦出版社, 1998.
- 《孔子家語通解》, 楊朝明・宋立林 主編, 齊魯書社, 2013.
- 《新譯孔子家語》, 羊春秋 注譯, 周鳳五 校閱, 三民書局, 1996.

〔韓 國〕

- 《공자가어》, 이민수 역, 을유문화사, 1974.
- 《공자가어 1・2・3》, 임동석 역주, 동서문화사, 2009.
- 《공자가어통해 상・하》, 楊朝明・宋立林 主編, 이윤화 역, 학고방, 2016.

〔日 本〕

- 《孔子家語》, 宇野精一 譯, 古橋紀宏 編, 明治書院, 新釋漢文大系 53, 2004.
- 《孔子家語》, 吹野安・石本道明 編著, 明德出版社, 孔子全書 13, 2014.
- 《增註孔子家語》, 太宰純 增註, 崇山房, 1742.
- 《標箋孔子家語》, 千葉玄之, 1789.

3. 원전자료

〔經 部〕

- 《論語注疏》, 何晏 注, 邢昺 疏, 北京大學出版社, 1999.

- 《論語集註大全》, 朱熹 集註, 胡廣 等 編, 朝鮮 內閣本, 影印本, 學民文化社.

- 《大戴禮記詳解》, 王聘珍 撰, 中華書局, 1989.

- 《大戴禮記詳解》, 王聘珍 撰, 中華書局, 1989.

- 《大學章句大全》, 朱熹 集註, 胡廣 等 編, 朝鮮 內閣本, 影印本, 學民文化社.

- 《孟子注疏》, 趙岐 注, 孫奭 疏, 北京大學出版社, 1999.

- 《孟子集註大全》, 朱熹 集註, 胡廣 等 編, 朝鮮 內閣本, 影印本, 學民文化社.

- 《毛詩正義》, 毛公 傳, 鄭玄 箋, 孔穎達 正義, 北京大學出版社, 1999.

- 《尙書正義》, 孔安國 傳, 孔穎達 正義, 北京大學出版社, 1999.

- 《書傳大全》, 蔡沈 集傳, 胡廣 等 編, 朝鮮 內閣本, 影印本, 學民文化社.

- 《詩傳大全》, 朱熹 集傳, 胡廣 等 編, 朝鮮 內閣本, 影印本, 學民文化社.

- 《禮記正義》, 鄭玄 注, 孔穎達 正義, 北京大學出版社, 1999.

- 《禮記集說大全》, 陳澔 集說, 胡廣 等 編, 朝鮮 內閣本, 影印本, 學民文化社.

- 《儀禮注疏》, 鄭玄 注, 賈公彦 疏, 北京大學出版社, 1999.

- 《周禮注疏》, 鄭玄 注, 賈公彦 疏, 北京大學出版社, 1999.

- 《周易傳義大全》, 程頤 傳, 朱熹 本義, 胡廣 等 編, 朝鮮 內閣本, 影印本, 學民文化社.

- 《周易正義》, 王弼・韓康伯 注, 孔穎達 正義, 北京大學出版社, 1999.

- 《中庸章句大全》, 朱熹 集註, 胡廣 等 編, 朝鮮 內閣本, 影印本, 學民文化社.

- 《春秋經傳集解》, 左丘明 撰, 杜預 註, 保景文化社.

- 《春秋穀梁傳注疏》, 范寧 註, 楊士勛 疏, 北京大學出版社, 1999.

- 《春秋公羊傳注疏》, 何休 註, 徐彦 疏, 北京大學出版社, 1999.

- 《春秋左氏傳注疏》, 杜預 註, 孔穎達 疏, 北京大學出版社, 1999.

- 《韓詩外傳》, 韓嬰 撰, 文淵閣四庫全書, 臺灣商務印書館, 1986.

- 《孝經注疏》, 唐 玄宗 注, 邢昺 疏, 北京大學出版社, 1999.

〔史 部〕

• 《國語》, 韋昭 注, 文淵閣四庫全書, 臺灣商務印書館, 1986.

• 《白虎通義》, 班固 撰, 文淵閣四庫全書, 臺灣商務印書館, 1986.

• 《史記》, 司馬遷 撰, 中華書局, 1999.

• 《史記索隱》, 司馬貞 編, 文淵閣四庫全書, 臺灣商務印書館, 1986.

• 《史記正義》, 張守節 撰, 文淵閣四庫全書, 臺灣商務印書館, 1986.

• 《史記集解》, 裴駰 撰, 文淵閣四庫全書, 臺灣商務印書館, 1986.

• 《洙泗考信錄》, 崔述 著, 商務印書館, 1930.

• 《隋書》, 魏徵·長孫無忌 等 撰, 中華書局, 1997.

• 《梁書》, 姚思廉 撰, 文淵閣四庫全書, 臺灣商務印書館, 1986.

• 《戰國策》, 高誘 注, 文淵閣四庫全書, 臺灣商務印書館, 1986.

• 《漢書》, 班固 撰, 中華書局, 1962.

• 《後漢書》, 范曄·司馬彪 撰, 中華書局. 1965.

〔子 部〕

• 《老子》, 王弼 注, 文淵閣四庫全書, 臺灣商務印書館, 1986.

• 《論衡》, 王充 撰, 文淵閣四庫全書, 臺灣商務印書館, 1986.

• 《說苑》, 劉向 撰, 文淵閣四庫全書, 臺灣商務印書館, 1986.

• 《小學集註》, 朱熹 集註, 胡廣 等 編, 朝鮮 內閣本, 影印本, 學民文化社.

• 《荀子集解》, 王先謙 集解, 中華書局, 1988.

• 《新序》, 劉向 撰, 文淵閣四庫全書, 臺灣商務印書館, 1986.

• 《顔氏家訓》, 顔之推 撰, 文淵閣四庫全書, 臺灣商務印書館, 1986.

• 《呂氏春秋》, 呂不韋 編, 高誘 注, 文淵閣四庫全書, 臺灣商務印書館, 1986.

• 《列子》, 張湛 注, 文淵閣四庫全書, 臺灣商務印書館, 1986.

• 《莊子集釋》, 莊周 撰, 郭象 注, 陸德明 釋文, 成玄英 疏, 郭慶藩 輯, 中華書局, 1961.

• 《輟耕錄》, 陶宗儀 撰, 商務印書館, 1930.

• 《太平御覽》, 李昉 等 撰, 文淵閣四庫全書, 臺灣商務印書館, 1986.

- 《韓非子》, 韓非 撰, 文淵閣四庫全書, 臺灣商務印書館, 1986.

〔集 部〕

- 《俛宇先生文集》, 郭鍾錫 撰, 韓國文集叢刊, 民族文化推進會, 2004.

- 《沙溪全書》, 金長生 撰, 韓國文集叢刊, 民族文化推進會, 1990.

- 《與猶堂全書》, 丁若鏞 撰, 韓國文集叢刊, 民族文化推進會, 2002.

　4. 연구논저
〔中 國〕

- 《孔子家語公案探源》, 劉巍, 社會科學文獻, 2014.

- 《孔子家語成書考》, 鄔可晶, 中西書局, 2015.

- 《孔子家語新証》, 寧鎮疆, 中華書局, 2017.

- 〈曲阜雙古堆漢簡與《孔子家語》〉, 胡平生, 《國學研究》 第7卷, 北京大學出版社, 2000.

- 〈《孔子家語》三序研究〉, 魏瑋, 曲阜師範大學 孔子文化學院 碩士學位論文, 2009.

- 〈孔子家語版本源流考略〉, 金鎬, 《故宮學術季刊》 第二十卷 第二期, 故宮博物院, 2002.

- 〈讀《孔子家語》札記〉, 楊朝明, 《文史哲》, 2006年 第4期.

- 〈王肅《孔子家語》注研究〉, 王政之, 曲阜師範大學 孔子文化學院 碩士學位論文, 2006.

〔韓 國〕

- 〈《論語》首章與《孔子家語屈節》篇－孔子政治命運悲劇的兩個詮釋〉, 楊朝明, 《온지논총》 제10권, 2004.

- 〈辨章學術, 考鏡源流 : 目錄과 學術思想의 관계－《孔子家語》를 중심으로〉, 金鎬, 《중국어문논역총간》 31집, 2012.

- 〈중국본 《孔子家語》의 국내 수용과 간행 양상－江陵刊本 《新刊標題孔子家語句解》의 문헌학적 가치를 중심으로〉, 姜贊洙, 《중국문학연구》 35집, 2007.

- 〈崔述의 《孔子家語》 批判〉, 朴晙遠, 《동방한문학》 70권, 2017.

〔日 本〕

• 〈日本に於ける≪孔子家語≫の受容：德川時代を中心として〉, 南澤良彦, 日本中國學會報
  65집, 日本中國學會 編, 2013.

5. 電子文獻 및 Web DB

• 동양고전종합DB (http://db.cyberseodang.or.kr)

• 한국고전종합DB (http://db.itkc.or.kr)

• 상우천고 (http://www.s-sangwoo.kr)

• 電子版 文淵閣四庫全書, 上海古籍出版社

目 次

東洋古典譯註叢書를 발간하면서
解 題
凡 例
參考文獻

附錄

標題句解孔子家語 卷上

獻堂 王廣謨 景獻 句解

제1편 魯나라 재상의 일을 섭행함 相魯 第一①

孔子가 中都宰·司空·大司寇 등을 역임하면서 백성을 예절로 다스리고 魯나라 定公을 보좌한 言行을 기록한 편이기에, 편명을 '相魯'로 삼았다. 相은 재상이라는 뜻도 있지만, '도와주다'·'보조하다'라는 뜻도 있다. 中都 邑宰로 1년 동안 치적을 쌓자 서쪽 제후들이 이를 본받았으며, 2년이 되자 定公이 司空에 임명하여 토지를 맡게 하였고, 大司寇에 임명하여 法과 刑獄을 맡게 하였다. 孔子의 정치력을 보여주는 편이다.

① 魯 定公 때 재상의 자리가 비어 孔子가 재상의 일을 攝行하였기 때문에 이렇게 篇名을 붙인 것이다.
魯定公相位闕하여 孔子攝行相事라 故以名篇하니라

1-1[1] 孔子가 처음 벼슬길에 올라 中都의 邑宰가 되어서, 산 사람을 봉양하고 죽은 사람을 장사 지내는 예절[2]을 제정하였다. 그러자 어른과 아이가 먹는 것을 달리 하고, 강한 자와 약한 자가 맡은 일을 달리 하며, 남자와 여자가 다니는 길을 달리 하였다.[3] 또 길에 떨어진 물건을 줍지 않고, 그릇은 거짓으로 꾸미지 않았

---

1) 저본의 표제에 "공자가 中都의 邑宰가 되다.〔孔子爲中都宰〕"라고 되어 있다.
2) 산……예절 : 《孟子》〈離婁 下〉에 "산 사람을 봉양하는 것은 큰일에 해당한다고 할 수 없다. 오직 죽은 사람을 장사 지내는 것이 큰일에 해당된다고 할 수 있다.〔養生者不足以當大事 惟送死可以當大事〕"라고 하였고, 《禮記》〈禮運〉에 "산 사람을 봉양하고 죽은 사람을 장사 지내는 일이야말로 귀신을 섬기는 큰일이다.〔所以養生送死 事鬼神之大端也〕"라고 하였다.
3) 남자와……하였다 : 《禮記》〈內則〉에 "도로에서 남자는 우측으로, 여자는 좌측으로 다닌다.〔道路男子由右 女子由左〕"라고 하였다.

다.[4] 4치의 棺과 5치의 槨을 만들고,[5] 丘陵을 이용해 무덤을 만들 뿐 封墳하거나 나무를 심지 않았다.[6][7] 이렇게 시행한 지 1년이 지나자 서쪽 제후들이 이를 본받았다. 定公[8]이 공자에게 물었다.

"그대의 이 법을 배워서 노나라를 다스린다면 어떻겠습니까?"

공자가 대답하였다.

"天下를 다스리는 것도 가능하니, 어찌 노나라를 다스릴 뿐이겠습니까?"

孔子初仕에 爲中都宰[1]하여 制爲養生送死之節[2]한대 長幼異食[3]하고 彊弱異任[4]하고 男女別塗[5]하고 路無拾遺[6]하고 器不彫僞[7]하며 爲四寸之棺[8]과 五寸之槨[9]하고 因丘陵爲墳[10]호되 不封不樹[11]하다 行之一年[12]에 而西方之諸侯則焉[13]하니라 定公謂孔子曰[14] 學子此法[15]하여 以治魯國이 何如[16]오 孔子對曰[17] 雖天下라도 可乎[18]니 何但魯國而已哉[19]리오하다

① 孔子가 처음 벼슬길에 올랐을 때 노나라가 그를 中都의 邑宰로 삼은 것이다. 中都는 노나라 屬邑이다.
　　孔子初仕에 魯爲中都宰라 中都는 魯之屬邑이라

② 살아계실 때 섬기고 돌아가셨을 때 장사 지내는 예를 제정하여 더하거나 덜함이 없이 알맞게 하였으므로 節이라고 한 것이다.
　　定生事死葬之禮하여 使無過不及이라 故謂之節이라

③ 늙은이와 젊은이가 먹는 것이 같지 않은 것이다. ≪禮記≫에 "50세가 되면 먹는 것을 달리 한다."[9]라고 하였다.
　　老少所食不同이라 禮年(十五)〔五十〕[10]異食이라

---

4) 어른과……않았다 : 이상은 산 사람을 봉양하는 예절이다.

5) 4치의……만들고 : ≪禮記≫〈檀弓〉에 "夫子가 中都의 수령으로 있으면서 棺槨의 제도를 제정하였는데, 棺은 4치로 하고 槨은 5치로 하였으니, 이를 통해 빨리 썩기를 원치 않는다는 것을 알았다.〔夫子制於中都 四寸之棺 五寸之槨 以斯知不欲速朽也〕"라고 하였다.

6) 封墳하거나……않았다 : ≪周易≫〈繫辭傳 下〉에 "옛날 장례하는 자들은 섶을 두껍게 입혀서 들 가운데에 장례하여 봉분하거나 나무를 심지 않았으며, 喪期에 일정한 數가 없었다.〔古之葬者 厚衣之以薪 葬之中野 不封不樹 喪期无數〕"라고 하였다.

7) 4치의……않았다 : 이상은 죽은 사람을 장사 지내는 예절이다.

8) 定公 : 魯나라의 군주로 襄公의 아들이다. 재위기간은 B.C. 509~B.C. 495년이다. 三桓인 季孫氏, 孟孫氏, 叔孫氏에 의해 형 昭公이 齊나라로 망명한 뒤에 즉위하였다.

9) 50세가……한다 : ≪禮記≫〈王制〉에 "50세가 되면 먹는 것을 〈젊은 사람과〉 달리 한다.〔五十異糧〕"라고 하였다.

10) (十五)〔五十〕: 저본에는 '十五'로 되어 있으나, 四部叢刊本에 의거하여 '五十'으로 바로잡았다.

④ 任은 힘으로 하는 일을 말하니, 각자 소임을 따르고 약한 자는 〈힘으로 하는 일에〉 쓰지 않은 것이다.

任謂力作之事니 各從所任하고 不用弱者也라

⑤ 남녀가 구별이 있어 같은 길로 다니지 않은 것이다.

男女有別하여 不同路而行이라

⑥ 길에 떨어진 물건을 사람들이 감히 취하지 않은 것이다.

道上失物을 人不敢取라

⑦ 그릇은 질박함을 숭상하여 거짓으로 꾸미지 않은 것이다.

器尙質하여 不飾詐라

⑧ 棺은 喪具이니, 나무의 두께가 4치이다.

棺은 喪具이니 木厚四寸이라

⑨ 槨은 棺을 담는 喪具이니, 나무의 두께가 5치이다.

槨은 盛棺之具이니 木厚五寸이라

⑩ 地勢의 높낮이에 따라 무덤을 만든 것이다.

因地勢高下爲墓라

⑪ 흙을 쌓아 무덤을 만들지 않고, 소나무와 잣나무를 심지 않은 것이다.

不聚土爲墓하고 不植松栢이라

⑫ 정사를 행한 지 1년이 된 것이다.

爲政得一歲라

⑬ 노나라가 동쪽에 있기 때문에 서쪽 제후들이 모두 본받은 것이다.

魯國居東이라 故西方諸侯가 皆法之라

⑭ 정공이 돌아보고 공자에게 말한 것이다.

定公顧謂子曰

⑮ 그대가 中都를 다스린 법을 본받는다는 것이다.

效子治中都之法이라

⑯ 이 법으로 노나라를 다스리는 것이 가능하겠냐고 물은 것이다.

以此法治魯國可乎아

⑰ 공자가 대답하여 말한 것이다.

孔子答言이라

⑱ 이 법으로 천하를 다스리더라도 또한 괜찮다는 것이다.

以此法으로 治天下라도 亦可라

⑲ 어찌 노나라만 다스릴 수 있을 뿐이겠느냐고 대답한 것이다.

何止可治魯國而已리오

1-2[11] 2년이 지나 定公이 공자를 司空으로 삼았다. 이에 다섯 가지 땅의 성질을
구별하니, 百物이 각기 생장하기 알맞은 땅을 얻어 모두 잘 자라게 되었다.

이보다 앞서 季氏가 墓道(무덤 앞의 길) 남쪽에 昭公[12]을 장사 지냈는데, 공자가
도랑을 파서 여러 墓域에 합치고[13] 季桓子에게 말하였다.

"임금을 貶毀하여 자기의 죄를 드러내는 것은 예가 아닙니다. 지금 합치는 것이
신하된 도리를 제대로 하지 못한 夫子(季平子)의 죄를 덮는 방법입니다."

於是二年에 定公以爲司空①한대 乃別五土之性②하니 而物各得其所生之宜③하여 咸得厥
所④하다 先時에 季氏葬昭公于墓道之南⑤이어늘 孔子溝而合諸墓焉⑥하고 謂季桓子曰⑦ 貶君以
彰己罪는 非禮也⑧라 今合之⑨가 所以揜夫子之不臣⑩이라하다

① 2년이 지나 정공이 공자를 등용하여 百工(百官)을 관장하는 관리로 삼은 것이다.
  過二歲에 公用子하여 作掌百工之官이라

② 첫째 山林, 둘째 川澤, 셋째 丘陵, 넷째 墳衍,[14] 다섯째 原隰[15]이다. 孔子가 다섯 가지
  땅의 성질을 분별한 것이다.
  一曰山林이요 二曰川澤이요 三曰丘陵이요 四曰墳衍이요 五曰原隰이라 子分別五土之性이라

③ 百物이 각기 적합한 토양에서 생장한 것이다.
  百物이 各得土地所宜而生이라

④ 所産物이 모두 잘 자란 것이다.
  所産이 皆得其地라

⑤ 이전에 季平子가 魯 昭公을 쫓아냈는데 소공이 乾侯에서 죽었다. 계평자가 다른 곳에
  장사 지냈으니, 이는 소공을 貶毀하여 先公의 무덤 가까이에 장사 지내지 못하게 한 것

---

11) 저본의 표제에 "공자가 司空이 되다.〔孔子爲司空〕"라고 되어 있다.

12) 昭公 : 定公 전의 노나라 군주이다. 權臣 季孫氏를 제거하려다가 季孫氏와 孟孫氏·叔孫氏의 逆
  攻을 받고 국외로 도망하여 晉나라 땅인 乾侯(간후)에 머물다가 죽었는데, 이듬해 6월에 공의 靈
  柩가 간후에서 노나라로 돌아온 다음 7월에 장사 지냈다.(≪春秋左氏傳≫)

13) 이보다……합치고 : 노나라 先公의 묘는 북쪽에 있는데 季孫이 昭公을 墓道 남쪽에 장사 지내
  선공의 묘와 멀리 떨어지게 하였다. 그러자 공자가 대사구가 되어서 소공의 묘 밖에 도랑을 파
  서 선군의 묘역에 통합시킨 것이다.(≪春秋左氏傳≫ 定公 1년)

14) 墳衍 : 물가의 땅을 墳이라 하고 낮고 평평한 땅을 衍이라고 한다.

15) 原隰 : 넓고 평평한 땅을 原이라 하고 낮고 습한 땅을 隰이라고 한다.

이다. 선조의 무덤 가까이에 장사 지내지 않았다는 말이다.

先에 季平子逐魯昭公한대 死于乾侯하다 平子別而葬之하니 貶之不令近先公也라 言葬不近祖墳이라

⑥ 공자가 이에 소공의 무덤을 열어 移葬해서 여러 先公의 무덤에 통합하여 장사 지내게 한 것이다.

子乃使開昭公墓移하여 合葬於衆公之墓라

⑦ 공자가 季桓子에게 말한 것이다. 季桓子는 季平子의 아들이다.

子謂桓子言이라 桓子는 平子之子라

⑧ "계평자가 소공을 다른 곳에 장사 지낸 것은 임금의 허물을 폄훼하여 자신의 죄를 드러낸 것이니, 예에 맞는 것이 아니다."라고 말한 것이다.

言平子別葬昭公은 是貶君之過하여 彰平子之罪니 非禮所宜라

⑨ 지금 선조의 무덤에 통합시켜 장사 지내는 것이다.

今合葬於祖墳이라

⑩ 신하된 도리를 제대로 하지 못한 계평자의 죄를 덮는 방법이다. 夫子는 계평자를 가리킨다.

所以掩蔽平子不臣之罪라 夫子는 指平子也라

1-3[16] 司空에서 노나라 大司寇가 되어서는 형법을 제정하였지만 집행할 일이 없어 奸惡한 백성이 없어졌다.

由司空爲魯大司寇①하여 設法而不用②하여 無奸民③하니라

① 공자가 司空에서 노나라의 형법을 관장하는 관리가 된 것이다.

孔子自司空으로 爲魯掌刑之官이라

② 형법을 제정하였으나 백성들이 범하지 않은 것이다.

定刑法而民不犯이라

③ 奸軌한 백성이 없어진 것이다.

無奸軌之民이라

1-4[17] 定公이 齊侯와 夾谷에서 會合할 때에 공자가 재상의 일을 攝行하였는데, 정

---

16) 저본의 표제에 "공자가 司寇가 되다.〔孔子爲司寇〕"라고 되어 있다.

공에게 다음과 같이 말하였다.

"신이 듣건대 文과 관계된 일에도 반드시 武의 대비가 있어야 하고 武와 관계
된 일에도 반드시 文의 대비가 있어야 한다고 합니다.[18] 옛날 제후들이 모두
국경을 나갈 때에 반드시 관원을 갖추어 따르게 하였으니, 左右의 司馬를 갖추
소서."

정공이 이 말을 따랐다.

定公與齊侯로 會于夾谷^①할새 孔子攝相事^②曰^③ 臣聞有文事者도 必有武備^④요 有武事
者도 必有文備^⑤라하니 古者諸侯竝出疆^⑥에 必具官以從^⑦하니 請具左右司馬^⑧하소서한대 定公
從之^⑨하다

① 정공 10년에 齊侯와 夾谷에서 會盟한 것이다. 〈협곡은〉 지금의 祝其縣이다.
　　定公十年에 與齊侯會盟于夾谷이라 今祝其縣이라

② 공자가 재상의 직책을 임시로 맡은 것이다.
　　子權相職이라

③ 공자가 정공에게 말한 것이다.
　　子謂定公言이라

④ 지금 공이 협곡에 나가는 것은 文과 관계된 일을 숭상하는 것이지만 또한 모름지기 武
　　의 대비가 있어야 한다는 것이다.
　　今公出夾谷은 雖尙文物이나 亦須有武備라

⑤ 이미 武에 대한 일을 갖췄으면 또한 文德까지 숭상하여 보완하도록 해야 하는 것이다.
　　旣有武事면 亦兼尙文德하여 以輔之라

⑥ 옛날의 諸侯가 자기 나라 국경을 나간 경우이다.
　　古之諸侯가 出其疆界라

⑦ 반드시 文臣과 武職을 갖추어 따르게 한 것이다.
　　必具文臣武職以相隨라

⑧ 공께서는 좌우 두 司馬를 갖추라고 청한 것이다.
　　請公備左右二司馬라

---

17) 저본의 표제에 "재상의 일을 섭행할 때에, 文과 관계된 일에는 武의 대비가 있어야 함을 말하
　　다.〔攝行相事 文事武備〕"라고 되어 있다.
18) 文과……합니다 : ≪春秋穀梁傳≫ 襄公 25년에 "옛날에 비록 文과 관계된 일이 있더라도 반드
　　시 武의 대비가 있었다.〔古者雖有文事 必有武備〕"라고 하였다.

⑨ 공이 공자의 청을 따른 것이다.

　　公從其請이라

夾谷會齊

1-5[19) 會合하는 곳에 이르러 壇位를 만들었는데, 흙으로 쌓은 섬돌이 세 계단이
었다.[20) 會遇하는 예로써 서로 만나 읍하고 사양하며 올라가 獻酢을 마치자, 齊나
라가 萊人[21)을 시켜 兵鼓를 시끄럽게 치며 정공을 위협하였다. 그러자 공자가 흙
으로 쌓은 섬돌을 밟고 올라가 정공을 물러나게 하고 말하였다.

　　"군사들이 兵鼓를 치며 오다니![22) 우리 두 나라 임금이 우호를 다지는데 遠方 夷
狄의 포로가 감히 병고를 치며 소란을 피우니 이는 齊君이 諸侯에게 명한 것이 아
닙니다. 遠方의 나라는 中國의 謀議에 참여할 수 없고, 夷狄은 中華를 어지럽힐 수

---

19) 저본의 표제에 "遠方의 나라는 中國의 謀議에 참여할 수 없고, 夷狄은 中華를 어지럽힐 수 없
　　다.〔裔不謀夏 夷不亂華〕"라고 되어 있다.

20) 흙으로……계단이었다 : ≪史記≫〈太史公自序〉에, 堯舜의 검소한 덕행을 말하면서 "〈요순은〉
　　당의 높이가 석 자였고, 흙으로 세 개의 계단을 쌓았다.〔堂高三尺 土階三等〕"라고 하였다.

21) 萊人 : 萊나라는 夷國으로, 魯 襄公 6년에 제나라에 멸망당했다. 지금의 山東 黃縣 지역이다.

22) 군사들이……오다니 : 본문의 주석대로 하면 뒤의 "敢以兵亂之"와 뜻이 겹치게 되므로, "군사
　　들은 저들(萊人)을 공격하라."라고 해야 할 듯하다. 이 부분에 대한 다른 주석을 살펴보면, ≪春
　　秋左氏傳≫에는 "병기로 萊人을 공격하게 한 것이다.〔以兵擊萊人〕"라고 되어 있고, 漢文大系本
　　에는 "士官(법을 집행하는 관리)에게 병기로 萊人을 공격하게 하였다.〔令士官以兵擊萊人〕"라고 되
　　어 있다.

없으며, 포로는 盟約에 간여할 수 없고 병기는 우호를 다지는 자리에 가까이 할 수 없습니다. 이런 일은 神에게는 상서롭지 못한 일이 되고, 德行에는 道義를 어기는 것이 되며, 사람에게는 예를 잃는 것이 되니, 齊君께서는 반드시 그렇게 하지 않으실 것입니다."

齊侯가 마음속으로 부끄러워하여 신호를 보내 萊人을 물러가게 하였다.

至會所^①하여 爲壇位하니 土階三等^②이라 以遇禮相見^③하여 揖讓而登^④하여 獻酢旣畢^⑤한대 齊使萊人^⑥으로 以兵鼓謑(조)^⑦하여 劫定公^⑧하다 孔子歷階而進^⑨하여 以公退^⑩曰 士以兵之^⑪라 吾兩君爲好^⑫어늘 裔夷之俘^⑬가 敢以兵亂之^⑭하니 非齊君所以命諸侯也^⑮라 裔不謀夏^⑯하고 夷不亂華^⑰하며 俘不干盟^⑱하고 兵不偪好^⑲하나니 於神爲不祥^⑳하고 於德爲愆義^㉑하며 於人爲失禮^㉒하니 君必不然^㉓이리라한대 齊侯心怍^㉔하여 麾而避之^㉕하다

① 회합하는 장소인 협곡에 함께 이른 것이다.
  同至夾谷所會之處라

② 壇場을 만들고 3단의 계단을 설치한 것이다.
  作壇場하고 設三級之階라

③ 會遇하는 예로써 齊侯와 서로 만난 것이다. 회우하는 예는 간소한 예이다.
  以會遇之禮로 與齊侯相見이라 遇禮는 簡略之禮也라

④ 賓主가 揖하고 辭讓하며 자리에 오른 것이다.
  賓主揖遜登位라

⑤ 燕享하는 자리에서 酬酢을 이윽고 마친 것이다.
  燕享酬酢已訖이라

⑥ 齊侯가 東夷 사람을 시킨 것이다.
  齊侯使東夷人이라

⑦ 頭註 : 謑(시끄럽다)는 千과 紀의 反切이다.
  謑는 千紀切이라

⑧ 兵鼓로 위세를 떨쳐 정공을 두렵게 한 것이다. 東夷가 우레처럼 시끄럽게 북을 치는 것을 謑라고 한다.
  用兵鼓張威以懼公이라 東夷雷鼓曰謑라

⑨ 공자가 세 개의 섬돌을 밟고 올라간 것이다.
  孔子攝三²³⁾階而上進이라

⑩ 정공을 잡아당겨 물러나 피하게 한 것이다.

挈定公以退避라

⑪ 공자가 "萊人이 兵鼓로 시끄럽게 하며 이르다니!"라고 말한 것이다.
子言 萊人用兵鼓譟而至라

⑫ 우리 노나라와 제나라 두 임금이 우호의 예를 다지는 중이라는 것이다.
我魯齊二君이 修好禮라

⑬ 裔는 변방 사람이니 夷狄이다. 俘는 전쟁터에서 생포한 사람이다.
裔는 邊塞之人이니 夷狄也라 俘者는 陣中生獲之人이라

⑭ "먼 곳 夷狄의 포로가 갑자기 위협을 줄 수 있는 병기로 두 임금의 우호를 어지럽히고 있다."라고 말한 것이다.
言裔夷俘가 輒敢用兵威하여 以亂兩君之好라

⑮ 바로 齊君이 諸侯와 우호를 다지는 예가 아니라는 것이다.
卽非齊君이 所以與諸侯修好之禮也라

⑯ 변방 사람은 中國의 謀議에 참여할 수 없다는 것이다.
邊人은 不得與中國之謀議라

⑰ 夷人은 中華의 법을 紊亂하게 할 수 없다는 것이다.
夷人은 不得紊亂中華之法이라

⑱ 포로로 잡힌 사람은 회맹의 일에 간여할 수 없다는 것이다.
俘虜之人은 不得干與盟會之事라

⑲ 위협을 줄 수 있는 병기는 우호를 다지는 곳에 가까이해서는 안 된다는 것이다.
兵威는 不得近修好之所라

⑳ 神祇에게는 불길한 일이 된다는 것이다.
在神祇爲不吉之事라

㉑ 덕행에 있어서는 道義를 어기는 것이 된다는 것이다.
在德爲過愆之義라

㉒ 사람에게는 예를 잃는 것이 된다는 것이다.
在人則爲失禮라

㉓ "제나라 임금은 반드시 이렇게 하지 않을 것이다."라고 말한 것이다.
言齊君必不如此라

㉔ 齊侯가 夫子의 말을 듣고 마음속으로 부끄러워한 것이다.
齊侯聞夫子之言하고 其心愧怍이라

---

23) 三 : 江陵本에는 '土'로 되어 있다.

㉕ 신호를 보내 萊人 등을 물러가게 한 것이다.
指揮使萊人等退避之라

1-6²⁴⁾ 잠시 후에 제나라가 궁중의 음악을 연주하자 俳優와 侏儒가 두 임금 앞에서 놀이판을 벌였다. 공자가 趨蹌하여 계단을 밟고 올라가다가 끝까지 올라가지 않고 계단 하나를 남겨두고 말하였다.
"필부로서 諸侯를 현혹시키는 자는 죄가 죽어 마땅하니, 右司馬는 속히 처형하시오." 이에 侏儒를 斬하니, 齊侯가 두려워하고 부끄러운 낯빛을 띠었다.

有頃^①에 齊奏宮中之樂^②하니 俳^③優侏儒戲於前^④하다 孔子趨進하여 歷階而上^⑤하여 不盡一等^⑥曰 匹夫熒侮諸侯者는 罪應誅^⑦하니 請右司馬速加刑焉^⑧하라하다 於是에 斬侏儒^⑨하니 齊侯懼하고 有慙色^⑩하다

① 잠시 후이다.
少時間이라
② 제후가 伶官에게 궁중의 음악을 연주하게 한 것이다.
齊侯가 使伶官으로 奏宮中樂이라
③ 頭註 : 俳(광대)는 音이 排이다.
俳는 音排라
④ 俳優는 雜劇을 하는 사람이고 侏儒는 난장이인데 이들이 두 임금 앞에서 놀이판을 벌인 것이다.
俳優는 雜劇人이고 侏儒는 矮人이니 呈戲於兩君之前이라
⑤ 공자가 趨蹌하여 앞으로 나아가 계단을 밟고 올라간 것이다.
子趨蹌進前하여 跡階而升이라
⑥ 가운데 계단에 서고 감히 가장 높은 계단에 오르지 않은 것이다.
立於中階하고 不敢登第一級階上이라
⑦ "일개 필부로서 諸侯를 현혹시키는 자는 그 죄가 죽음에 해당한다."라고 말한 것이다.
言一匹之夫簧惑諸侯者는 其罪當殺이라
⑧ 공자가 右司馬에게 속히 처형할 것을 청한 것이다.
子請右司馬急處刑이라

---

24) 저본의 표제에 "난장이를 베다.〔斬侏儒〕"라고 되어 있다.

⑨ 사마가 이에 난장이를 벤 것이다.

　司馬乃斬矮人이라

⑩ 제후가 이에 두려워하고 부끄러워하는 낯빛을 띤 것이다.

　齊侯乃恐하고 面有愧容이라

1-7[25] 맹약하려 할 때에 제나라 사람이 載書(맹약을 기록한 글)에 다음의 글귀를 추가하였다.

　"제나라 군대가 국경을 나갈 때 당신들의 나라가 兵車 300乘으로 우리를 扈從하지 않는다면 이 맹세에서 한 것처럼 할 것이오."

　그러자 공자가 玆無還을 시켜 대답하게 하였다.

　"당신들이 우리 汶水 북쪽 땅을 돌려주지 않는다면 우리는 명을 받들고 온 제나라의 사신을 또한 이 맹세에서 한 것처럼 할 것이오."

　齊侯가 燕享하는 예를 거행하려고 하자 공자가 梁丘據에게 말하였다.

　"제나라와 노나라의 故事를 그대는 어찌하여 듣지 못하였습니까? 회맹의 일이 이미 이루어졌는데 또 연향을 베푼다면 일을 담당하는 사람만 수고롭게 할 뿐입니다. 또 犧尊(희준)과 象尊(상준)[26]은 國門 밖을 나갈 수 없고, 嘉樂[27]은 야외에서 合奏하지 않는 법입니다. 연향을 베풀 때 이 두 가지를 다 갖춘다면 이는 예를 버리는 것이고, 만약 이것을 갖추지 않는다면 粃稗(비패, 쭉정이와 피)를 쓰는 셈이 됩니다. 비패를 쓰면 임금에게 욕되고, 예를 버리면 명성이 나빠질 것이니, 그대는 어찌하여 도모하지 않습니까? 연향은 덕을 밝히는 것이니, 밝힐 수 없다면 그만두는 것이 낫습니다."

　이에 연향하는 예를 거행하지 않았다.

　제후가 돌아가 群臣을 꾸짖으며 말하였다.

　"노나라는 군자의 도로써 그 임금을 보좌하는데 그대들은 홀로 夷狄의 도로써 과인을 가르쳐 노나라 임금에게 죄를 얻게 하였다."

---

25) 저본의 표제에 "齊나라가 汶水 북쪽의 땅을 돌려주다.〔齊返汶陽田〕"라고 되어 있다.

26) 犧尊(희준)과 象尊(상준) : 犧尊은 소의 형상으로 만든 酒器이고, 象尊은 象牙로 장식한 酒器이다.

27) 嘉樂 : 종과 북을 첨가해서 연주하는 훌륭한 음악을 말한다.

이에 노나라를 침략하여 빼앗은 네 읍[28]과 汝水 북쪽의 땅을 돌려주었다.

將盟^①에 齊人加載書^②曰 齊師出境^③에 而不以兵車三百乘^④從我者^⑤면 有如此盟^⑥이라하여늘 孔子使玆無還^⑦對曰^⑧ 而不返我汝陽之田^⑨이면 吾以供命者를 亦如之^⑩호리라하다 齊侯將設享禮^⑪에 孔子以梁丘據曰^⑫ 齊魯之故^⑬를 吾子何不聞焉^⑭고 事旣成矣^⑮어늘 而又享之^⑯하면 是勤執事^⑰라 且犧象不出門^⑱하고 嘉樂不野合^⑲하나니 享而旣具면 是棄禮^⑳요 若其不具^㉑면 是用粃^㉒稗^{㉓㉔}니 用粃稗君辱^㉕이요 棄禮名惡^㉖이니 子盍圖之^㉗오 夫享은 所以昭德也^㉘니 不昭면 不如其已^㉙라한대 乃不果享^㉚하다 齊侯歸^㉛하여 責其群臣曰^㉜ 魯以君子道輔其君^㉝이어늘 而子獨以夷狄道敎寡人^㉞하여 使得罪^㉟라하고 於是에 乃歸所侵魯之四邑及汝陽之田^㊱하다

① 맹세하여 우호를 다지려 한 것이다.

　將盟誓修好라

② 제나라 사람이 이에 붓을 잡고 맹세하는 글에 추가한 것이다.

　齊人이 乃執筆하여 加於誓書上이라

③ "제나라 三軍이 국경을 나갈 경우이다."라고 말한 것이다.

　言齊三軍出境界라

④ 頭註 : 乘(수레)은 去聲이다.

　乘은 去聲이라

⑤ 노나라가 300乘의 兵車로 齊君을 扈從하지 않는다는 것이다.

　魯不使三百乘兵車로 扈從齊君者라

⑥ 이 맹세와 같이 하겠다는 것이다.

　如此盟誓라

⑦ 공자가 노나라 대부 玆無還을 시킨 것이다.

　孔子使魯大夫玆無還者라

⑧ 노나라 대부 玆無還이 제나라 사람에게 대답한 것이다.

　魯大夫對齊人言이라

⑨ 당신들이 이전에 침탈한 노나라 汝水 북쪽 땅을 돌려주지 않는다면 다음과 같이 하겠다고 말한 것이다.

　言汝不還前時所侵過魯地汝陽之田이라

⑩ 우리는 사신의 직무를 띠고 노나라에 온 제나라의 신하가 제나라로 돌아갈 수 없게 할

---

28) 네 읍 : ≪史記索隱≫과 ≪春秋左氏傳≫ 注에는 鄆, 讙, 龜陰 세 현으로 되어 있다.

것을 또한 제나라가 맹약한 말과 같이 하겠다는 것이다.

　　我使齊供職之臣으로 亦不得還齊를 亦如齊之盟言이라

⑪ 제후가 연향하는 예를 거행하려고 한 것이다.

　　齊侯將行燕享之禮라

⑫ 공자가 梁丘據에게 말한 것이다.

　　孔子與梁丘據言이라

⑬ 제나라와 노나라 간의 옛 일이다.

　　齊魯舊事라

⑭ 그대〔吾子〕는 梁丘據를 가리킨다. "그대는 어찌 그 故事를 듣지 못하였습니까?"라고 말한 것이다.

　　吾子는 指丘據也라 言汝豈不聞其故乎아

⑮ 회맹의 일이 일이 이루어진 것이다.

　　盟事已成이라

⑯ 또 연향하는 예를 거행하는 것이다.

　　又行燕享之禮라

⑰ 이는 일을 맡은 사람을 수고롭게 할 뿐이라는 것이다.

　　是徒勞執事之人이라

⑱ 犧尊과 象尊은 國法에 國門을 나갈 수 없다는 것이다.

　　夫犧象之尊은 在法不出國門이라

⑲ 아름다운 음악은 야외에서 合奏하지 않는다는 것이다.

　　樂之嘉者는 不於野外合奏라

⑳ 연향하는 예가 너무 지나치면 그 예를 잃는다는 것이다.

　　享禮太過則失其禮라

㉑ 예가 갖추어지지 않을 경우이다.

　　禮苟不備라

㉒ 頭註 : 粃(쭉정이)는 皮와 彼의 反切이다.

　　粃는 皮彼切이라

㉓ 頭註 : 稗(피)는 蒲와 賣의 反切이다.

　　稗는 蒲賣切이라

㉔ 粃稗를 쓰는 것과 같은 것이다. 粃는 곡식이 여물지 않은 것이고, 稗는 벼와 비슷하게 생긴 풀이다.

　　則如用粃稗也라 粃谷不成이요 (粃)[29]稗似禾之草라

歸田謝過

㉕ 예에 비패를 쓴다면 임금은 욕을 당한다는 것이다.

　禮用秕稗면 則君受辱이라

㉖ 예를 폐기하면 명성이 아름답지 않다는 것이다.

　廢禮면 則名不美라

㉗ 그대〔子〕는 또한 梁丘據를 가리킨다. "그대는 어찌 도모하지 않습니까?"라고 말한 것
　이다.

　子는 亦指丘據也니 言汝何不謀之오

㉘ 대저 연향하는 예는 그 덕을 밝히는 것이다.

　夫燕禮者는 明其德也라

㉙ 연향할 때에 덕을 밝히지 않는다면 연향을 베풀지 않는 것만 못하다.

　享不明德이면 不如不享이라

㉚ 이에 연향하는 예를 거행하지 않은 것이다.

　乃不行享禮라

㉛ 제후가 자기 나라에 돌아간 것이다.

　齊侯還國이라

---

29) (秕) : 저본에는 '秕'가 있으나, ≪春秋左氏傳≫ 定公 10년 조 杜預의 주와 漢文大系本에 의거하
　여 衍文으로 처리하였다.

㉜ 이에 제나라의 여러 관원을 詰責하여 말한 것이다.
　　乃詰責齊之衆官言이라

㉝ 노나라 신하는 군자의 도로써 그 군주를 보좌하였다는 것이다.
　　魯國臣은 用君子之道하여 以佐其主라

㉞ 제나라 신하를 꾸짖으며 말하기를 "너희들은 夷狄의 도로써 寡德한 사람을 가르쳤다."
라고 한 것이다.
　　責齊臣言 汝用夷狄之道하여 以敎寡德之人이라

㉟ 나로 하여금 노나라 임금에게 죄를 얻게 하였다는 것이다.
　　使我得罪於魯君이라

㊱ 제나라가 이에 노나라에게 빼앗은 鄆(운), 讙, 龜, 陰 네 현 및 汶水 북쪽 땅을 돌려준
것이다.
　　齊乃還魯鄆讙龜陰四縣及汶陽田이라

1-8[30] 공자가 정공에게 말하였다.

"家에는 甲兵을 모아둘 수 없고 邑에는 百雉의 성을 쌓을 수 없는 것은[31] 옛날의
제도입니다. 그런데 지금 三家는 제도를 지나쳤으니, 모두 헐어버리소서."

이에 季孫氏의 邑宰인 仲由에게 三都[32]를 헐어버리게 하였다. 叔孫(叔孫輒)이 季
氏에게 뜻을 얻지 못해 費邑의 邑宰인 公山弗擾에게 의지하여 비읍 사람들을 거느
리고 노나라를 습격하였다.[33] 그러자 공자는 魯公과 季孫, 叔孫, 孟孫을 모시고 費
氏의 궁에 들어가 武子의 臺에 올라갔다. 비읍 사람들이 공격하다가 무자의 대 옆
까지 이르자 공자가 申句須와 樂頎에게 명하여 군사들을 거느리고 무자의 대에서
내려가 치게 하였다. 비읍 사람들이 패배하여 마침내 삼도의 성이 무너졌다. 이에
노나라 公室을 높이고 삼가의 私家 세력을 약화시켜 임금을 높이고 신하를 낮추니
정치와 교화가 크게 행해졌다.

---

30) 저본의 표제에 "三家가 정해진 제도보다 지나치게 城을 쌓다.〔三家過制〕", "三都의 城을 헐어버
　리다.〔墮三都城〕"라고 되어 있다.
31) 邑에는……것은 : 百雉의 城은 길이와 높이가 모두 300丈인 城邑을 말한다. 《春秋左氏傳》 隱
　公 元年에 "都城이 百雉가 넘으면 나라의 害가 된다.〔都城過百雉 國之害也〕"라고 하였다.
32) 三都 : 三家 邑의 都城으로, 계손의 읍인 費, 숙손의 읍인 郈, 맹손의 읍인 成의 都城을 말한다.
33) 이에……습격하였다 : 季氏가 費邑을 무너뜨리려고 하자, 계씨에게 뜻을 얻지 못한 叔孫輒이
　費邑의 수령인 公山弗擾와 결탁하여 노나라의 國都를 습격한 것이다.(《春秋左氏傳》 定公 12년)

孔子言於定公曰① 家不藏甲②하고 邑無百雉之城③은 古之制也④라 今三家過制⑤하니 請皆損
之⑥하소서한대 乃使季氏宰仲由墮三都⑦하다 叔孫不得意於季氏⑧라 因費⑨宰公山弗擾⑩하여 率
費人以襲魯⑪어늘 孔子以公與季孫叔孫孟孫⑫으로 入于費氏之宮⑬하여 登武子之臺⑭라 費人攻
之라가 及臺側⑮이어늘 孔子命申句須樂頎하여 勒士衆下伐之⑯하니 費人北⑰하여 遂墮三都之
城⑱하다 彊公室⑲하고 弱私家⑳하여 尊君卑臣㉑하니 政化大行㉒하다

① 공자가 정공에게 말한 것이다.
　　孔子謂定公曰

② 卿大夫를 家라고 하는데, 家에는 甲兵을 모아둘 수 없는 것이다.
　　卿大夫를 稱家라 不得蓄甲兵이라

③ 성의 높이가 三堵인 것을 雉라고 한다. 縣에 百雉의 성을 쌓는 것은 정해진 제도를 지
　　나치는 것이다.
　　城三堵曰雉라 縣有百雉는 過制也라

④ 옛날의 법이 이와 같은 것이다.
　　古法如此라

⑤ 三家는 孟孫, 叔孫, 季孫이다. 정해진 제도보다 지나치게 읍에 성을 쌓은 것이다.
　　三家는 孟孫叔孫季孫也라 過制하여 築城於邑이라

⑥ 노나라 임금에게 정해진 제도를 지나쳐서 쌓은 성을 무너뜨리라고 청한 것이다.
　　請魯君損其過制라

⑦ 子路가 季氏의 邑宰로 있었으므로 孔子가 그에게 三家의 都城을 무너뜨리게 한 것이다.
　　子路가 爲季氏宰일새 孔子使壞三家之都城이라

⑧ 叔孫이 季氏의 邑宰에게 뜻을 얻지 못한 것이다.
　　叔孫이 不得志於季氏宰라

⑨ 頭註 : 費(邑名)는 음이 秘이다.
　　費는 音秘라

⑩ 이에 費邑의 邑宰인 公山弗擾에 의지한 것이다.
　　乃因費邑宰公山弗擾라

⑪ 비읍 백성들을 규합하여 거느리고서 군사를 일으켜 노나라 군대와 싸운 것이다.
　　糾率費邑之人民擧³⁴⁾兵하여 以抵魯師라

⑫ 공자가 魯公과 세 사람을 모신 것이다.

---

34) 擧 : 江陵本에는 '卒'로 되어 있다.

孔子侍魯公及三子라

⑬ 비읍의 궁중에 들어간 것이다.

入費邑之宮中이라

⑭ 武子의 臺 위에 올라간 것이다.

升武子臺上이라

⑮ 비읍의 군대가 魯公을 공격하다가 臺 옆까지 이른 것이다.

費師攻魯公이라가 至於臺畔이라

⑯ 孔子가 두 사람에게 사람들을 거느리고 臺에서 내려가 치게 한 것이다.

孔子使二人으로 率衆下臺하여 伐之라

⑰ 비읍의 군대가 패한 것이다.

費師敗라

⑱ 이에 삼가의 도성이 무너진 것이다.

乃壞三家都城이라

⑲ 노나라 公室을 높인 것이다.

尊魯國之公室이라

⑳ 삼가의 私家 세력을 약화시킨 것이다.

弱三家之私家라

㉑ 君臣 간에 정해진 분수가 있는 것이다.

君臣有定分이라

㉒ 교화가 크게 행해진 것이다.

而教化盛行이라

1-9[35] 당초 노나라에 양을 파는 沈猶氏라는 자가 있었는데 늘 아침에 양에게 물을 먹여 〈크게 보이게 하여〉 시장 사람들을 속였고, 公愼氏라는 자가 있었는데 처의 淫行을 제지하지 못하였으며, 愼潰氏라는 자가 있었는데 사치가 도를 넘었고, 또 노나라의 六畜을 파는 자들은 말로 꾸며서 값을 더 받았다. 그런데 공자가 정사를 맡은 뒤로는 심유씨는 감히 아침에 양에게 물을 먹이지 못하였고, 공신씨는 그의 아내를 쫓아냈으며, 신궤씨는 국경을 넘어 이사를 갔다. 3개월이 지나자 소나 말을 파는 자들은 값을 더 받지 않았고, 양이나 돼지를 파는 자들은 말로 꾸미지

35) 이 부분은 四部叢刊本을 저본으로 하였다.

않았다. 그리고 남녀가 갈 때에는 길을 달리 하였고 길에 떨어진 물건을 줍지 않았으며, 남자는 忠誠과 信義를 숭상하고 여자는 貞節과 順從을 숭상하게 되었다. 또 고을을 찾아오는 사방의 손님들도 有司를 애써 찾지 않고도 모두 집에 돌아가듯 편안히 행동하였다.

初에 魯之販羊有沈猶氏者한대 常朝飲其羊以詐市人하고 有公愼氏者한대 妻淫不制하고 有愼潰氏한대 奢侈踰法하며 魯之鬻六畜者는 飾之以儲價러라 及孔子之爲政也하얀 則沈猶氏不敢朝飲其羊하고 公愼氏出其妻하고 愼潰氏越境而徙하며 三月則鬻牛馬者不儲價하고 賣羊豚者不加飾이라 男女行者別其塗하고 道不拾遺하며 男尚忠信하고 女尚貞順이라 四方客至於邑하여도 不求有司①호되 皆如歸焉②하니라

① 有司가 늘 자신의 직무를 담당하고 있기 때문에 손님이 찾지 않아도 유사가 제자리에 있는 것이다.
有司常供其職이라 客不求而有司存焉이라
② 집에 돌아가듯 부족한 바가 없다는 말이다.
言如歸家無所(之)〔乏〕36)也라

36) (之)〔乏〕: 저본에는 '之'로 되어 있으나, 漢文大系本에 의거하여 '乏'으로 바로잡았다.

제2편 처음으로 誅罰함 始誅 第二①

 孔子가 大司寇가 되어 政事를 어지럽히던 大夫 少正卯를 7일 만에 誅罰한 사건을 기록한 편이기에, 편명을 '始誅'로 삼았다. 소정묘 誅殺은 ≪荀子≫에 처음 보이는데, 공자가 과연 소정묘를 주살하였는지, 아니면 후대에 날조된 기록이거나 誅를 견책(誅責)의 뜻으로 해석해야 하는지에 대하여 오랫동안 논쟁이 이어졌다. 그러나 ≪孔子家語≫〈始誅〉에서 兩關 아래에서 죽이고 시신을 3일간 전시하였다고 기록하여 ≪荀子≫보다 생생하게 사건을 전달하였으며, 孔子와 子貢의 대화를 통해서 소정묘 주살의 당위성을 설명하였다.

 ① 공자가 司寇가 되어 재상의 일을 攝行한 뒤로 즉시 정사를 어지럽힌 대부를 죽였기 때문에 '始誅'라고 편명을 붙인 것이다.
 子自司寇攝相事로 卽戮亂政大夫라 故名始誅篇하니라

2-1¹⁾ 공자가 魯나라 司寇가 되어 재상의 일을 섭행하면서 기뻐하는 낯빛을 띠자 仲由가 물었다.

 "제가 듣기로 君子는 禍가 닥쳐도 두려워하지 않고 福이 이르러도 기뻐하지 않는다고 합니다. 그런데 지금 夫子께서 높은 자리에 올라서 기뻐하시는 것은 어째서입니까?"

 공자가 답하였다.

 "그렇다. 그런 말을 한 적이 있다. 하지만 귀한 신분으로써 남에게 낮추는 것이 즐겁다고 말하지 않겠는가."

---

1) 저본의 표제에 "공자가 司寇가 되다.〔孔子爲司寇〕"라고 되어 있다.

孔子爲魯司寇^①에 攝行相事^②하여 有喜色^③이어늘 仲由問曰^④ 由聞君子는 禍至不懼^⑤하고 福至不喜^⑥라하니 今夫子得位而喜는 何也^⑦잇가 孔子曰 然^⑧하다 有是言也^⑨라 不曰樂以貴下人乎^⑩아

① 定公 14년에 정공이 공자를 사구로 삼은 것이다.

　　定公十四年에 公以孔子爲司寇라

② 재상의 자리가 비어 공자가 임시로 재상의 일을 행한 것이다.

　　相位闕하여 子權行相事라

③ 기뻐하는 낯빛을 띤 것이다.

　　有喜悅之容이라

④ 자로가 夫子에게 물은 것이다.

　　子路問夫子曰

⑤ 자신(仲由)이 들으니 군자는 禍가 닥쳐도 두려워하지 않는다고 하였다는 것이다.

　　仲由聞호니 君子之人은 禍至不恐이라

⑥ 福이 이르러도 기뻐하지 않는다는 것이다.

　　福至不悅이라

⑦ 이제 부자께서 재상의 자리에 올라서 기뻐하시는 것은 어째서이냐고 한 것이다.

　　今夫子得行相位而喜는 是何也오

⑧ 공자가 仲由에게 답하기를, "그러하다."라고 한 것이다.

　　孔子答仲由曰 如此라

⑨ 그런 말을 하였다는 것이다.

　　有此言이라

⑩ 귀한 신분으로써 남에게 예의를 지켜 낮추는 것이 기쁘다고 말하지 않겠느냐고 한 것이다.

　　不言喜於以貴禮下於人耶아

2-2²⁾ 이에 조정의 정치에 참여한 지 7일째 되는 날 정치를 어지럽힌 大夫 少正卯를 誅罰하여 두 개의 觀闕³⁾ 아래에서 죽이고 조정에 3일 동안 시체를 진열하였다.

---

2) 저본의 표제에 "공자가 소정묘를 誅罰하다.〔孔子誅少正卯〕"라고 되어 있다.

3) 두 개의 觀闕 : 궁문 앞에 세운 두 개의 높은 樓臺를 말한다. ≪禮記集說大全≫ 〈禮運〉에 "양관은 문의 양쪽 곁에 있는데, 국가 典章(법)의 내용을 위에 걸어 두어 사람에게 보인다.〔兩觀在門之兩

그러자 子貢이 나와서 물었다.

"소정묘는 노나라의 명망이 있는 사람입니다. 그런데 이제 부자께서 정치를 하시는 처음에 그를 주벌하셨으니 어떤 사람은 잘못된 행동이라고 말합니다."

공자가 대답하였다.

"앉아라. 내가 너에게 그 이유를 말해주겠다. 천하에 몹시 나쁜 행위가 다섯 가지가 있는데, 도둑질은 여기에 들어가지 않는다. 첫째는 마음에 거역할 뜻을 품고서 음험한 것, 둘째는 하는 짓이 편벽되면서 고집불통인 것, 셋째는 말이 거짓되면서 변명하는 것, 넷째는 醜惡한 것만 기억하여 크게 惡行을 저지르는 것, 다섯째는 제멋대로 非行을 저지르면서도 잘못을 꾸미는 것이다. 사람이 이 다섯 가지 중에 하나라도 있으면 군자의 주벌을 피할 수 없는데, 소정묘는 다 갖추고 있다. 그의 居處는 무리를 모아 黨派를 만들기에 충분하며, 그의 말재주는 거짓으로 꾸며 많은 사람들을 현혹하기에 충분하며, 그의 강팍한 성질은 是非를 뒤엎고 자신의 주장만을 내세우기에 충분하다. 이 사람이 바로 奸雄이니, 제거하지 않을 수 없었다.

殷나라 湯임금은 尹諧를 죽였고 文王은 潘正을 죽였고[4] 周公은 管叔·蔡叔을 죽였고[5] 太公은 華士를 죽였고[6] 管仲은 付乙을 죽였고[7] 子産은 史何를 죽였다.[8] 이

旁 懸國家典章之言於上以示人也]"라고 하였다.

4) 湯임금은……죽였고 : 이 두 가지 사건은 다른 문헌에 보이지 않고, 다만 ≪荀子≫ 〈宥坐〉에 "湯은 尹諧를 죽였고 文王은 潘止를 죽였다.〔湯誅尹諧 文王誅潘止〕"라는 기록이 보인다.

5) 周公은……죽였고 : 周 武王이 죽고 어린 아들 成王이 그 뒤를 잇게 되어 숙부인 周公이 섭정할 때 주공의 형제들인 管叔과 蔡叔 등이 반란을 일으켰는데, 주공은 반란을 진압한 다음 관숙을 처형하고 채숙을 추방하였다.(≪史記≫ 권35 〈管蔡世家〉)

6) 太公은……죽였고 : 華士는 사람 이름인 동시에 虛僞를 일삼는 선비를 말한다. 太公望이 功을 세워 齊나라에 봉해졌는데, 동해 가에 살던 狂矞(광율)과 華士 두 사람이 신하되기를 거부하자, 태공이 이들을 죽였다. 주공이 그 이유를 묻자 태공이 말하기를, "이들은 스스로 어진 賢士라고 하나 군주에게 등용되려 하지 않고, 행실은 매우 어질다고 하나 세상에 쓰이려 하지 않습니다. 이 때문에 죽인 것입니다." 하였다.(≪韓非子≫ 〈外儲說 右上〉)

7) 管仲……죽였고 : 管仲은 춘추시대 齊나라의 名相으로 桓公으로부터 숙부의 칭호를 들으며 부국강병의 정치를 이룩하여 제후를 규합하고 천하를 통일함으로써 환공으로 하여금 春秋 五霸의 으뜸이 되게 만들었다. 관중이 付乙을 죽인 일은 보이지 않는다. '付乙'은 ≪荀子≫ 〈宥坐〉에 '付里乙'로 되어 있다.

8) 子産은……죽였다 : 子産은 춘추시대 鄭나라 公孫僑이다. 네 조정에서 계속 재상으로 있으면서 뛰어난 외교수완을 발휘하여 당시 약소국이었던 정나라를 무사하게 보전하였다. 자산이 史何를 죽인 일은 보이지 않는다. ≪荀子≫ 〈宥坐〉에는 "자산이 鄧析과 史付를 죽였다.〔子産誅鄧析史付〕"

일곱 사람이 모두 시대는 다르지만 똑같이 죽임을 당한 것은 일곱 사람이 산 시대는 다르나 악행이 같았기 때문이다. 그래서 용서할 수 없었던 것이다. ≪詩經≫에 이르기를, "근심스러운 마음으로 걱정한 것은 소인들의 악행에 화가 났기 때문이라네."[9]라고 하였으니, 소인이 당파를 만드는 것이 참으로 근심스러운 것이다.

於是에 朝政[1]七日而誅亂政大夫少正卯[2]하여 戮之于兩觀之下[3]하고 尸於朝三日[4]한대 子貢進曰[5] 夫少正卯는 魯之聞人也[6]라 今夫子爲政而始誅之[7]하시니 或者爲失乎[8]인저하니이다 孔子曰[9] 居하라 吾語[10]汝[11]호리라 天下有大惡者五[12]니 而竊盜不與焉[13]이니 一曰心逆而險[14]이요 二曰行[15]僻而堅[16]이요 三曰言僞而辯[17]이요 四曰記醜而博[18]이요 五曰順非而澤[19]이라 此五者에 有一於人[20]이면 則不免君子之誅[21]어늘 而少正卯皆兼有之[22]하니라 其居處足以撮(주)[23]徒成黨[24]이요 其談說足以飾襃榮衆[25]이요 其彊禦足以返是獨立[26]하니 此乃人之奸雄者也[27]라 不可以不除[28]니라 夫殷湯誅尹諧[29]하고 文王誅潘正[30]하고 周公誅管蔡[31]하고 太公誅華士[32]하고 管仲誅付乙[33]하고 子産誅史何[34]하니 凡此七子는 皆異世而同誅者[35]니 以七子異世而同惡[36]이라 故不可救也[37]니라 詩云憂心悄悄[39]는 慍于群小[40]라하니 小人成群[41]이 斯足憂矣[42]니라

① 공자가 이에 조정의 정사에 참여한 것이다.
　　子乃與朝廷之政事라

② 임시로 재상이 된 지 7일째에, 조정에 정치를 어지럽힌 대부 소정묘가 있어 공자가 주륙한 것이다.
　　權相七日에 朝有亂政大夫少正卯者어늘 孔子戮之라

③ 두개의 觀闕 아래에서 죽인 것이다.
　　殺之于兩觀[10]闕之下라

④ 조정에 소정묘의 시체를 진열하여 사람들에게 3일 동안 보인 것이다.
　　陳正卯尸於朝하여 令衆三日이라

⑤ 자공이 나아가 공자에게 말한 것이다.
　　子貢進謂子言이라

⑥ 소정묘는 바로 노나라의 명망이 있는 사람이라는 것이다.

라고 되어 있다.

9) 詩經에……때문이라네 : 이 말은 ≪詩經≫ 〈國風 柏舟〉에 보인다. 朱熹는 이 구절이 본래 衛나라의 어진 사람이 여러 소인들에게 노여움을 받은 것이라고 하였는데, 여기에서는 여러모로 근심하는 이유가 소인들의 악행에 화가 나기 때문이라고 하였다.

10) 觀 : 慶長本에는 '宮'으로 되어 있다.

少正卯는 乃魯國名譽之人也라

⑦ 지금 부자가 처음으로 재상이 되어 정사를 하면서 즉시 주벌하였다는 것이다.
今夫子初相하여 方爲政에 卽誅之라

⑧ 或者에 가탁하여 부자가 잘못이 없겠냐고 말한 것이다.
託或人하여 言夫子得無過失歟라

⑨ 공자가 말한 것이다.
孔子言이라

⑩ 頭註 : 語(알리다)는 去聲이다.
語는 去聲이라

⑪ 너는 여기에 있어라. 내가 너를 위해 말해주겠다는 것이다.
爾有此하라 我爲汝言이라

⑫ 천하에 몹시 나쁜 것이 다섯 가지가 있는 것이다.
天下有大不美者五事라

⑬ 도둑질이 비록 나쁘지만 이 다섯 가지 악행 안에는 들어 있지 않은 것이다.
盜竊雖不美나 不在此五惡之數內라

⑭ 첫 번째는 마음가짐이 거스르고 속이면서도 奸邪하고 陰險한 것이다.
第一是處心이 逆詐奸險이라

⑮ 頭註 : 行(행실)은 下와 孟의 反切이다.
行은 下孟切이라

⑯ 두 번째는 하는 짓이 怪辟하면서도 고집불통인 것이다.
二是所行所爲가 怪辟堅固라

⑰ 세 번째는 하는 말이 거짓되면서도 속이고 억지로 辨明하는 것이다.
三是所言이 詐僞强辯이라

⑱ 네 번째는 하는 짓이 義에 맞지 않아서 그 악행이 큰 것이다.
四是所行非義하여 其惡廣大라

⑲ 다섯 번째는 자기 멋대로 비행을 저지르면서도 억지로 잘못을 꾸미는 것이다.
五是順意爲非호되 强文飾其過라

⑳ 이상 다섯 가지 악행이 사람에게 하나라도 있을 경우이다.
已上五惡이 人有其一이라

㉑ 군자에게 죽임을 당할 수밖에 없다는 것이다.
不免爲君子所殺이라

㉒ 소정묘의 一身에 이 다섯 가지 악행을 다 갖추고 있는 것이다.

　少正卯一身에 兼有此五惡이라

㉓ 頭註 : 揫(모으다)는 則과 九의 反切이다.
　　揫는 則九切이라

㉔ 그 居處가 무리를 모아 黨派를 이루기에 쉬운 것이다.
　　其所居處가 易得聚徒衆成群黨이라

㉕ 그 말이 그럴듯하게 꾸며서 자랑하고 사람들을 현혹하기에 쉬운 것이다.
　　其言談이 易得文飾褒揚하고 眩耀衆人이라

㉖ 그 강퍅하고 대드는 성질이 그른 것을 옳은 것으로 뒤집고 자기의 주장만 내세우고 바
　꾸지 않는 것이다.
　　其剛强抗禦가 反非爲是하고 獨立不改라

㉗ 이는 大奸 중에 으뜸인 자라는 것이다.
　　此是大奸之長者也라

㉘ 제거하지 않을 수 없는 것이다.
　　不可不除去之라

㉙ 尹諧가 악행을 저지르자 成湯이 죽인 것이다.
　　尹諧有惡이어늘 成湯誅之라

㉚ 潘正이 악행을 저지르자 周 文王이 죽인 것이다.
　　潘正有惡이어늘 周文誅之라

㉛ 管叔과 蔡叔이 周公을 해치려고 하였기 때문에 주공이 죽인 것이다.
　　管叔蔡叔欲害周公이라 故公誅之라

㉜ 虛僞를 일삼는 선비를 太公이 죽인 것이다.
　　虛僞之士를 太公誅之라

㉝ 管仲이 付乙을 죽인 것이다.
　　管仲殺付乙이라

㉞ 子産이 史何를 제거한 것이다.
　　子産除史何라

㉟ 이상 일곱 사람이다.
　　此七人이라

㊱ 태어난 시대는 같지 않으나 주벌 당한 것은 똑같은 것이다.
　　生世不同이나 所誅則一이라

㊲ 이상 일곱 사람은 서로 다른 시대에 태어났으나 그 악행이 같은 것이다.
　　以上七人이 生於殊時나 其惡則一이라

㊳ 그 죄악을 모두 용서할 수 없는 것이다.

　其罪惡을 皆不可貸也라

㊴ 《毛詩》에 말하기를 "근심스러운 마음으로 걱정한 것이다."라고 한 것이다.

　毛詩言 心悄悄而憂抑者라

㊵ 바로 小人들의 악행에 화가 난 것이다.

　乃是怒衆小人之爲惡也라

㊶ 소인이 무리를 이루어 黨派를 결성하는 것이다.

　小人成群結黨이라

㊷ 이것이 근심스러운 일이라고 한 것이다.

　斯可憂心矣라

誅少正卯

2-3[11] 공자가 노나라 大司寇로 있을 적에 父子간에 訴訟을 제기한 자가 있었다. 그러자 夫子가 같은 감옥에 그들을 집어넣고서 석 달이 다 되도록 是非를 分別하지 않았다. 그 아비가 소송을 取下하기를 청하자 夫子가 용서하였다. 季孫이 이를 듣고 기뻐하지 않으며 말하였다.

11) 저본의 표제에 "父子간의 訴訟을 멈추게 하다.〔止父子之訟〕"라고 되어 있다.

"司寇가 나를 속이는구나. 예전에 나에게 말하기를, '국가는 반드시 孝를 우선시해야 한다.'라고 하였다. 그러니 내가 지금 不孝한 한 사람을 죽여서 백성에게 효를 가르치는 것[12]이 또한 옳지 않겠는가. 그런데 또 용서해준 것은 어째서인가?"

冉有가 이 말을 공자에게 고하자, 공자가 한숨 쉬며 탄식하여 말하였다.

"아, 윗사람이 〈아랫사람 가르치는〉道理를 잃고서 아랫사람을 죽이는 것은 이치에 맞는 것이 아니다. 孝로써 가르치지 않고 獄事만 다스린다면 이는 無辜한 사람을 죽이는 격이다. 三軍이 대패하여도 斬할 수 없고 옥사가 잘 다스려지지 못하여도 형벌을 가할 수 없는 것은 어째서이겠는가. 윗사람의 教化가 행해지지 못해서 그런 것이니 죄가 백성에게 있지 않기 때문이다.

○ 孔子爲魯大司寇[1]에 有父子訟者[2]어늘 夫子同狴(폐)[3]執之[4]하여 三月不別[5]한대 其父請止[6]어늘 夫子赦之焉[7]하다 季孫聞之하고 不悅[8]曰 司寇欺余[9]로다 曩告余曰[10] 國家必先以孝[11]라하더니 余今戮一不孝[12]하여 以教民孝[13]가 不亦可乎[14]아 而又赦何哉[15]오 冉有以告孔子[16]한대 子喟然嘆曰[17] 嗚呼[18]라 上失其道[19]하여 而殺其下[20]는 非理也[21]니 不教以孝[22]하고 而聽其獄[23]이면 是殺不辜[24]니라 三軍大敗[25]에 不可斬也[26]하고 獄犴(안)[27]不治[28]에 不可刑也[29]는 何者[30]오 上教之不行[31]이니 罪不在民故也[32]라

① 공자가 노나라에 있으면서 대사구가 된 것이다.
　子在魯國하여 爲大司寇라

② 父子간에 서로 소송을 제기한 일이 있는 것이다.
　有父子相訴라

③ 頭註 : 狴(감옥)는 部와 禮의 反切이다.
　狴는 部禮切이라

④ 공자가 父子를 잡아서 감옥에 함께 가둔 것이다.
　孔子收父子하여 同囚于牢獄이라

⑤ 가둔 지 석 달이 다 되도록 시비를 분별하지 않은 것이다.
　囚之三月에 不與分別是非라

⑥ 그 아비가 夫子에게 가서 소송을 취하하기를 요구한 것이다.
　其父就夫子하여 求止其訟이라

---

12) 不孝한……것 : 계강자가 공자에게 정치를 물으면서 "무도한 사람들을 죽여서 도가 있는 곳으로 나아가게 한다면 어떻습니까?〔如殺無道 以就有道〕"라고 한 말이 ≪論語≫〈顏淵〉에 보인다.

⑦ 공자가 용서한 것이다.

　　孔子貸之라

⑧ 季孫이 夫子가 父子를 용서하였다는 말을 듣고 기뻐하지 않은 것이다.

　　季孫聞夫子赦父子하고 不喜라

⑨ "사구가 나를 欺罔하였다."라고 말한 것이다.

　　言司寇欺罔我로다

⑩ 예전에 나에게 말한 것이다.

　　昔嘗與我言이라

⑪ 국가는 반드시 孝를 급선무로 여겨야 한다는 것이다.

　　國家必以孝爲先務라

⑫ 내가 지금 불효한 한 사람을 죽이는 것이다.

　　我今殺一不孝之人이라

⑬ 백성을 가르쳐 효를 알게 하는 것이다.

　　以敎百姓하여 使知孝라

⑭ 어찌 옳지 않겠느냐고 한 것이다.

　　豈有不可리오

⑮ 어찌 용서해주느냐고 한 것이다.

　　何爲赦之[13]오

⑯ 冉有가 계손이 한 말을 夫子에게 고한 것이다.

　　冉有以季孫所言으로 告夫子라

⑰ 夫子가 한숨을 쉬며 탄식한 것이다.

　　夫子喟然嗟歎이라

⑱ 탄식하는 말이다.

　　嗟歎之辭라

⑲ 윗사람이 백성을 가르치는 도리를 잃은 것이다.

　　在上之人이 失其敎民之道라

⑳ 아랫사람을 죽이는 것이다.

　　而殺戮其下民이라

㉑ 나라를 다스리는 도리가 아닌 것이다.

---

13) 何爲赦之 : 江陵本에는 '어찌하여 도리어 그의 죄를 용서해준단 말인가.〔何爲而反貸其罪〕'라고 되
　어 있다.

非治國之道라

㉒ 백성을 가르쳐 효를 알게 하지 않은 것이다.
不教民使知孝라

㉓ 그 獄訟을 듣고 다스리기만 할 경우이다.
而聽斷其獄訟이라

㉔ 이는 죄가 없는 사람을 죽이는 격이라는 것이다.
則是殺無罪也라

㉕ 三軍의 패배는 바로 訓練이 치밀하지 못해서이다.
三軍之敗는 乃是訓練不精이라

㉖ 그 패배의 책임을 물어 斬할 수 없다는 것이다.
不可責其敗而斬之라

㉗ 頭註 : 犴(감옥)은 음이 岸이다.
犴은 音岸이라

㉘ 獄事가 공평하게 다스려지지 않을 경우이다.
牢獄不平이라

㉙ 罪人에게 형벌을 시행할 수 없다는 것이다.
不可施刑於人이라

㉚ 이는 어째서이냐고 한 것이다.
是何也오

㉛ 이는 윗사람의 교화가 행해지지 못해서 그렇다는 것이다.
蓋是在上教化不行이라

㉜ 백성의 죄가 아니라는 것이다.
非百姓之罪也라

2-4[14] 대저 君命은 업신여기면서 죽이는 것만 힘쓰는 것을 賊이라고 하고, 시도 때도 없이 徵收하는 것을 暴라고 하고, 한 번 써보지도 않고 성공을 요구하는 것을 虐이라고 하니, 정사를 행함에 있어 이 세 가지가 없는 뒤에야 형벌을 시행할 수 있는 것이다.

---

14) 저본의 표제에 "3년이 지나자 백성이 바르게 되다.〔三年百姓正〕", "형벌을 놓아두고 쓰지 않다.〔刑錯不用〕"라고 되어 있다.

≪書經≫에 이르기를 '刑罰도 義에 맞게 하고 死刑도 義에 맞게 하며, 너의 사사로운 마음을 쓰지 말고 오직 의리에 順한 일이 있지 못했다고 말하라.'15)라고 하였으니 반드시 가르친 뒤에 형벌하는 것을 말한 것이다. 이미 道와 德을 베풀어서 먼저 마음으로 복종시켰는데도 백성이 따르지 않거든 현자를 숭상하여 권유하게 하고 그래도 따르지 않거든 즉시 버리고 그래도 따르지 않은 뒤에야 위엄 있는 명령으로 두렵게 하는 것이다. 이렇게 삼년을 하면 백성들이 바르게 될 것이다. 교화를 따르지 않는 간악한 백성이 있은 뒤에 형벌을 가하면 백성들이 모두 죄를 알게 될 것이다.

≪詩經≫에 이르기를, '천자를 도와서 백성이 미혹되지 않게 한다.'16)라고 하였으니, 이 때문에 법이 엄하나 쓰지 않고, 형벌을 놔두고서17) 시행하지 않을 수 있는 것이다. 그런데 지금 세상에는 그렇지 않아서 그 教法이 통일되지 않아 어지럽고, 그 형벌이 繁多하여 백성으로 하여금 미혹되게 하여 刑獄에 빠뜨리고 또 그에 따라 제재하고 있다. 그래서 형법이 더욱 번다해져서 도둑이 이루 셀 수 없이 많은 것이다."

夫慢令謹誅는 賊也①요 徵斂②無時는 暴也③요 不試責成은 虐也④니 政無此三者⑤然後에 刑可卽也⑥라 書云⑦義刑義殺⑧이요 勿庸以卽汝心⑨하고 惟曰未有愼事⑩라하니 言必敎而後刑也⑪라 旣陳道德하여 以先服之⑫호되 而猶不可⑬어든 尙賢以勸之⑭하고 又不可⑮어든 卽廢之⑯하고 又不可⑰而後에 以威憚之⑱하여 若是三年⑲이면 而百姓正矣⑳라라 其有邪民不從化者㉑然後에 待之以刑㉒이면 則民咸知罪矣㉓라라 詩云㉔天子是毗㉕하여 俾民不迷㉖라하니 是以威厲而不試㉗하고 刑錯而不用㉘하나니 今世則不然㉙하여 亂其敎㉚繁其刑㉛하여 使民迷惑而陷焉㉜하고 又從而制之㉝라 故刑彌繁㉞而盜不勝也㉟니라

① 君令은 업신여기고 살육만을 힘쓰는 것을 賊이라고 한다.
　傲慢君令하고 專於殺戮者를 謂之賊이라

---

15) 書經에……말하라 : ≪書經≫〈周書 康誥〉에 보인다.

16) 詩經에……않게 한다 : ≪詩經≫〈小雅 節南山〉에 보인다.

17) 형벌을 놔두고서 : 원문의 '刑措'는 刑法은 갖추어 놓았으나 백성이 잘 교화되어 쓸 필요가 없게 되었다는 말이다. ≪史記≫〈周本紀〉에 "成王과 康王 시대에 천하가 태평하여 형벌을 쓰지 않은 지 40년이었다.〔成康之際 天下安寧 刑錯四十餘年不用〕"라고 하였고, ≪漢書≫〈文帝紀〉에 文帝의 시대에는 법을 어긴 자가 없었으므로 "거의 형벌을 쓸 일이 없게 되었다.〔幾致刑措〕"라고 하였다.

② 頭註 : 斂(걷다)은 去聲이다.

斂은 去聲이라

③ 백성의 재물을 아무 때나 취하는 것을 暴라고 한다.

無時取於民財者를 則謂之暴라

④ 백성을 한 번 써보지도 않고 성과가 있기를 요구하는 것을 虐이라고 한다.

不試用於民하고 責其有成者를 則謂之虐이라

⑤ 정치에 이 세 가지 잘못이 없는 것이다.

爲政에 無此三者之失이라

⑥ 그 이후에 형벌을 시행할 수 있는 것이다.

而後可以就刑이라

⑦ ≪尙書≫에서 말한 것이다.

尙書言이라

⑧ 형벌과 사형을 모두 義에 합당하게 하는 것이다.

形殺皆當合義라

⑨ 네 마음이 편안한 대로 하지 말라는 것이다.

勿用以就汝心之所安이라

⑩ 오직 의리에 순한 일이 있지 못했다고 말하라는 것이다.

惟言未有順이라

⑪ 반드시 먼저 백성을 가르치고, 가르치는데도 따르지 않은 뒤에야 죽이라는 말이다.

言必先教民하고 教之不從而後殺之라

⑫ 이미 道와 德을 베풀어서 마음으로 백성을 복종시킨 것이다.

卽施道德하여 以服乎民이라

⑬ 백성이 여전히 따르지 않는 것이다.

而民尙不可服이라

⑭ 어질고 덕이 있는 사람을 써서 권유하게 한 것이다.

行用賢德之人하여 以勸諭之라

⑮ 권유해도 또 따르지 않는 것이다.

勸之又不從이라

⑯ 그러면 버리는 것이다.

則棄[18]之라

---

18) 棄 : 江陵本에는 '從'으로 되어 있다.

⑰ 버려도 또 따르지 않는 것이다.

棄又不可라

⑱ 그러한 뒤에 위엄이 있는 명령으로 두렵게 하는 것이다.

然後用威令以懼之라

⑲ 이처럼 오래도록 3년 동안 하는 것이다.

如此三歲之久라

⑳ 그렇게 하면 백성이 正道에 귀의하는 것이다.

則民歸正道矣라

㉑ 만약 윗사람의 교화를 따르지 않는 간악한 백성이 있을 경우이다.

若有奸民不遵上之教化者라

㉒ 이에 형벌과 威力을 써서 죽이는 것이다.

乃用刑威以殺之라

㉓ 백성들이 모두 죄를 지었을 때 그에 합당한 형벌을 받을 것을 안다는 것이다.

則百姓皆知有罪合當就刑이라

㉔ ≪毛詩≫에서 말한 것이다.

毛詩言이라

㉕ 이렇게 백성을 가르치는 방법으로 天子를 보좌하는 것이다.

以此教民之道로 輔於天子라

㉖ 백성들이 迷惑되지 않게 하는 것이다.

使百姓不迷惑이라

㉗ 이에 형법이 비록 엄하나 백성에게 쓰지 않은 것이다.

於是에 刑法이 雖嚴이나 不用施於民이라

㉘ 형벌을 놓아둔 채 시행할 바가 없는 것이다.

刑置而無所施라

㉙ 그런데 지금 시대는 옛 법만 같지 못한 것이다.

今世則不如古法이라

㉚ 教法이 어지러워 통일되지 않은 것이다.

教法紛亂不一이라

㉛ 백성 중에 법을 범한 자가 많기 때문에 형벌을 쓰는 것도 많은 것이다.

民犯刑者多라 故用刑亦多라

㉜ 백성을 어리석게 하여서 刑獄에 빠뜨리는 것이다.

使百姓昏蒙하여 墮於刑獄中이라

㉝ 또 법령으로써 형벌하는 것이다.
　　又用法以刑[19]之라

㉞ 이에 형률과 법이 더욱 많아진 것이다.
　　於是刑法愈多라

㉟ 도둑질하는 백성을 이루 셀 수 없는 것이다.
　　而民爲盜者를 不可勝數也라

---

19) 刑 : 江陵本에는 '制'로 되어 있다.

제3편 왕의 말을 해설함 王言解 第三①

孔子와 曾子가 王道에 관해 주고받은 말을 기록한 편이기에, 편명을 '王言解'로 삼았다. 孔子는 "堯舜을 祖述하고 文王·武王을 憲章한다."고 했으며, 선대 王者의 道를 요약하여 안으로 七教를 닦고 밖으로는 三至를 행하고자 했다.〔內修七教 外行三至〕'안으로 칠교를 닦으면 윗사람이 수고롭지 않으며, 밖으로 삼지를 행하면 나라의 재물이 낭비되지 않는' 것이 '明王의 道'라고 가르쳤다. 이같이 몸이 수고롭지 않으며 재물도 낭비되지 않는 王道가 바로 儒家의 '無爲而治'라는 이상적인 정치이다. 《大戴禮記》 〈主言〉에도 비슷한 내용이 보인다.

① 부자가 한가하게 거처할 적에 증자에게 말하기를, "지금은 왕의 말이 들리지 않는다."라고 하였기 때문에 이것을 가지고 편명을 붙인 것이다.
夫子閒居에 謂曾子曰 今未聞王者之言이라 故以此名篇하니라

3-1[1] 공자가 한가하게 거처할 적에 曾參이 모시고 앉았는데, 공자가 말하였다.

"參아! 지금의 君子의 말을 들어보면,[2] 士와 大夫로서 하는 말만 들릴 뿐 有德한 군자로서 하는 말은 거의 들리지 않구나. 아, 내가 王의 말에 대해 말해 보겠다. 왕의 말은 집을 나가지 않고도 천하를 교화시

曾參

---

1) 저본의 표제에 "명왕의 도〔明王之道〕"라고 되어 있다.
2) 지금의……들어보면 : 군자는 두 가지의 개념을 동시에 가지고 있다. 하나는 지위가 있는 사람을 말하고, 하나는 덕망이 있는 사람을 말한다.

키는 것이다."

曾子가 자리에서 내려와 대답하여 말하였다.

"감히 묻습니다. 무엇을 왕의 말이라고 합니까?"

공자가 응답하지 않자, 증자가 엄숙하게 두려워하며 옷을 걷고 물러나 자리를 등지고 섰다. 잠시 후에 공자가 돌아보고 물었다.

"삼아! 너는 明王의 道를 말할 수 있겠느냐?"

증자가 대답하였다.

"감히 말할 수 있다고 생각하지 않습니다. 청컨대 듣고서 배우고자 합니다."

孔子閒^①居^②에 曾參侍^③러니 孔子曰 參乎^④아 今之君子^⑤는 唯士與大夫之言聞也^⑥요 至於君子之言者希^⑦하니 於乎^⑧라 吾以王言之^⑨호리니 其不出戶牖而化天下^⑩니라 曾子下席而對曰^⑪ 敢問何謂王者言^⑫이니잇가 孔子不應^⑬한대 曾子肅然而懼^⑭하여 摳衣而退^⑮하여 負席而立^⑯이라 有頃^⑰에 孔子顧謂曰^⑱ 參汝可語明王之道與^⑲아 曾子曰 非敢以爲足也^⑳라 請因所聞而學焉^㉑하노이다

① 頭註 : 閒(한가하다)은 음이 閑이다.
　　閒은 音閑이라

② 공자가 평소 한가하게 있을 때이다.
　　孔子在燕私閒暇之時라

③ 曾子가 모시고 앉은 것이다.
　　曾子侍坐라

④ 공자가 증자의 이름을 부른 것이다.
　　孔子呼曾子名이라

⑤ 지금의 군자는 다음과 같다고 말한 것이다.
　　言今時君子人이라

⑥ 관직이 있는 大夫와 出仕한 사람으로서의 말만 들린다는 것이다.
　　但聞有官之大夫與出仕之人言語라

⑦ 군자의 바른 말은 적게 들린다는 것이다.
　　君子之正言은 少聞也라

⑧ 탄식하는 말이다.
　　嗟歎之辭라

⑨ 내가 왕의 말에 대해 너에게 말해 보겠다는 것이다.

我以王者之言語汝라

⑩ 왕의 바른 말은 굳이 집을 나가지 않고도 천하가 저절로 교화된다는 것이다.

王者正言은 不必出戶庭이라도 而天下自從化也라

⑪ 증삼이 자리에서 나와 夫子를 對하고 말한 것이다.

參出位하여 對夫子而言이라

⑫ 왕의 말은 무엇이냐고 한 것이다.

王者之言은 何如오

⑬ 부자가 침묵하고 대답하지 않은 것이다.

夫子嘿然不答이라

⑭ 증삼이 엄숙하게 두려워한 것이다.

參凜然恐懼라

⑮ 衣服을 정돈하고 물러난 것이다.

整衣服而退라

⑯ 앉아 있던 자리에 의지하여 몸을 일으켜 똑바로 선 것이다.

倚所坐之位而起身聳立이라

⑰ 잠시 후이다.

須臾間이라

⑱ 증자의 얼굴을 보고 말한 것이다.

面謂曾子言이라

⑲ 삼아! 너는 明王의 도를 말할 수 있겠느냐고 한 것이다.

汝參還可言明王之道否아

⑳ 삼은 제자로서 王道를 말할 수 있다고 감히 생각하지 않은 것이다.

參不敢謂弟子足可言王道라

㉑ 부자의 말을 듣고 배우기를 청한 것이다.

請因夫子所言聞而學之라

3-2[3)] 공자가 말하였다.

"道라는 것은 德을 밝히는 것이고 德이라는 것은 道를 높이는 것이다. 이 때문에

---

3) 저본의 표제에 "안으로는 七敎를 닦고, 밖으로는 三至를 행하다.〔內修七敎 外行三至〕"라고 되어 있다.

덕이 아니면 도가 높아지지 않고 도가 아니면 덕이 밝아지지 않는다. 이런 까닭에 옛날 明王은 안으로는 七教를 닦고 밖으로는 三至를 행하였다. 칠교가 닦여진 뒤에야 나라를 지킬 수 있고 삼지가 행해진 뒤에야 정벌할 수 있는 것이다. 그러므로 '안으로 칠교를 닦으면 윗사람이 수고롭지 않고, 밖으로 삼지를 행하면 재물이 낭비되지 않는다.'라고 한 것이니, 이것을 명왕의 도라고 하는 것이다."

子曰 夫道者는 所以明德也^①요 德者는 所以尊道也^②니 是以非德이면 道不尊^③하고 非道면 德不明^④이니라 是故로 昔者에 明王^⑤內修七教^⑥하고 外行三至^⑦하시니 七教修然後에 可以守^⑧하고 三至行然後에 可以征^⑨이라 故曰 內修七教而上不勞^⑩하고 外行三至而財不費^⑪라하니 此之謂明王之道也^⑫라

① 사람들이 보편적으로 행하는 것을 道라고 하고 자기에게 충족된 것을 德이라고 하니, 도에 따라 행하는 것은 나의 덕을 밝히는 것이다.
　　人所通行之謂道요 足於已之謂德이니 依道而行者는 所以昭吾⁴⁾之德也라

② 사람은 덕이 있어야 행하는 도가 이에 높아지고 중해지는 것이다.
　　人之有德이라야 所行之道가 乃尊重이라

③ 사람이 덕이 없으면 도가 높아지지 않는 것이다.
　　人無德이면 則道不尊이라

④ 도를 따라 행하지 않으면 그 덕을 밝힐 수 없는 것이다.
　　非遵道而行이면 則不明其德이라

⑤ '그러므로 옛날 明哲한 왕의 경우에는'의 뜻이다.
　　故古之哲王이라

⑥ 안으로는 일곱 가지의 教法을 닦은 것이다.
　　在內則修其教法이 有七事라

⑦ 밖으로는 三至의 도를 행한 것이다. 至는 지극한 이치이다.
　　在外則行三至之道라 至者는 至極之理라

⑧ 명왕이 七教를 닦으면 나라를 지킬 수 있는 것이다.
　　明王修七教면 則可守國이라

⑨ 三至가 행해졌으면 征伐하는 일을 행할 수 있는 것이다.
　　三至旣行이면 則可行征伐之事라

⑩ 안으로 七教를 닦으면 임금이 수고롭지 않아도 다스려지는 것이다.

_____

4) 吾 : 江陵本에는 '君'으로 되어 있다.

在內能修七教면 則君不勞而治라

⑪ 밖으로 三至를 행하면 나라에 낭비하는 것이 없는 것이다.

在外旣行三至면 則國無所費라

⑫ 명왕의 도가 이와 같은 것이다.

明王之道如此라

3-3⁵⁾ 曾子가 물었다.

"자세한 내용을 들을 수 있겠습니까?"

공자가 대답하였다.

"옛날 舜임금이 왼쪽에는 禹를 두고 오른쪽에는 皋陶를 두었기 때문에 자리에서 내려오지 않고도 천하가 다스려졌다. 이러한데 어찌 윗사람이 수고롭겠는가. 政敎가 올바르게 시행되지 않는 것은 임금의 근심이고, 명령이 행해지지 않는 것은 신하의 죄이다. 예컨대 10분의 1의 세금을 거두며,⁶⁾ 백성의 힘을 쓰는 것이 1년에 3일을 넘지 않으며,⁷⁾ 산과 못에 제때에 들어가게 하되⁸⁾ 세금을 거두지 않으며, 關門에서는 市廛(시전)을 譏察만 하고 모두 세금을 거두지 않는 것⁹⁾으로 말하자면 이는 재물을 불리는 방도인지라 명왕이 절약하였으니 어찌 재물이 낭비되겠는가."

---

5) 저본의 표제에 "왼쪽에는 禹를, 오른쪽에는 皋陶를 두었다.〔左禹右皋〕"라고 되어 있다.

6) 10분의……거두며 : ≪孟子≫〈滕文公 上〉에 "夏后氏는 50묘에 貢法을 썼고, 殷나라 사람은 70묘에 助法을 썼고, 周나라 사람은 100묘에 徹法을 썼으니, 그 실제는 모두 10분의 1이다.〔夏后氏五十而貢 殷人七十而助 周人百畝而徹 其實皆什一也〕"라고 하였다.

7) 백성의……않으며 : ≪禮記≫〈王制〉에 "백성의 힘을 쓰는 것이 1년에 3일을 넘지 말아야 한다.〔用民之力 歲不過三日〕"라고 하였다.

8) 산과……하되 : ≪孟子≫〈梁惠王 上〉에 "농사철을 놓치지 않게 하면 곡식을 이루 다 먹을 수 없고, 촘촘한 그물을 웅덩이와 연못에 넣지 않으면 고기와 자라를 이루 다 먹을 수 없으며, 도끼와 자귀를 제때에 산림에 들어가게 하면 재목을 이루 다 쓸 수 없을 것입니다.〔不違農時 穀不可勝食也 數罟不入洿池 魚鼈不可勝食也 斧斤以時入山林 材木不可勝用也〕"라고 하였다.

9) 關門에서는……것 : 원문의 '關譏市廛'은 주석에서는 '관문에서 시전을 기찰하다.'라고 하였으나, ≪孟子≫에는 '관문에서는 기찰하고 시장에서는 자릿세만 거둔다.'라고 하여, '廛'을 자릿세의 개념으로 보았다. 참고로 ≪孟子≫〈公孫丑 上〉에 실린 기록은 다음과 같다. "시장에는 자릿세만 받고 세금을 거두지 않으며, 법대로 처리하기만 하고 자릿세도 받지 않으면 천하의 장사꾼들이 모두 기뻐하여 그 시장에 물건을 보관하기를 원할 것이다. 關門에는 譏察하기만 하고 세금을 거두지 않으면 천하의 나그네들이 모두 기뻐하여 그 길로 나가기를 원할 것이다.〔市廛而不征 法而不廛 則天下之商皆悅 而願藏於其市矣 關譏而不征 則天下之旅皆悅 而願出於其路矣〕"라고 하였다.

曾子曰 可得聞乎^①잇가 孔子曰^② 昔者에 帝舜^③左禹而右皐陶^④라 不下席而天下治^⑤하니 夫如此어니 何上之勞乎^⑥리오 政之不中은 君之患也^⑦요 令之不行은 臣之罪也^⑧라 若乃十一 而稅^⑨와 用民之力이 歲不過三日^⑩과 入山澤以其時而無征^⑪과 關譏市廛하고 皆不收賦^⑫는 此 則生財之路而明王節之^⑬니 何財之費乎^⑭아

① 증삼이 말하기를 "수고롭지 않고 낭비하지 않는 것에 대해 들을 수 있겠습니까?"라고 한 것이다.
　　參言 不勞不費를 可得聞耶아

② 부자가 말한 것이다.
　　夫子言이라

③ 옛날 虞舜이다.
　　古之虞舜이라

④ 伯禹가 왼쪽에 있고 皐陶가 오른쪽에 있는 것이다.
　　伯禹居左하고 皐陶居右라

⑤ 자리에서 내려오지 않고도 천하가 저절로 다스려진 것이다.
　　不用下位로되 天下自治라

⑥ 이와 같은데 어찌 윗사람이 수고로운 일이 있겠느냐고 한 것이다.
　　如此어니 何在上之勞哉아

⑦ 政教가 올바르게 시행되지 않는 것은 바로 임금의 걱정거리인 것이다.
　　政教不得其中은 乃君之病이라

⑧ 號令이 행해지지 않는 것은 신하의 잘못인 것이다.
　　號令不行은 人臣之過라

⑨ 옛날 세금을 거두는 법은 임금은 10에 1을 취하고 백성은 10에 9를 가져간 것이다.
　　古者稅法은 君取其一하고 民得其九라

⑩ 임금이 백성에게 役을 부리는 것이 1년에 3일을 넘지 않은 것이다.
　　君敷役於民이 一歲不過三日이라

⑪ 도끼와 자귀를 가지고 제때에 산림에 들어가게 하되 다시 백성에게 세금을 거두지는 않은 것이다.
　　斧斤以時 入山林하되 更¹⁰⁾不收民之稅라

⑫ 관문 밖에서는 다른 복장을 한 사람, 다른 언어를 쓰는 사람과 市廛을 기찰만 하고 모

---

10) 更 : 慶長本에는 '吏'로 되어 있다.

두 세금을 거두지 않은 것이다.

關外但譏異服異言及市廛하고 皆不收其賦稅라

⑬ 이것이 바로 국가가 재물을 늘리는 방도이기 때문에 명왕이 백성과 함께 절약한 것이다.

此乃國家生財之道라 明王與節約之라

⑭ 어찌 그 재물을 낭비하여 쓰는 데 이르겠느냐고 한 것이다.

何至費用其財리오

3-4[11] 증자가 물었다.

"감히 묻습니다. 무엇을 七敎라고 합니까?"

공자가 대답하였다.

"윗사람이 노인을 존경하면 아랫사람은 더욱 효도하고, 윗사람이 나이 많은 사람을 존중하면 아랫사람은 더욱 공경하며,[12] 윗사람이 베푸는 것을 즐거워하면 아랫사람은 더욱 관대해지고, 윗사람이 賢者를 親愛하면 아랫사람은 좋은 벗을 가리며, 윗사람이 덕을 좋아하면 아랫사람은 은거하지 않고, 윗사람이 탐욕을 싫어하면 아랫사람은 이익을 다투는 것을 부끄러워하며, 윗사람이 淸廉하고 謙讓하면 아랫사람은 부끄러움을 알고 節義를 지키는 법이니, 이것을 칠교라고 한다.

칠교는 백성을 다스리는 근본이니 일곱 가지가 닦여진다면 천하에 법을 범하는 백성이 없어져서, 윗사람이 아랫사람을 친애하기를 배와 심장이 손과 발을 대하듯이 하고[13] 아랫사람이 윗사람을 친애하기를 어린 자식이 자애로운 어머니를 사랑하듯이 할 것이다. 상하가 서로 친애함이 이와 같기 때문에 명령하면 따르고 시행

---

11) 저본의 표제에 "무엇을 七敎라고 합니까?〔何謂七敎〕", "七敎는 백성을 다스리는 근본이다.〔七敎者 治民之本〕"라고 되어 있다.

12) 윗사람이……恭敬하며 : 윗사람이 모범을 보이면 아랫사람은 저절로 교화된다는 말이다. ≪大學章句≫ 10장에 "이른바 平天下가 治國에 달려 있다는 것은 윗사람이 노인을 노인으로 봉양하면 백성들이 효를 일으키고, 윗사람이 어른을 어른으로 대우하면 백성들이 공경하는 마음을 일으키며, 윗사람이 고아를 돌보아 주면 백성들이 배반하지 않으니, 이 때문에 군자는 혈구의 도가 있는 것이다.〔所謂平天下在治其國者 上老老而民興孝 上長長而民興弟 上恤孤而民不倍 是以君子有絜矩之道也〕"라고 하였다.

13) 윗사람이……하고 : ≪孟子≫ 〈離婁 下〉에, 맹자가 齊 宣王에게 고하기를 "임금이 신하를 手足처럼 보면 신하가 임금을 腹心처럼 볼 것입니다.〔君之視臣如手足 則臣視君如腹心〕"라고 하였다.

하면 행해져서, 백성들이 그 덕을 그리워하여[14] 가까이 있는 자는 기뻐 복종하고 멀리 있는 자는 와서 歸依할 것이니,[15] 이것은 王政이 이룩한 것이다.

　　曾子曰 敢問何謂七敎[1]니잇가 孔子曰[2] 上敬老則下益孝[3]하고 上尊齒則下益悌[4]하며 上樂施則下益寬[5]하고 上親賢則下擇友[6]하며 上好德則下不隱[7]하고 上惡貪則下恥爭[8]하며 上廉讓則下恥節[9]하나니 此之謂七敎[10]니라 七敎者는 治民之本也[11]니 七者修則四海無刑民矣[12]하여 上之親下也 如手足之於腹心[13]하고 下之親上也 如幼子之於慈母矣[14]하니 上下相親如此[15]라 故令則從[16]하고 施則行[17]하여 民懷其德[18]하여 近者悅服[19]하고 遠者來附[20]가 政之致也[21]라

① 증삼이 부자에게 묻기를, "무엇이 칠교입니까?"라고 한 것이다.
　　參問夫子호되 何者爲七敎오

② 夫子가 말한 것이다.
　　夫子言이라

③ 윗사람이 노인을 존경하면 아랫사람이 더욱 효를 다하는 것이다.
　　上之人尊敬老人이면 則下愈盡孝라

④ 윗사람이 나이 많은 사람을 높이면 아랫사람이 더욱 어른에게 공경하는 것이다.
　　上之人尊其年齒면 則下愈悌於長上이라

⑤ 윗사람이 널리 베푸는 것을 기뻐하면 아랫사람이 더욱 관대해지는 것이다.
　　上喜於博施면 則下愈得寬이라

⑥ 윗사람이 현자를 친근하게 대하면 아랫사람 또한 벗을 가려서 사귀는 것이다.
　　上親近賢者면 則下亦擇友而交라

⑦ 윗사람이 덕이 있는 사람을 좋아하면 현자가 모두 조정에 나오는 것이다.
　　上好有德之人이면 則賢者皆出이라

⑧ 윗사람이 재물을 탐하는 것을 싫어하면 아랫사람이 이익을 다투는 것을 羞恥로 여기는 것이다.
　　上疾貪財면 則下以爭利爲羞恥라

⑨ 윗사람이 청렴하고 겸손하면 아랫사람도 부끄러움을 알고 節義를 지키는 것이다.

---

14) 백성들이……그리워하여 : 《書經》〈周書 君陳〉에 "옛날에 주공이 백성들을 가르치고 보호하였으므로 백성들이 그 덕을 그리워하였다.[昔周公師保萬民 民懷其德]"라고 하였다.

15) 가까이……歸依할 것이니 : 《論語》〈子路〉에, 楚나라 葉縣(섭현)의 尹이 공자에게 정치에 대해서 묻자, 공자가 "가까이 있는 자가 기뻐하고 멀리 있는 자가 찾아오게 해야 한다.[近者悅 遠者來]"라고 하였고, 《禮記》〈學記〉에 "가까이 있는 자는 기뻐 복종하고, 멀리 있는 자는 그리워하니, 이것이 大學의 도이다.[近者說服而遠者懷之 此大學之道也]"라고 하였다.

上淸潔謙遜이면 則下亦知恥守節이라

⑩ 이것이 칠교의 조목이다.

此七敎之目이라

⑪ 칠교는 백성을 다스리는 근본이다.

七敎爲治民之本이라

⑫ 칠교가 닦여지면 천하에 법을 어기는 백성이 없는 것이다.

七敎旣修면 則天下無犯法之民이라

⑬ 윗사람이 아랫사람을 친애하기를 바로 손과 발이 배와 심장과 서로 친근한 것과 같이 하는 것이다.

上之親下가 正如手足與腹心相親近이라

⑭ 백성이 임금을 친애하기를 바로 赤子가 慈母를 사랑하는 것과 같이 하는 것이다.

民之親於君이 正如赤子之慕慈母라

⑮ 임금과 백성이 이처럼 서로 친애하는 것이다.

君民如此相親이라

⑯ 號令하면 백성이 즐거이 따르는 것이다.

號令則民樂從이라

⑰ 시행하면 백성이 받들어 행하는 것이다.

發施則民奉行이라

⑱ 백성이 임금의 덕을 그리워하는 것이다.

百姓懷君之德이라

⑲ 國中의 사람들이 마음으로 기뻐하고 성심으로 복종하는 것이다.

中國心悅誠服이라

⑳ 먼 지역에서 또한 와서 신하로 귀의하는 것이다.

遠方亦來臣附라

㉑ 임금의 정치가 이룩한 바인 것이다.

君(臣)〔政〕[16]所致라

3-5[17] 증자가 물었다.

---

16) (臣)〔政〕: 저본에는 '臣'으로 되어 있으나, 江陵本과 慶長本에 의거하여 바로잡았다.

17) 저본의 표제에 "무엇을 三至라고 합니까?〔何謂三至〕", "공자가 三至의 도를 말하다.〔子言三至之道〕"라고 되어 있다.

"감히 묻습니다. 무엇을 三至라고 합니까?"

공자가 답하였다.

"지극한 禮는 겸양하지 않아도 천하가 다스려지고, 지극한 賞은 낭비하지 않아도 천하의 선비들이 기뻐하고, 지극한 음악은 소리가 없어도 천하의 백성들이 和樂하는 것이다. 明王은 三至를 독실하게 행하였기 때문에 천하 군주들의 명성을 알 수 있었고, 천하의 선비들을 신하로 삼을 수 있었고, 천하의 백성들을 부릴 수 있었던 것이다."

증자가 물었다.

"감히 묻습니다. 이 삼지가 의미하는 것은 무엇입니까?"

공자가 답하였다.

"옛날 명왕은 반드시 천하의 훌륭한 선비의 명성을 다 알았다. 이미 그 명성을 알고 또 실제 행실을 안 뒤에 천하의 爵位로 높여 주었으니, 이것을 일러 지극한 예는 겸양하지 않아도 천하가 다스려진다는 것이다. 천하의 爵祿으로 인하여 천하의 선비를 부유하게 해주었으니 이것을 일러 지극한 賞은 낭비하지 않아도 천하의 선비들이 기뻐한다는 것이다. 이와 같이 한다면 천하의 명성이 흥기할 것이니, 이 것을 일러 지극한 음악은 소리가 없어도 천하의 백성들이 화락한다는 것이다."

曾子曰 敢問何謂三至[1]니잇가 孔子曰[2] 至禮는 不讓而天下治[3]하고 至賞은 不費而天下士悅[4]하고 至樂은 無聲而天下民和[5]하니 明王篤行三至[6]라 故天下之君을 可得而知[7]하고 天下之士를 可得而臣[8]하고 天下之民을 可得而用[9]이니라 曾子曰[10] 敢問此義何謂[11]니잇가 孔子曰[12] 古者에 明王必盡知天下良士之名[13]하여 旣知其名하고 又知其實[14]然後에 因天下之爵하여 以尊之[15]하시니 此之謂至禮不讓而天下治[16]요 因天下之祿하여 以富天下之士[17]하시니 此之謂至賞不費而天下之士悅[18]이니 如此則天下之名譽興焉[19]하나니 此之謂至樂無聲而天下之民和[20]니라

① 증삼이 또 묻기를, "무엇을 三至라고 합니까?"라고 한 것이다.
   參又問 何者爲三至오
② 부자가 말한 것이다.
   夫子言이라
③ 지극한 예는 겸손하지 않아도 천하가 절로 다스려지는 것이다.
   至極之禮는 不在謙遜而致天下自治라

④ 지극한 상은 재물을 낭비하지 않아도 천하의 선비가 절로 기뻐하는 것이다.

至極之賞은 不費財而天下之士自歡悅이라

⑤ 지극한 음악은 소리가 없어도 천하의 백성들이 절로 화락하는 것이다.

至極之樂은 無聲音而天下之民自和樂이라

⑥ 明哲한 왕은 이 三至를 힘써 행하는 것이다.

明哲之王은 力行此三至라

⑦ 이 때문에 천하 군주들의 明聖함을 알 수 있는 것이다.

所以天下之主를 可得知其明聖이라

⑧ 천하의 선비들을 신하로 삼을 수 있는 것이다.

天下之士를 可得而爲臣이라

⑨ 천하의 백성들을 부릴 수 있는 것이다.

天下百姓을 可得而使라

⑩ 증삼이 말한 것이다.

參言이라

⑪ "감히 묻습니다. 이 三至의 뜻은 무엇입니까?"라고 한 것이다.

敢問 此三至意義如何오

⑫ 부자가 말한 것이다.

夫子言이라

⑬ 옛날 先代의 명철한 왕은 반드시 충성스럽고 선량한 사람의 명예를 다 안 것이다.

古先哲王은 必皆知忠良之名譽라

⑭ 그의 명예를 알고 또 실제 행실을 안 것이다.

旣知其名譽하고 又知其實行이라

⑮ 조정의 官爵으로 인하여 높여 예우한 것이다.

因朝廷官爵하여 以尊禮之라

⑯ 이것이 지극한 예는 겸양하지 않더라도 천하가 저절로 다스려진다는 것이다.

此是至極之禮는 不遜讓而天下自平治라

⑰ 爵祿으로 인하여 부유하게 해준 것이다.

因其爵祿하여 而使之富라

⑱ 이것이 지극한 상은 낭비하여 쓰지 않더라도 천하의 선비들이 기뻐한다는 것이다.

此是至極之賞은 不費用而天下士夫喜悅이라

⑲ 이와 같이 한다면 천하의 명성이 흥기할 것이라는 것이다.

能若此면 則天下之名聲興起라

⑳ 이것이 이른바 지극한 음악은 소리가 없어도 천하의 백성들이 화락한다는 것이다.

　　此所謂至極之樂은 無聲音而天下百姓和樂이라

제4편 大婚[1]을 해설함　大婚解 第四①

孔子와 魯 哀公이 천자와 제후의 혼사에 관해 주고받은 말을 기록한 편이기에, 편명을 '大婚解'라고 하였다. 大婚이 국가 정치에 큰 영향을 미치므로, 孔子가 사람의 道에서 시작하여 政・愛人・禮・敬・大婚에 이르기까지 설명하였다. '천지의 기운이 합하지 않으면 만물이 생겨나지 않는 법이니, 大婚은 만세의 자손을 잇는 것'이라는 대답으로 시작하여 "옛날 삼대의 明王이 반드시 아내와 자식을 공경했던 것은 그 가운데 도가 있기 때문인데, 아내는 부모가 되는 단초이고 자식은 부모의 후사이니 감히 공경하지 않을 수 없다."고 마무리하였다.

> ① 魯 哀公이 사람의 道는 무엇이 중요하냐고 묻자, 공자가 부부간에 분별이 있는 것이라고 대답하였기 때문에 '大婚'이라고 편명을 붙인 것이다.
> 魯哀公問人道는 誰爲大오하니 孔子對以夫婦別이라 故以大婚名篇하니라

4-1[2] 공자가 哀公을 모시고 앉았는데 애공이 물었다.

"감히 묻습니다. 사람의 道는 무엇이 중요합니까?"

공자가 대답하였다.

"임금께서 이런 말씀을 하시니 백성에게는 은혜로운 일입니다. 臣이 감히 대답할 말이 없겠습니까. 사람의 도는 政治가 중요합니다.[3] 정치라는 것은 바르게 하

---

1) 大婚 : 천자나 제후의 혼인을 말한다.
2) 저본의 표제에 "사람의 도는 정치가 중요하다.〔人道 政爲大〕"라고 되어 있다.
3) 사람의……중요합니다 : 사람의 도란 인류사회의 도덕규범을 말하는 것으로, 도덕규범을 규정짓는 데에는 정치가 중요하게 작용한다는 말이다. 《中庸》에 애공이 공자에게 정치에 대해 묻자, 공자가 "사람의 도는 정사에 빠르게 나타나고 땅의 도는 나무에 빠르게 나타납니다.〔人道敏政 地道敏樹〕"라고 하였다.

는 것이니 임금께서 바르게 정치를 행하시면 백성도 따라서 바르게 될 것입니다."

애공이 물었다.

"감히 묻습니다. 정치는 어떻게 해야 합니까?"

공자가 대답하였다.

"부부 간에는 분별이 있어야 하고 남녀 간에는 친함이 있어야 하고 군신 간에는 信義가 있어야 하니,[4] 이 세 가지가 바르게 되면 모든 일이 따라서 바르게 될 것입니다."

애공이 물었다.

"과인은 세 가지를 행할 수 있는 방도를 알기를 원합니다."

공자가 대답하였다.

"옛날의 정치는 사람을 사랑하는 것보다 큰 것이 없었습니다. 사람을 사랑으로 다스리는 데는 예보다 큰 것이 없고, 예를 다스리는 데는 공경보다 큰 것이 없습니다. 공경의 지극함은 大婚보다 큰 것이 없으니 대혼은 공경을 지극히 한 것입니다. 대혼은 이미 공경을 지극히 한 것이므로 端冕[5]을 하고 親迎[6]하는 것이니, 친영하는 것이 공경을 지극히 한 것입니다. 그러므로 사랑과 공경이 정치의 근본입니다.

孔子侍坐於哀公[①]이러니 公曰[②] 敢問人道는 誰爲大[③]잇고 孔子對曰[④] 君之及此言也[⑤]는 百姓之惠也[⑥]니 臣敢無辭而對[⑦]잇가 人道는 政爲大[⑧]하니이다 夫政者는 正也[⑨]니 君爲正則百姓從而正矣[⑩]리이다 公曰 敢問爲政은 如之何[⑪]잇고 孔子對曰[⑫] 夫婦別[⑬⑭]하고 男女親[⑮]하고 君臣信[⑯]하니 三者正[⑰]則庶物從之[⑱]리이다 公曰 寡人願知所以行三者之道[⑲]하노이다 對曰 古之爲政은 愛人爲大[⑳]하니 所以治愛人은 禮爲大[㉑]하고 所以治禮는 敬爲大[㉒]하니 敬之至矣[㉓]는 大婚爲大[㉔]하니 大婚至矣[㉕]라 大婚旣至[㉖]에 冕而親迎[㉗㉘]하나니 親迎者는 敬之至也[㉙]니 愛與敬은 其政之本與[㉚]인저

---

4) 부부……하니 : 《禮記》〈哀公問〉에는 "부부 간에는 분별이 있어야 하고, 부자 간에는 친함이 있어야 하고, 군신 간에는 엄함이 있어야 한다.〔夫婦別 夫子親 君臣嚴〕"라고 되어 있다.

5) 端冕 : 玄端服과 冕旒冠으로, 고대 제왕 및 귀족의 예복이다. 《禮記》〈樂記〉에 "나는 端冕을 하고서 古樂을 들으면 누워서 자게 될까 하고 염려하지만, 鄭나라와 衛나라의 俗樂을 들으면 피곤한 줄 모른다.〔吾端冕而聽古樂 則唯恐臥 聽鄭衛之音 則不知倦〕"라고 하였다.

6) 親迎 : 혼례의 六禮인 納采, 問名, 納吉, 納徵, 請期, 親迎 가운데 여섯 번째의 예로, 신랑이 신부의 집에 가서 신부를 맞아 오는 절차를 말한다.(《禮記》〈昏儀〉)

① 공자가 魯 哀公을 모시고 앉은 것이다.

　　孔子侍魯哀公坐라

② 애공이 물은 것이다.

　　哀公言이라

③ "감히 묻습니다. 사람의 도는 무엇이 중요합니까?"라고 한 것이다.

　　敢問 人道는 何者爲大오

④ 부자가 대답한 것이다.

　　夫子答言이라

⑤ 공의 말이 여기에까지 이른 것이다.

　　公言至此라

⑥ 백성들이 공에게 은혜를 받았다는 것이다.

　　百姓受公之恩惠也라

⑦ 부자가 臣이라고 자칭한 것이다. 어찌 감히 대답할 말이 없겠느냐고 한 것이다.

　　夫子稱臣이라 豈敢無說以對잇고

⑧ 사람의 도는 정치를 하는 것보다 중요한 것이 없는 것이다.

　　人之道는 莫大於爲政이라

⑨ 정치는 백성을 바르게 하는 것이다.

　　夫政者는 所以正百姓也라

⑩ 임금이 위에서 바른 정치를 행하면 백성들이 모두 바르게 된다는 것이다.

　　君行政於上이면 則百姓皆得其正이라

⑪ 애공이 묻기를 "정치를 하는 방도는 어떻습니까?"라고 한 것이다.

　　公問 爲政之道如何오

⑫ 부자가 대답한 것이다.

　　夫子答言이라

⑬ 頭註 : 別(분별하다)은 彼와 列의 反切이다.

　　別은 彼列切이라

⑭ 부부의 예는 응당 분별이 있어야 하는 것이다.

　　夫婦之禮는 當有分別이라

⑮ 남녀는 서로 친해야 하는 것이다.

　　男女는 能相親이라

⑯ 군신 간에는 신의가 있어야 하는 것이다.

　　君臣之間엔 有信이라

⑰ 세 가지가 이미 바르게 되는 것이다.

　三者既得正이라

⑱ 온갖 일이 따라서 모두 바르게 되는 것이다.

　百物從而皆得其正이라

⑲ 애공이 다시 묻기를, "과인은 이 세 가지를 행할 수 있는 요령을 알기를 원합니다."라고
한 것이다.

　公復問 寡人願知所以行此三者之要라

⑳ 부자가 대답하기를, "옛사람이 정치를 할 때 사람을 사랑하는 것보다 큰 것이 없었습니
다."라고 한 것이다.

　夫子言 古人爲政에 莫大於愛人이라

㉑ 사람을 사랑으로 다스리는 방도는 예보다 큰 것이 없는 것이다.

　所以治愛人之道는 莫大於禮라

㉒ 예를 다스리는 방도는 공경보다 큰 것이 없는 것이다.

　所以治禮之道는 莫大於敬이라

㉓ 예가 공경에 이르면 지극한 것이다.

　禮至敬則極矣라

㉔ 혼례가 또 큰 것이다.

　婚禮又爲大焉이라

㉕ 대혼은 공경이 지극한 것이다.

　大婚爲敬之至라

㉖ 대혼은 이미 공경이 지극한 것이다.

　大婚旣爲敬之至라

㉗ 頭註 : 迎(맞이하다)은 去聲이다.

　迎은 去聲이라

㉘ 응당 端冕을 하고 신부가 오는 것을 직접 맞이하는 것이다.

　當端冕服으로 親迎其來라

㉙ 몸소 직접 맞이하는 것이 이것이 공경하는 예가 지극한 것이다.

　身親迎迓가 此敬禮之至라

㉚ 사랑하는 마음과 공경하는 마음이 바로 정치를 행하는 근본인 것이다.

　愛心與敬心이 乃爲政之根本也라

4-2⁷⁾ 애공이 물었다.

"면류관을 쓰고 친영하는 것은 예절이 너무 융숭하지 않습니까?"

공자가 대답하였다.

"친한 두 姓이 결합하여⁸⁾ 天下와 宗廟社稷의 제사를 받드는 주체가 되는데 임금께서는 어찌 너무 융숭하다고 하십니까? 천지의 기운이 합하지 않으면 만물이 생겨나지 않는 법이니 대혼은 만세의 자손을 잇는 것입니다. 옛날 삼대의 明王이 반드시 아내와 자식을 공경했던 것은 그 가운데 도가 있어서입니다. 아내는 부모가 되는 단초이고 자식은 부모의 후사이니 감히 공경하지 않겠습니까?"

公曰 冕而親迎이 不已重乎^①잇가 孔子曰 合二姓之好^②하여 以爲天下宗廟社稷之主^③하니 君何爲已重焉^④이니잇고 天地不合하면 萬物不生^⑤하나니 大婚은 萬世之嗣也^⑥라 昔三代明王이 必敬妻子也^⑦는 蓋有道焉^⑧하니 妻也者는 親之主也^⑨요 子也者는 親之後也^⑩니 敢不敬與^⑪잇가

① 애공이 말하기를, "면류관을 쓰고 친영하는 것은 그 예절이 너무 융숭하지 않습니까?"라고 한 것이다.
　　哀公曰 戴冕親迎이 禮不太重乎잇가
② 남편이 아내에게 장가드는 것은 친한 두 성이 결합하는 것이다.
　　夫娶妻는 是合二姓之親이라
③ 거기에서 낳은 임금의 자식이 즉위하면 천하와 종묘사직의 제사를 받드는 주체가 되는 것이다.
　　君有子卽位하면 以爲天下宗社之主라
④ 공은 어찌 너무 융숭하다고 말하느냐고 한 것이다.
　　公何謂已太重고
⑤ 천지의 기운이 합하지 않으면 만물이 생겨나지 않는 것이다.
　　天地不相合하면 萬物不生이라
⑥ 부부의 혼인은 만세를 잇는 근본인 것이다.
　　夫婦婚娶는 萬世嗣續之本이라
⑦ 옛날 三代의 왕이 모두 아내와 자식을 공경하고 중시한 것이다.

7) 저본의 표제에 "宗廟社稷의 주체〔宗廟社稷之主〕"라고 되어 있다.
8) 친한……결합하여 : ≪禮記≫ 〈昏義〉에 "혼례는 친한 두 성이 결합하여 위로는 종묘를 섬기고 아래로는 후세를 이으려는 것이므로 군자가 중히 여긴다.〔昏禮者 將合二姓之好 上以事宗廟 而下以繼後世也 故君子重之〕"라고 하였다.

昔三王이 皆敬重妻與子라

⑧ 아내와 자식을 공경할 만한 도가 그 가운데 있는 것이다.

蓋妻子有道가 寓其中이라

⑨ 아내는 부모가 되는 단초인 것이다.

妻爲親之端이라

⑩ 자식은 부모의 뒤를 잇기 때문에 부모의 후사가 되는 것이다.

子繼人之後라 故爲親之後嗣라

⑪ 어찌 감히 그 아내와 자식을 공경하지 않겠느냐고 한 것이다.

安敢不敬其妻與子리오

4-3[9] 애공이 물었다.

"감히 묻습니다. 무엇을 敬身(자신의 몸을 공경함)이라고 합니까?"

공자가 대답하였다.

"군자(爲政者)가 잘못된 말을 하더라도 백성들이 바른 말로 여기고 잘못된 행동을 하더라도 백성들이 법칙으로 여기니, 말이 바른 말에서 벗어나지 않고 행동이 법칙에서 벗어나지 않으면 백성들은 공경하여 명령을 따릅니다. 이렇게 되면 자신의 몸을 공경하고 어버이의 명예를 이룰 수 있다고 말할 수 있습니다."

애공이 물었다.

"무엇을 成親(어버이의 명예를 이룸)이라고 합니까?"

공자가 대답하였다.

"君子는 명예를 이룬[10] 사람인데, 백성이 그에게 이름을 부여하여 君子라고 하면 그 어버이의 명예를 이루어 君이 되게 하고 자신은 子가 되는 것입니다."

공자가 마침내 말하였다.

"사람을 사랑하는 정치를 하면서 사람을 사랑하지 않으면 자신의 몸을 이룰 수 없고, 자신의 몸을 이룰 수 없으면 그 땅에서 편안하게 지낼 수 없고, 그 땅에서 편안하게 지낼 수 없으면 天道를 즐길 수 없습니다."[11]

---

9) 이 부분은 四部叢刊本을 저본으로 하였다.

10) 명예를 이룬 : 명성이나 명예를 수립한다는 말로, 《論語》〈里仁〉에 "군자가 仁을 떠나면 어떻게 명예를 이룰 수 있겠는가.〔君子去仁 惡乎成名〕"라고 하였다.

公曰 敢問何謂敬身이니잇고 孔子對曰 君子過言이라도 則民作辭하고 過行이라도 則民作則(칙)하나니 言不過辭하고 動不過則이면 百姓恭敬以從命이라 若是면 則可謂能敬其身이요 則能成其親矣리이다 公曰 何謂成其親이니잇고 孔子對曰 君子者也는 人之成名也니 百姓與名하여 謂之君子면 則是成其親爲君而爲其子也니이다 孔子遂言曰 愛政而不能愛人이면 則不能成其身이요 不能成其身이면 則不能安其土요 不能安其土면 則不能樂天[①]이니이다

① 〈樂天의 天은〉天道이다.
　　天道也라

4-4[12] 애공이 물었다.

"감히 묻습니다. 어떻게 하면 成身(자신의 몸을 이룸)을 할 수 있습니까?"

공자가 대답하였다.

"그 몸가짐이 사물의 법칙에 벗어나지 않는 것을 자신의 몸을 이룬다고 하니, 天道에 꼭 부합하는 것입니다."

애공이 물었다.

"군자는 어찌하여 천도를 귀하게 여깁니까?"

공자가 대답하였다.

"천도의 그치지 않음을 귀하게 여깁니다. 예컨대 해와 달이 동쪽과 서쪽에서 서로 따라서 그치지 않는 것이 천도이고, 막히지 않고 오래도록 운행하는 것이 천도이고, 하는 것이 없으면서도 만물이 이루어지는 것이 천도이고, 이미 이루어진 것을 밝혀주는 것이 천도입니다."

애공이 말하였다.

"과인이 우매하니 부디 그대 마음에 알고 있는 것을 말씀해주십시오."

공자가 공경히 자리에서 일어나 대답하였다.

"仁人은 사물의 법칙에서 벗어나지 않고, 효자는 어버이를 섬기는 도리에서 벗

---

11) 天道를……없습니다 : 天命을 편안하게 여겨 스스로 즐길 수 없다는 말로, 《周易》〈繫辭傳上〉에 "天道를 즐기고 天命을 알기 때문에 근심이 없고, 처하는 곳마다 편히 여기면서 仁德을 돈후하게 지니기 때문에 사람을 제대로 사랑할 수 있는 것이다.〔樂天知命 故不憂 安土敦乎仁 故能愛〕"라고 하였다.

12) 이 부분은 四部叢刊本을 저본으로 하였다.

어나지 않습니다. 이 때문에 인인이 어버이를 섬기기를 하늘을 섬기듯이 하고, 하늘을 섬기기를 어버이를 섬기듯이 하는 것이니, 이것을 효자가 자신의 몸을 이룬다고 하는 것입니다."

애공이 말하였다.

"과인이 이미 이러한 말을 들었으나 뒤에 죄를 지을 수도 있는 것은 어찌할 수 없습니다."

공자가 대답하였다.

"임금께서 이렇게 말씀하시니 이는 신의 福입니다."

公曰 敢問何能成身이니잇고 孔子對曰 夫其行己不過乎物을 謂之成身이니 不過乎合天道也니이다 公曰 君子何貴乎天道也잇고 孔子曰 貴其不已也니 如日月東西相從而不已也가 是天道也며 不閉而能久^①가 是天道也며 無爲而物成이 是天道也며 已成而明之가 是天道也니이다 公曰 寡人且愚冥^②하니 幸煩子之於心^③하노이다 孔子蹴然避席而對曰 仁人은 不過乎物하고 孝子는 不過乎親이라 是故로 仁人之事親也如事天하고 事天如事親하나니 此謂孝子成身이니이다 公曰 寡人旣聞如此言이나 無如後罪何니이다 孔子對曰 君(子)〔之〕¹³⁾及此言하니 是臣之福也로이다

① 막히지 않고 늘 통하여 오래가는 것이니 끝이 없다는 말이다.
　　不閉常通而能久하니 言無極이라
② 어리석고 우매하다는 말이다.
　　言惷愚冥暗也라
③ 공자에게 부탁하여 마음에 행할 수 있는 것을 헤아려 알게 해주기를 바란 것이다.
　　欲煩孔子하여 議識其心所能行也라

---

13) (子)〔之〕: 저본에는 '子'로 되어 있으나, 《禮記》〈哀公問〉에 의거하여 '之'로 바로잡았다.

제5편 儒者의 德行을 해설함 儒行解 第五^①

孔子와 魯 哀公이 儒者의 德行에 관해 주고받은 말을 기록한 편이기에, 편명을 '儒行解'라고 하였다. 儒者는 스스로 우뚝 서고, 강하고 굳세며, 소신을 바꾸지 않으며, 어진 자를 추천하고 능한 자를 돕는다. 이 편은 후세 유자들의 처세의 기준이 되었을 뿐만 아니라, 현대인의 수신에도 지침이 된다. 이 편은 〈儒行〉이라는 편명으로 ≪禮記≫에도 실려 있다.

① 공자가 逢掖衣(봉액의)를 입고 章甫冠(장보관)을 쓰고서¹⁾ 魯 哀公을 보았는데, 애공이 儒者의 덕행에 대해 물었기 때문에 이렇게 편명을 붙인 것이다.

孔子衣逢掖之衣하고 冠章甫之冠하여 以見魯哀公한대 公問儒行이라 故以名篇하니라

5-1²⁾ 공자가 衛나라에 있을 때 冉求가 季孫에게 말하였다.

"나라에 성인이 있는데도 등용하지 못하면서 잘 다스려지기를 구하는 것은 뒷걸음치면서 앞사람을 따라잡기를 구하는 것과 같으니 이는 불가능한 일입니다. 지금 공자가 위나라에 있는데 위나라가 그를 등용하려고 하니,³⁾ 이는 자기 나라에 人才가 있는데 이웃 나라에 주어 힘을 보태는 것이므로 지혜롭다 말하기 어렵습니다."

계손이 애공에게 아뢰자 애공이 그 말을 따랐다. 공자가 이윽고 客舍에 이르렀

---

1) 逢掖衣를……쓰고서 : 선비의 衣冠을 말한다. 봉액의는 소매가 큰 홑옷으로 도포의 일종이고, 장보관은 송나라 제도인 冠의 일종이다.

2) 저본의 표제에 "뒷걸음치면서 앞사람을 따라잡기를 구하다.〔却步求前〕", "애공이 부자를 머물게 하다.〔哀公館夫子〕"라고 되어 있다.

3) 위나라가……하니 : 魯 哀公 10년에 공자가 초나라에서 돌아와 위나라에 있었는데, 위나라 군주 出公 輒이 공자를 등용하려고 하였다. 이때 자로가 공자에게 묻기를 "위나라 군주가 선생님을 기다려 정치를 하려고 합니다. 선생님께서는 무엇을 먼저 하시겠습니까?〔衛君待子而爲政 子將奚先〕"라고 한 내용이 ≪論語≫〈子路〉에 보인다.

는데 애공이 머무르게 하였다.

孔子在衛^①할새 冉求言於季孫曰^② 國有聖人而不能用^③하고 欲以求治^④는 是猶却步而欲求及前人이니 不可得已^⑤라 今孔子在衛어늘 衛將用之^⑥하니 己有才而以資隣國^⑦이니 難以言智也^⑧니이다 季孫以告哀公한대 公從之^⑨하다 孔子旣至舍^⑩한대 哀公館焉^⑪이라

① 夫子가 위나라에 있을 때이다.
夫子在衛國이라
② 염구가 노나라 계손에게 말한 것이다.
冉求謂魯季孫言이라
③ 노나라에 성인의 덕을 가진 부자가 있는데도 등용하지 못한 것이다.
言魯國有聖德之夫子어늘 不能用이라
④ 나라가 다스려지기를 구하려는 것이다.
欲求國治라
⑤ 뒷걸음치면서 또 앞에 가는 사람을 따라잡으려는 것과 같으니 어찌 가능하겠냐고 한 것이다.
是如退行하고 又欲追及前行之人이니 豈可得哉리오
⑥ 지금 부자가 위나라에 있는데 위나라 임금이 등용하려고 한 것이다.
今夫子在衛國이어늘 衛君欲任用之라
⑦ 이는 우리나라에 인재가 있는데 등용하지 않고 도리어 이웃나라에 주어 힘을 보태는 것이다.
吾國有人而不能用하고 却與隣國爲憑籍라
⑧ 지혜롭다고 말할 수 없는 것이다.
不可謂之智라
⑨ 계손이 염구의 말을 애공에게 아뢰자 애공이 그 말을 따른 것이다.
季孫以冉求之言으로 告于哀公한대 公從其言이라
⑩ 공자가 이윽고 노나라 객사에 도착한 것이다.
孔子旣至魯傳舍라
⑪ 애공이 공자로 하여금 객사에 머무르게 한 것이다.
公使孔子就舍라

5-2⁴⁾ 애공은 阼階(동쪽 계단)로부터 내려오고 공자는 賓階(서쪽 계단)로부터 堂에

올라 애공을 모시고 섰다. 애공이 말하였다.

"夫子의 의복은 儒者의 의복입니까?"

공자가 대답하였다.

"제가 어려서 노나라에 거처할 때에는 봉액의를 입었고 장성해서 宋나라에 거처할 때에는 장보관을 썼습니다. 저는 군자의 학문은 넓어야 하고 의복은 그 고을의 풍속을 따라야 한다고 들었습니다.[5] 저는 그것이 유자의 의복인지 모르겠습니다."

公自阼階[1]하고 孔子賓階[2]로 升堂立侍[3]한대 公曰 夫子之服은 其儒服與[4]잇가 孔子對曰[5] 丘少居魯[6]에 衣逢掖之衣[7]하고 長居宋[8]에 冠章甫之冠[9]하니 丘聞之호니 君子之學也博[10]하고 其服以鄉[11]이라하니 丘未知其爲儒服也[12]로이다

① 애공이 동쪽 계단으로부터 내려온 것이다.
　　公出降自東階라
② 부자는 서쪽 계단으로부터 들어간 것이다.
　　夫子自西階而入이라
③ 公堂에 올라서 애공의 옆에서 모시고 선 것이다.
　　升公堂하여 立侍公傍이라
④ 애공이 공자에게 말하기를, "그대는 유자의 의복을 입고 있는가?"라고 한 것이다.
　　公謂子曰 子衣儒者之衣服가
⑤ 공자가 애공에게 답한 것이다.
　　子答公言이라
⑥ 공자가 본인의 이름을 일컬으면서 말하기를, "제가 어렸을 때 노나라에 거처하였습니다."라고 한 것이다.
　　孔子稱名曰 丘年少時居魯國이라
⑦ 소매가 넓은 深衣를 입은 것이다.
　　衣深衣之袞[6]大也라
⑧ 장성하여서 송나라에 거처한 것이다.

---

4) 저본의 표제에 "장보관을 쓰다.〔冠章甫冠〕"라고 되어 있다.
5) 저는……들었습니다 : 이 부분은 江陵本과 원문은 같으나 주석에서 큰 차이를 보인다. 江陵本의 주석에는 "저는 군자는 도를 배우고 그 의복을 넓고 크게 만들어 그 고을의 풍속을 따른다고 들었다.〔丘聞君子之學道 寬大其衣以隨鄉俗〕"라고 되어 있다.
6) 袞 : 江陵本과 慶長本에는 모두 '褒'로 되어 있다.

及長則居宋地라

⑨ 장보관을 쓴 것이다. 장보는 유자가 쓰는 관 이름이다.

載章甫之冠이라 章甫는 儒冠名이라

⑩ 자신은 군자의 학문은 넓어야 한다고 들었다는 것이다.

丘聞君子之學은 廣博이라

⑪ 입는 의복은 다만 고을의 풍속을 따라야 한다는 것이다.

所服其衣는 只隨鄕俗이라

⑫ 자신은 그것이 유자의 의복인지 모르겠다는 것이다.

丘不知其爲儒衣也라

5-3[7] 애공이 물었다.

"감히 儒者의 덕행을 묻습니다."

애공이 공자의 자리를 마련하라고 명하자 공자가 모시고 앉아서 대답하였다.

"유자는 자리 위의 보배[8]를 준비해 두고서 초빙해주기를 기다리고, 밤낮으로 힘껏 배워서 자문해주기를 기다리고, 忠信을 마음속으로 품고 있으면서 천거해주기를 기다리니, 그 자립함이 이와 같습니다.

公曰 敢問儒行①하노이다 哀公命席②한대 孔子侍坐③하여 曰 儒有席上之珍하여 以待聘④하고 夙夜强學하여 以待問⑤하고 懷忠信하여 以待擧⑥하나니 其自立有如此者⑦하니이다

① 애공이 儒者의 덕행에 대해 물은 것이다.

公問儒者之德行이라

② 애공이 명하여 공자에게 자리를 주어 앉게 한 것이다.

公命以位與子坐라

③ 공자가 애공의 자리 곁에서 모신 것이다.

子侍公坐傍이라

④ "유자는 자리 위에 진귀한 보물 같은 것을 준비해 두고서 남이 초빙해주기를 기다린

---

7) 저본의 표제에 "유자는 자리 위의 보배를 준비해 두고서 초빙을 기다린다.〔儒有席珍待聘〕"라고 되어 있다.

8) 자리……보배 : 아름답고 뛰어난 재주와 학문을 비유하는 말이다. ≪禮記集說大全≫ 〈儒行〉에 "자리 위의 보배는 스스로를 귀하게 여겨 좋은 값을 기다리는 것이다.〔席上之珍 自貴而待賈者也〕"라고 하였다.

다."라고 말한 것이다.

言儒者在坐上如珍寶之貴하여 以待人聘이라

⑤ 밤낮으로 힘을 다해 배워서 남이 자문해주기를 기다리는 것이다.

早夜强力務學하여 以待人咨問이라

⑥ 마음속에 忠信을 품고서 임금이 와서 불러주기를 기다리는 것이다.

心蘊忠信하여 以待君來召라

⑦ 유자가 스스로 우뚝하게 서기를 이처럼 하는 것이다.

儒之自卓立者如此라

5-4[9] 儒者는 金玉을 보배로 여기지 않고 忠信을 보배로 여기며 많은 재물이 쌓이기를 구하지 않고 재주가 많은 것을 부유하게 여기니, 그 인정에 가까움이 이와 같습니다. 유자는 친할 수 있지만 위협할 수 없고, 가까이 할 수 있지만 핍박할 수 없고, 죽일 수 있지만 욕보일 수 없고, 그 잘못을 완곡하게 말할 수 있지만 面責할 수 없으니, 그 강하고 굳셈이 이와 같습니다.

儒有不寶金玉[①]이요 而忠信以爲寶[②]하고 不求多積[③]이요 多文以爲富[④]하니 其近人情有如此者[⑤]라 儒有可親而不可劫[⑥]하고 可近而不可迫[⑦]하고 可殺而不可辱[⑧]하고 其過失을 可微辯而不可面數[⑨⑩]하니 其剛毅有如此者[⑪]라

① 儒者는 금옥을 보배로 여기지 않는 것이다.

儒者는 不以金玉爲寶라

② 忠信을 보배로 여기는 것이다.

而以忠信爲寶라

③ 재물을 축적한 것이 많기를 구하지 않는 것이다.

不求多蓄積이라

④ 재주가 많은 것을 부유하게 여기는 것이다.

以多才爲富足이라

⑤ 그 인정에 합치함이 이와 같은 것이다.

其合人情如此라

⑥ 유자는 도로써 친할 수 있지만 위협으로 겁줄 수 없는 것이다.

---

9) 저본의 표제에 "儒者는 忠信을 보배로 여긴다.〔儒寶忠信〕"라고 되어 있다.

儒可親以道로되 不可劫以威라

⑦ 가까이할 수 있지만 위세로 핍박할 수 없는 것이다.

可相近이로되 不可勢迫이라

⑧ 그 몸을 죽일지언정 기운을 꺾거나 욕보일 수 없는 것이다.

寧殺其軀언정 不可挫辱이라

⑨ 頭註 : 數(꾸짖다)는 上聲이다.

數는 上聲이라

⑩ 유자에게 작은 잘못이 있으면 면책할 수 없고 다만 완곡하게 말할 수 있는 것이다.

儒有小過어든 不可面責이요 但可緩緩與辯이라

⑪ 그 강하고 과감함이 이와 같은 것이다.

其剛果如此라

5-5[10] 儒者는 忠信을 갑옷과 투구로 삼고 禮義를 방패와 창으로 삼으며 仁을 머리에 이고 다니고 義를 품에 안고 처하는 지라, 비록 포악한 정사를 만나더라도 그 지키는 바를 바꾸지 않으니, 그 자립함이 이와 같습니다.

儒有忠信以爲甲胄①하고 禮義以爲干櫓②하고 戴仁而行③하며 抱義而處④하여 雖有暴政이라도 不更其所⑤하니 其自立有如此者⑥라

① 儒者가 忠信을 간직함이 갑옷과 투구로 몸을 보호하는 것과 같은 것이다.

儒有忠信이 如甲胄之保身이라

② 禮義를 방패와 창으로 삼는 것이다. 干은 방패이고 櫓는 큰 창이다.

以禮義爲干櫓라 干은 楯也요 櫓는 大戟也라

③ 몸소 행할 때에는 仁을 으뜸으로 삼는 것이다.

躬行에 以仁爲首라

④ 義로써 처신하는 것이다.

處己以義라

⑤ 비록 때때로 포학한 정사를 만나더라도 仁을 이고 義를 안고서 자신이 지키는 바를 바꾸지 않는 것이다.

雖時有虐政이라도 惟戴仁抱義하여 不易其所守라

---

10) 저본의 표제에 "仁을 머리에 이고 義를 품에 안다.〔戴仁抱義〕"라고 되어 있다.

⑥ 그 홀로 섬이 이와 같은 것이다.

其特立如此라

5-6[11] 儒者는 널리 배워 막힘이 없고 독실하게 행하여 게으르지 않으며 예는 반드시 조화롭게 하고[12] 넉넉하고 여유로움을 법도에 맞게 하며 어진 자를 흠모하고 대중을 용납하며 모난 점을 버리고 원만하게 지내니,[13] 그 관대함이 이와 같습니다. 유자는 어진 자를 추천하고 능한 자를 현달하게 할 뿐 그에 대한 보답을 바라지 않으니 그 어진 자를 추천하고 능한 자를 도움이 이와 같습니다.

儒有博學而不窮①하고 篤行而不倦②하며 禮必以和③하고 優游以法④하며 慕賢而容衆⑤하고 毁方而瓦合⑥하니 其寬裕有如此者⑦라 儒有推賢達能하고 不望其報⑧하니 其擧賢援能有如此者⑨라

① 儒者는 두루 알고 힘써 배워 막힘이 없는 것이다.

儒者該博務學하여 無有窮已라

② 자신이 배운 바를 힘써 행하여 태만하지 않은 것이다.

力行所學而無怠라

③ 禮는 조화를 귀하게 여기는 것이다.

禮以和爲貴라

④ 넉넉하고 여유로움을 법칙으로 삼아 다스리는 것이다.

優游有法則治[14]라

⑤ 현철한 사람을 흠모하고 대중을 용납하는 것이다.

希慕賢哲而能容衆人이라

⑥ 자기의 큰 圭角(모가 남)을 버리고 아래로 대중과 조금이라도 어울리는 것이다.

---

11) 저본의 표제에 "모난 점을 버리고 원만하게 지내다.〔毁方瓦合〕"라고 되어 있다.

12) 禮는……하고 : ≪論語≫〈學而〉에 "禮의 쓰임은 조화를 귀하게 여긴다.〔禮之用 和爲貴〕"라고 하였다.

13) 모난……지내니 : ≪禮記集說大全≫〈儒行〉에 "모를 헐어서 깨어진 기와를 합한다는 것은 陶瓦의 일이니 그 처음에는 둥근데 쪼개어 넷으로 만들면 그 형상이 모가 난다. 그 둥근 것을 헐어서 모를 만들고 그 모난 것을 합하여 다시 둥글게 하니 포용하는 중에도 일찍이 분변의 뜻이 없지 않았다.〔毁方而瓦合者 陶瓦之事 其初則圓 剖而爲四 其形則方 毁其圓以爲方 合其方而復圓 蓋於涵容之中 未嘗無分辨之意也〕"라고 하였다.

14) 治 : 江陵本에는 이 글자가 빠져있다.

去己之大圭角하고 下與衆人小合이라

⑦ 그 마음이 관대하고 넓음이 이와 같은 것이다.
其情懷寬大廣裕如此라

⑧ 유자는 어진 자를 보면 임금에게 천거하고 능한 자를 보면 윗사람에게 아뢸 뿐 자신은 보답받기를 바라지 않는 것이다.
儒者見賢則薦於君하고 見能則聞於上이요 不求其報己라

⑨ 그 어진 자를 등용시키고 능한 자를 인도함이 이와 같은 것이다.
其進賢引能如此라

5-7[15] 儒者는 몸을 순결하게 하고 덕을 함양하여 세상이 다스려져도 가볍게 벼슬길에 나가지 않으며 세상이 어지러워도 기운이 꺾이지 않으니 그 우뚝 서서 홀로 행함이 이와 같습니다.”

儒有澡身浴德[①]하여 世治不輕[②]하고 世亂不沮[③]하니 其特立獨行이 有如此者[④]라

① 儒者는 늘 스스로 그 몸을 순결하게 하고 그 덕행을 함양하는 것이다.
儒常自潔濯其身體하고 沐浴其德行이라

② 治世를 만나도 스스로를 가벼이 하지 않는 것이다.
逢治世호되 不自輕이라

③ 亂世를 만나도 두려워하거나 기운이 꺾이지 않는 것이다.
逢亂世호되 不畏沮라

④ 그 우뚝 서서 홀로 행함이 이와 같은 것이다.
其特立獨行如此라

---

15) 저본의 표제에 “몸을 순결하게 하고 덕을 함양하다.〔澡身浴德〕”라고 되어 있다.

제6편 禮를 물음 問禮 第六①

魯 哀公과 孔子가 禮에 대해 묻고 대답한 말을 기록한 편이기에, 편명을 '問禮'라고 하였다. 孔子가 哀公에게는 "예가 아니면 천지의 신을 절도에 맞게 섬길 수 없다."고 설명하고, 言偃에게는 '예의 시초는 음식에서 비롯되어, 귀신에게 공경하는 마음을 바칠 수 있었다'고 마무리하였으니, 禮의 기원이 祭祀에 있음을 밝힌 것이다. 孔子와 哀公 사이의 문답은 ≪禮記≫〈哀公問〉이나 ≪大戴禮記≫〈哀公問於孔子〉에도 보인다.

① 哀公이 大禮를 공자에게 물었기 때문에 이렇게 편명을 붙인 것이다.
哀公이 問大禮於孔子라 故以名篇하니라

6-1[1] 哀公이 공자에게 물었다.

"大禮는 어떠한 것입니까?"

공자가 대답하였다.

"제가 듣기로 백성이 살아가는 데 있어서 禮가 중요하다고 합니다. 예가 아니면 천지의 신을 절도에 맞게 섬길 수 없고, 예가 아니면 君臣·上下·長幼의 位次를 분별할 수 없고, 예가 아니면 男女·父子·兄弟·婚姻·親族 간의 親疏의 관계를 구별할 수 없습니다. 이 때문에 군자는 이 예를 존숭하고 공경하는 것이니 그러한 뒤에 능히 할 수 있는 예로 백성을 가르쳐 따라 행하게 합니다."

哀公問於孔子曰 大禮何如①하니잇고 子曰 丘聞之②호니 民之所以生者 禮爲大③하니 非禮則無以節事天地之神④이요 非禮則無以辨君臣上下長幼之位焉⑤이요 非禮則無以別男女父子兄

---

1) 저본의 표제에 "애공이 예를 묻다.〔哀公問禮〕", "예는 군신과 상하를 분별하는 것이다.〔禮辨君臣上下〕"라고 되어 있다.

弟婚姻親族疏數(삭)之交焉⑥이라 是故로 君子此爲之尊敬⑦하니 然後에 以其所能으로 教順百姓⑧하니이다

① 哀公이 공자에게 대례를 물은 것이다.
　　哀公問子大禮라

② 부자가 애공에게 답한 것이다.
　　夫子答公이라

③ 백성은 예를 믿고 살아가는지라 예가 실로 중요한 것이다.
　　百姓恃禮而生이라 禮實爲大라

④ 예가 아니면 천지의 神祇를 절도에 맞게 섬길 수 없는 것이다.
　　非禮면 無以爲事天地神祇之節이라

⑤ 예가 아니면 무엇으로써 君臣・上下・尊幼(長幼)를 분별하겠느냐고 한 것이다.
　　非禮면 何以別君臣上下尊幼之分이리오

⑥ 예가 아니면 무엇으로써 인륜 간의 친소의 관계를 구분할 수 있겠느냐고 한 것이다.
　　非禮면 何以分人倫親疏交處之事리오

⑦ 군자는 이 예를 존숭하고 공경하는 것이다.
　　君子尊敬其禮라

⑧ 이에 능히 행할 수 있는 예로써 백성을 가르쳐 예를 따라 행하게 하는 것이다.
　　於是에 以能行之禮로 教百姓하여 使順禮而行이라

6-2[2] "禮의 시초는 음식에서 비롯하였다. 태곳적에는 〈불에 달군 돌에〉 기장쌀을 얹어 굽고 돼지고기를 찢어 익혔으며, 〈땅을 파서 만든〉 웅덩이의 물을 손으로 떠서 마시고, 풀을 북채로 삼고[3] 흙으로 북을 만들었는데도 귀신에게 공경하는 마음을 바칠 수 있었다. 옛날의 왕은 궁전이 있지 않아서 겨울에는 땅을 파서 거처하고 여름에는 나뭇가지를 모아 만든 둥지에서 거처하였으며,[4] 불로 익혀 먹는 방법

----

2) 저본의 표제에 "쇳물을 형틀에 붓고 흙을 이기다.[範金合土]", "산 사람을 봉양하고 죽은 사람을 장례 치르다.[養生送死]"라고 되어 있다. 이 부분은 王肅本에 孔子가 제자 言偃에게 답한 것으로 되어 있다.

3) 풀을……삼고 : ≪禮記集說大全≫ 〈禮運〉에는 "蕢桴는 흙덩이를 뭉쳐서 북을 치는 북채를 만든 것이다.[蕢桴 搏土塊爲擊鼓之椎也]"라고 되어 있다.

4) 겨울에는……거처하였으며 : ≪孟子≫ 〈滕文公 下〉에 "堯임금 때에 물이 역류하여 중국에 범람해서 뱀과 용이 웅거하여 사람들이 안정할 곳이 없었다. 그래서 낮은 지역에 사는 자들은 둥지를

이 있지 않아서 초목의 열매를 먹고 鳥獸의 고기는 그 피를 마시고 털이 있는 채로 먹었으며, 명주실과 삼실이 있지 않아서 조수의 깃과 가죽으로 옷을 해 입었다.

　뒤에 성인께서 나오신 뒤에야 불의 이로움을 이용하여 쇳물을 형틀에 붓고 진흙을 이겨서 누대, 집, 들창문을 만들었으며, 그을리고 익히며 삶고 구웠으며, 술과 식초를 만들었다. 명주실과 삼실을 가공하여 베와 명주를 만들어 산 사람을 봉양하고 죽은 사람을 장례 치르고 귀신과 그 先祖⁵⁾를 섬겼으며, 군신의 관계를 바르게 하고 부자의 관계를 돈독히 하며 형제간에 화목하게 하고 상하와 부부의 관계를 가지런히 정하였으니, 이것이 예가 크게 이루어진 것이다."

　夫禮初也①에 始於飮食②하니 太古之時③에 燔黍擘⁽벽⁾豚④하고 汙樽而(杯)〔抔〕⁵⁾⁶⁾飮⑥하며 蕢桴⁽궤부⁾而土鼓⑦호되 猶可以致敬於鬼神⑧이라 昔之王者⑨는 未有宮室⑩이라 冬則居營窟⑪하고 夏則居櫓⑫巢⑬하며 未有火化⑭라 食草木之實⑮하고 鳥獸之肉은 飮其血茹其毛⑯하며 未有絲麻라 衣其羽皮⑰니이다 後聖人有作⑱然後에 修火之利⑲하여 範金合土⑳하여 以爲臺榭宮室戶牖㉑하고 以炮以燔㉒하고 以烹以炙㉓하고 以爲醴酪⁽예락⁾㉔이라 治其絲麻하여 以爲布帛㉕하여 以養生送死㉖하고 以事鬼神㉗與其先祖㉘하고 以正君臣㉙하고 以篤父子㉚하고 以睦兄弟㉛하고 以齊上下夫婦㉜하니 此禮之大成也㉝니이다

① 예의 근본이다.
　禮之本也라
② 예는 마시고 먹는 것 가운데에서 시작한 것이다.
　禮始寓於飮食之中이라
③ 아주 오랜 태고 때이다.
　上古太始之時라
④ 솥이 있지 않아 불에 달군 돌 위에 쌀을 굽고 고기를 찢어 익혀서 먹은 것이다.
　未有釜甑하여 燔米擘肉을 加於燒石之上하여 而食之라
⑤ 頭註 : 抔(움켜쥐다)는 음이 裒이다.
　(杯)〔抔〕⁷⁾는 音裒라

────────────────
만들었고 높은 지역에 사는 자들은 굴을 파서 살았다.〔當堯之時 水逆行 氾濫於中國 蛇龍居之 民無所定 下者爲巢 上者爲營窟〕"라고 하였다.
5) 先祖 : ≪禮記≫〈禮運〉에는 '上帝'로 되어 있다.
6) (杯)〔抔〕 : 저본에는 '杯'로 되어 있으나, 慶長本에 의거하여 '抔'로 바로잡았다.
7) (杯)〔抔〕 : 저본에는 '杯'로 되어 있으나, 慶長本에 의거하여 '抔'로 바로잡았다.

⑥ 땅을 파서 동이로 삼아 손으로 떠서 마신 것이다.

　　鑿地爲樽하여 以手掬飮이라

⑦ 풀을 북채로 삼고 흙으로 북을 만든 것이다.

　　以草爲搥하고 地爲鼓라

⑧ 신은 그 덕을 흠향할 뿐 제물이 갖추어지기를 구하지 않은 것이다.

　　神享其德하고 不求備物이라

⑨ 상고시대의 왕이다.

　　上古之王이라

⑩ 궁전이 있지 않은 것이다.

　　未有殿宇라

⑪ 겨울에는 땅을 파서 거처한 것이다.

　　冬則掘地而處라

⑫ 頭註 : 樐(둥지)는 음이 魯이다.

　　樐는 音魯라

⑬ 여름 절기에는 둥지에 거처한 것이다. 섶나무에 있는 것을 樐라고 하고, 나무에 있는
　 것을 巢라고 한다.

　　夏月居樐巢之上이라 有柴曰樐요 在樹曰巢라

⑭ 불로 익히는 방법을 사용하지 않은 것이다.

　　未用火熟이라

⑮ 나무의 열매 따위만 먹은 것이다.

　　惟食木果之屬이라

⑯ 조수는 그 털과 피를 생식한 것이다.

　　鳥獸生食其毛血이라

⑰ 베와 명주가 있지 않아 다만 새의 깃털과 짐승의 가죽으로 옷을 해 입은 것이다.

　　未有布帛하여 但着鳥毛獸皮라

⑱ 이후로 三皇이 나온 것이다.

　　自後三皇出이라

⑲ 그러한 뒤에 나무 구멍을 마찰시켜 불을 얻은 것이다.

　　然後鑽燧取火라

⑳ 쇠를 녹여 그릇의 모형을 만들고 흙을 이겨서 벽돌과 기와를 만든 것이다.

　　冶金爲器之模範하고 合土以作磚瓦라

㉑ 대들보는 위에 가로놓고 서까래는 밑으로 내려뜨려 집을 지은 것이 이로부터 시작된

것이다.

上棟下宇가 由斯而作이라

㉒ 털을 그을리는 것을 炮라고 하고, 불을 가하여 익히는 것을 燔이라고 한다.

毛曰炮요 加火曰燔也라

㉓ 삶는 것을 烹이라고 하고, 굽는 것을 炙라고 한다.

煮曰烹이요 炮曰炙라

㉔ 술을 醴라고 하고 식초를 酪이라고 한다.

酒曰醴요 漿酢曰酪이라

㉕ 생사를 짜서 명주를 만들고 삼을 짜서 베를 만든 것이다.

修絲爲帛하고 緝麻爲布라

㉖ 이것으로 산 사람을 봉양하고 죽은 사람을 장례 치르는 도구로 삼은 것이다.

用以爲養生送死之具라

㉗ 이것으로 귀신을 제사 지낸 것이다.

以祭祀鬼神이라

㉘ 겸하여 선조를 제사 지낸 것이다.

兼祀祖先이라

㉙ 군신 간의 위차를 바르게 정한 것이다.

正君臣之位라

㉚ 부자간의 인륜을 두텁게 한 것이다.

厚父子之人倫이라

㉛ 형제간에 화목하게 한 것이다.

和睦兄弟라

㉜ 존비와 남녀의 구분을 안정시킨 것이다.

以定尊卑男女之分이라

㉝ 예가 크게 갖추어진 것이다.

禮之大備라

제7편 사람의 다섯 등급을 해설함 五儀解 第七①

인재 선발에 대한 哀公과 孔子의 문답을 기록한 편이다. 孔子가 사람을 庸人・士人・君子・賢人・聖人 등의 다섯 등급으로 구분하여 설명했기에 편명을 '五儀解'라고 하였다. 孔子의 설명 가운데 "임금은 배요 백성은 물이다. 물은 배를 띄워 운행하게도 하지만, 이 물이 배를 뒤집어엎기도 한다."는 구절은 임금과 백성 사이의 정치윤리를 단순하면서도 절실하게 나타내고 있다. 비슷한 내용이 ≪荀子≫와 ≪大戴禮記≫ 등에도 보인다.

① 哀公이 공자에게 나라를 다스리는 방법을 물었는데 공자가 사람은 다섯 등급이 있다고 대답하였기 때문에 이렇게 편명을 붙인 것이다.
   哀公問治國於孔子한대 孔子答以人有五儀라 故以名篇하니라

7-1[1] 哀公이 공자에게 물었다.

"과인은 魯나라의 선비를 뽑아서 그들과 정치를 하려고 합니다. 감히 묻습니다. 어떻게 취해야 합니까?"

공자가 대답하였다.

"사람은 다섯 등급이 있으니, 庸人이 있고 士人이 있고 君子가 있고 賢人이 있고 聖人이 있습니다. 이 다섯 가지를 잘 살펴서 다스리면 治道가 완성될 것입니다."

哀公問於孔子曰① 寡人이 欲論魯國之士하여 與之爲治②하노니 敢問如何取之③잇고 孔子對曰 人有五儀④하니 有庸人하고 有士人하고 有君子하고 有賢人하고 有聖人⑤하니 審此五者하면 則治道畢矣⑥리이다

---

1) 저본의 표제에 "사람은 다섯 등급이 있다.〔人有五儀〕"라고 되어 있다.

① 애공이 부자에게 물은 것이다.

　公問夫子라

② "우리나라의 선비를 구하여 그들과 함께 정치를 하려고 합니다."라고 말한 것이다.

　言欲求吾國之士하여 與之治政事라

③ 어떠한 방법으로 취해야 하냐고 한 것이다.

　當何道以取之오

④ 공자가 말하기를 "사람은 다섯 등급이 있습니다."라고 한 것이다.

　子言 人有五等이라

⑤ 이러한 다섯 등급의 사람이 있으면 다스려지는 것이다.

　有此五者則治라

⑥ 이 다섯 등급의 사람을 잘 알아서 다스리면 다스리는 방도가 완성될 것이라고 한 것이다.

　能知此五等이면 則爲治之道盡矣라

7-2[2] 애공이 물었다.

"감히 묻습니다. 어떤 사람을 庸人이라고 합니까?"

공자가 대답하였다.

"이른바 용인이라는 사람은, 마음에는 신중하게 일을 마무리하겠다는 規戒를 두지 않고, 입으로는 가르침이 되는 좋은 말을 하지 않으며, 어진 이를 가려서 자신의 몸을 맡기지 않고, 힘써 행하여 일신을 안정시키지 않으며, 아는 것이 적고 큰 일에는 어두워 힘써야 할 일을 알지 못하고, 외물에 휩쓸려서 잡아 지킬 바를 알지 못하니, 이런 사람이 용인입니다."

公曰 敢問何謂庸人①이니잇고 孔子曰② 所謂庸人者③는 心不存愼終之規④하고 口不吐訓格之言⑤하며 不擇賢以託其身⑥하고 不力行以自定⑦하며 見小闇大하여 而不知所務⑧하고 從物如流하여 不知其所執⑨하니 此則庸人也⑩니이다

① 애공이 묻기를 "용인은 어떠한 사람입니까?"라고 한 것이다.

　公問 庸人은 如何잇고

② 공자가 말한 것이다.

___

2) 저본의 표제에 "庸人"이라고 되어 있다.

子言이라

③ 평범한 사람이다.

夫庸常人이라

④ 그 마음에 신중하게 일을 마무리하겠다는 규계를 두지 않는 것이다.

其心不存謹終之規戒라

⑤ 입으로는 가르침이 되는 좋은 말을 하지 않는 것이다.

口不談書訓之法言이라

⑥ 어진 이를 가려서 그 일신을 맡기지 않는 것이다.

不選賢者하여 以寄其一身이라

⑦ 부지런히 힘써 도를 행하여 스스로 일신을 안정시키지 않는 것이다.

不勤力行道하여 以自定一身이라

⑧ 아는 것이 적고 큰일에는 어두워 힘써야 할 일을 알지 못한 것이다.

所見小하고 昧於大事하여 不知事務라

⑨ 외물에 휩쓸려서 지켜야 할 바에 어두운 것이다.

隨物流蕩하여 昧於所守라

⑩ 용인은 이와 같은 것이다.

庸人如此라

7-3[3) 애공이 물었다.

"어떤 사람을 士人이라고 합니까?"

공자가 대답하였다.

"이른바 사인이란, 마음에 정해진 것이 있고 계책은 일정하게 지키는 것이 있어서, 도덕과 학술의 근본은 다 알지 못하지만 반드시 이것을 따라서 행하고, 온갖 善의 아름다움은 갖추지 못하였지만 반드시 여기에 처하여, 부귀해지더라도 보태지는 것이 없고 빈천해지더라도 덜어지는 것이 없으니, 이런 사람이 사인입니다."

公曰 何謂士人①이니잇고 孔子曰 所謂士人者②는 心有所定③하고 計有所守④하여 雖不能盡道術之本⑤이나 必有率也⑥하며 雖不能備百善之美⑦나 必有處也⑧하여 富貴不足以益⑨하고 貧賤不足以損⑩하니 此則士人也⑪니이다

---

3) 저본의 표제에 "士人"이라고 되어 있다.

① 애공이 또 묻기를 "어떠한 사람이 사인입니까?"라고 한 것이다.

公又問 如何是士人잇고

② 공자가 이른바 사인이라는 사람은 다음과 같다고 말한 것이다.

子言 夫所謂士人者라

③ 마음에 정해진 견해가 있는 것이다.

心中有定見이라

④ 지키는 바가 정해진 계책이 있는 것이다.

所守有定謀라

⑤ '도덕과 학술의 근원을 다 알지 못하더라도'의 뜻이다.

雖未盡道術之原이라

⑥ 반드시 도덕과 학술의 일을 행하는 것이다.

必能行道術之事라

⑦ '비록 온갖 선의 아름다움을 온전히 갖추는 데 이르지 않더라도'의 뜻이다.

雖未至全百善之美라

⑧ 반드시 도로써 그 선에 처한 것이다.

必有道以處其善이라

⑨ 부귀해지더라도 보태지는 것이 없는 것이다.

雖富貴而無所益이라

⑩ 빈천해지더라도 또한 덜어지는 것이 없는 것이다.

雖貧賤亦無所損이라

⑪ 이러한 사람을 사인이라고 하는 것이다.

此之謂士人이라

7-4[4] 애공이 물었다.

"어떤 사람을 君子라고 합니까?"

공자가 대답하였다.

"이른바 군자란, 말을 반드시 충직하고 진실하게 하면서도 마음속으로 원망하지 않고, 仁과 義를 몸에 간직하면서도 자랑하는 기색이 없으며, 사려가 통달하고 밝으면서도 言辭만을 오로지 숭상하지 않고, 독실히 행하고 도를 믿어서 스스로 힘

─────────────

4) 저본의 표제에 "君子"라고 되어 있다.

쓰고 쉬지 않는 사람이 군자입니다.”

公曰 何謂君子^①니잇고 孔子曰 所謂君子者^②는 言必忠信而心不怨^③하고 仁義在身而色無伐^④하며 思慮通明而辭不專^⑤하고 篤行^⑥信道하여 自彊不息^⑦이 君子也^⑧니이다

① 애공이 묻기를 “어떠한 사람을 군자라고 합니까?”라고 한 것이다.
　　公問 如何謂君子人잇고

② 공자가 이른바 군자라는 사람은 다음과 같다고 말한 것이다.
　　子言 所謂君子人者라

③ 말이 반드시 충직하고 신실함을 주장하면서도 그 마음에 원망하고 탓함이 없는 것이다.
　　所談必主忠信호되 其心無怨咎也라

④ 몸소 仁義를 행하면서도 자랑하는 기색이 없는 것이다.
　　躬行仁義호되 而無矜伐之色이라

⑤ 心思와 뜻이 밝고 통달하면서도 言辭만을 숭상하지 않는 것이다.
　　心思意慮가 昭明通達호되 不專尙言辭라

⑥ 頭註 : 行(행실)은 去聲이다. 아래도 같다.
　　行은 去聲이라 下同이라

⑦ 덕행이 순수하고 독실하며 성인의 도를 믿고 행하여 힘쓰고 게으르지 않는 것이다.
　　德行純篤하고 信行聖道하여 强力不怠라

⑧ 이런 사람이 군자인 것이다.
　　是君子人이라

7-5⁵⁾ 애공이 물었다.

“어떤 사람을 賢人이라고 합니까?”

공자가 대답하였다.

“이른바 현인이란, 德은 법도를 넘지 않고 행실은 준칙에 맞으며, 말은 천하에 법이 될 만하면서도 몸을 상하지 않고 道는 백성을 교화할 만하면서도 根本(몸)을 해치지 않으며, 부유함에도 천하에 쌓아둔 재물이 없고 施惠하면 천하 사람들이 가난함을 걱정하지 않으니, 이런 사람이 賢者입니다.”

---

5) 저본의 표제에 “賢人”이라고 되어 있다.

公曰 何謂賢人^①이니잇고 孔子曰 所謂賢人者^②는 德不踰閑^③하고 行中規繩^④하며 言足以法於天下而不傷於身^⑤하고 道足化於百姓而不傷於本^⑥하며 富則天下無宛^⑦財^⑧하고 施則天下不病貧^⑨하니 此賢者也^⑩니이다

① 애공이 또 묻기를 "어떤 사람이 현인입니까?"라고 한 것이다.
　　公又問 如何是賢人잇고

② 공자가 이른바 현인이라는 사람은 다음과 같다고 말한 것이다.
　　子言 所謂賢人者라

③ 덕에 의지하여 행실이 법도를 넘지 않는 것이다.
　　依德而行不過其法이라

④ 하는 행위가 준칙⁶⁾이 있는 것이다.
　　所行所爲가 有規矩準繩이라

⑤ 그 말은 천하 사람들이 법으로 취할 만하여 말이 천하에 가득하지만 말실수가 없기 때문에 몸을 상하지 않는 것이다.
　　其言可爲天下取法하여 言滿天下로되 無口過故不傷身이라

⑥ 그 도는 백성을 교화시킬 만하지만 또한 몸을 해치지 않는 것이다.
　　其道可化民이로되 亦不害於身이라

⑦ 頭註 : 宛(쌓다)은 음이 苑이다.
　　宛은 音苑이라

⑧ 비록 부유하지만 축적한 재물이 없는 것이다.
　　雖富有而無積財라

⑨ 재물을 흩어서 시혜함에 미쳐서는 천하 사람 중에 가난을 고한 자가 없는 것이다.
　　及其散施하야는 則天下無告貧者라

⑩ 이런 사람을 현인이라고 하는 것이다.
　　此之謂賢人이라

7-6⁷⁾ 애공이 물었다.

---

6) 준칙 : 원문의 '規矩準繩'에서 規는 원을 만드는 기구이고, 矩(구)는 方形을 만드는 기구이며, 準은 測平器이고, 繩은 먹줄로, 표준이나 법도를 비유할 때 흔히 사용하는 표현이다. ≪孟子≫ 〈離婁 上〉에 "성인께서 자신의 시력을 최대한 활용하시고 거기에 그림쇠, 곱자, 수준기, 먹줄 같은 도구를 만들어 이어지게 하였기 때문에, 네모, 원, 수평, 직선을 그려서 이루 다 쓸 수 없게 되었다.〔聖人旣竭目力焉 繼之以規矩準繩 以爲方員平直 不可勝用也〕"라고 하였다.

"어떤 사람을 聖人이라고 합니까?"

공자가 대답하였다.

"이른바 성인이란, 德이 천지에 부합하고 變通하는 것이 고집하는 방향이 없으며 萬事의 시종을 꿰뚫고 萬物의 자연스런 성질과 합합니다. 그래서 밝은 덕이 日月과 나란하고 교화가 신묘하게 행해져서 백성들이 그 덕을 알지 못하니, 이런 사람이 성인입니다."

公曰 何謂聖人①이니잇고 孔子曰 所謂聖人者②는 德合於天地③하고 變通無方④하며 窮萬事之終始⑤하고 協庶品之自然⑥하여 明竝日月⑦하고 化行若神⑧하여 下民不知其德⑨하니 此則聖人也⑩니이다

① 애공이 묻기를 "어떤 사람을 성인이라고 합니까?"라고 한 것이다.
　　公問 如何謂聖人이라
② 공자가 이른바 성인이라는 사람은 다음과 같다고 말한 것이다.
　　子言 所謂聖人者라
③ 그 덕이 천지와 짝할 수 있는 것이다.
　　其德可配天地라
④ 수시로 변통하여 고집하는 견해가 없는 것이다.
　　隨時變通하여 無執方之見이라
⑤ 만사의 본말을 꿰뚫는 것이다.
　　究萬事之本末이라
⑥ 만물의 자연스런 성질에 합하는 것이다.
　　合衆物之自然이라
⑦ 밝은 덕이 일월의 빛과 나란한 것이다.
　　明德可竝日月之光이라
⑧ 道化가 천하에 행해지는 것이 神과 같아 헤아릴 수 없는 것이다.
　　道化行於天下가 如神不可測이라
⑨ 백성들은 덕에 둘러싸여 있는데도 그 덕이 있는 줄 모르는 것이다.
　　民囿德中이어늘 不知其有德8)이라
⑩ 이러한 사람을 성인이라고 하는 것이다.

---

7) 저본의 표제에 "聖人"이라고 되어 있다.
8) 德 : 江陵本에는 "德行"으로 되어 있다.

此之謂聖人_{이라}

7-7[9] 애공이 말하였다.

"훌륭합니다. 그대처럼 어진 이가 아니었다면 과인은 이러한 말을 들을 수 없었을 것입니다. 하지만 과인은 슬픔을 알지 못하고 근심을 알지 못하고 勤勞를 알지 못하고 두려움을 알지 못하고 危難을 알지 못하니, 사람의 다섯 등급에 대한 가르침을 실행할 수 없을 듯합니다."

공자가 대답하였다.

"임금의 말씀대로라면 이미 알고 계신 것입니다. 저 또한 들은 바가 없습니다."

애공이 말하였다.

"그대가 아니면 과인은 마음을 啓發시킬 수 없으니 그대는 말해주십시오."

공자가 대답하였다.

"군자가 太廟에 들어갈 때에 오른쪽으로 가서 阼階(동쪽 계단)로 올라가면서 위로는 서까래를 보고 아래로는 几筵을 살핍니다. 이때에 祭器는 모두 남아있지만 그 사람은 보지 못하니, 임금께서 이것으로 슬픔을 생각하신다면 슬픔이 무엇인지 알 수 있을 것입니다. 새벽에 일찍 일어나서 의관을 정제하고 이른 아침에 조회를 볼 때에 그 위태롭고 어려움을 염려한다면 한 가지 일이라도 도리에 맞지 않은 것이 나라를 어지럽게 하고 망하게 하는 단초가 됨을 알 것이니, 임금께서 이것으로 근심을 생각하신다면 근심이 무엇인지 알 수 있을 것입니다. 해가 뜰 때 정사를 열어 낮이나 저물녘에 이르면 제후의 자손들이 조정에 와서 손님처럼 왕래하면서 예를 행하여 揖하고 사양하며 그 威儀를 신중히 할 것이니, 임금께서 이것으로 근로를 생각하신다면 근로가 무엇인지 알 수 있을 것입니다.

곰곰이 멀리 생각하면서 國都의 사방 문 밖을 나가서 두루 다니시며 멀리 바라보시면 亡國의 遺墟가 반드시 몇 군데 있을 것이니, 임금께서 이것으로 두려움을 생각하신다면 두려움이 무엇인지 알 수 있을 것입니다. 임금은 배이고 백성은 물입니다. 물은 배를 띄우기도 하고 또한 배를 뒤엎기도 하니, 임금께서 이것으로 危難을 생각하신다면 위난이 무엇인지 알 수 있을 것입니다. 임금께서 이 다섯 가지

_____
9) 저본의 표제에 "임금은 배와 같고 백성은 물과 같다.〔君如舟 民如水〕"라고 되어 있다.

를 잘 알고 또 사람의 다섯 등급에 관한 일에 조금이나마 유념하신다면 정치를 하
는 데 무슨 잘못이 있겠습니까?"

公曰 善哉[①]라 非子之賢이면 則寡人不得聞此言也[②]로이다 雖然이나 寡人은 未嘗知哀知憂知勞知懼知危[③]하니 恐不足以行五儀之敎[④]하노이다 孔子對曰 如君之言인댄 已知之矣[⑤]로니 丘亦無所聞焉[⑥]이니이다 公曰 非吾子면 寡人은 無以啓其心[⑦]이니 吾子言也[⑧]하소서 孔子曰 君子入廟如右[⑨]하여 登自阼階[⑩]하여 仰視榱桷(최각)[⑪]하고 俯察机筵[⑫]할새 其器皆存[⑬]호되 而不覩其人[⑭]하니 君以此思哀면 則哀可知矣[⑮]라 昧爽夙興[⑯]하여 正其衣冠[⑰]하고 平旦視朝[⑱]에 慮其危難[⑲⑳]하면 一物失理가 亂亡之端[㉑]이니 君以此思憂면 則憂可知矣[㉒]라 日出聽政하여 至于中冥[㉓㉔]이면 諸侯子孫이 往來如賓[㉕]하여 行禮揖讓하고 愼其威儀[㉖]하니 君以此思勞면 則勞亦可知矣[㉗]라 緬然長思[㉘]하여 出於四門[㉙]하여 周章遠望[㉚]하면 亡國之墟가 必將有數焉[㉛]하니 君以此思懼면 則懼可知矣[㉜]라 夫君者舟也[㉝]요 庶人者水也[㉞]라 水所以載舟[㉟]하고 亦所覆舟[㊱]하니 君以此思危면 則危可知矣[㊲]니이다 君旣明此五者[㊳]하고 又少留意於五儀之事[㊴]면 則政治何有失矣[㊵]리오

① 애공이 탄식하여 말하기를, "훌륭하도다. 부자의 말이여!"라고 한 것이다.
   公嘆曰 美哉라 夫子之言이여

② 어진 덕이 있는 부자가 아니었다면 어떻게 이런 말을 들을 수 있었겠느냐고 한 것이다.
   非夫子有賢德이면 安得聞此言이리오

③ 일찍이 哀戚, 憂愁, 勤勞, 恐懼, 危難에 대한 일을 알지 못한 것이다.
   未嘗識哀戚憂愁勤勞恐懼危難之事라

④ 사람의 다섯 등급에 대한 가르침을 실행할 수 없을 듯한 것이다.
   恐不足行五儀之訓이라

⑤ 임금이 이렇게 말하는 것은 사람의 다섯 등급을 이미 알기 때문인 것이다.
   君如此言은 已知五儀之故矣라

⑥ 자신도 더 이상 할 말이 없다는 것이다.
   丘亦無復有所言矣라

⑦ 애공이 말하기를 "우리 부자가 아니면 과인이 어떻게 마음을 開發시킬 수 있겠습니까?"라고 한 것이다.
   公曰 非吾夫子면 寡人何以開發其心이리오

⑧ 우리 부자는 나를 위해 말해달라고 한 것이다.
   吾夫子는 爲我言之라

⑨ 임금이 태묘에 들어갈 때에 오른쪽으로 들어가는 것이다.

君入太廟에 從右而入이라

⑩ 동쪽 계단을 통해 올라가는 것이다.

由東階而升이라

⑪ 고개를 들어 서까래와 기둥을 쳐다보는 것이다.

擧目視其椽梁이라

⑫ 아래로 祖宗의 神位를 보는 것이다.

下視祖宗位라

⑬ 祭器는 모두 있는 것이다.

祭器皆在라

⑭ 朝宗의 몸을 보지 못하는 것이다.

不見祖宗之主身이라

⑮ 이로 말미암아 그 슬픔을 생각한다면 슬픔을 알 수 있는 것이다.

由此思其哀則知哀矣라

⑯ 새벽에 일어나는 것이다.

未明時起라

⑰ 衣冠을 整齊하는 것이다.

整理冠服이라

⑱ 이른 아침 조회를 보는 것이다.

平明時臨朝라

⑲ 頭註 : 難(어려움)은 去聲이다.

難은 去聲이라

⑳ 위태로워지고 망하게 될까 하는 근심을 생각하는 것이다.

思其危亡之患이라

㉑ 한 가지 일이라도 도리에 맞지 않을 경우 어지러워지고 망하는 것이 이로부터 시작되는 것이다.

有一物不得其道則亂亡自此始라

㉒ 이로 말미암아 그 근심을 생각하면 근심을 알 수 있는 것이다.

由此思其憂則知憂矣라

㉓ 頭註 : 冥(어둠)은 去聲이다.

冥은 去聲이라

㉔ 해가 뜰 때 殿庭에서 정사를 열어 한낮이나 저물녘에 이르는 것이다.

日出聽事於殿廷하여 至于日午及日晚이라

㉕ 제후의 자손들이 손님처럼 來朝하는 것이다.

諸侯子孫이 來朝如客이라

㉖ 예에 따라 서로 사양하고 그 위의와 용모를 신중히 하는 것이다.

以禮相遜하고 謹其儀容이라

㉗ 이로 말미암아 그 근로를 생각한다면 근로를 알 수 있는 것이다.

由此思其勞則知其勤勞矣라

㉘ 깊고 멀리 생각하는 것이다.

深遠而思라

㉙ 國都의 사방 문 밖을 나가는 것이다.

出國四門之外라

㉚ 두루 돌아다니며 멀리 바라보는 것이다.

周匝見遙望者라

㉛ 망국의 옛 터전이 반드시 몇 군데가 있음을 볼 수 있을 것이다.

觀亡國舊域이 必有定數焉이라

㉜ 이로 말미암아 그 두려움을 생각한다면 두려움을 알 수 있는 것이다.

由此思其懼則知懼矣라

㉝ 임금은 배와 같은 것이다.

君如舟船이라

㉞ 백성은 물과 같은 것이다.

衆人如水라

㉟ 물은 배를 띄울 수 있는 것이다.

水能載其船이라

㊱ 또한 배를 뒤집을 수 있는 것이다.

亦能翻其船이라

㊲ 이로 말미암아 그 危難을 생각한다면 위난을 알 수 있는 것이다.

由此思其危則知危矣라

㊳ 임금께서 이 다섯 가지를 생각할 줄을 아는 것이다.

君能知思此五者라

㊴ 또 대략이나마 사람의 다섯 등급에 관한 事理를 유념하는 것이다.

又略留心五儀之事理라

㊵ 그렇다면 정치하는 데 또 무슨 잘못이 있겠느냐고 한 것이다.

則政治又安有所失이리오

7-8[10) 애공이 공자에게 물었다.

"사람을 뽑는 법에 대해 묻습니다."

공자가 대답하였다.

"일은 그 일을 잘하는 관리에게 맡겨야 합니다. 영악한 자[11)는 뽑지 말고, 멋대로 대답하는 자는 뽑지 말며, 말이 많은 자는 뽑지 말아야 합니다. 영악한 자는 貪心이 있고, 멋대로 대답하는 자는 일을 어지럽히며, 말이 많은 자는 속입니다. 그러므로 활이 고르게 된 뒤에야 화살이 강하게 나가기를 구하고, 말이 길들여진 뒤에야 잘 달리기를 구하고, 선비가 반드시 성실한 뒤에야 지식과 능력이 있기를 구하는 것입니다. 성실하지 않으면서 능력만 많은 자는 비유하자면 승냥이와 이리 같으니 가까이해서는 안 됩니다."

哀公問於孔子曰 請問取人之法하노이다 孔子對曰 事任於官①이라 無取捷捷(첩첩)하고 無取鉗鉗(겸겸)②하고 無取啍啍(순순)③하니 捷捷은 貪也④요 鉗鉗은 亂也요 啍啍은 誕也⑤니이다 故弓調而後求勁焉하고 馬服而後求良焉하고 士必慤而後求智能者焉하니 不慤而多能은 譬之豺狼이니 不可邇⑥니이다

① 각기 능한 일로 관직에 둔다는 말이다.

　言各當以其所能之事로 任於官이라

② 鉗鉗은 신중함과 진실함이 없이 멋대로 대답하는 것이다.

　鉗鉗은 妄對不謹誠이라

③ 啍啍은 말이 많은 것이다.

　啍啍은 多言이라

④ 영악하면서 끊임없이 먹는 것이 탐하는 것이다.

　捷捷而不已食이 所以爲貪也라

⑤ 誕는 속이는 것이다.

　誕은 欺詐也라

⑥ 지혜가 없는 사람은 성품이 성실하여 크게 악행을 저지르지 않지만, 성실하지 않은데 지혜가 있는 뒤에야 비로소 두려워할 만하다는 말이다.

---

10) 이 부분은 四部叢刊本을 저본으로 하였다.

11) 영악한 자 : 원문의 '捷捷'은 재빠른 모양으로, 못된 일을 꾸미는 데 재빠르다는 뜻이다. 《詩經》〈巷伯〉에 "영악하고 번복하여 참언을 꾀하고자 하는구나. 어찌 너의 참언을 받아들이지 않겠는가마는, 이윽고 참언이 너에게 옮겨가리라.[捷捷幡幡 謀欲譖言 豈不爾受 旣其女遷]"라고 하였다.

言人無智者는 雖性慤信하여 不能爲大惡이나 不慤信而有智然後에야 乃可畏也라

7-9 애공이 공자에게 물었다.

"과인이 우리 작은 나라를 지키려고 하는데 큰 나라가 공격하면 어떻게 대처해야 합니까?"

공자가 대답하였다.

"가령 임금의 조정에 禮가 있어서 상하가 서로 친하면 천하의 백성들이 모두 임금의 백성이 될 것인데, 장차 누가 공격하겠습니까. 만약 이러한 방법과 반대로 하신다면 백성들이 집에 돌아가듯 배반하여 모두 임금의 원수가 될 것인데, 장차 누구와 지키겠습니까."

애공이 말하였다.

"훌륭한 말씀입니다."

이에 山林과 川澤의 禁令을 폐지하고 關門과 시장의 세금을 없애서 백성에게 은혜를 베풀었다.

○ 哀公問於孔子曰^① 寡人이 欲吾國小而能守호되 大則攻하면 其道如何^②오 對曰^③ 使君朝廷有禮^④하여 上下相親^⑤하면 天下百姓이 皆君之民^⑥이리니 將誰攻之^⑦리오 苟違此道^⑧면 民畔如歸하여 皆君之讐也^⑨리니 將與誰守^⑩리오 公曰 善哉^⑪라 於是에 廢山澤之禁^⑫하고 弛關市之稅^⑬하여 以惠百姓^⑭하다

① 애공이 또 부자에게 물은 것이다.
公又問夫子라

② 나는 우리 작은 나라를 스스로 지키려고 하지만 큰 나라가 혹 와서 우리를 공격하면 어떻게 대처해야 하느냐고 한 것이다.
我欲吾小國能自守나 而大國或來攻我면 則其道如何오

③ 공자가 말한 것이다.
子言이라

④ 조정에 예가 있는 것이다.
朝廷之上有禮라

⑤ 군신 간에 서로 친한 것이다.
君臣之間相親이라

⑥ 천하 사람들이 모두 공의 백성이 되는 것이다.

天下之人이 皆爲公之民이라

⑦ 어떤 사람이 와서 공격하려고 하겠느냐고 한 것이다.

何人肯來攻이리오

⑧ 만약 혹시라도 이 방법과 반대로 할 경우이다.

如或反其道라

⑨ 백성들이 집에 돌아가듯 배반하여 모두 임금과 원수가 되는 것이다.

百姓背畔如歸去하여 皆與君爲仇讐라

⑩ 장차 어떤 사람과 함께 나라를 지킬 수 있겠느냐고 한 것이다.

將與何人共守其國이리오

⑪ 애공이 말하기를 "훌륭한 말씀입니다."라고 한 것이다.

哀公曰 善哉之言이라

⑫ 그리고는 山林과 川澤의 나무들을 베지 않고 버려둔 것이다.

乃棄捐山澤之林木이라

⑬ 관문과 시장에서 거두는 세금을 없앤 것이다.

罷收關市之稅賦라

⑭ 나의 백성에게 은혜를 베푼 것이다.

以惠予百姓이라

7-10[12] 애공이 공자에게 물었다.

"내가 듣기로 君子는 장기를 두지 않는다고 하던데 그렇습니까?"

공자가 대답하였다.

"그렇습니다."

애공이 물었다.

"어째서입니까?"

공자가 대답하였다.

"二乘[13]이 있기 때문입니다."

12) 이 부분은 四部叢刊本을 저본으로 하였다.

13) 二乘 : 攻擊과 守備의 두 가지 길이라는 뜻으로, 남의 수비를 공격하기 위해 길을 다툰다는 의미이다. ≪史記≫ 〈吳王濞列傳〉에 "장기 두는 길을 다투며 不恭하였다.〔博爭道不恭〕"라고 하였다.

애공이 물었다.

"二乘이 있다고 어찌 장기를 두지 않는단 말입니까?"

공자가 대답하였다.

"不正한 道까지 함께 행하기 때문입니다."[14]

애공이 두려워하여 잠시 후에 다시 물었다.

"군자가 부정한 도를 미워하는 것이 이처럼 심하군요!"

공자가 대답하였다.

"군자가 부정한 도를 심하게 미워하지 않으면 바른 도 또한 매우 좋아하지 않을 것이고, 바른 도를 매우 좋아하지 않으면 백성들 또한 윗사람을 그다지 친하게 대하지 않을 것입니다. ≪詩經≫에 '군자를 보지 못하니 내 마음이 슬프구나. 이미 그를 보고 또한 이미 만나고 나면 내 마음이 기쁘겠지.'[15]라고 하였으니, ≪詩經≫에서 바른 도를 매우 좋아함이 이와 같습니다."

애공이 말하였다.

"훌륭합니다. 군자는 남의 善한 일은 이루어주고 남의 惡한 일은 이루어주지 않는 법이니,[16] 그대가 말하지 않았다면 내가 이를 듣지 못하였을 것입니다."

哀公問於孔子曰 吾聞君子不博이라하니 有之乎잇가 孔子曰 有之하노이다 公曰 何爲잇고 對曰 爲其二乘이니이다 公曰 有二乘則何爲不博이니잇고 子曰 爲其兼行惡道也①니이다 哀公懼焉하여 有間에 復問曰 若是乎君〔子〕[17]之惡惡道至甚也여 孔子曰 君子之惡惡道不甚이면 則好善道亦不甚하고 好善道不甚이면 則百姓之親上亦不甚이니이다 詩云 未見君子라 憂心惙惙호라 亦旣見止하고 亦旣覯止면 我心則悅이로다하니 詩之好善道甚也如此니이다 公曰 美哉라 夫君子는 成人之

---

14) 애공이……때문입니다 : ≪韓非子≫〈外儲說 左下〉에도 儒者가 博塞(雙六과 비슷한 놀음의 일종)를 하지 않는 이유에 대해 설명한 부분이 보이는데, 그 내용은 다음과 같다. "齊 宣王이 匡倩에게 묻기를 '儒者도 박새를 합니까?' 하니, 광천이 답하기를 '그렇지 않습니다.' 하였다. 선왕이 묻기를 '어째서입니까?' 하니, 광천이 답하기를 '박새는 梟라는 패를 귀하게 여깁니다. 이기려는 자는 반드시 효를 죽여야 하니, 효를 죽이는 것은 귀한 것을 죽이는 것입니다. 유자는 이것을 義를 해친다고 여깁니다. 그러므로 박새를 하지 않는 것입니다.'라고 하였다.〔齊宣王問匡倩曰 儒者博乎 曰不也 王曰何也 匡倩對曰 博貴梟 勝者必殺梟 殺梟者是殺所貴 儒者以爲害義 故不博也〕"

15) 시경에……기쁘겠지 : ≪詩經≫〈召南 草蟲〉에 보인다.

16) 군자는……법이니 : 이 부분은 ≪論語≫〈顔淵〉에도 보이는데, 원문의 '善'은 ≪論語≫에는 '美'로 되어 있다.

17) 〔子〕: 저본에는 없으나, 漢文大系本에 의거하여 보충하였다.

善하고 不成人之惡하나니 微吾子言焉이면 吾弗之聞也로이다

① 이 장기는 36가지의 길을 갖추고 있다.

此具博[18]三十六道也라

7-11[19] 애공이 공자에게 물었다.

"국가의 存亡과 禍福은 진실로 天命에 달려 있으니 사람에 달려 있는 것이 아닙니다."

공자가 대답하였다.

"존망과 화복은 모두 임금 자신에게 달려 있을 뿐이니, 하늘의 재앙과 땅의 괴이한 변고[20]가 어떻게 할 수 있는 것이 아닙니다."

애공이 말하였다.

"훌륭하군요. 그대의 말이여! 실제로 그러한 일이 있습니까?"

공자가 대답하였다.

"옛날 殷나라 왕인 帝辛의 시대에 참새가 城 모퉁이에서 큰 새를 낳은 일이 있었습니다. 그러자 점괘에 말하기를 '작은 것이 큰 것을 낳았으니 국가는 반드시 王道를 이룰 것이고 명성은 반드시 드날려질 것입니다.' 하였습니다. 이에 제신이 참새의 길조가 도와줄 것이라 여기고 國政을 돌보지 않고 凶暴한 일을 끝이 없이 하는데도 조정의 신하들은 이를 구제하지 않았습니다. 그리하여 외적이 마침내 쳐들어와 은나라가 망하게 되었습니다. 이는 바로 자신이 天時를 거역한 것이니 복을 뒤집어 도리어 화가 된 경우입니다.

또 先代 은나라 왕 太戊의 시대에는 道가 실추되고 法이 무너져 요상한 일이 생겼는데, 뽕나무와 닥나무가 조정에서 함께 자라 7일 만에 한아름이 되었습니다. 점치는 자가 말하기를 '뽕나무와 닥나무는 들에서 자라는 나무이므로 조정에서 자라는 것이 이치에 맞지 않습니다. 아마도 나라가 망할 것입니다.' 하였습니다. 그

---

18) 此具博 : 문법상 '此博具'가 되어야 할 듯하다.

19) 이 부분은 四部叢刊本을 저본으로 하였다.

20) 하늘의……변고 : 원문은 '天災地妖'이다. ≪春秋左氏傳≫ 宣公 15년에 "하늘이 철을 어기면 재앙이 되고, 땅이 物性을 어기면 괴이한 변고가 되고, 사람이 德을 어기면 禍亂이 되니, 禍亂이 일어나면 변괴와 재앙이 생긴다.〔天反時爲災 地反物爲妖 民反德爲亂 亂則妖災生〕"라고 하였다.

러자 태무는 두렵고 놀라 몸을 뒤척이며 불안해하면서 행실을 닦아[21] 先王께서 행하신 정치를 생각하고 백성을 기르는 방도를 분명히 밝혔습니다. 그렇게 3년이 지나자 먼 지역에서 의리를 흠모하고 重譯[22]을 거치면서 이른 나라가 16개 나라였습니다.[23] 이는 바로 자신이 天時를 거역한 것이니 화를 얻어 복이 된 경우입니다.

그러므로 하늘의 재앙과 땅의 괴이한 변고가 임금을 경계시키는 것이고, 惡夢과 괴이한 징조가 신하를 경계시키는 것입니다. 재앙과 괴이한 변고는 善政을 이기지 못하고 악몽은 善行을 이기지 못하는 법입니다. 이것을 아는 것이 지극한 정치의 극치인데 오직 훌륭한 임금만이 여기에 통달하였습니다."

애공이 말하였다.

"과인이 固陋하지 않았다면 이렇게 군자의 가르침을 들을 수 없었을 것입니다."

哀公問於孔子曰 夫國家之存亡禍福은 信有天命이니 非唯人也니이다 孔子對曰 存亡禍福은 皆己而已니 天災地妖가 不能加也니이다 公曰 善하다 吾子之言이여 豈有其事乎잇고 孔子曰 昔者殷王帝辛之世①에 有雀生大鳥於城隅焉이러니 占之曰 凡以小生大하니 則國家必王而名必昌하리이다 於是에 帝辛介雀之德②하여 不修國政하고 亢暴無極이어늘 朝臣莫救하니 外寇乃至하여 殷國以亡이라 此는 卽以己逆天時니 詭福反爲禍者也니이다 又其先世殷王太戊之時에 道缺法圮하여 以致夭蘗한대 桑穀于朝가 七日大拱이러니 占之者曰 桑穀은 野木이라 而不合生朝하니 意者컨대 國亡乎인저 太戊恐駭하여 側身修行하여 思先王之政하고 明養民之道하니 三年之後에 遠方慕義하고 重譯至者가 十有六國이라 此는 卽以己逆天時니 得禍爲福者也니이다 故天災地妖가

---

21) 몸을……닦아 : 원문의 '側身修行'은 재앙을 없애기 위해 잠시도 편하게 있지 못하고 행실을 닦는다는 뜻이다. 《詩經》〈大雅 雲漢〉의 序에, 厲王의 포악한 정사를 이은 宣王이 '재앙을 만나 두려워하여 몸을 뒤척이면서 행실을 닦았다.〔遇災而懼 側身修行〕'라는 내용이 보인다.

22) 重譯 : 한 나라의 사신이 왕래할 때에 이중, 삼중의 통역을 거치는 것을 말하므로, 먼 나라를 의미한다. 周公이 섭정할 때에 越裳氏가 중역을 거쳐 와서 꿩을 바친 일이 《韓詩外傳》 권5에 보인다.

23) 先代……나라였습니다 : 이 부분은 《史記》의 내용과 거의 같은데, 점치는 자의 말이 재상 伊陟의 말로 되어 있다는 점에서 조금 다를 뿐이다. 太戊는 商나라의 賢君으로 묘호는 中宗이다. 상나라의 수도인 亳邑에 뽕나무와 닥나무가 돋아나 하루아침에 크게 자라자 태무가 이 변괴에 두려움을 품고 재상 伊陟에게 물으니, 이척이 "요망한 것은 덕을 이기지 못하는 법이니, 아마도 군주의 정사에 잘못이 있어서 이러한 변괴가 나타났나 봅니다. 임금께서는 더욱 덕을 닦으소서.〔妖不勝德 帝之政其有闕與 帝其修德〕"라고 하였다. 태무가 그의 말대로 덕을 닦고 훌륭한 정사를 펴니, 그 나무는 곧 말라 죽었으며 상나라는 다시 부흥하였다.(《史記》 권3〈殷本紀〉)

所以儆人主者也요 寢夢徵怪가 所以儆人臣者也[③]라 災妖는 不勝善政이요 寢夢은 不勝善行이니 能知此者가 至治之極也니 唯明王達此니이다 公曰 寡人不鄙固면 此亦不得聞君子之敎也니이다

①〈帝辛은〉紂王이다.

　　帝紂라

② 介는 돕는다는 뜻이니, 참새의 길조를 도움으로 여긴 것이다.

　　介는 助也니 以雀之德으로 爲助也라

③ 儆은 경계한다는 뜻이다.

　　儆은 戒라

7-12[24] 애공이 공자에게 물었다.

"지혜로운 사람이 장수합니까? 어진 사람이 장수합니까?"[25]

공자가 대답하였다.

"그렇습니다. 사람에게는 세 가지의 죽음이 있는데 그것은 天命이 아니고 자신의 행동에 따라 스스로 취하는 것입니다. 잠자고 거처하는 것이 때에 맞지 않고, 마시고 먹는 것이 절도가 없으며, 쉬고 일하는 것이 정도를 지나치는 자는 병에 걸려 죽습니다. 아랫자리에 거처하면서 위로 임금을 干犯하고 嗜慾에 만족함이 없어서 끊임없이 구하는 자는 형벌을 받아 죽습니다. 적은 것으로 많은 것을 범하고 약한 것으로 강한 것을 업신여기며 분노를 일으키는 것이 이치에 맞지 않고[26] 행동을 할 때 자신의 역량을 헤아리지 못하는 자는 병기에 맞아 죽습니다. 이 세 가지는 그 죽음이 천명이 아니라 사람이 스스로 취한 것입니다. 하지만 지혜로운 선비와 어진 사람의 경우로 말하자면 몸가짐에 절도가 있고 행동이 義에 맞으며 기쁨과 분노가 때에 맞아 자신의 본성을 해치지 않습니다. 그러니 장수하더라도 또

---

24) 이 부분은 四部叢刊本을 저본으로 하였다.

25) 지혜로운……장수합니까 : 《論語》〈雍也〉에, 공자가 "지혜로운 자는 물을 좋아하고, 어진 자는 산을 좋아하며, 지혜로운 자는 동적이고, 어진 자는 정적이며, 지혜로운 자는 즐겁고, 어진 자는 장수한다.〔智者樂水 仁者樂山 智者動 仁者靜 智者樂 仁者壽〕"라고 하였다.

26) 분노를……않고 : 분노를 일으켜야 할 때 분노를 일으키지 않고 아무 때나 분노를 일으킨다는 말이다. 원문의 '類'는 '善'과 같은 뜻이다. 《書經》〈太甲 中〉에 "나 소자가 德에 밝지 못하여 스스로 不善한 데에 이르렀다.〔予小子不明於德 自底不類〕"라고 하였는데, 孔安國은 《古文尙書傳》에서 "類는 善이다."라고 풀이하였다.

한 마땅하지 않겠습니까."

哀公問於孔子曰 智者壽乎잇가 仁者壽乎잇가 孔子對曰 然하니이다 人有三死하니 而非其命也요 行己自取也니이다 夫寢處不時하고 飮食不節하고 逸勞過度者는 疾共殺之하며 居下位而上干其 君하고 嗜慾無厭而求不止者는 刑共殺之하며 以少犯衆하고 以弱侮强하고 忿怒不類하고 動不量力 者는 兵共殺之라 此三者는 死非命也요 人自取之니이다 若夫智士仁人은 將身有節①하고 動靜以 義하고 喜怒以時하여 無害其性하나니 雖得壽焉이라도 不亦可乎잇가

① 將은 행한다는 뜻이다.
　　將은 行이라

제8편 생각을 지극히 함　致思 第八①

孔子와 제자 顔回·子路·子貢·子羔 등의 言行을 기록한 편이다. 공자가 農山에서 유람할 때에 사방을 돌아보고 탄식하기를, "여기에서 생각을 지극히 하면 그 생각이 이르지 않는 곳이 없을 것이다."라고 하였으므로, 편명을 '致思'라고 하였다. 공자가 제자들에게 각자의 뜻을 말하게 하고 그 대답에 따라 자신의 생각을 제시한 일화가 여러 문헌에 보이는데, ≪論語≫ '浴沂'章에서 曾點의 의견에 동의한 것처럼 여기 農山에서는 顔回의 대답을 듣고 "아름답구나. 그 덕이여!"라고 칭찬하며 그 뜻을 가장 높게 평가하였다.

① 공자가 農山에서 유람할 때에 사방을 돌아보고 탄식하기를, "여기에서 생각을 지극히 하면 그 생각이 이르지 않는 곳이 없을 것이다."라고 하였으므로, 이로 인하여 편명을 붙인 것이다.
孔子遊於農山할새 四望而歎曰 於此致思하면 無所不至矣리라 因以名篇하니라

8-1¹⁾ 공자가 魯나라 북쪽으로 가서 農山에서 遊覽할 때에 子路, 子貢, 顔淵이 곁에서 모셨다. 공자가 말하였다.

"너희들은 각자 너희가 품은 뜻을 말해 보아라. 내가 그중에서 좋은 것을 가려 보겠다."

자로가 앞으로 나아가 말하였다.

"저는 위로는 종과 북 소리가 하늘에서 진동하고²⁾ 아래에서는 깃발이 어지럽게

---

1) 저본의 표제에 "세 사람이 각자의 뜻을 말하다.〔三子言志〕"라고 되어 있다.
2) 위로는……진동하고 : 요란하게 合戰한다는 말이다. 전쟁할 때에는 북을 쳐서 進軍하고, 종을 쳐서 退却한다.

땅에서 나부끼거든, 한 部隊와 맞서 대적하여 반드시 천리 먼 곳까지 물리치고, 敵旗를 뽑고 首級을 거두기를 원합니다. 이 일은 오직 저만 할 수 있습니다."

부자가 말하였다.

"용감하구나."

자공이 또 나아가 말하였다.

"저는 齊나라와 楚나라가 광활한 들판에서 싸울 때에 양국의 군대가 對峙하여 병기를 빼들고 交兵하거든, 흰 옷과 흰 冠을 착용하고서 두 나라 사이에서 유세하여 전쟁의 득실을 미루어 논하여 양국의 근심을 풀기를 원합니다. 이 일은 오직 저만 할 수 있습니다."

부자가 말하였다.

"말재주가 있구나."

子貢

안회가 물러나 말하지 않자 공자가 말하였다.

"回야! 너는 홀로 원하는 것이 없느냐?"

안회가 대답하였다.

"제가 듣기로 薰과 蕕는 같은 그릇에 담아 보관할 수 없고,[3] 堯임금과 桀王은 같은 나라에서 다스릴 수 없다고 하니, 이는 부류가 다르기 때문입니다. 저는 明王과 聖君을 보필하여 五倫의 가르침을 펼치고 禮樂으로 인도하며, 백성으로 하여금 성곽을 수리하는 일이 없게 하고 해자를 넘어가 싸우는 일이 없게 하며, 병장기를 녹여서 농기구를 만들고 소와 말을 언덕과 숲에 풀어 놓아,[4] 가정을 이루고 서로

3) 薰과……없고 : 善人과 惡人 또는 군자와 소인은 함께 있을 수 없다는 뜻이다. 薰은 향내 나는 풀이고 蕕는 악취가 풍기는 풀로, 善과 惡 또는 군자와 소인을 비유한다. ≪春秋左氏傳≫ 僖公 4년에 "하나의 향내 나는 풀과 하나의 악취가 풍기는 풀을 같이 놓으면 십년이 가도 악취만 남게 된다.〔一薰一蕕 十年尙猶有臭〕"라고 하였고, 梁나라 劉峻이 말하기를, "천하에 선한 이는 적고 악한 이는 많으며, 어두운 군주는 많고 밝은 군주는 적다. 향내 나는 풀과 악취가 풍기는 풀은 같은 그릇에 담지 않고, 올빼미와 난새는 깃털을 맞대지 않는다.〔天下善人少 惡人多 闇主衆 明君寡 而薰蕕不同器 梟鸞不接翼〕"라고 하였다.(≪梁書≫ 권50 〈劉峻列傳〉)

4) 소와……놓아 : 전쟁을 하지 않는다는 의미이다. ≪書經≫ 〈武成〉에 "華山의 남쪽에 병마를 돌려보내고 桃林의 들판에 소를 풀어놓아 천하에 무력을 쓰지 않을 것임을 보였다.〔歸馬于華山之陽 放

헤어지는 염려가 없게 하고 천년토록 전쟁에 대한 근심이 없게 하기를 원합니다. 이렇게 된다면 由는 그 용맹을 베풀 데가 없게 될 것이고 賜는 그 말재주를 쓸 데가 없게 될 것입니다.”

부자가 엄숙하게 말하였다.

“아름답구나. 그 덕이여!”

자로가 손을 들고 대답하였다.

“부자께서는 어느 것을 선택하시겠습니까?”

공자가 말하였다.

“재화를 소모시키지 않고 백성을 해치지 않고 말을 많이 하지 않는 이 세 가지를 顔氏의 아들이 가지고 있구나.”

孔子北遊於農山①할새 子路子貢顔淵侍側②이러니 孔子曰 二三子는 各言爾志하라 吾將擇焉③호리라 子路進曰④ 由願得鍾鼓之音이 上震於天⑤하고 旍旗繽紛下蟠于地⑥어든 由當一隊而敵之⑦하여 必也攘地千里⑧하며 搴旗執馘(괵)⑨하니 唯由能之⑩이니다 夫子曰 勇哉⑪라 子貢復進曰⑫ 賜願使齊楚가 合戰於漭⑬瀁(망양)之野⑮할새 兩壘相望⑯하여 挺刃交兵⑰이어든 賜著縞衣白冠⑱하고 陳說⑲其間⑳하여 推論利害하여 釋二國之患㉑하니 唯賜能之㉒이니다 夫子曰 辯哉㉓라 顔回退而不言㉔이어늘 孔子曰 回汝獨無願乎㉕아 對曰 回(間)〔聞〕[5]薰蕕不同器而藏㉖하고 堯桀不共國而治㉗라하니 以其類異也㉘라 回願得明王聖主輔相之㉙하여 敷其五敎㉚하고 導之以禮樂㉛하며 使民城郭不修㉜하고 溝池不越㉝하며 鑄劍戟以爲農器㉞하고 放牛馬於原藪㉟하여 室家無離曠之思㊱하고 千歲無戰鬪之患㊲하니 則由無所施其勇㊳이요 而賜無所用其辯矣㊴리이다 夫子凜然曰㊵ 美哉라 德也㊶여 子路抗手而對曰㊷ 夫子何選焉㊸이니잇고 孔子曰㊹ 不傷財하고 不害民하고 不繁詞㊺는 則顔氏之子有矣㊻로다

① 공자가 북쪽으로 가서 農山에 이른 것이다.
　　孔子北去至農山이라

② 세 사람이 공자의 곁에서 모신 것이다.
　　三子侍孔子側이라

③ 세 사람을 가리키며 말하기를, “너희들은 각각 너희 마음속에 품고 있는 뜻이 어떤 것

牛于桃林之野 示天下弗服)”라고 하였다.
5) (間)〔聞〕: 저본에는 ‘間’으로 되어 있으나, 江陵本과 慶長本에 의거하여 ‘聞’으로 바로잡았다.

인지 말해 보아라. 내가 그중에 옳은 것을 가려 보겠다."라고 한 것이다.
指三子曰 爾各言爾之心志如何_{하라} 我將擇其是者_{호리라}

④ 자로가 앞으로 나아가 먼저 자신의 뜻을 말한 것이다.
子路進前_{하여} 先言其志_라

⑤ 종을 울리고 북을 쳐 그 소리가 하늘에 진동하는 것이다.
鳴鍾擊鼓_{하여} 其聲震動上天_{이라}

⑥ 깃발이 뒤섞여 아래로 땅에까지 드리운 것이다.
旌旗交錯_{하여} 下垂至地_라

⑦ 중유가 한 부대의 강한 적과 맞서는 것이다.
仲由當爲一陣之强敵_{이라}

⑧ 반드시 천리 먼 곳까지 물리칠 수 있는 것이다.
必能攘却千里之地_라

⑨ 적의 깃발을 빼앗고 적을 잡아 그 귀를 자르는 것이다.
取敵人之旗_{하고} 獲敵人而截其耳_라

⑩ 자신(由)만이 이렇게 할 수 있다는 것이다.
唯由能如此_라

⑪ 공자가 말하기를 "由는 용감하구나."라고 한 것이다.
孔子言 由는 勇敢_{이라}

⑫ 자공이 또 나아가 부자에게 말한 것이다.
子貢又進_{하여} 與夫子言_{이라}

⑬ 頭註 : 漭(넓다)은 음이 忙이다.
漭은 音忙_{이라}

⑭ 頭註 : 瀁(넓다)은 餘와 掌의 反切이다.
瀁은 餘掌切_{이라}

⑮ 자신(賜)은 가령 제나라와 초나라 두 나라가 광대한 들판에서 合戰할 경우, 다음과 같이 하길 원한다고 한 것이다.
賜願令齊楚二國이 會伐于廣大之野_라

⑯ 양국의 군대가 對峙하는 것이다.
兩軍相望_{이라}

⑰ 병장기를 들고 교전하는 것이다.
兵杖相交_라

⑱ 전쟁은 흉한 일이기 때문에 자공이 흰 옷과 흰 관을 숭상한 것이다.

兵은 凶事라 故子貢尙白衣素冠이라

⑲ 頭註：說(유세하다)는 음이 稅이다.

　　說는 音稅라

⑳ 제나라와 초나라 군영에서 유세하는 것이다.

　　談說於齊楚軍中이라

㉑ 전쟁의 득실을 두루 진술하여 양국에 닥칠 患難을 말한 것이다.

　　敷陳用兵之利害하여 言兩國之患難이라

㉒ 賜만 이렇게 할 수 있는 것이다.

　　獨賜能此라

㉓ 공자가 말하기를, "賜는 口辯이 좋다."라고 한 것이다.

　　孔子言 賜는 口卞⁶⁾이라

㉔ 안자가 물러난 채 말하지 않은 것이다.

　　顔子退去不言이라

㉕ 너는 어찌하여 홀로 원하는 것이 없느냐고 한 것이다.

　　汝何獨無所願고

㉖ 안회가 부자에게 답하기를 "제가 듣기로 薰과 蕕라는 풀은 같은 그릇에 담을 수 없습니다."라고 한 것이다. 훈은 향내 나는 풀이고 유는 악취가 풍기는 풀이다.

　　回答夫子曰 回(間)〔聞〕⁷⁾薰蕕之草는 不可共一器而藏이라 薰香而蕕臭也라

㉗ 聖君과 暴君은 같은 나라에서 다스릴 수 없는 것이다.

　　聖君亂主는 不可同國而治라

㉘ 그 부류가 또한 같지 않은 것이다.

　　其倫亦不同이라

㉙ 자신(回)이 원하는 바는 明王과 聖君을 얻어 그들을 보필하는 일이라고 한 것이다.

　　回所願은 欲得明聖之君而輔相之라

㉚ 아버지는 의롭고 어머니는 자애로우며 형은 우애가 있고 아우는 공경하며 자식은 효도한다는 五倫의 가르침을 널리 펼치는 것이다.

　　敷布父義母慈兄友弟恭子孝五者之教라

㉛ 또 예악으로 돕고 인도하는 것이다.

　　又以禮樂輔導之라

---

6) 卞 : 慶長本에는 '辯'으로 되어 있다.

7) (間)〔聞〕: 저본에는 '間'으로 되어 있으나, 江陵本과 慶長本에 의거하여 '聞'으로 바로잡았다.

㉜ 백성으로 하여금 그 힘을 성곽을 축조하는 데 쓰지 않게 하는 것이다.

使百姓不用築城郭이라

㉝ 해자를 넘는 일이 없게 하는 것이다.

無有越於溝池者라

㉞ 병기를 녹여 농기구로 바꾸어 만드는 것이다.

鑄8)兵器하여 改作農器라

㉟ 소와 말을 전쟁에 쓰지 않고 原野에 풀어 놓는 것이다.

牛馬不用하고 放散諸原野라

㊱ 남녀가 가정을 이루어, 헤어지거나 혼자 지내는 염려가 없게 하는 것이다.

男女有室家하여 而無別離怨曠之思라

㊲ 천년토록 전쟁에 대한 걱정이 없는 것이다.

千年無戰爭之病이라

㊳ 자로는 용맹을 베풀 데가 없는 것이다.

子路無施勇之地라

㊴ 자공은 말재주를 어디에 쓰겠느냐고 한 것이다.

子貢辯口를 何所施리오

㊵ 공자가 엄숙하게 말한 것이다.

孔子肅然而言이라

㊶ 아름답도다. 回의 덕이라고 한 것이다.

美哉라 回之德也여

㊷ 자로가 손을 들고 부자에게 대답한 것이다.

子路擧手하고 對夫子言이라

㊸ 세 사람이 원하는 것 중에 부자께서는 어느 것을 택하시겠느냐고 한 것이다.

三子之願에 夫子何擇고

㊹ 공자가 말한 것이다.

子言이라

㊺ 재화를 소모시키지 않고 아랫사람을 해치지 않고 말을 많이 하지 않는 것이다.

不害財不損下無多言이라

㊻ 안회는 이 세 가지를 가지고 있는 것이다.

回有此三者라

---

8) 鑄 : 江陵本과 慶長本에는 '銷'로 되어 있다.

8-2⁹⁾ 노나라에 검소한 자가 있었는데 흙으로 만든 솥에 밥을 지어 먹고는 맛있다고 생각하여 흙으로 만든 그릇에 담아서 공자에게 바쳤다. 공자가 그것을 받고서 太牢¹⁰⁾를 선물로 받은 듯 아주 기뻐하였다. 자로가 물었다.

"옹기솥은 누추한 그릇이고 지은 밥은 보잘 것 없는 음식인데 부자께서는 어찌하여 이렇게 기뻐하시는 것입니까?"

공자가 대답하였다.

"諫言을 좋아하는 자는 그 임금을 생각하고 맛있는 것을 먹는 자는 그 어버이를 생각하는 법이다. 내가 기뻐한 것은 차린 음식이 맛있어서가 아니라 그가 맛있는 음식을 먹으면서 나를 생각하였기 때문이다."

공자가 楚나라에 갔을 때에 어부가 물고기를 바쳤는데 공자가 받지 않자 어부가 말하였다.

"날은 더운데 시장은 멀어서 팔 수가 없었습니다. 그래서 거름더미에 버리는 것보다는 차라리 군자에게 바치는 것이 낫겠다고 생각하여 감히 바치는 것입니다."

이에 부자가 再拜한 다음 물고기를 받고서 제자들에게 땅을 쓸게 하여 祭享하려고 하였다. 門人이 물었다.

"저 사람이 버리려고 한 것을 가지고 부자께서 제사를 지내시는 것은 어째서입니까?"

공자가 대답하였다.

"내가 듣기로 '음식을 썩혀 버리는 것을 아깝게 여겨서 施惠에 힘쓰는 자는 어진 사람과 같은 무리이다.'라고 하였다. 그러니 어진 사람이 주는 음식을 받고서 제사를 지내지 않는 자가 어디에 있겠는가."

魯有儉嗇者가 瓦鬲(력)煮食^①하고 食之自謂其美하여 盛之土型之器^②하여 以進孔子한대 孔子受之하고 歡然而悅하여 如受大牢之饋^③라 子路曰 瓦甌(구)는 陋器也요 煮食은 薄膳也어늘 夫子何喜之如此乎잇고 子曰 夫好諫者는 思其君하고 食美者는 念其親하나니 吾非以饌具之爲厚라 以其食厚而我思焉일새니라 孔子之楚에 而有漁者而獻魚焉이어늘 孔子不受하니 漁者曰 天暑市遠하여

---

9) 이 부분은 四部叢刊本을 저본으로 하였다.

10) 太牢 : 盛饌을 말한다. 음식에 소, 양, 돼지를 갖추는 것을 太牢라고 하고, 양과 돼지만을 갖추는 것을 小牢라고 한다.(≪禮記≫〈玉藻〉嚴陵方氏注)

無所鬻(육)也일새 思慮棄之糞壤이 不如獻之君子라 故敢以進焉하노이다 於是에 夫子再拜受之하여 使弟子掃地하여 將以享祭라 門人曰 彼將棄之어늘 而夫子以祭之는 何也잇고 孔子曰 吾聞諸호니 惜其腐餒하여 而欲以務施者는 仁人之偶也라하니 惡有受仁人之饋하여 而無祭者乎아

①〈瓦甂은〉흙으로 만든 가마솥이다.

　瓦釜라

②〈土型之器는〉옹기솥이다.

　瓦甌이라

③〈大牢는〉소와 양과 돼지를 갖춘 음식이다. 饋는 음식을 보낸다는 뜻이다.

　牛羊豕라 饋는 餽也라

8-3[11] 季羔가 衛나라의 士師로 있을 때 죄인의 발꿈치를 잘랐다. 그 후 위나라에 蒯聵(괴외)의 난리가 있어 계고가 도망쳐 성문으로 달아났는데 마침 계고에게 刖刑을 당한 사람이 성문을 지키고 있었다. 그가 계고에게 말하였다.

"저쪽에 무너진 곳이 있습니다."

계고가 말하였다.

"군자는 무너진 곳을 넘지 않는다."

또 말하였다.

"저쪽에 구멍이 있습니다."

계고가 말하였다.

"군자는 구멍으로 나가지 않는다."

또 말하였다.

"여기에 집이 있습니다."

계고가 그제서야 들어가자 이윽고 추격한 자가 추격을 그만두었다. 계고가 떠나려 할 때에 월형을 당한 사람에게 말하였다.

"내가 군주의 법을 어길 수 없어 직접 그대의 발꿈치를 잘랐다. 지금 내가 난리에 처해 있으니 그야말로 그대가 복수할 때인데 나를 세 번이나 도피시켜 준 것은 어째서인가?"

---

11) 저본의 표제에 "季羔가 士師가 되다.〔季羔爲士師〕"라고 되어 있다.

월형을 당한 사람이 말하였다.

"발꿈치가 잘린 것은 진실로 저의 죄 때문입니다. 옛날 公이 臣을 법으로 다스리시면서 죄를 집행하는 곳에 와서 刑을 論定할 때에 公께서 근심하며 괴로워하였으니 어찌 신에게 사사로운 마음이 있었겠습니까. 하늘이 군자를 내는 것은 그 운행의 이치가 참으로 그러한 것이니, 이것이 신이 公을 좋아하는 까닭입니다."

공자가 이를 듣고 말하였다.

"훌륭하도다. 관리 노릇 함이여! 법을 집행하는 것이 한결같도다. 남을 사랑하고 용서하는 마음을 가지고 있으면 덕을 세울 수 있고, 엄하고 사납게 대하면 원한을 맺는 법이다.[12] 공정하게 행하는 자는 子羔일 것이다."

또 공자가 말하였다.

"武王은 그 一身을 바르게 하여 그 나라를 바르게 하였고 그 나라를 바르게 하여 천하를 바르게 하였다. 無道한 나라를 정벌하고 죄를 지은 자를 형벌하여 한 번 거동함으로써 천하가 바르게 되어 그 일이 성취되었다. 왕이 그 도리를 다하면 만백성이 모두 다스려지고 천하 사람들이 歸順하는 것이다."

武王

○ 季羔爲衛之士師[1]할새 刖人之足[2]이러니 俄而衛有蒯聵之亂[3]하여 季羔逃之走[4]郭門[5]한대 刖者守門焉[6]하여 謂季羔曰 彼有缺[7]이니이다 季羔曰 君子不踰[8]니라 又曰 彼有竇[9]이니이다 季羔曰 君子不隧[10]니라 又曰 於此有室[11]이니이다 季羔乃入焉[12]하니 旣而追者罷[13]하다 季羔將去[14]할새 謂刖者曰[15] 吾不能虧主之法하여 而親刖子之足[16]하니 今吾在難[17][18]이라 正子報怨之時[19]어늘 而逃我者三은 何哉[20]오 刖者曰 斷足은 固我之罪[21]라 昔公之治臣以法[22]할새 臨當論刑[23]하여 君愀然不悅[24]하니 豈私臣哉[25]리오 天生君子가 其道固然[26]하니 此臣之所以悅君也[27]로이다 孔子聞之

---

12) 남을……법이다 : 《說苑》〈至公〉에 "관리 노릇을 잘하는 자는 덕을 세우고, 관리 노릇을 잘 못하는 자는 원한을 맺는다.〔善爲吏者樹德 不善爲吏者樹怨〕"라고 하였다.

曰^㉘ 善哉라 爲吏^㉙여 其用法一也^㉚로다 思仁恕則樹德^㉛하고 加嚴暴則樹怨^㉜하나니 公以行之는 其子羔乎^㉝인저 孔子曰 武王은 正其身^㉞하여 以正其國^㉟하고 正其國하여 以正天下^㊱하여 伐無道^㊲하고 刑有罪^㊳하여 一動而天下正^㊴에 其事成矣^㊵라 王者致其道而萬民皆治^㊶하고 天下順之^㊷하나라

① 계고가 衛나라의 獄官으로 있었던 것이다.

　　季羔爲衛國獄官이라

② 죄인의 발꿈치를 자른 것이다.

　　割罪人之足이라

③ 당초에 衛 靈公의 태자 蒯聵가 죄를 짓고 晉나라로 出奔하였다. 영공이 죽을 때에 미쳐 괴외의 아들인 輒을 왕위에 세우자 괴외가 晉나라의 도움을 받아 위나라를 습격하였다. 이때에 子羔와 子路는 모두 위나라에서 벼슬하고 있었다.

　　初에 衛靈公太子蒯聵가 得罪出奔晉이러니 及靈公卒하여 立其子輒이어늘 蒯聵自晉襲衛라 時子羔子路竝仕於衛國이라

④ 頭註 : 走(달아나다)는 去聲이다.

　　走는 去聲이라

⑤ 계고가 난리를 피해 성문으로 달아난 것이다.

　　季羔避難하여 走城門이라

⑥ 계고에게 월형을 당한 사람이 성문을 지키고 있었던 것이다.

　　季羔所刖之人이 守城門이라

⑦ 계고에게 "저쪽에 무너져 비어 있는 데가 있으니 들어가 숨을 수 있습니다."라고 말한 것이다.

　　謂季羔言 彼處有空하니 可入逃之라

⑧ 계고가 말하기를 "군자는 무너진 곳을 넘어가지 않는다."라고 한 것이다.

　　羔曰 君子之人은 不可踰缺이라

⑨ 저쪽에 구멍이 있으니 피할 수 있다는 것이다.

　　彼處有穴하니 可以避라

⑩ 계고가 또 말하기를 "군자는 구멍으로 나가지 않는다."라고 한 것이다.

　　羔又言 君子不從穴出이라

⑪ 월형을 당한 자가 또 말하기를 "이쪽에 숨을 집이 있습니다."라고 한 것이다.

　　刖者又曰 此處有屋이라

⑫ 계고가 그제야 집에 들어가 숨은 것이다.

羊乃入屋逃之라

⑬ 계고를 추격하던 자가 추격하지 않은 것이다.

追羔者不追라

⑭ 계고가 떠나려 한 것이다.

羔將去라

⑮ 이에 형벌을 당한 자에게 말한 것이다.

乃與刑者言이라

⑯ 내가 예전에 감히 군주의 법을 어길 수 없어〈죄를 집행하는 곳에〉직접 가서 그대의 발꿈치를 자른 것이다.

我昔不敢虧主法하여 而親臨刖汝之足이라

⑰ 頭註 : 難(난리)은 去聲이다.

難은 去聲이라

⑱ 지금 자신이 그야말로 患難에 빠져 있다는 것이다.

今我正在患難之中이라

⑲ 이는 바로 그대가 보복할 때이다.

此正汝復報之時라

⑳ 그대가 세 번이나 나에게 달아날 곳을 가르쳐 준 것은 어째서이냐고 한 것이다.

汝三番敎我走之는 是如何오

㉑ 월형을 당한 자가 말하기를 "제 발꿈치가 잘린 것은 본래 저의 죄 때문입니다."라고 한 것이다.

刖者言 斷我足者는 自是我罪라

㉒ 예전에 공이 자신을 법으로 처단했다는 것이다.

昔公斷我以法이라

㉓ 와서 斷罪할 때이다.

臨斷罪時라

㉔ 공께서 문득 괴로워한 것이다.

公心忽然不悅이라

㉕ 어찌 자기에게 사사로운 마음이 있었겠느냐고 한 것이다.

豈有私於我리오

㉖ 하늘이 군자를 내는 것은 운행의 이치가 진실로 이와 같은 것이다.

天生君子之人은 行道固當如此라

㉗ 이것이 자신이 공을 좋아하는 이유라는 것이다.

此我所以喜公也라

㉘ 부자가 이를 알고 나서 말한 것이다.
夫子知之曰

㉙ 계고의 관리 노릇 함이 훌륭하다고 한 것이다.
善哉라 季羔之爲吏여

㉚ 법을 집행하는 것이 일정한 것이다.
其行法이 均一이라

㉛ 사랑하고 용서하는 마음을 가지고 있으면 그 덕을 세울 수 있는 것이다.
存仁恕之心이면 則植其德이라

㉜ 한결같이 엄하고 사납게 대하면 남에게 원한을 맺는 것이다.
一加嚴厲면 則結怨於人이라

㉝ 공정한 마음으로 법을 집행하는 것은 오직 자고라는 것이다.
公心行法은 惟子羔也라

㉞ 武王은 周나라의 임금이다. 그 一身을 바르게 할 수 있는 것이다.
武王은 周君也라 能正其一身이라

㉟ 그 一國을 바르게 한 것이다.
正其一國이라

㊱ 一國에서 천하에 미친 것이다.
自國而及天下라

㊲ 무도한 나라를 정벌한 것이다.
誅無道之國이라

㊳ 법을 어긴 자를 형벌한 것이다.
犯法者(刖)〔刑〕[13]之라

㊴ 한 번 거동하여 천하가 모두 바르게 된 것이다.
一擧動而天下皆正이라

㊵ 그 일을 성취시킨 것이다.
以成就其事라

㊶ 왕의 행위가 도에 이르면 백성이 모두 다스려지는 것이다.
王者所爲至於道면 則百姓咸理라

㊷ 천하 사람들이 모두 귀순하는 것이다.

---

13) (刖)〔刑〕: 저본에는 '刖'로 되어 있으나, 江陵本과 慶長本에 의거하여 '刑'으로 바로잡았다.

天下皆歸順이라

8-4¹⁴⁾ 공자가 말하였다.

"王者는 四時¹⁵⁾와 비슷한 점이 있다. 文王은 王季를 아버지로 두었고, 太妊을 어머니로 두었으며, 太姒를 왕비로 두었고, 武王과 周公을 자식으로 두었으며, 太顚과 閎夭(굉요)¹⁶⁾를 신하로 두었으니 그 근본이 훌륭하다. 무왕은 자신을 바르게 해서 나라를 바로잡았고, 나라를 바르게 해서 천하를 바로잡았으며, 無道한 자를 정벌하고, 罪가 있는 자에게 형벌을 주어, 한 번 擧兵하자 천하가 바르게 되었으니 그 일이 성취되었다. 사시는 때에 맞게 운행하기 때문에 만물이 모두 잘 자라고, 왕자는 그 도를 다하기 때문에 만백성이 모두 다스려지는 법이다. 주공은 자신의 몸가짐을 바르게 하여 교화를 행하자 천하가 순히 따랐으니 그 성실함이 지극하다."

文王

孔子曰 王者有似乎春秋^①인저 文王은 以王季爲父하고 以太任爲母하고 以太姒爲妃하고 以武王周公爲子하고 以太顚閎夭爲臣하니 其本美矣라 武王은 正其身以正其國하고 正其國以正天下하며 伐無道하고 刑有罪하여 一動而天下正하니 其事成矣라 春秋는 致其時而萬物皆及하고 王者는 致其道而萬民皆治하니 周公載己行化^②에 而天下順之하니 其誠至矣니라

---

14) 이 부분은 四部叢刊本을 저본으로 하였다.

15) 四時 : 원문의 ‘春秋’를 번역한 말이다. 봄은 여름을 포함하고 가을은 겨울을 포함하기 때문에 두 계절을 들어 四時를 나타낸 것이다.

16) 太顚과 閎夭(굉요) : 周 武王이 천하를 평정할 때 보좌한 대표적인 신하이다. 《書經》〈泰誓中〉에 "나는 나라를 잘 다스리는 신하 열 명을 두었다.〔予有亂臣十人〕"라고 하였는데, 蔡沈의 주석에 "열 사람은 周公 旦, 召公 奭, 太公望, 畢公, 榮公, 太顚, 閎夭, 散宜生, 南宮适, 文母이다."라고 하였다.

① 그 근본을 바르게 하면 만물이 모두 바르게 되는 점이 비슷한 것이다.

　正其本而萬物皆正이라

② 載는 또한 행한다는 뜻이니, 자신의 몸가짐을 바르게 하여 교화를 행하면 그 몸이 바르게 되고 명령하지 않아도 행해진다는 말이다.

　載亦行矣니 言行己以行化하면 其身正하고 不令而行也라

8-5[17] 子路가 蒲邑[18]의 邑宰가 되었다. 水災를 방비하기 위해 백성과 함께 하천을 정비할 때에 백성이 勞役으로 고생하는 것을 보고 각 사람에게 대바구니의 밥과 병에 담은 음료[19]를 주었다. 공자가 이 소식을 듣고 子貢을 시켜 그만두게 하였다. 그러자 자로가 忿然히 화가 나서 가서 공자를 뵙고 말하였다.

"저는 폭우가 조만간 쏟아져 수재가 있을까 염려하였습니다. 그래서 백성들과 함께 하천을 수축하여 방비하였는데 백성들 중에 양식이 떨어져 굶주린 자가 많았습니다. 이 때문에 대바구니의 밥과 병에 담은 음료를 주었던 것입니다. 그런데 부자께서 賜를 시켜 그만두게 하셨으니 이는 제가 仁을 행하지 못하게 하는 것입니다."

공자가 대답하였다.

"네가 백성이 굶주린다고 생각했다면 어찌 임금에게 아뢰어 창고의 곡식을 내어 진휼하게 하지 않고 네 식량을 준단 말이냐? 이는 임금에게 은혜가 없음을 드러내고 자기의 은덕만을 나타내려는 것이다."

○ 子路爲蒲宰라 爲水備①하여 與其民修溝洫②할새 以民之勞煩苦也③로 人與之簞食(사)④一壺漿⑤[20]이어늘 孔子聞之⑥하고 使子貢止之⑦라 子路忿然不悅⑧하여 往見孔子曰⑨ 由也以暴雨將至에 恐有水災⑩라 故與民修溝洫以備之⑪러니 而民多匱餓者⑫라 是以簞食壺漿而與之⑬어늘 夫子使賜止之⑭하시니 是止由之行仁也⑮로이다 孔子曰⑯ 汝以民爲餓也⑰어든 何不白於君하여 發

---

17) 저본의 표제에 "자로가 水災를 방비하다.〔子路修水備〕"라고 되어 있다.

18) 蒲邑 : 춘추시대 衛나라 지역으로 지금 河南 長垣縣에 있다.

19) 대바구니의……음료 : 소박한 음식을 말한다. ≪孟子≫〈梁惠王 下〉에 "萬乘의 나라를 가지고 만승의 나라를 정벌하였는데 대바구니의 밥과 병에 담은 음료로 왕의 군대를 맞이함은 어찌 다른 이유가 있어서이겠습니까. 水火를 피하기 위해서입니다.〔以萬乘之國 伐萬乘之國 簞食壺漿 以迎王師 豈有他哉 避水火也〕"라고 하였다.

20) 簞食(사)一壺漿 : 四部叢刊本에는 一簞食一壺漿으로 되어 있다.

倉廩以賑之[18]하고 **而以爾食饋之**[19]아 **是明君之無惠**[20]요 **而見**(현)[21]**己之德矣**[22]로라

① 중유가 포읍의 읍재가 되어 제방을 갖춘 것이다.

仲由作蒲邑宰하여 爲隄防之具라

② 백성과 함께 하천의 물길을 터서 다른 쪽으로 유도한 것이다.

同百姓疏導溝渠라

③ 백성이 노역으로 고생하는 것을 본 것이다.

見百姓勞役辛苦라

④ 頭註 : 食(밥)는 음이 嗣이다.

食는 音嗣라

⑤ 각 사람에게 그릇에 담은 밥과 병에 담은 음료를 준 것이다.

每人與之盂飯瓶酒라

⑥ 부자가 이 사실을 알게 된 것이다.

夫子知之라

⑦ 이에 자공을 시켜 가서 그만두게 한 것이다.

乃使子貢往止之라

⑧ 자로가 불쾌해한 것이다.

子路不樂이라

⑨ 가서 부자를 뵙고 말한 것이다.

去見夫子曰

⑩ 由가 폭우가 곧이어 내리면 홍수의 재앙이 있을까 염려한 것이다.

由以驟雨次第至면 恐大水爲災라

⑪ 그래서 백성으로 하여금 하천의 물길을 터서 다른 쪽으로 유도하여 방비하게 한 것이다.

故使百姓疏導溝渠하여 以防備之라

⑫ 백성 중에 궁핍하여 굶주린 자가 많은 것이다.

而百姓多有困匱飢餓者라

⑬ 이에 음료와 밥을 준 것이다.

於是에 以酒飯與之라

⑭ 부자께서 자공을 보내 와서 자신을 그만두게 했다는 것이다.

夫子使子貢來止我라

⑮ 이는 부자께서 자신이 仁을 행하는 것을 저지한 것이다.

是夫子止我行仁也라

⑯ 공자가 말한 것이다.

子言이라

⑰ '네가 만약 백성이 굶주린다고 생각했다면'의 뜻이다.

汝若以百姓飢餓라

⑱ 너는 어찌 임금에게 아뢰어 창고의 곡식을 꺼내어 빌려주게 하지 않느냐고 한 것이다.

汝何不言之於君하여 使發廩粟以貸之오

⑲ 너의 개인적인 식량을 그 백성에게 주느냐고 한 것이다.

用汝私食與其民오

⑳ 이는 백성들에게 미치는 임금의 은혜가 없음을 드러내려는 것이다.

是欲顯其君無恩惠及人이라

㉑ 頭註 : 見(나타내다)은 音이 現이다.

見은 音現이라

㉒ 네가 사람들에게 은덕이 있음을 나타내려고 한 것이다.

彰汝之有德於人也라

8-6²¹⁾ 자로가 공자에게 물었다.

"管仲의 사람됨은 어떻습니까?"

공자가 대답하였다.

"仁하다."

자로가 물었다.

"예전에 관중이 齊 襄公에게 유세하였는데도 양공이 받아들이지 않았으니 이는 말재주가 없는 것입니다. 公子 糾를 왕으로 세우려고 하였으나 그렇게 하지 못했으니 이는 지혜롭지 못한 것입니다. 집안이 제나라

管仲

에서 망했는데도 근심하는 낯빛이 없었으니 이는 자애롭지 못한 것입니다. 차꼬를

---

21) 이 부분은 四部叢刊本을 저본으로 하였다.

찬 채 檻車에 갇혀 있었는데도 부끄러워하는 마음이 없었으니 이는 부끄러워할 줄 모르는 것입니다. 자신이 쏘아서 죽이려던 임금을 섬겼으니 이는 貞操가 없는 것입니다. 召忽은 죽었는데 관중은 죽지 않았으니 이는 不忠한 것입니다. 仁人의 道가 참으로 이와 같습니까?"

공자가 대답하였다.

"관중이 양공에게 유세하였는데도 양공이 받아들이지 않은 것은 양공이 사리에 어두웠기 때문이고, 공자 규를 왕으로 세우려고 하였으나 그렇게 못한 것은 때를 만나지 못하였기 때문이고, 집안이 제나라에서 망했는데도 근심하는 낯빛이 없었던 것은 時命을 헤아릴 줄 알았기 때문이고, 차꼬를 찬 상태에서도 부끄러워하는 마음이 없었던 것은 스스로 헤아리고 살폈기 때문이고, 자신이 쏘아서 죽이려던 임금을 섬긴 것은 변화에 통달하였기 때문이고, 공자 규를 따라 죽지 않은 것은 生死의 경중을 헤아렸기 때문이다. 당시 공자 규가 임금이 되지 않았고 관중도 신하가 되지 않았으니 관중은 다만 무엇이 의에 맞는지를 헤아린 것이다. 그리하여 관중은 죽지 않고 속박을 받으면서도 功名을 세웠으니 이는 비난할 수 없다. 소홀이 비록 죽었으나 그것을 가지고 인을 얻었다고 지나치게 칭찬할 것은 못 된다."[22]

子路問於孔子曰 管仲之爲人은 何如잇고 子曰 仁也[①]니라 子路曰 昔管仲說(세)襄公이어늘 公不受하니 是不辯也요 欲立公子糾而不能하니 是不智也[②]요 家殘於齊어늘 而無憂色하니 是不慈也요 桎梏而居檻車어늘 無慙心하니 是無醜也[③]요 事所射之君하니 是不貞也요 召忽死之어늘 管

---

22) 자로가……된다 : 이 부분은 자로가 관중이 仁한지를 묻자 공자가 몇 가지 예시를 들어 설명한 대목이다. 《論語》〈憲問〉에도 관중의 인에 대해 공자와 제자간의 묻고 답한 내용이 보인다. 그 내용은 다음과 같다. "자로가 말하기를 '桓公이 公子 糾를 죽이자 召忽은 죽었고 관중은 죽지 않았으니, 관중은 인하지 못합니다.' 하니, 공자가 대답하기를 '환공이 제후들을 糾合하되, 武力을 쓰지 않은 것은 관중의 힘이었다. 누가 그의 仁만 하겠는가. 누가 그의 인만 하겠는가.' 하였다. 또 자공이 말하기를 '관중은 仁者가 아닐 것입니다. 환공이 공자 규를 죽였는데, 죽지 않고 또 환공을 도와주었으니 말입니다.' 하니, 공자가 답하기를 '관중이 환공을 도와 제후의 霸者가 되어 한 번 천하를 바로잡아 백성들이 지금까지 그 혜택을 받고 있다. 그러니 관중이 아니었다면 우리는 오랑캐처럼 머리를 풀고 옷깃을 왼편으로 하고 있을 것이다. 어찌 관중이 匹夫匹婦처럼 알아주는 이 없이 작은 信義를 위하여 스스로 도랑에서 목매어 죽겠는가.' 하였다.〔子路曰 桓公殺公子糾 召忽死之 管仲不死 曰未仁乎 子曰 桓公九合諸侯 不以兵車 管仲之力也 如其仁如其仁 子貢曰 管仲非仁者與 桓公殺公子糾 不能死 又相之 子曰 管仲相桓公霸諸侯 一匡天下 民到于今 受其賜 微管仲 吾其被髮左衽矣 豈若匹夫匹婦之爲諒也 自經於溝瀆而莫之知也〕"

仲不死하니 是不忠也라 仁人之道가 固若是乎잇가 孔子曰 管仲說襄公이어늘 襄公不受는 公之闇 也요 欲立子糾而不能은 不遇時也요 家殘於齊어늘 而無憂色은 是知權命也요 桎梏而無慙心은 自裁審也요 事所射之君은 通於變也요 不死子糾는 量輕重也라 夫子糾未成君하고 管仲未成 臣하니 管仲才度義라 管仲不死하고 束縛而立功名하니 未可非也라 召忽雖死나 過與取仁은 未足 多也니라

① 仁道를 얻은 것이다.
　　得仁道也라

② 제 양공이 즉위하여 無道하자, 포숙아가 말하기를 "임금이 백성으로 하여금 不信하게 하니 난리가 일어날 것이다."라고 하고 공자 小白을 모시고 莒나라로 出奔하였고, 公孫 無知가 양공을 시해하자 管夷吾(管仲)와 소홀은 공자 규를 모시고 노나라로 出奔하였 다. 제나라 사람이 공손무지를 죽이자 노나라가 제나라를 공격하여 공자 규를 들여보 냈는데, 소백이 거나라에서 먼저 제나라로 들어갔으니 이 사람이 桓公이다. 환공이 마 침내 공자 규를 죽이자 소홀은 따라 죽은 것이다.
　　齊襄立에 無常이어늘 鮑叔牙曰 君使民慢하니 亂將作矣라하고 奉公子小白하여 出奔莒하고 公孫無 知殺襄公이어늘 管夷吾召忽奉公子糾하여 奔魯라 齊人殺無知한대 魯伐齊하여 納子糾어늘 小白自 莒先入하니 是爲桓公이라 公乃殺子糾어늘 召忽死之也라

③ 羞惡之心이 없다는 말이다.
　　言無恥惡之心이라

8-7[23] 공자가 제나라로 가는 도중에 哭하는 소리를 들었는데 그 소리가 매우 슬 펐다. 공자가 마부에게 말하였다.

"이 곡소리가 슬프기는 슬프지만 喪을 당한 사람의 슬픔은 아니다."

그리고 말을 몰고 앞으로 갔다. 조금 앞으로 나아가 이상한 사람을 보았는데 낫 을 차고 素衣를 입고서 곡하는 소리가 슬프지 않았다. 공자가 수레에서 내려 다가 가서 물었다.

"그대는 누구인가?"

그 사람이 대답하였다.

"저는 丘吾子입니다."

---

23) 이 부분은 四部叢刊本을 저본으로 하였다.

공자가 물었다.

"그대는 지금 상을 당하지 않았는데 어찌하여 슬프게 곡을 하는가?"

구오자가 대답하였다.

"저에게 세 가지 잘못이 있는데 이를 뒤늦게 깨달았으니 후회한들 어떻게 하겠습니까."

공자가 물었다.

"세 가지 잘못에 대해 들을 수 있겠는가. 그대는 나에게 숨김없이 말해주게."

구오자가 대답하였다.

"제가 어렸을 때 배움을 좋아하여 천하를 두루 돌아다니다가 뒤에 돌아왔는데 저의 어버이가 돌아가신 다음이었습니다. 이것이 첫 번째 잘못입니다. 장성해서 제나라 임금을 섬겼는데 임금이 교만하고 사치하여 훌륭한 선비를 잃었으므로 신하로서의 절조를 이루지 못하였습니다. 이것이 두 번째 잘못입니다. 제가 평생토록 남들과 돈독히 사귀었는데 지금은 모두 나와 인연을 끊었으니 이것이 세 번째 잘못입니다. 나무는 고요히 있고자 하지만 바람은 그치지 않고 자식은 봉양하고자 하지만 어버이는 기다려주지 않습니다. 가기만 할 뿐 오지 않는 것은 세월이고, 두 번 다시 볼 수 없는 것은 어버이이니, 이로부터 하직하겠습니다."

그리고 마침내 물에 빠져 죽었다. 공자가 말하였다.

"제자들아! 기억하라. 이 일은 경계로 삼을 만하다."

이로부터 제자들 중에 작별하고 돌아가 어버이를 봉양한 자가 10에 3명이었다.

孔子適齊할새 中路에 聞哭者之聲하니 其音甚哀러라 孔子謂其僕曰 此哭이 哀則哀矣나 然非喪者之哀矣니라 驅而前하니 少進에 見有異人焉한대 擁鎌帶素[24]하여 哭者不哀라 孔子下車하여 追而問曰 子何人也오 對曰 吾丘吾子也니이다 曰 子今非喪之所어늘 奚哭之悲也오 丘吾子曰 吾有三失한대 晚而自覺하니 悔之何及이리잇고 曰 三失을 可得聞乎아 願子告吾無隱也라 丘吾子曰 吾少時好學하여 周遍天下라가 後還喪吾親하니 是一失也요 長事齊君호대 君驕奢失士하여 臣節不遂하니 是二失也요 吾平生厚交호대 而今皆離絶하니 是三失也니이다 夫樹欲靜而風不停하고 子欲養而親不待라 往而不來者는 年也요 不可再見者는 親也니 請從此辭호리라하고 遂投水而死하다 孔子曰 小子識(지)之하라 斯足爲戒矣니라 自是弟子辭歸養親者十有三이러라

---

24) 素 : ≪說苑≫ 〈敬愼〉과 四庫全書本에는 '索(새끼)'으로 되어 있다.

8-8²⁵⁾ 공자가 伯魚²⁶⁾에게 말하였다.

"鯉야! 내가 듣기로 남과 종일토록 말하더라도 싫증나지 않는 것은 학문뿐이라고 한다. 그 용모는 볼 만한 것이 없고, 그 勇力은 두렵게 할 만한 것이 없고, 그 선조는 칭송할 만한 분이 없고, 그 가문은 말할 만한 것이 없지만, 결국 큰 명성을 이루어 사방에 널리 알려지고 후세에까지 전해지는 것은 어찌 학문의 효과가 아니겠느냐. 그러므로 군자는 배우지 않아서는 안 되는 것이다. 또 그 용모를 정돈하지 않아서는 안 되니, 정돈하지 않으면 禮에 맞는 모습이 없고 예에 맞는 모습이 없으면 친할 수 없고 친할 수 없으면 진실되지 못하고 진실되지 못하면 禮를 잃고 예를 잃으면 자립할 수 없다.²⁷⁾ 대체로 멀어도 빛이 나는 것은 정돈하기 때문이고, 가까이 있으면 더욱 밝은 것은 학문 때문이다. 비유하자면 연못은 빗물이 흘러들어가고 갈대가 자라지만 혹시 보고자 하더라도 누가 그 물의 근원을 알겠는가."

　孔子謂伯魚曰 鯉乎아 吾聞可以與人終日不倦者는 其唯學焉이라 其容體不足觀也요 其勇力不足憚也요 其先祖不足稱也요 其族姓不足道也로대 終而有大名하여 以顯聞四方하고 流聲後裔者는 豈非學之效也리오 故君子不可以不學이니라 其容不可以不飭이니 不飭無類요 無類失親^①이요 失親不忠^②이요 不忠失禮^③요 失禮不立^④이라 夫遠而有光者는 飭也요 近而愈明者는 學也라 譬之汚池는 水潦注焉이요 雚葦生焉이로대 雖或以觀之라도 孰知其源乎^⑤리오

①　類는 마땅히 貌가 되어야 한다. 정돈하지 않기 때문에 禮貌가 없는 것이니, '不飭無類'라고 말할 수 없다. 예모가 엄숙한 뒤에야 친애함이 오래 유지될 수 있기 때문에 예모가 없으면 친함을 잃는다고 한 것이다.
　　類宜爲貌라 不在飭故無貌니 不得言不飭無類也라 禮貌矜莊然後에 親愛可久라 故曰 無類失親也라

②　마음으로 서로 친하지 않으면 진실함이 없는 것이다.
　　情不相親이면 則無忠誠이라

③　예는 忠信을 근본으로 하는 것이다.

禮以忠信爲本이라

④ 예가 아니면 자립할 수 없는 것이다.

非禮則無以立이라

⑤ 源은 물의 근원이다. 연못에는 빗물이 흘러들어가고 갈대가 자라지만 이를 보는 자 중
에 누가 연못이 물이 흘러나오는 근원이 아님을 알겠는가. 이것을 가지고 '학문이 비록
밖에서 들어왔더라도 적용할 때에는 사람들 중에 누가 학문이 여기에서 나오지 않았다
는 것을 알겠는가.'라고 말한 것이다.

源은 泉源也라 水潦注於池而生葭葦로대 觀者誰知其非源泉乎아 以言學者雖從外入이라도 及其
用之하여는 人誰知其非從此出也者乎아

8-9[28) 子路가 공자를 뵙고 말하였다.

"무거운 짐을 지고 먼 길을 가자면 땅의 상태를 따지지 않고 쉬고, 집이 가난하고
부모가 늙으면 녹봉의 많고 적음을 따지지 않고 벼슬을 하는 법입니다. 예전에 제
가 부모를 섬길 때에 늘 명아주와 콩잎[29)을 먹으면서도 부모를 위해 백 리 밖에서
쌀을 지고 왔습니다. 그런데 부모가 돌아가신 뒤로 남쪽으로 초나라에서 벼슬을 하
여 수행하는 수레가 百乘이고 쌓인 곡식이 萬鍾이며, 방석을 겹쳐서 깔고 앉고 솥
을 벌여놓고 먹는 부유한 형편이 되었습니다. 하지만 그때처럼 명아주와 콩잎을 먹
으면서 부모를 위해 쌀을 지고 오고 싶어도 다시는 할 수가 없습니다."

공자가 말하였다.

"由가 부모를 섬기는 것이, 살아 있을 때에는 힘을 다해 섬기고 돌아가셨을 때에
는 마음을 다해 섬겼다고 할 만하다."

○ 子路見於孔子曰① 負重涉遠이면 不擇地而休②하고 家貧親老면 不擇祿而仕③니이다 昔者由
也事二親之時④에 常食藜藿之實⑤호되 爲親負米百里之外⑥러니 親歿之後⑦에 南遊於楚⑧하여
從⑨車百乘⑩이요 積粟萬鍾⑪이며 累絪而坐⑫하고 列鼎而食⑬이어늘 願欲食藜藿하고 爲親負米나
不可復得也⑭로이다 孔子曰⑮ 由也事親⑯이 可謂生事盡力이요 死事盡思者也⑰로다

① 자로가 부자를 뵙고 말한 것이다.

子路見夫子言이라

28) 저본의 표제에 "자로가 쌀을 지고 오다.〔子路負米〕"라고 되어 있다.
29) 명아주와 콩잎 : 빈궁한 사람의 거친 음식을 뜻하는 말이다.

② 무거운 짐을 지고 먼 길을 가자면 땅의 상태를 따지지 않고 쉬는 것이다.

荷重擔行遠道인댄 則不擇地而息이라

③ 집이 가난하고 어버이가 늙으면 봉양하는 데 급급하므로 녹봉의 많고 적음을 따질 것 없이 나가 벼슬하는 것이다.

家貧親老인댄 急於奉養이라 故不待擇祿而出仕라

④ 중유가 예전에 부모를 섬길 때에는 다음과 같았다고 말한 것이다.

仲由自言 往日事父母時라

⑤ 늘 거친 채소와 야채를 먹은 것이다.

常自食粗惡之茱菓라

⑥ 부모를 위해 백 리 밖에서 쌀을 지고 온 것이다.

爲二親하여 荷米於百里之外라

⑦ 부모가 돌아가신 뒤이다.

二親旣死라

⑧ 남쪽으로 초나라에서 벼슬한 것이다.

南遊官於楚國이라

⑨ 頭註 : 從(수행하다)과 乘(수레)은 去聲이다.

從乘은 去聲이라

⑩ 百乘의 수레가 뒤따른 것이다.

百乘之車가 相隨從이라

⑪ 쌓인 俸米가 萬鍾이나 된 것이다.

積俸米가 至萬鍾之多라

⑫ 방석을 겹쳐서 깔고 앉은 것이다.

重席而坐라

⑬ 솥과 도마를 나열해놓고 먹은 것이다.

羅列鼎俎而食이라

⑭ 예전처럼 명아주와 콩을 먹으면서 부모를 위해 쌀을 지고 오고 싶어도 어찌 다시 그렇게 할 수 있겠느냐고 한 것이다.

欲如昔時食藜藿하고 爲親荷米호되 豈得再如此리오

⑮ 공자가 말한 것이다.

子言이라

⑯ 仲由가 부모를 섬기는 것이다.

仲由之事父母라

⑰ 살아 있을 때에는 힘을 다하고 돌아가셨을 때에는 마음을 다한 것이다.

　　生則能盡其力이요 死則能盡其思라

8-10[30] 공자가 郯나라에 가다가 도중에 程子[31]를 만나 일산을 기울이고 대화를 나누었는데 종일토록 이야기하며 매우 친밀해졌다. 자로를 돌아보고 말하였다.

"束帛[32]을 가져다 선생께 보내주어라."

자로가 경솔하게 대답하였다.

"제가 듣기로 선비가 소개해준 사람이 없이 만나거나 여자가 중매쟁이가 없이 시집가면 군자는 그런 사람과 사귀지 않는 것이 예라고 하였습니다."

얼마 후에 또 자로를 돌아보고 말하였는데, 자로가 또 처음처럼 대답하였다. 공자가 말하였다.

"由야! ≪詩經≫에 말하지 않았느냐. '아름다운 사람이여 眉目이 수려하도다. 우연히 서로 만났으니 참으로 내가 원하는 사람이로다.'[33] 하였다. 지금 정자는 천하의 賢士이니 이 사람에게 보내지 않으면 종신토록 만나볼 수 없을 것이다. 弟子야! 가서 주어라."

　　孔子之郯①이라가 遭程子於塗하여 傾蓋而語②한대 終日甚相親이라 顧謂子路曰 取束帛以贈先生③하라 子路屑然對曰 由聞之호니 士不中間見하고 女嫁無媒면 君子不以交가 禮也④라하니이다 有間에 又顧謂子路한대 子路又對如初라 孔子曰 由아 詩不云乎아 有美一人이여 淸揚宛兮로다 邂逅相遇호니 適我願兮⑤로다하니 今程子는 天下賢士也니 於斯不贈이면 則終身弗能見也라 小子行之하라

　　① 郯은 國名이니 少昊氏의 후예이고 나(왕숙)의 貫鄕이다. 郯子가 예에 통달하였다. 그래서 공자가 일부러 물으러 간 것이다.[34]

---

30) 이 부분은 四部叢刊本을 저본으로 하였다.

31) 程子 : 춘추시대의 賢人이다. 그에 대한 자세한 내용은 문헌에 보이지 않는다.

32) 束帛 : '한 묶음의 비단'이라는 의미로, 비단 다섯 필을 각각 양 끝에서 마주 말아서 한 묶음으로 한 것을 말한다. 다른 나라를 聘問할 때 가지고 가는 禮幣의 일종이다.

33) 아름다운……사람이로다 : ≪詩經≫〈鄭風 野有蔓草〉에 보인다.

34) 郯은……것이다 : 魯 昭公 17년 가을에 少昊氏의 후손인 담자가 노나라에 와서 소공에게 소호씨가 官名에 새의 이름을 사용한 내력을 알려주었는데, 공자가 이것을 듣고 담자를 찾아가 官制

邾은 國名也니 少昊之後요 吾之本縣也라 邾子達禮라 孔子故往諮問焉이라

② 일산을 기울였다는 것은 수레를 멈췄다는 것이다.

傾蓋는 駐車라

③ 贈은 보내는 것이다.

贈은 送이라

④ 中間은 소개시켜주는 것을 말한다.

中間은 謂(始)〔紹〕[35]介也라

⑤ 淸揚은 눈썹과 눈 사이이다. 宛然은 아름답다는 뜻이다. 그윽하게 기약하여 만난 것이 소원에 합한 것이다.

淸揚은 眉目之間也라 宛然은 美也라 幽期而會가 令[36]願也라

8-11 楚 昭王이 강을 건널 때에 강에 한 말 정도 크기가 되는 물건이 있었는데 둥글고 붉었다. 그대로 와서 소왕의 배에 부딪치자 뱃사람이 건져서 소왕에게 올렸는데 소왕이 괴이하게 여겨 使臣을 보내 공자에게 묻게 하였다. 공자가 말하였다.

"이것은 萍實[37]이다. 쪼개서 먹을 수 있으니 吉祥의 조짐이다. 霸者만이 이 물건을 얻을 수 있다."

소왕이 먹었는데 매우 맛있었다. 子游가 물었다.

"부자께서는 어떻게 먹을 수 있다는 것을 아셨습니까?"

공자가 대답하였다.

"내가 예전에 鄭나라에 갈 때 陳나라의 들판을 지나가다가 동요를 들었는데, '초왕이 강을 건너다가 평실을 얻었네. 크기는 한 말 정도 되고 붉기는 해와 같네. 쪼개어 먹으니 꿀처럼 달구나.'라고 하였다. 이것은 초왕의 吉兆이다. 내가 이 때문에 안 것이다."

○ 楚昭王이 渡江①할새 江中有物大如斗②한대 圓而赤③이라 直觸王舟④어늘 舟人取之⑤한대 王怪之⑥하여 使使⑦問於孔子⑧한대 子曰 此萍實也⑨라 可剖而食之니 吉祥也⑩라 唯霸者爲能獲

에 대해 배웠다고 한다.(≪春秋左氏傳≫ 昭公 17년)

35) (始)〔紹〕: 저본에는 '始'로 되어 있으나, 四庫全書本에 의거하여 '紹'로 바로잡았다.

36) 令 : 문맥상 '合'이 되어야 할 듯하다.

37) 萍實 : 萍蓬草에 달린 감미로운 과실이다.

焉^⑪이라하다 王食之한대 大美^⑫라 子遊問曰^⑬ 夫子何以知其然^⑭이니잇고 曰 吾昔之鄭할새 過乎陳之野^⑮하여 聞童謠호니 曰^⑯ 楚王渡江에 得萍實^⑰이라 大如斗赤如日^⑱이라 剖而食之하니 甛如蜜^⑲이라하니 此楚王之應也니 吾是以知之^⑳라

① 초왕이 강을 건넌 것이다.
　　楚王渡江이라

② 강에 크기가 한 말 정도 되는 물체 하나가 있는 것이다.
　　江水中有一物大如斗라

③ 모양은 둥글고 색깔은 붉은 것이다.
　　形圓而色紅이라

④ 그대로 와서 왕의 배에 부딪친 것이다.
　　直抵王舟라

⑤ 뱃사람이 건져서 왕에게 올린 것이다.
　　舟人取之하여 以上於王이라

⑥ 초왕이 괴이하게 본 것이다.
　　楚王怪見이라

⑦ 頭註 : 使는 위는 본래 글자의 의미(시키다)이고 아래는 去聲(사신)이다.
　　使는 上如字요 下去聲이라

⑧ 사람을 보내 노나라에 가서 부자에게 묻게 한 것이다.
　　使人至魯하여 問夫子라

⑨ 부자가 사신에게 말하기를, "이것은 부평초의 열매이다."라고 한 것이다.
　　夫子與使者言호되 此萍草之實也라

⑩ 쪼개어 먹을 수 있으니 吉祥의 조짐인 것이다.
　　可破開而食이니 吉祥之兆也라

⑪ 제후 중에 패자만이 이 물건을 얻을 수 있는 것이다.
　　唯諸侯之伯者아 方得此物이라

⑫ 초왕이 쪼개서 먹으니 그 맛이 매우 좋은 것이다.
　　楚王剖食之하니 其味甚美라

⑬ 자유가 이로 인하여 공자에게 물은 것이다.
　　子游因而問於孔子라

⑭ 부자께서는 어떻게 이 물건이 먹을 수 있는 것인지 아셨느냐고 한 것이다.
　　夫子因何得知此物可食잇고

⑮ 공자가 말하기를 "내가 지난번 鄭나라에 갈 때 陳나라의 들판을 지나갔다."라고 한 것이다.

子言 我昨往鄭國할새 經過乎陳國之野라

⑯ 다음과 같은 동요의 가사를 들은 것이다.

聞兒童之歌云이라

⑰ 초왕이 강을 건너다가 이 평실을 얻은 것이다.

楚王過江에 得此萍實이라

⑱ 한 말 정도 크기가 되고 해처럼 붉은 것이다.

如斗之大하고 如日之赤이라

⑲ 쪼개 먹으니 꿀처럼 단 것이다.

破而食之하니 其甘如蜜이라

⑳ 이것은 바로 초왕의 吉兆이다. 내가 이 때문에 알았다고 한 것이다.

此乃楚王之吉兆也라 我故知也라

萍實通謠

8-12[38)] 자공이 공자에게 물었다.

"죽은 자에게도 知覺이 있습니까? 아니면 지각이 없습니까?"

공자가 대답하였다.

"내가 죽은 자에게도 지각이 있다고 말하면 효도하는 자식과 순종하는 손자가 자신의 생명을 해치면서 죽은 사람을 장사 지낼까 두렵고, 내가 죽은 자에게는 지각이 없다고 말하면 불효한 자식이 그 부모를 내버리고 장사 지내지 않을까 두렵다. 賜야! 죽은 자에게 지각이 있는지 지각이 없는지 알려고 하지 마라. 이는 지금 급한 것이 아니다. 뒤에 저절로 알게 될 것이다."

子貢問於孔子曰 死者有知乎잇가 將無知乎잇가 子曰 吾欲言死之有知인댄 將恐孝子順孫妨生以送死하고 吾欲言死之無知인댄 將恐不孝之子棄其親而不葬이라 賜는 不欲知死者有知與無知하라 非今之急이니 後自知之리라

8-13 자로가 蒲邑을 다스릴 때에 부자를 뵙기를 청하면서 말하였다.

"저는 부자께 가르침을 받고 싶습니다."

공자가 물었다.

"포읍의 풍속은 어떠한가?"

자로가 대답하였다.

"고을에 壯士가 많아 또한 다스리기 어렵습니다."

공자가 말하였다.

"그렇구나. 내가 너에게 가르쳐 주겠다. 공손하고 공경하면 용맹한 자들을 두렵게 할 수 있고, 관대하고 바르면 强暴한 자들을 회유할 수 있고, 사랑하고 용서하면 困乏한 자들을 포용할 수 있고, 온화하면서도 결단력이 있으면 奸邪한 자들을 눌러 제압할 수 있다. 이러한 방법으로 다스린다면 그렇게 어렵지 않을 것이다."

○ 子路治蒲①할새 請見於夫子曰② 由願受敎於夫子③하노이다 子曰 蒲其如何④오 對曰 邑多壯士하여 又難治也⑤로이다 子曰 然⑥하다 吾語⑦爾⑧호리라 恭而敬하면 可以攝勇⑨이요 寬而正하면 可以懷彊⑩이요 愛而恕하면 可以容困⑪이요 溫而斷하면 可以抑奸⑫이니 如此加之면 正不難矣⑬리라

① 자로가 포읍의 邑宰가 된 것이다.

---

38) 이 부분은 四部叢刊本을 저본으로 하였다.

子路爲蒲邑宰라

② 공자를 뵙고 말한 것이다.

見孔子而言이라

③ 자신(由)은 부자께 가르침을 듣기를 원한다고 한 것이다.

由也願聽受夫子之敎誨라

④ 공자가 말하기를, "포읍의 풍속은 어떠한가?"라고 한 것이다.

子言 蒲邑風俗何如오

⑤ 자로가 말하기를, "縣에 강하고 힘센 사람이 많아 다스리기 어렵습니다."라고 한 것이다.

子路言 縣多强壯之人하여 難爲治也라

⑥ 공자가 말하기를, "그렇구나."라고 한 것이다.

子言 如此라

⑦ 頭註 : 語(가르치다)는 去聲이다.

語는 去聲이라

⑧ 내가 너에게 말해주겠다는 것이다.

吾與爾言이라

⑨ 자신이 공손하고 공경하면 强勇한 자들을 두렵게하여 굴복시킬 수 있는 것이다.

己能恭敬이면 可以攝服其强勇이라

⑩ 관대한 정사를 베풀고 正道를 지키면 强暴한 자들을 懷柔할 수 있는 것이다.

行(見)〔寬〕³⁹⁾政守正道면 可以懷柔其强暴라

⑪ 사랑하고 용서하면 困乏한 자들을 포용할 수 있는 것이다.

能愛恕면 可以容其困乏이라

⑫ 온화하면서도 결단력이 있으면 奸邪한 자들을 저지하고 억누를 수 있는 것이다.

溫和而能斷하면 可以沮抑其奸邪라

⑬ 이상의 몇 가지 방법으로 다스린다면 그렇게 어렵지 않은 것이다.

以此數者治之면 則正不難矣라

---

39) (見)〔寬〕 : 저본에는 '見'으로 되어 있으나, 江陵本과 慶長本에 의거하여 '寬'으로 바로잡았다.

제9편 자신을 돌아보는 세 가지　三恕 第九^①

孔子가 修身·治國에 관해 논술한 말들을 기록한 편이다. 첫 문장에 "군자에게는 三恕가 있다. 선비가 삼서의 근본을 밝게 안다면 몸을 단정히 하였다고 말할 수 있을 것이다."라고 하였으므로, 편명을 '三恕'라고 하였다. 군신·부자·형제 사이의 三恕를 강조하고, 군자가 생각해야 할 세 가지〔三思〕를 항상 살피라고 당부하였다. 이 편의 내용은 ≪荀子≫에 많이 보인다.

① 공자가 말하기를, "선비가 三恕의 근본을 밝게 안다면 몸을 단정히 하였다고 말할 수 있다."라고 하였기 때문에 이렇게 편명을 붙인 것이다.
孔子曰 士能明三恕之本이면 可謂端身矣라 故以名篇하니라

9-1¹⁾ 공자가 말하였다.

"군자에게는 三恕가 있다. 임금을 능히 섬기지 못하면서 신하에게 복종을 요구하는 것은 恕가 아니고, 어버이에게 능히 효도하지 못하면서 자식에게 보답을 요구하는 것도 恕가 아니며, 형을 능히 공경하지 못하면서 아우에게 순종을 요구하는 것도 恕가 아니다. 선비가 三恕의 근본을 밝게 안다면 몸을 단정히 하였다고 말할 수 있을 것이다."

孔子曰 君子有三恕^①하니 有君不能事하고 有臣而求其使가 非恕也^②요 有親不能孝하고 有子而求其報가 非恕也^③요 有兄不能敬하고 有弟而求其順이 非恕也^④니 士能明於三恕之本이면 則可謂端身矣^⑤라

① 부자가 말하기를, "군자에게는 三恕의 도가 있다."라고 한 것이다. 恕는 자신을 돌아보

1) 저본의 표제에 "군자에게는 三恕가 있다.〔君子有三恕〕"라고 되어 있다.

는 것을 말한다.

夫子言 君子有三恕之道라 恕者는 反己之謂라

② 신하가 되어서 능히 임금을 섬기지 못하고, 신하에게 복종을 요구하는 것은 恕라고 할 수 없는 것이다.

爲臣不能事君하고 有臣而求其可使는 不得謂之恕라

③ 자식이 되어서 능히 어버이에게 효도하지 못하고, 자식이 자신에게 보답해주기를 요구하는 것은 恕가 아닌 것이다.

爲子不能孝親하고 有子而求其報己는 非恕也라

④ 아우가 되어서 능히 형을 공경하지 못하고, 아우가 자신에게 순종하기를 요구하는 것 또한 恕가 아닌 것이다.

爲弟不能敬兄하고 有弟而求其順己도 亦非恕也라

⑤ 선비가 이 삼서의 근본을 밝게 안다면 그 몸을 바르게 할 줄 알 것이다.

士人若能曉此三恕之本이면 則知正其身矣라

9-2[2] 공자가 말하였다.

"군자에게는 세 가지 생각해야 할 것이 있으니 살피지 않을 수 없다. 그러므로 군자는 어려서는 장성하였을 때를 생각하여 학문에 힘쓰고, 늙어서는 죽었을 때를 생각하여 가르침에 힘쓰고, 부유하여서는 곤궁하게 되었을 때를 생각하여 베푸는 데 힘쓰는 것이다."

孔子曰 君子有三思하니 不可不察也[①]라 故君子少思其長則務學[②]하고 老思其死則務教[③]하고 有思其窮則務施[④⑤]하나니라

① 부자가 말하기를 "군자가 생각해야 할 것이 세 가지 조목이 있으니 살피기를 다하지 않을 수 없다."라고 한 것이다.

夫子言 君子所思有三條하니 不可不致察이라

② 어려서는 장성하였는데 무능할까 생각하여 학문에 힘쓰는 것이다.

年少則思長而無能이라 故務爲學이라

③ 늙어서는 죽었는데 남이 추모하지 않을까 생각하여 남을 가르치는 데 힘쓰는 것이다.

年老則思死而人莫之思라 故務教人이라

---

2) 저본의 표제에 "군자에게는 세 가지 생각해야 할 것이 있다.〔君子有三思〕"라고 되어 있다.

④ 頭註 : 施(베풀다)는 去聲이다.

施는 去聲이라

⑤ 부유하여서는 곤궁한데 구제해주지 않을까 생각하여 남에게 베푸는 데 힘쓰는 것이다.

富有則思窮而人莫之救라 故務施人이라

9-3³⁾ 공자가 魯 桓公⁴⁾의 사당에서 기울어지는 그릇을 보고 사당을 지키는 자에게 물었다.

"이것은 무슨 그릇인가?"

사당을 지키는 자가 대답하였다.

"이것은 宥坐라는 그릇⁵⁾입니다."

공자가 말하였다.

"내가 듣기로 유좌라는 그릇은 속이 비어 있으면 기울어지고 중간 정도 차면 바르게 서고 가득 차면 엎어지므로, 훌륭한 임금이 지극한 경계로 삼아 늘 자리 곁에 두었다고 한다."

그리고는 제자들을 돌아보고 말하였다.

"한 번 물을 부어 보아라."

이에 물을 부었는데, 중간 정도 차서는 바르게 섰고 가득 차서는 엎어졌다. 부자가 한숨 쉬며 탄식하여 말하였다.

"아, 물건이 가득 차고서 엎어지지 않는 것이 어디에 있겠는가."

○ 孔子觀於魯桓公之廟에 有欹器焉①하고 問於守廟者曰 此謂何器②오 對曰 此蓋爲宥坐之器③로이다 孔子曰④ 吾聞宥坐之器⑤는 虛則欹⑥하고 中則正⑦하고 滿則覆⑧하니 明君以爲至誠⑨라 故常置之於坐側⑩이라하니라 顧謂弟子曰⑪ 試注水焉⑫하라 乃注之水⑬하니 中則正⑭하고 滿則覆⑮라 夫子喟然嘆曰⑯ 嗚呼⑰라 夫物惡⑱有滿而不覆者哉⑲리오

① 공자가 노나라 환공의 사당을 구경할 때에 기울어지는 그릇 하나를 본 것이다.

---

3) 저본의 표제에 "宥坐라는 그릇〔宥坐之器〕"이라고 되어 있다.

4) 桓公 : 隱公의 異母弟로 은공 다음의 왕이다. 그의 부인 文姜이 齊 襄公과 私通하였는데 이 사실이 발설될 것을 염려하여 양공이 공자 彭生을 시켜 환공을 죽이게 하였다.

5) 宥坐라는 그릇 : 자리 오른쪽에 두고서 경계로 삼는 도구이다. '宥'는 '右'의 의미이다. 일설에 '권면하다〔侑〕'라는 뜻이라고도 한다.

孔子遊魯桓公廟中에 見一傾欹之器라

② 부자가 사당을 지키는 자에게 묻기를, "이것은 어떤 그릇인가?"라고 한 것이다.
夫子問守廟者호되 此何等器具오

③ 이것은 바로 자리 곁에 두고서 鑑戒로 삼는 그릇이라고 한 것이다.
此乃坐側하여 鑑戒之器也라

④ 공자가 말한 것이다.
子言이라

⑤ 내가 이 유좌라는 그릇에 대해 들었다는 것이다.
我聞此宥坐之器라

⑥ 그 속이 비면 기울어지는 것이다.
其中空虛則傾이라

⑦ 물을 부어 중간 정도 차면 바르게 서는 것이다.
水注至中則端正이라

⑧ 물이 아주 가득 차면 그 그릇이 뒤집어지는 것이다.
水若太滿則其器翻倒라

⑨ 훌륭한 임금이 이 그릇을 큰 감계로 삼은 것이다.
明王用此器하여 爲大鑑戒라

⑩ 늘 이 그릇을 자리 곁에 둔 것이다.
常置頓此器於所坐之傍이라

⑪ 여러 제자들을 돌아보고 말한 것이다.
顧與衆弟子言이라

⑫ 한번 물을 부어 보게 한 것이다.
試以水注之라

⑬ 제자들이 이에 기울어지는 그릇에 물을 부은 것이다.
弟子乃瀉水於欹器中이라

⑭ 물이 중간 정도 차자 그릇이 이에 바르게 선 것이다.
水至中에 器乃正이라

⑮ 물이 그릇에 가득 차자 그릇이 이에 엎어진 것이다.
水一滿에 器乃翻이라

⑯ 부자가 이에 탄식한 것이다.
夫子乃嗟歎이라

⑰ 탄식하는 말이다.

歎辭라

⑱ 頭註 : 惡(어찌)는 음이 烏이다.

惡는 音烏라

⑲ 무릇 물건이 가득 차고서 엎어지지 않는 이치가 어디에 있겠느냐고 한 것이다.

凡物豈有滿而不覆之理리오

觀器論道

9-4[6) 자로가 앞으로 나와 말하였다.

"감히 묻습니다. 가득 찬 것을 잡아 지키는 데에도 방법이 있습니까?"

공자가 말하였다.

"총명하고 叡智가 있더라도 우매함으로 지키고, 功이 천하를 덮을 만하더라도 겸양으로 지키고, 勇力이 세상을 떨칠 만하더라도 유약함으로 지키고, 부유하기가 온 四海를 소유할 만하더라도 겸손으로 지켜야 하니, 이것이 이른바 덜어내고 또 덜어내는 방법이다."[7)

6) 저본의 표제에 "가득 찬 것을 잡아 지키는 데에도 방법이 있다.〔持滿有道〕"라고 되어 있다.

子路進曰^① 敢問持滿有道乎^②잇가 子曰 聰明睿智호되 守之以愚^③하고 功被天下호되 守之以讓^④하고 勇力振世호되 守之以怯^⑤하고 富有四海호되 守之以謙^⑥하니 此所謂損之하고 又損之之道也^⑦니라

① 자로가 앞으로 나와 물은 것이다.

　　子路進前問曰

② "감히 묻습니다. 가득 찬 것을 잡아 지키는 데에도 방법이 있습니까?"라고 한 것이다.

　　敢問 持守盈滿이 還有其道잇가

③ 부자가 말하기를 "비록 총명하고 叡智가 있더라도 이를 크게 믿지 말고 마땅히 우매함으로 지키는 것이다."라고 한 것이다.

　　夫子言 雖聰明睿智호되 不可大恃요 當以愚昧守之라

④ 공덕이 천하를 덮을 만하더라도 마땅히 겸양으로 지키는 것이다.

　　功德蓋覆天下호되 當以謙遜守之라

⑤ 勇力이 매우 뛰어나더라도 마땅히 유약함으로 지키는 것이다.

　　勇力絶世호되 當以柔懦守之라

⑥ 부유하기가 사해를 소유할 만하더라도 마땅히 겸손과 공손으로 지켜야 하는 것이다.

　　富有四海之內호되 當以謙恭守之라

⑦ 이것이 바로 덜어내고 또 덜어내는 방법이라는 것이다.

　　此乃損而又損之道라

9-5⁸⁾ 자로가 공자를 뵙자, 공자가 물었다.

"지혜로운 자는 어떠하며, 어진 자는 어떠한가?"

자로가 대답하였다.

"지혜로운 자는 남이 자신을 알게 하고 어진 자는 남이 자신을 사랑하게 합니다."

공자가 말하였다.

"士라고 할 만하다."

---

7) 이른바……방법이다 : 《老子》 48장에 "학문을 하면 지식이 날마다 늘어나고, 도를 닦으면 허망이 날마다 덜어진다. 덜어내고 또 덜어내어 무위의 경지에 이른다.〔爲學日益 爲道日損 損之又損 以至於無爲〕"라고 하였다.

8) 이 부분은 四部叢刊本을 저본으로 하였다.

자로가 나가고 자공이 들어오자 똑같이 물었는데, 자공이 대답하였다.

"지혜로운 자는 남을 알고, 어진 자는 남을 사랑합니다."

공자가 말하였다.

"士라고 할 만하다."

자공이 나가고 안회가 들어오자 똑같이 물었는데, 안회가 대답하였다.

"지혜로운 자는 자신을 알고 어진 사람은 자신을 사랑합니다."

공자가 대답하였다.

"君子인 士라고 할 만하다."

子路見於孔子한대 孔子曰 智者若何며 仁者若何오 子路對曰 智者는 使人知己하고 仁者는 使人愛己하니이다 子曰 可謂士矣로다 子路出하고 子貢入이어늘 問亦如之한대 子貢對曰 智者는 知人하고 仁者는 愛人하니이다 子曰 可謂士矣로다 子貢出하고 顔回入이어늘 問亦如之한대 對曰 智者는 自知하고 仁者는 自愛하니이다 子曰 可謂士君子矣로다

9-6[9] 子貢이 공자에게 물었다.

"자식이 아버지의 명에 순종하는 것이 효도이고 신하가 임금의 명에 순종하는 것이 忠貞일 것입니다. 어찌 이것을 의심하겠습니까."

공자가 말하였다.

"옛날 훌륭한 임금이 소유한 萬乘의 나라에 諫하는 신하 7인[10]이 있으면 임금이 잘못이 없고, 千乘의 나라에 간하는 신하 5인[11]이 있으면 사직이 위태롭지 않고, 百乘의 집안에 간하는 신하 3인[12]이 있으면 녹봉과 작위가 없어지지 않았다. 아버지에게 간하는 자식이 있으면 無禮한 데에 빠지지 않고 선비에게 간하는 벗이 있으면 不義를 행하지 않았다. 그러므로 자식이 아버지의 명에 순종하는 것이 어찌

---

9) 저본의 표제에 "아버지에게 諫하는 자식이 있고 선비에게 간하는 벗이 있다.〔父有爭子 士有爭友〕"라고 되어 있다.

10) 萬乘의……7인 : 천자를 보필하는 신하인 三公과 四輔를 말한다. 삼공은 太師·太傅·太保이고, 사보는 前疑·後丞·左輔·右弼이다.

11) 千乘의……5인 : 제후를 보필하는 신하인 三卿과 2인의 股肱之臣을 말한다. 삼경은 司徒·司馬·司空이다.

12) 百乘의……3인 : 경대부를 보필하는 가신으로 室老·家相·邑宰를 말한다.

효도가 되겠으며, 신하가 임금의 명에 순종하는 것이 어찌 충정이 되겠는가. 무엇을 따라야 할지를 잘 살피는 것을 효도라고 하고 충정이라고 하는 것이다."

○ 子貢問於孔子曰^① 子從父命孝乎^②며 臣從君命貞乎^③인저 奚疑焉^④이리오 孔子曰 昔者明王萬乘之國^⑤에 有爭臣七人이면 則主無過擧^⑥하고 千乘^⑦之國에 有爭臣五人이면 則社稷不危^⑧하고 百乘之家에 有爭臣三人하면 則祿位不替^⑨하고 父有爭子면 不陷無禮^⑩하고 士有爭友면 不行不義^⑪라 故子從父命이 奚詎爲孝^⑫며 臣從君命이 奚詎爲貞^⑬이리오 夫能審其所從^⑭을 之謂孝며 之謂貞矣^⑮니라

① 자공이 부자에게 물은 것이다.
　　子貢問夫子라

② 아버지의 명에 순종하는 것을 효도라고 할 수 있을 것이라고 한 것이다.
　　能順從父命을 可謂孝乎인저

③ 신하가 임금의 명에 순종하는 것을 忠正이라고 할 수 있을 것이라고 한 것이다.
　　臣順從君命을 可謂正乎인저

④ 하나는 효도이고 하나는 忠正이니 또 어찌 의심하겠느냐고 한 것이다.
　　一孝一正이니 又何疑之리오

⑤ 옛날 만승을 소유한 천자의 나라이다.
　　古者萬乘天子之國이라

⑥ 천자에게 三公과 四輔가 있으면 간쟁하는 일을 맡아서 천자의 잘못을 구제할 수 있는 것이다.
　　天子有三公四輔면 主諫諍以救其過失이라

⑦ 頭註 : 乘(수레)과 爭(간하다)은 모두 去聲이다
　　乘과 爭은 竝去聲이라

⑧ 제후의 나라에 간하는 신하 5인이 있으면 社稷을 보존할 수 있는 것이다.
　　諸侯之國에 諫臣有五人이면 則能保其社稷이라

⑨ 卿大夫의 집안에 간하는 신하 3인이 있으면 그 봉록과 작위를 보존할 수 있는 것이다.
　　卿大夫之家에 有諫臣三人이면 則能保其祿位라

⑩ 아버지에게 간쟁하는 자식이 있으면 무례한 데에 빠지지 않은 것이다.
　　父有子能諫諍하면 則不陷於非禮라

⑪ 선비에게 서로 간쟁하는 벗이 있으면 의롭지 않은 일을 행하지 않은 것이다.
　　士有朋友相諫諍하면 則不行非義之事라

⑫ 자식이 아버지의 명에 순종하는 것이 어찌 효도가 되겠느냐고 한 것이다.

　　子順父命이 豈得爲孝리오

⑬ 신하가 임금의 명에 순종하는 것이 어찌 忠正이 되겠느냐고 한 것이다.

　　臣順君命이 豈得爲正이리오

⑭ 따라야 할 것이 마땅한지 아닌지를 자세히 살펴야 하는 것이다.

　　當詳審所從宜與不宜라

⑮ 효도라고 하고 충정이라고 하는 것이다.

　　則謂之孝며 謂之正이라

9-7[13] 자로가 잘 차려입고 공자를 뵙자, 공자가 말하였다.

"由야! 이렇게 거만한 것은 어째서인가? 강물이 岷山[14]에서 처음으로 나올 때에 그 근원은 술잔에 넘칠만한 정도인데, 강나루에 이르러서는 배를 타지 않거나 바람을 피하지 않으면 건널 수 없다. 이는 아래로 내려갈수록 물이 많아져서가 아니겠느냐. 지금 너의 의복은 매우 화려하고 안색은 거만하니, 천하 사람들이 또 누가 너에게 잘못을 말해주려 하겠느냐."

자로가 종종걸음으로 나갔다가 옷을 바꿔 입고 들어왔는데 거만한 모습은 그대로였다. 공자가 말하였다.

"유야! 기억해 두어라. 내가 너에게 말해주겠다. 우쭐대며 말하는 자는 화려한 것일 뿐이고 우쭐대며 행동하는 자는 자랑하는 것일 뿐이니, 겉으로 지혜가 있고 능력이 있는 체하는 자는 소인이다. 그러므로 군자가 아는 것을 안다고 말하는 것은 말의 요령이고, 하지 못하는 것을 하지 못한다고 말하는 것은 행동의 준칙이다. 말에 요령이 있으면 지혜롭고 행동에 준칙이 있으면 어질다. 이미 어질고 지혜로운데 어찌 부족하겠느냐."

子路盛服하고 見於孔子한대 子曰 由아 是倨倨者何也오 夫江始出於岷山에 其源可以濫觴①이어늘 及其至于江津하여는 不舫舟하고 不避風이면 則不可以涉하니 非唯下流水多耶아 今爾衣服旣盛하고 顔色充盈하니 天下且孰肯以非告汝乎오 子路趨而出하여 改服而入한대 蓋自

---

13) 이 부분은 四部叢刊本을 저본으로 하였다.
14) 岷山 : 四川省 북부에 있는 높고 험한 산으로, 양자강의 근원이다.

若也라 子曰 由아 志之하라 吾告汝호리라 奮於言者華②하고 奮於行者伐③하니 夫色智而有能者는 小人也라 故君子知之曰智는 言之要也요 不能曰不能은 行之至也라 言要則智요 行至則仁이라 旣仁且智하니 惡不足哉리오

① 觶은 술을 담을 수 있는 것이니, 미미하다는 말이다.
　　觶은 可以盛酒니 言其微라
② 스스로 우쭐대며 말하는 자는 화려할 뿐 실속이 없는 것이다.
　　自矜奮於言者는 華而無實이라
③ 스스로 우쭐대며 행동하는 자는 스스로 자랑할 뿐인 것이다.
　　自矜奮行者는 是自伐이라

제10편 살리기를 좋아함　好生 第十①

孔子가 고대의 역사적 사실에 대하여 평론한 말들을 기록한 편이다. 첫 문장에서 舜의 임금됨을 말하면서 "舜임금이 군주로 있을 때 그 정치는 살리기를 좋아하고 죽이기를 싫어하였다.〔舜之爲君也 其政好生而惡殺〕"라는 ≪書經≫의 구절을 인용하여 말했으므로, 편명을 '好生'이라고 하였다. 그 외에 ≪詩經≫을 인용한 부분도 곳곳에 보이는데, 이를 통해 공자가 六經을 바탕으로 제자들을 가르쳤음을 알 수 있다.

① 舜임금이 정치를 할 때에 살리기를 좋아하고 죽이기를 싫어하였으므로, 이로 인하여 편명을 붙인 것이다.
　舜之爲政에 好生而惡殺이라 因以名篇하니라

10-1 魯 哀公이 공자에게 물었다.
"옛날 舜임금은 어떤 관을 쓰셨습니까?"
공자가 대답하였다.
"임금의 질문이 大道를 우선시하지 않는군요."
애공이 물었다.
"대도란 무엇입니까?"
공자가 대답하였다.
"순임금이 군주로 있을 때 그 정치는 살리기를 좋아하고 죽이기를 싫어하였고,[1]

---

1) 순임금이……싫어하였고 : ≪書經≫ 〈大禹謨〉에 보이는 말로, 법관인 皐陶가 순임금의 好生之德을 찬양하면서 "죄가 의심스러운 경우는 벌을 가볍게 하시고 공이 의심스러운 경우는 상을 후하게 주셨으며, 죄 없는 자를 죽이느니 차라리 정상적인 법대로 하지 않는 실수를 하시겠다고 하여 살리기를 좋아하는 덕이 민심에 흡족합니다.〔罪疑惟輕 功疑惟重 與其殺不辜 寧失不經 好生之德 洽于民心〕"라고 하였다.

그 등용은 어진 자에게 맡기고 무능한 자를 버렸습니다. 그리고 그 덕은 천지처럼 고요하고 비었으며 교화는 四時처럼 만물을 변화시켰습니다. 이 때문에 온 천하가 風教를 받들어 이민족에게까지 미쳤고, 봉황이 날아오고 기린이 와서[2] 鳥獸까지 순임금의 덕에 귀의하였던 것입니다. 이는 다른 이유가 아니라 살리기를 좋아했기 때문입니다."

魯哀公問於孔子曰[1] 昔者에 舜冠何冠[2]乎[3]잇고 對曰 君之問이 不先其大者[4]로이다 公曰 其大는 何乎[5]잇고 孔子曰 舜之爲君也[6]에 其政이 好生而惡[7]殺[8]하고 其任이 授賢而替不肖[9]하며 德若天地而靜虛[10]하고 化若四時而變物[11]이라 是以四海承風하여 暢於異類[12]하고 鳳翔麟至하여 鳥獸馴德[13]하니 無他也[14]라 好生故也[15]니이다

① 애공이 부자에게 물은 것이다.
　　哀公問夫子라

② 冠은 위는 去聲(쓰다)이고 아래는 본래 글자의 의미(관)이다.
　　冠은 上去聲이요 下如字라

③ 옛날 순임금은 어떤 면류관을 썼느냐고 한 것이다.
　　古之舜帝는 戴何冠冕고

④ 부자가 말하기를 "공의 질문이 大道를 우선시하지 않는군요."라고 한 것이다.
　　夫子言 公之所問이 不先大道라

⑤ 애공이 묻기를 "말씀하신 대도는 어떠한 일입니까?"라고 한 것이다.
　　公問 所謂大者는 何事오

⑥ 頭註 : 好(좋아하다)와 惡(미워하다)는 모두 去聲이다.
　　好惡는 竝去聲이라

⑦ 공자가 순임금이 군주로 있었을 때는 다음과 같았다고 말한 것이다.
　　子言 舜帝之爲人君이라

⑧ 그 정사는 살리기를 좋아하고 죽이기를 싫어한 것이다.
　　其爲政事는 好生惡殺이라

⑨ 그 사람을 들어 쓰는 것은 어진 자를 취하고 무능한 자를 버린 것이다.
　　其用人은 則取其賢者하고 去其不肖者라

⑩ 덕은 천지처럼 커서 비고 고요한 것이다.

---

2) 봉황이……와서 : 봉황과 기린은 모두 성인이 나타나면 출현하는 새와 짐승으로 태평시대의 상서로운 조짐을 뜻한다.

德之大가 如天地하여 虛而靜3)이라

⑪ 신묘한 교화로 백성을 부림은 사시가 만물을 변화시키듯 한 것이다.

神化使民이 如四時之變化萬物이라

⑫ 천하 사람들이 모두 그 風敎를 받들어서 夷狄에까지 미쳐 모두 순임금의 덕을 앙모한
것이다.

天下咸奉承其風敎하여 以及於夷狄하여 皆仰舜德이라

⑬ 봉황이 날아오고 기린이 세상에 나와 금수가 모두 그 덕에 귀의한 것이다.

鳳鳥至麒麟出하여 禽獸皆順其德이라

⑭ 그밖에 달리 일삼은 것은 없는 것이다.

其他無事라

⑮ 오직 살리기를 좋아하는 정치를 행하였기 때문에 이와 같을 수 있었던 것이다.

惟行好生之政이라 故能如此라

10-2⁴⁾ 공자가 역사책을 읽다가 楚나라가 陳나라를 다시 세워주었다는 구절5)에
이르러서는 매우 감탄하며 말하였다.

"훌륭하다! 楚王이여. 千乘의 나라를 가볍게 여기고 한 마디 말의 信義를 중히
여겼다. 申叔時의 충성심이 아니었다면 그 의리를 이루지 못했을 것이고, 莊王의
현명함이 아니었다면 신숙시의 가르침을 받아들이지 못했을 것이다."

孔子讀史라가 至楚復陳①하여는 喟然嘆曰 賢哉라 楚王이여 輕千乘之國하고 而重一言之信이로다
匪申叔之信이면 不能達其義하고 匪莊王之賢이면 不能受其訓이로다

① 陳나라 夏徵舒가 그 임금을 시해하자 楚 莊王이 그를 토벌하고 이를 빌미로 陳나라를
취하였다. 신숙시가 간언하자 장왕이 그 말을 따라 도로 진나라를 세워준 것이다.

陳夏徵舒殺其君하니 楚莊王討之하고 因陳取之어늘 而申叔時諫하니 莊王從之하여 還復陳이라

10-3⁶⁾ 공자가 말하였다.

---

3) 虛而靜 : 江陵本과 慶長本에는 '虛一而靜'으로 되어 있다.
4) 이 부분은 四部叢刊本을 저본으로 하였다.
5) 楚나라가……구절 : 이 일은 ≪春秋左氏傳≫ 宣公 15년에 보인다.
6) 이 부분은 四部叢刊本을 저본으로 하였다.

"내가 ≪詩經≫의 〈甘棠〉[7]을 보고 종묘를 공경하는 마음이 매우 깊다는 것을 알게 되었다. 그 사람을 思慕하여 그가 쉬던 나무를 사랑하였고, 그 사람을 존경하여 그의 머물던 자리를 공경하였으니, 이것이 도리에 합당하다."

孔子曰 吾於甘棠에 見宗廟之敬甚矣[①]라 思其人하여 必愛其樹하고 尊其人하여 必敬其位가 道也라

① 김伯이 甘棠나무 아래에서 訟事를 처리하였으므로 사람들이 그 나무를 사랑하여 〈감당〉이라는 시를 지은 것이다.
邵伯聽訟於甘棠이라 愛其樹하여 作甘棠之詩也라

10-4[8) 자로가 軍服 차림으로 공자를 뵙고는 칼을 빼고 춤을 추면서 말하였다.
"옛날의 군자는 정말로 칼로 자신을 보호하였습니까?"
공자가 말하였다.
"옛날의 군자는 忠으로써 처신하는 바탕을 삼고 仁으로써 몸을 보호하여 담장으로 둘러싸인 집을 나가지 않고도 천리 밖의 일을 알았다. 그래서 남이 不善을 행하면 忠으로써 교화하였고, 자신을 침범하고 포악하게 대하면 仁으로써 굳게 결속하였으니, 어찌 반드시 칼로써 몸을 보호했겠는가."
자로가 말하였다.
"저는 이제야 이러한 말씀을 듣게 되었으니 예의를 갖추어 옷자락을 잡고 가르침을 받고자 합니다."

○ 子路戎服으로 見於孔子하고 拔劍而舞之[①]曰 古之君子는 固以劍自衛乎[②]잇가 孔子曰 古之君子는 忠以爲質하고 仁以爲衛[③]하여 不出環堵之室而知千里之外[④]하여 有不善則以忠化之[⑤]하고 侵暴則以仁固之[⑥]하나니 何待劍乎[⑦]리오 子路曰 由乃今聞此言[⑧]하니 請攝齊(자)[⑨]以受敎[⑩]호리이다

① 자로가 부자를 처음 뵐 때 군복을 입고 칼을 차고 춤을 춘 것은 용맹을 숭상한 것이다.

---

7) 甘棠 : ≪詩經≫ 〈召南〉의 편명이다. 주희의 주석에 '召伯이 남쪽 나라를 순행하면서 문왕의 정사를 펴면서 감당나무 아래에 머무르기도 하였다. 그 뒤에 백성들이 그의 덕을 그리워하였으므로 그 감당나무를 아껴 차마 손상시키지 못한 것이다.'라고 하였다.
8) 저본의 표제에 "忠으로써 처신하는 바탕을 삼고 仁으로써 몸을 보호하다.〔忠爲質 仁爲衛〕"라고 되어 있다.

子路初見夫子에 武裝杖劍而舞는 尙勇也라

② 자로가 말하기를 "옛사람은 반드시 칼로 그 일신을 스스로 보호하였습니까?"라고 한 것이다.

子路言 古人必以劍으로 自護其一身乎잇가

③ 옛날의 군자는 忠으로써 처신하고 仁으로써 몸을 보호한 것이다.

古之君子는 以忠處己하고 以仁護身이라

④ 담장으로 둘러싸인 집에 거처하면서도 천리 밖의 일을 안 것이다.

居於環堵之屋호되 而知千里外事라

⑤ 사람 중에 不善한 자가 있으면 자신은 忠의 도로써 그를 인도하고 교화한 것이다.

人有不善者어든 我則以忠道誘化之라

⑥ 침범하고 포악하게 대하는 자가 있으면 자신은 仁의 도로써 그를 굳게 결속한 것이다.

有侵犯暴逆者어든 我則以仁道固結之라

⑦ 어찌 반드시 칼로써 자신을 보호하였겠느냐고 한 것이다.

何必以劍自衛乎아

⑧ 자로가 말하기를 "저는 지금에야 부자의 이러한 말씀을 들었습니다."라고 한 것이다.

子路言 由今聞夫子此語라

⑨ 頭註 : 齊(옷자락)는 음이 咨이다.

齊는 音咨라

⑩ 옷자락을 잡고 堂에 올라[9] 부자께 가르침을 받고자 한 것이다. 齊는 옷 아래 부분의 기운 곳이다.

願攝齊升堂하여 受敎於夫子라 齊는 裳下緝也라

10-5[10] 楚 恭王이 나가 노닐다가 烏嘷(오호)라는 활을 잃어버렸는데 좌우 사람들이 찾기를 청하자 공왕이 말하였다.

"그만 두어라. 초나라 왕이 활을 잃어버렸으니 초나라 사람이 주울 것인데, 또 어찌 찾을 필요가 있겠는가."

---

9) 옷자락을……올라 : 원래는 관원이 조심조심 堂에 오르는 것을 말하는데, 여기에서는 공경하는 마음으로 가르침을 받겠다는 의미이다. 옷자락을 잡는다는 것은 윗사람을 공경하는 뜻을 표하는 예법으로, 옛날에 관원이 堂에 오르거나 할 적에 옷자락을 밟아서 넘어지는 등 실례를 범할까 염려하여 옷자락을 잡아서 들었다. ≪論語≫ 〈鄕黨〉에 "옷자락을 잡고 당에 오를 적에 몸을 구부렸다.〔攝齊升堂 鞠躬如也〕"라고 하였다.

10) 저본의 표제에 "초나라 왕이 활을 잃어버리다.〔楚王失弓〕"라고 되어 있다.

공자가 이 이야기를 듣고 말하였다.

"애석하다. 그 도량이 크지 못하구나. '사람이 활을 잃어버렸으니 사람이 주울 것이다.'라고 말하지 않고 하필 초나라 사람을 말한단 말인가."

○ 楚恭王이 出遊라가 亡烏嘷[1]之弓[2]이어늘 左右請求之[3]한대 王曰 止[4]하라 楚王失弓이어늘 楚人得之하리니 又何求之[5]리오 孔子聞之曰 惜乎라 其不大也[6]로다 不曰人遺弓이어늘 人得之而已니 何必楚也[7]리오

① 頭註 : 嘷(울부짖다)는 音이 豪라
　嘷는 音豪라

② 恭王이 나가 노닐다가 활을 잃어버린 것이다. 烏嘷는 좋은 활 이름이다.
　恭王出遊而失其弓이라 烏嘷는 良弓之名이라

③ 좌우 사람들이 찾기를 청한 것이다.
　左右人이 請搜求之라

④ 왕이 말하기를, "그만 두라."라고 한 것이다.
　王曰 已之하라

⑤ 초나라 왕이 활을 잃어버렸으니 초나라 사람이 주울 것인데, 또 어찌 찾을 필요가 있겠느냐고 한 것이다.
　楚王失其弓이어늘 而楚人得之하리니 又何必求也리오

⑥ 부자가 초나라 왕의 말을 듣고 말하기를 "애석하다. 그 도량이 크지 못하구나."라고 한 것이다.
　夫子聞楚王之言曰 可惜이라 其度量不廣也여

⑦ '사람이 활을 잃어버렸으니 사람이 주우면 족하다.'라고 말하면 됐지 또 어찌 초나라를 말하느냐고 한 것이다.
　但言人失弓이어늘 人得之足矣니 又何用言楚也리오

10-6[11] 공자가 노나라 司寇가 되어 獄訟을 결단할 때 여러 배심원을 모두 나오게 하여 물었다.

"그대는 어떻게 생각하는가? 아무개는 어떻게 생각하는가?"

그러자 모두들 자신의 의견을 말하였다. 그러한 뒤에 부자가 말하였다.

---

11) 이 부분은 四部叢刊本을 저본으로 하였다.

"아무개의 의견을 따르겠다. 거의 옳은 듯하다."

孔子爲魯司寇하여 斷獄訟에 皆進衆議者而問之曰 子以爲奚若고 某以爲何若고 皆曰云云이라 如是然後에 夫子曰 當從某子호리라 幾是^①로다

① 가깝다는 뜻이다. 옥사를 중요시하였기 때문에 여러 사람과 의논한 것이다.
　　近也라 重獄事라 故與衆議之라

10-7¹²⁾ 노나라 公索氏씨가 제사를 지내려고 할 때에 희생을 잃어버렸다. 공자가 이 일에 대해 듣고 말하였다.

"공삭씨는 2년이 되지 않아 죽을 것이다."

그 후 1년 뒤에 죽자, 門人이 물었다.

"예전에 공삭씨가 제사에 쓸 희생을 잃어버렸을 때 부자께서 2년이 되지 않아 반드시 죽을 것이라고 하였는데, 지금 1년이 지나 죽었습니다. 부자께서는 어떻게 그러할 줄 아셨습니까?"

공자가 대답하였다.

"제사는 효자가 그 어버이에게 정성을 다하는 것이다. 그런데 제사를 지내려고 하면서 희생을 잃어버렸으니 그 나머지도 잃어버린 것이 많을 것이다. 이러한데도 목숨을 잃지 않는 자는 있지 않았다."

魯公索^(삭)氏^①將祭而亡其牲이어늘 孔子聞之曰 公索氏는 不及二年將亡하리라 後一年而亡한대 門人問曰 昔에 公索氏亡其祭牲이어늘 而夫子曰 不及二年必亡이라하시니 今過朞而亡하니 夫子何以知其然이니잇고 孔子曰 夫祭者는 孝子所以自盡於其親이니 將祭而亡其牲하니 則其餘所亡者多矣리라 若此而不亡者 未之有也니라

① 索(새끼)은 先과 落의 反切이다.
　　先落反이라

10-8¹³⁾ 虞와 芮(예)¹⁴⁾ 양국이 국경의 田地 문제로 訟事를 벌였는데 몇 년 동안

---

12) 이 부분은 四部叢刊本을 저본으로 하였다.
13) 저본의 표제에 "田地 문제로 다투다.〔爭田〕", "밭 가는 자는 밭두둑을 양보하고 길을 가는 자는

결판이 나지 않았다. 이에 서로 말하였다.

"西伯[15]은 어진 사람이니 어찌 가서 質正하지 않겠는가."

그리하여 그 境內에 들어가니 밭 가는 자는 밭두둑을 양보하고 길을 가는 자는 길을 양보하며, 조정에 들어가니 士는 大夫에게 尊位를 양보하고 대부는 卿에게 존위를 양보하였다. 이것을 본 우와 예의 임금이 말하였다.

"아, 우리는 소인이다. 군자의 나라에 들어갈 수 없다."

그리고는 마침내 서로 함께 물러가서 모두 분쟁하던 전지를 閑田(묵은 밭)으로 만들었다. 공자가 말하였다.

"이 일로써 보면 文王의 도는 더할 것이 없다. 명령하지 않아도 복종하고 가르치지 않아도 따르니 지극하도다."

○ 虞芮二國이 爭田而訟한대 連年不決[1]하여 乃相謂曰 西伯仁也[2]니 盍往質之[3]리오하고 入其境[4]하니 則耕者讓畔[5]하고 行者讓路[6]하며 入其朝[7]하니 士讓爲大夫[8]하고 大夫讓于卿[9]한대 虞芮之君曰 嘻[10]라 吾儕[11]는 小人也[12]라 不可以入君子之朝[13]라하고 遂自相與而退[14]하여 咸以所爭之田으로 爲閑田矣[15]라 孔子曰 以此觀之[16]컨대 文王之道는 其不可加焉[17]이니 不令而從하고 不敎而聽하니 至矣哉[18]로다

① 양국이 田地 문제로 송사를 벌여 몇 년이 지났는데도 결판이 나지 않은 것이다.
　　二國爭田相訟하여 累年而不決斷이라
② 이에 두 임금이 서로 말하기를 "西伯은 어진 사람이다."라고 한 것이다. 서백은 바로 周文王이다.
　　二君乃相語曰 西伯은 仁人也라 卽周文王也라
③ 어찌 그에게 가서 질정하지 않겠느냐고 한 것이다.
　　何不往彼質正이리오
④ 이윽고 서백의 국경에 이른 것이다.
　　旣至西伯疆界라
⑤ 밭 가는 자가 서로 양보하여 밭의 경계 近傍을 경작하지 않은 것이다.

　　길을 양보하다.〔耕遜畔 行遜路〕"라고 되어 있다.
14) 虞와 芮(예) : 주나라 초기에 있었던 나라로, 지금의 山西省 지역에 위치하였다.
15) 西伯 : 서방 제후국의 우두머리로 周 文王을 가리킨다. 紂가 문왕에게 弓矢와 鈇鉞을 하사하여 정벌을 마음대로 할 수 있게 하고 서백으로 삼았다.(≪史記≫ 권4 〈周本紀〉)

耕夫相遜하여 不耕其田界之傍이라

⑥ 길가는 사람이 서로 양보하면서 다닌 것이다.

行路人은 相遜而行이라

⑦ 國中에 이른 것이다.

至其國中이라

⑧ 士가 大夫에게 尊位를 양보한 것이다.

士遜與大夫爲尊이라

⑨ 大夫가 卿에게 존위를 양보한 것이다.

大夫遜與卿爲尊이라

⑩ 양국의 임금이 탄식하여 말한 것이다.

二國之君歎曰

⑪ 頭註 : 儕(무리)는 音이 柴이다.

儕는 音柴라

⑫ 우리들은 바로 소인이라고 한 것이다.

我輩乃小人也라

⑬ 군자의 나라에 들어갈 수 없다고 한 것이다.

不可入君子之國이라

⑭ 두 임금이 함께 물러간 것이다.

二君相共退去라

⑮ 모두 분쟁하던 전지를 버리고 閑田으로 만든 것이다.

皆以所爭田으로 廢爲閑田이라

⑯ 공자가 '이 일을 가지고 본다면'이라고 말한 것이다.

子言 此事觀之라

⑰ 문왕의 도는 더할 것이 없는 것이다.

文王之道는 無以加矣라

⑱ 號令을 내지 않아도 사람들이 스스로 복종하고 가르침을 베풀지 않아도 백성들이 스스로 따르니 지극하다고 말할 만한 것이다.

不施號令而人自從하고 不施敎誨而民自聽하니 可謂至矣라

10-9¹⁶⁾ 증자가 말하였다.

"서로 너무 친하면 경시하고 서로 너무 엄숙하면 친하지 않는 법이다. 이 때문에 군자는 즐겁게 사귈 정도로만 친하게 지내고 예에 맞을 정도로만 엄숙하게 지내는 것이다."

공자가 이 말을 듣고 말하였다.

"그대들은 기억하라. 누가 曾參이 예를 알지 못한다고 말하겠는가."

曾子曰 狎甚則相簡하고 莊甚則不親이라 是故로 君子之狎은 足以交歡하고 其莊은 足以成禮라 孔子聞斯言也하고 曰 二三子志之하라 孰謂參也不知禮乎오

10-10[17] 노나라 사람 중에 집에서 혼자 살고 있는 자가 있었는데 이웃의 寡婦도 집에서 혼자 살고 있었다. 밤에 비바람이 몰아쳐서 과부의 집이 무너지자 달려가 남자에게 의탁하려고 하였는데, 노나라 사람이 문을 닫고 안으로 들이지 않았다. 과부가 창문 너머에서 그에게 말하였다.

"그대는 어찌 仁慈하지 못해 저를 들이지 않습니까?"

노나라 사람이 대답하였다.

"내가 듣기로 남녀는 60세가 되지 않으면 함께 머물지 않는다고 합니다. 지금 그대는 젊고 저도 젊습니다. 이 때문에 그대를 들이지 않는 것입니다."

부인이 말하였다.

"그대는 어찌 柳下惠처럼 하지 않습니까?"[18]

노나라 사람이 대답하였다.

"유하혜라면 그렇게 할 수 있지만 저는 참으로 유하혜처럼 할 수 없습니다. 저는 저의 할 수 없는 것을 통해 유하혜의 할 수 있는 점을 배우려고 합니다."

공자가 이 이야기를 듣고 말하였다.

"훌륭하다. 유하혜를 배우려고 한 자 중에 이와 같은 사람은 있지 않았다. 지극

---

16) 이 부분은 四部叢刊本을 저본으로 하였다.

17) 저본의 표제에 "노나라 사람이 여자를 들이지 않다.〔魯人不納〕", "노나라 남자가 여자를 들이지 않다.〔魯男子不納〕"라고 되어 있다.

18) 그대는……않습니까 : 柳下惠는 전국시대 노나라의 賢人이다. 유하혜가 멀리 갔다가 돌아오던 중 밤에 郭門 밖에서 자게 되었는데, 어떤 여자 한 사람도 와서 같이 자게 되었다. 때가 마침 깊은 겨울이라 유하혜는 그 여자가 얼어 죽을까 싶어 품에 안고 옷으로 덮어주었는데 새벽이 이르도록 음행을 하지 않았다.(《輟耕錄》 권4〈不亂附妾〉)

한 善의 경지에 나아가기를 기약하되 남이 하는 것을 그대로 따라하지 않았으니 지혜롭다고 할 만하다."

○ 魯人有獨處室者^①러니 隣之嫠婦亦獨處一室^②이라 夜暴風雨至하여 嫠婦之室壞^③라 趨而託焉^④한대 魯人閉戶而不納^⑤이어늘 嫠婦自牖與之言^⑥호되 子何不仁而不納我乎^⑦오 魯人曰 吾聞男女不六十不同居^⑧라하니 今子幼하고 吾亦幼라 是以不納爾也^⑨라 婦人曰 子何不如柳下惠然^⑩고 魯人曰 柳下惠則可^⑪어니와 吾固不可^⑫라 吾將以吾之不可로 學柳下惠之可^⑬하노라 孔子聞之曰 善哉^⑭라 欲學柳下惠者 未有似於此者^⑮하니 期於至善而不襲其爲^⑯하니 可謂智乎^⑰인저

① 노나라에 집에서 혼자 사는 남자가 있는 것이다.

魯國有男子獨居於室者라

② 이웃에 사는 과부도 집에서 혼자 살고 있는 것이다.

隣居有寡婦亦獨居於室이라

③ 과부의 집이 밤에 비바람으로 무너져 내린 것이다.

嫠婦之室이 夜爲風雨所損이라

④ 남자의 집에 가서 의탁하여 비바람을 피하고자 한 것이다.

進男子之室하여 欲託庇風雨라

⑤ 君子(남자)가 문을 닫고 과부를 들이지 않은 것이다.

君子閉門하여 不與寡婦入이라

⑥ 과부가 창문 너머로 남자에게 말한 것이다.

寡婦隔窓하여 與男子言이라

⑦ 그대는 어찌 인자하지 못해 자신을 들이지 않느냐고 한 것이다.

汝何爲不仁하여 而不容我進고

⑧ 남자가 말하기를 "제가 듣기로 남녀는 60세가 되기 전에는 함께 거처할 수 없다고 합니다."라고 한 것이다.

男子言 我聞男女未六十歲엔 不可同處라

⑨ "지금 그대는 아직 젊고 저도 젊습니다. 이 때문에 감히 그대를 집에 들일 수 없습니다."라고 한 것이다.

今汝尙少하고 我亦少라 是以不敢容汝進也라

⑩ 부인이 말하기를 "그대는 어찌 유하혜의 행위를 배우지 않습니까?"라고 한 것이다. 이 일은 다른 글에 보인다.

婦人曰 汝何不學柳下惠之所爲오 事見他書라

⑪ 남자가 말하기를 "유하혜는 덕이 있기 때문에 여자를 들일 수 있었습니다."라고 한 것

이다.

男子言 柳下惠有德이라 故可納女라

⑫ 자신의 경우엔 진실로 그렇게 할 수 없다고 한 것이다.

在我實是不可라

⑬ 자신은 자신의 할 수 없는 것을 통해 유하혜의 할 수 있는 점을 배우려 한다고 한 것이다.

我將以我之不可爲로 而學柳下惠之可爲라

⑭ 부자가 이 일을 듣고 훌륭하다고 칭찬한 것이다.

夫子聞其事而稱善之라

⑮ 유하혜를 배우고자 한 사람 중에 노나라 남자 같은 이는 있지 않은 것이다.

凡欲學柳下惠之人에 未有若魯男子也라

⑯ 마음으로 지극한 선의 경지에 나아가기를 기약하되 타인의 행위를 그대로 따르지 않은 것이다.

心期造極善之地호되 不襲他人所爲라

⑰ 밝고 지혜로운 사람이라고 할 만하다는 것이다.

可謂明智之人이라

10-11[19] 공자가 말하였다.

"小人의 口辯은 義를 해치고 소인의 언어는 道를 깨뜨린다. 〈關雎(관저)〉는 새를 보고 興을 취하였는데도 군자가 찬미한 것은 암수의 분별이 있는 점을 취하였기 때문이고,[20] 〈鹿鳴〉은 짐승을 보고 흥을 취하였는데도 군자가 훌륭하게 여긴 것은 먹을 것을 얻으면 서로 부르는 뜻을 취하였기 때문이다.[21] 만약 조수라는 이름만

---

19) 저본의 표제에 "小人의 口辯이 義를 해치다.〔小辯害義〕"라고 되어 있다.

20) 關雎는……때문이고 : 〈關雎〉는 《詩經》 國風의 편명으로, 그 가사를 보면 "정답게 우는 물수리는 河水의 모래섬에 있도다. 얌전하고 고운 숙녀는 군자의 좋은 짝이로다.〔關關雎鳩 在河之洲 窈窕淑女 君子好逑〕"라고 하여 새를 보고서 詩想을 일으켰다. 朱熹의 주에 "이 시는 부부간에 서로 더불어 화락하면서도 공경함이 또한 물수리가 정이 두터우면서도 분별이 있는 것과 같음을 말한 것이다."라고 하였다. 興은 시의 수사법의 하나로, 먼저 다른 사물을 말하여 읊을 말을 이끌어내는 것이다.

21) 鹿鳴은……때문이다 : 〈鹿鳴〉은 《詩經》 小雅의 편명으로, 그 가사를 보면 "사슴이 울면서 들판에서 쑥을 뜯네. 나에게 반가운 손님들 있어, 비파 뜯고 피리도 부노라.〔呦呦鹿鳴 食野之苹 我有嘉賓 鼓瑟吹笙〕"라고 하여 사슴을 보고 詩想을 일으켰다. 주희의 주에 "先王이 먹고 마시고 모일 때를 인하여 燕饗의 예를 제정해서 상하 사람들의 情을 통하게 하였고, 그 樂歌는 또 사슴이 우

으로 싫어한다면 진실로 시를 말할 수 없을 것이다.

○孔子曰 小辯害義^①하고 小言破道^②라 關雎興于鳥而君子美之^③는 取其雌雄之有別^④이요 鹿鳴興于獸而君子大之^⑤는 取其得食而相呼^⑥니 若以鳥獸之名嫌之인댄 固不可行也^⑦니라

① 부자가 말하기를 "소인의 口辯은 正義를 해친다."라고 한 것이다.
   夫子言 小人口辯은 害正義라

② 소인의 언어는 大道를 깨뜨려 부수는 것이다.
   小人言語는 破碎大道라

③ ≪毛詩≫의 〈關雎〉는 새를 보고 興을 취하였는데도 군자가 그 시를 찬미한 것이다.
   毛詩關雎篇은 以鳥取興호되 君子美其詩라

④ 암수 짝이 분별이 있는 점을 취하였기 때문인 것이다.
   取其匹偶有分別이라

⑤ 〈鹿鳴〉은 짐승을 보고 興을 취하였는데도 군자가 그 시를 훌륭하게 여긴 것이다.
   鹿鳴篇은 以獸取興호되 君子大其詩라

⑥ 사슴끼리 서로 불러서 먹는 뜻을 취하였기 때문인 것이다.
   取鹿相呼喚而食之意라

⑦ 만약 조수라는 이름을 싫어하여 그 좋은 뜻을 취하지 않는다면 진실로 시를 말할 수 없을 것이라고 한 것이다.
   如嫌其鳥獸之名하여 而不取其義면 固不可以言詩라

10-12²²⁾ 공자가 자로에게 말하였다.

"군자가 혈기가 강하면 제 수명대로 살지 못하고, 소인이 혈기가 강하면 刑戮을 계속해서 받게 되는 법이다. ≪詩經≫ 豳風에 '하늘에서 장맛비가 내리지 않을 때에 미쳐 저 뽕나무 뿌리를 끊어다가 문을 얽어맨다면 지금 너의 백성들이 혹시라도 감히 우리를 업신여기겠는가.'²³⁾ 하였다."

공자가 말하였다.

"국가를 다스리기를 이렇게 한다면 비록 업신여기려고 하더라도 어떻게 할 수

는 것으로 興을 일으켰다."라고 하였다.
22) 이 부분은 四部叢刊本을 저본으로 하였다.
23) 하늘에서……업신여기겠는가 : ≪詩經≫ 〈豳風 鴟鴞〉에 보인다.

있겠느냐. 周나라는 后稷[24)]으로부터 훌륭한 행실과 공적을 쌓아 爵位와 국토를 소유하였고, 公劉[25)]는 거기에다 인후한 덕이 있었고, 太王인 亶父[26)]에 이르러서는 덕과 겸양으로 돈독하게 하여 그 세워둔 뿌리가 먼 뒷일까지 豫備할 수 있었다.

당초에 태왕이 豳 땅에 도읍하였을 때에 翟人(狄人)이 침략하자, 그들을 皮幣로 섬겨도 화를 면치 못하였고 珠玉으로 섬겨도 화를 면치 못하였다. 이에 耆老들을 모아놓고 말하기를 '저들이 원하는 것은 우리의 토지이다. 내가 듣기로 군자는 사람을 기르는 토지를 가지고 사람을 해치지 않는다고 하니, 그대들은 어찌 임금이 없음을 근심하는가.' 하고 마침내 홀로 부인 太姜과 함께 떠나 梁山을 넘어 岐山 아래에 도읍하였다. 그러자 豳 땅 사람들이 '어진 군주이다. 놓쳐서는 안 된다.' 하고 따르기를 시장에 돌아가듯 하였다. 하늘이 주나라를 돕고 민심이 은나라를 떠난 지가 오래되었으니, 이러한데도 천하를 다스리지 못한 경우는 있지 않았다. 그러니 武庚이 어찌 업신여길 수 있었겠는가. ≪詩經≫ 邶風에 '말고삐 잡기를 실끈 다루듯이 하니 두 마리 驂馬가 춤추는 듯하다.'[27)] 하였다."

공자가 말하였다.

"이 시를 지은 자는 정치에 대해 잘 알 것이다. 대체로 실끈을 만드는 것은 손에서 짜면 저기에 무늬가 이루어지니, 가까운 곳에서 어떤 일을 하면 먼 곳에서 행해지는 것을 말한 것이다. 이 방법을 가지고 백성을 다스리면 어찌 교화되지 않겠는가. 〈竿旄〉[28)]에서 忠告한 것이 지극하다."

孔子謂子路曰 君子而强氣면 而不得其死하고 小人而强氣면 則刑戮荐蓁하나니라 豳詩曰 殆天

---

24) 后稷 : 周나라의 시조로, 어머니인 姜嫄이 거인의 발자국을 밟아서 임신하였다고 한다. 周代에 농업을 다스리는 신으로 숭배되었다.

25) 公劉 : 후직의 증손이다. 西戎 땅에서 지금의 陝西省 旬邑인 豳으로 옮겨 살면서 이곳에서 백성들을 부유하게 하였다. 자세한 내용은 ≪詩經≫ 〈大雅 公劉〉에 보인다.

26) 太王인 亶父 : 주나라의 기틀을 마련했던 古公亶父를 가리킨다. 단보는 이름이다. 狄人의 난을 피하여 岐山 아래로 옮겨와서 주나라의 기틀을 마련하였다. 文王의 조부이다.(≪詩經≫ 〈大雅 綿〉)

27) 詩經……듯하다 : 원문 鄘는 邶와 통용하는 글자로, 鄘詩는 ≪詩經≫ 〈邶風〉을 가리킨다. 그런데 이 시는 ≪詩經≫ 〈鄭風 大叔于田〉에 보이니 착오가 있는 듯하다.

28) 竿旄 : 干旄와 같은 뜻으로, ≪詩經≫ 鄘風의 편명이다. 毛序에 "〈干旄〉는 善을 좋아함을 찬미한 시이다. 衛 文公의 신하들 중에 선을 좋아하는 자가 많아서 현자들이 선한 도로써 말해주기를 즐거워한 것이다.〔干旄 美好善也 衛文公臣子多好善 賢者樂告以善道也〕"라고 하였다.

之未陰雨하여 徹彼桑土(두)하여 綢繆牖戶①면 今汝下民이 或敢侮余②아하니라 孔子曰 能治國家
之如此면 雖欲侮之라도 豈可得乎아 周自后稷으로 積行累功하여 以有爵土하고 公劉重之以仁하고
及至大王亶甫하여는 敦以德讓하여 其樹根置本이 備豫遠矣라 初에 大王都邠할새 翟人侵之어늘 事
之以皮幣라도 不得免焉하고 事之以珠玉이라도 不得免焉이라 於是에 屬耆老而告之호대 所欲吾土
地라 吾聞之호니 君子不以所養而害人이라하니 二三子何患乎無君이리오하고 遂獨與大姜去之하여
踰梁山하여 邑于岐山之下한대 邠人曰 仁人之君이라 不可失也라하고 從之如歸市焉하니라 天之
與周와 民之去殷이 久矣니 若此而不能天下는 未之有也어늘 武庚惡能侮③리오 邶詩曰 執轡如
組하니 兩驂如儛④라하니라 孔子曰 爲此詩者는 其知政乎인저 夫爲組者는 總紕於此하면 成文於
彼하니 言其動於近하면 行於遠也라 執此法以御民이면 豈不化乎리오 竿旄之忠告至矣哉⑤라

① 殆는 미친다는 뜻이다. 徹은 끊는다는 뜻이다. 桑土는 뽕나무 뿌리이다. 올빼미는 하늘
에서 비가 오기 전에 뽕나무 뿌리를 끊어다가 그 문을 얽어매니, 우리 국가에서 쌓은
공덕이 참으로 이루기 어려운 괴로움이었음을 비유한 것이다.
殆는 及也라 徹은 剝也라 桑土는 桑根也라 鴟鴞는 天未雨에 剝取桑根하여 以纏綿其牖戶하니 喻我
國家積累之功이 乃難成之苦者也라

② 지금은 주공이 살던 때이다. 우리 선왕께서 이 큰 공적을 지극히 어렵게 이루었으니 백
성들이 감히 우리 주나라의 도를 업신여기겠는가. 管叔과 蔡叔 무리를 막고 끊어서 주
나라 왕실을 보존하지 않아서는 안 됨을 말한 것이다.
今者는 周公時라 言我先王致此大功至艱하니 而下民敢侵侮我周道아 謂管蔡之屬을 不可不遏絶
之하여 以存周室者也라

③ 武庚은 주왕의 아들이니 이름은 祿父이다. 관숙과 함께 난을 일으켰다.
武庚은 紂子니 名祿父라 與管叔共爲亂也라

④ 驂馬는 服馬와 조화롭게 잘 어울려야 하는 것이다.
驂之以服으로 和調中節이라

⑤ 〈竿旄〉라는 시는 선한 도를 사람들에게 말해주는 것을 즐거워한 것이니, 흰 실[素絲]·
좋은 말[良馬]·직조하는 듯[如組紕]의 뜻에서 비유를 취한 것이다.[29]
竿旄之詩者는 樂乎善道告人이니 取喩於素絲良馬如組紕之義라

---

29) 흰……것이다 : ≪詩經≫ 〈干旄〉에 "흰 실로 짜서 매달고 좋은 말 네 필로 멍에하다.……흰 실
로 짜서 매달고 좋은 말 다섯 필로 멍에하다.[素絲紕之 良馬四之……素絲組之 良馬五之]"라는 내용
이 보인다.

제11편 周나라의 문물을 관찰함　觀周 第十一[①]

　　孔子가 周나라를 방문하여 보고 들은 것을 기록한 편이다. 공자가 周나라에 가서 先王의 제도를 보았으므로 편명을 '觀周'라고 하였다. 春秋 末期의 周나라는 이미 각 제후국에 대한 정치력을 상실하였으나, 공자는 洛邑에서 東周의 宗廟와 明堂 등을 참관하여 살피고, "내가 이제야 周公의 聖德과 周나라의 王業이 興盛한 이유를 알았다."고 탄복하였다. 周나라에서 老子에게는 禮를, 萇弘에게는 樂을 배우고 魯나라로 돌아오자 孔子의 道가 더욱 높아져 먼 곳에서 찾아온 제자들이 3천 명이나 되었다.

　　① 공자가 周나라에 가서 先王의 제도를 보았으므로 이로 인하여 편명을 붙인 것이다.
　　　孔子適周하여 觀先王之制라 因以名篇하니라

11-1[1)] 공자가 南宮敬叔에게 말하였다.

　　"내가 듣기로 老聃(노담)[2)]은 옛 일에 해박하고 오늘날의 일을 잘 안다고 하니 나의 스승이다. 지금 가서 보리라."

　　남궁경숙이 공자와 함께 周나라에 가서 老聃에게 禮를 묻고 萇弘[3)]에게 樂을 물었으며, 郊祭와 社祭[4)]를 지내는 곳을 지나고 明堂[5)]의 법칙을 상고하며 종묘와 조

---

1) 저본의 표제에 "공자가 노담에게 예를 묻다.〔孔子問禮於老聃〕"라고 되어 있다.

2) 老聃(노담) : 老子로, 聃은 그의 字이다. 《史記》 권63 〈老子列傳〉에 "姓은 李, 이름은 耳, 字는 聃이다."라고 하였다. 《莊子》 〈天下〉에 "關尹과 老聃은 옛날의 박학다식한 眞人이다.〔關尹老聃乎 古之博大眞人哉〕"라고 하였다.

3) 萇弘 : 周나라 敬王 혹은 靈王 때의 대부로 일컬어지는 賢臣이다.

4) 郊祭와 社祭 : 郊祭는 하늘에 올리는 제사이고, 社祭는 땅에 올리는 제사이다. 《中庸章句》 제19장에 "郊 제사와 社 제사의 예와 禘 제사와 嘗 제사의 뜻에 밝으면 나라를 다스리는 것은 손

정의 법도를 살폈다. 그리고는 감탄하며 말하였다.

"내가 지금에서야 周公의 聖德과 주나라의 王業이 興盛한 이유를 알았다."

孔子謂南宮敬叔曰^① 吾聞老聃^②은 博古知今^③이라하니 則吾師也^④라 今將往矣^⑤호리라 敬叔與俱至周^⑥하여 問禮於老聃^⑦하고 訪樂於萇弘^⑧하며 歷郊社之所^⑨하고 考明堂之則^⑩하고 察廟朝之度^⑪라 於是喟然曰^⑫ 吾乃今知周公之聖과 與周之所以王也^⑬로라

① 경숙은 孟僖子의 아들이다. 부자가 그에게 말한 것이다.
　　敬叔은 孟僖子子也라 夫子與之言曰

② 頭註 : 聃(사람 이름)은 他와 卦의 反切이다.
　　聃은 他卦切이라

③ 자신이 老子는 옛 일에 해박하고 오늘날의 일을 잘 알며 도를 좋아한다고 들었다는 것이다.
　　我聞老子博古知今而好道라

④ 그렇다면 자신의 스승이라는 것이다.
　　則是我之師也라

⑤ 지금 가서 보고자 하는 것이다.
　　今欲往見之라

⑥ 경숙이 부자와 함께 周나라 京師에 간 것이다.
　　敬叔與夫子同往周京이라

⑦ 노자를 보고서 禮를 물은 것이다.
　　見老子하여 問之以禮라

⑧ 주나라 대부 장홍을 보고서 樂을 물은 것이다.
　　見周大夫萇弘하여 問之以樂이라

⑨ 郊祭와 社祭를 지내는 곳에 들른 것이다.
　　過郊祀社祭之處라

⑩ 明堂의 법칙을 궁구한 것이다.

바닥에 놓고 보는 것처럼 쉬울 것이다.〔明乎郊社之禮 禘嘗之義 治國其如視諸掌乎〕"라고 하였다.

5) 明堂 : 王者가 政敎를 베푸는 당으로, 제후에게 조회를 받거나 정치 명령을 내리는 등 국가의 큰 예를 시행하는 곳이다. ≪孟子≫〈梁惠王 下〉에 "明堂은 王者의 堂입니다.〔夫明堂者 王者之堂也〕"라고 하였고, ≪禮記≫〈明堂位〉에 "옛날 주공이 명당에서 제후에게 조회를 받았다.……명당이란 제후들의 존비를 밝히는 곳이다.〔昔者周公朝諸侯于明堂之位……明堂也者 明諸侯之尊卑也〕"라고 하였다.

　　　究明堂之法則이라

⑪ 종묘와 조정의 제도를 살핀 것이다.
　　審宗廟朝廷之制度라

⑫ 이에 감탄하는 말을 한 것이다.
　　乃興嘆言이라

⑬ 자신이 지금에서야 주공의 聖德과 주나라의 왕업이 興盛한 이유를 알았다는 것이다.
　　我今始知周公之聖德及周家之所以興王也라

訪樂萇弘

11-2[6)] 주나라를 떠날 때에 노자가 전송하며 말하였다.

　"내 듣기로 부귀한 자는 재물을 주어 사람을 전송하고 仁者는 좋은 말을 주어 사람을 전송한다고 합니다. 내가 비록 부귀하지는 못하지만 인자라는 이름을 외람되이 차지하고 있으니 좋은 말을 주어 그대를 전송하기를 청합니다. 무릇 지금 세상의 선비는 총명하고 깊이 살피지만 그런데도 죽음의 위험에 가까운 것은 남을 헐

───────────────
6) 저본의 표제에 "仁者는 말을 주어 사람을 보낸다.〔仁者送人以言〕", "먼 곳에서 찾아온 제자가 삼천 명이다.〔遠方弟子三千人〕"라고 되어 있다.

뜯고 비난하기를 좋아하기 때문이고, 박식하고 말을 잘하며 학식이 깊지만 그런데도 그 몸이 위태로운 것은 남의 잘못을 드러내기를 좋아하기 때문입니다.”

공자가 말하였다.

“공경히 가르침을 받들겠습니다.”

주나라에서 노나라에 돌아와서는 道가 더욱 높아져서 먼 곳에서 찾아온 제자들이 3천 명이었다.

及去周^①에 老子送之曰^② 吾聞富貴者送人以財^③하고 仁者送人以言^④이라하니 吾雖不能富貴나 而竊仁者之號^⑤하니 請送子以言乎^⑥인저 凡當今之士는 聰明深察호되 而近於死者^⑦는 好議議人者也^⑧요 博辯閎遠호되 而危其身^⑨은 好發人之惡者也^⑩라 孔子曰 敬奉敎^⑪호리라 自周反魯에 道彌尊矣^⑫라 遠方弟子之進이 蓋三千焉^⑬이러라

① 주나라 京師를 떠날 때에 미친 것이다.
   及離去周京時라
② 노자가 부자와 이별하며 말한 것이다.
   老子別夫子而言曰
③ 자신이 듣기로 부귀한 사람은 재물을 사람에게 준다고 했다는 것이다.
   我聞富貴之人은 則以財物贈人이라
④ 仁者는 말을 사람에게 준다는 것이다.
   仁者之人은 則以言語贈人이라
⑤ 자신이 비록 부귀한 사람은 아니지만 仁人이라는 이름을 외람되이 차지하고 있다는 것이다.
   我雖非富貴之人이나 而竊居仁人之名이라
⑥ 말을 주어 부자를 전송하기를 청한 것이다.
   請以言語送夫子라
⑦ 지금 사람은 총명하고 깊이 살피지만 도리어 죽음의 위험에 가까운 것이다.
   凡今之人能聰明而深察이나 而反近於死者라
⑧ 남을 헐뜯고 비방하기를 좋아하기 때문이라는 것이다.
   愛譏刺擬議人之故라
⑨ 박식하고 말을 잘하며 학식이 깊지만 도리어 그 몸이 위태로운 것이다.
   能廣博辯論而宏遠이나 而反危其身者라
⑩ 남의 잘못을 드러내기를 좋아하기 때문이라는 것이다.

愛揚人之惡之故라

⑪ 부자가 말하기를 "공경히 가르침을 받겠습니다."라고 한 것이다.
　　夫子言 敬受敎誨라

⑫ 주나라에서 노나라에 돌아와서는 그 도가 더욱 높아진 것이다.
　　自周而歸魯에 其道益尊이라

⑬ 먼 곳에서 제자가 되길 원하여, 와서 도를 배운 자가 모두 3천 명인 것이다.
　　遠地願爲弟子하여 來學道者가 凡三千人이라

問禮老聃

11-3[7] 공자가 明堂을 살펴보고 사방 문의 담장을 보니, 堯舜의 얼굴과 桀紂의 화상이 있었는데, 각기 善惡의 形狀과 興廢의 警戒가 있었다. 또 주공이 成王의 재상이 되어 成王을 안고 斧扆(부의)[8]를 등진 채 南面하여 제후에게 조회를 받는 그

---

7) 저본의 표제에 "공자가 명당을 보다.〔孔子觀明堂〕"라고 되어 있다.

8) 斧扆(부의) : 옛날에 제왕의 朝堂에서 戶와 牖 사이에 설치한 병풍을 말한다. 8척 높이에 비단으로 만들며, 윗부분에 도끼 모양의 문양이 있다. 斧依라고도 한다. ≪禮記≫〈明堂位〉에 "천자는 斧依를 등지고 南面하여 선다."라고 하였다.

堯

舜

림이 있었다. 공자가 이리저리 다니며 유심히 살펴보고는 따르는 제자에게 말하였다.

"이것이 주나라가 융성하였던 이유이다. 대저 밝은 거울을 통해 형체를 살필 수 있고 지나간 일을 통해 지금을 알 수 있는 것이다. 임금이 옛사람이 나라를 평안하게 하고 보존시킨 자취를 따르는 데 힘쓰지 않고 나라가 위태로워지고 망하게 된 일을 대수롭지 않게 여기는 것은, 뒷걸음치면서 앞사람을 따라잡으려고 하는 것과 다르지 않다."

孔子觀乎明堂하고 觀四門墉[1]하니 有堯舜之容과 桀紂之象[2]한대 而各有善惡之狀과 興廢之誡焉[3]하며 又有周公相成王하여 抱之負斧扆[4]하고 南面以朝諸侯之圖焉[5]이어늘 孔子徘徊而望之[6]하고 謂從者曰[7] 此周之所以盛也[8]라 夫明鏡은 所以察形[9]이요 往古는 所以知今[10]이니 人主不務襲迹於其所以安存[11]하고 而忽忽所以危亡[12]은 未有異於却走而求及前人也[13]라

① 부자가 주나라 명당과 사방 문의 담장을 살핀 것이다.
　夫子觀周明堂及四門之墻이라
② 요순과 걸주의 畵象이 있는 것을 본 것이다.
　見有堯舜桀紂之畵象이라
③ 요순은 선을 행하여 나라가 흥하였고 걸주는 악행을 저질러 나라가 망했으니 그 형상

을 鑑戒로 삼을 만한 것이다.

堯舜爲善則興하고 桀紂爲惡則廢하니 其形狀可以爲鑑戒라

④ 頭註：扆(병풍)는 音이 倚이다.

扆는 音倚라

⑤ 또 주공이 성왕을 안고 천자의 자리에 앉아서 천하 제후에게 조회를 받고 있는 그림이 있는 것이다.

又有周公抱成王하여 坐天子之位하여 以朝天下諸侯之圖라

⑥ 부자가 유심히 살핀 것이다.

夫子款曲而觀看이라

⑦ 제자들을 돌아보고 말한 것이다.

顧謂弟子言이라

⑧ 이것이 바로 주나라가 융성하였던 이유라는 것이다.

此乃周家之所以隆盛也라

⑨ 밝은 거울을 통해서 그 형체를 비춰볼 수 있는 것이다.

鏡之光者는 可照其形이라

⑩ 지나간 일을 통해서 지금을 알 수 있는 것이다.

往古之事는 可以驗今이라

⑪ 임금이 옛사람이 나라를 평안하게 하고 보존시킨 자취를 따르려 하지 않는 것이다.

人君不求蹈古人所以安存之迹이라

⑫ 또 나라가 위태로워지고 망하게 된 일을 대수롭지 않게 여기는 것이다.

而且怠忽於危亡之事라

⑬ 뒷걸음치면서 앞에 가는 사람을 따라잡으려고 하는 것과 무엇이 다르겠느냐고 한 것이다.

何異退走而欲追及前行之人이리오

11-4⁹⁾ 공자가 주나라를 살펴보다가 后稷¹⁰⁾의 사당에 들어갔는데 금으로 주조된

---

9) 저본의 표제에 "후직의 사당에 들어가 금으로 주조된 사람의 등에 새겨진 명문을 보다.〔入后稷廟金人銘〕"라고 되어 있다.

10) 后稷 : 주나라의 시조인 棄이다. 본래 후직은 농사를 관장하는 벼슬 이름인데, 기가 요임금 때 후직이 되어 백성들에게 농사짓는 법을 가르쳤기 때문에 이름 대신 후직으로 불린다. 《書經》〈舜典〉에 "순임금이 말하기를, '棄야, 백성들이 곤궁하고 굶주리고 있다. 네가 후직이니 이 백곡을 파종하도록 하여라.〔棄 黎民阻飢 汝后稷 播時百穀〕' 하였다."라고 하였다.

사람이 있었다. 세 겹으로 그 입을 봉하였고 그 등에는 다음과 같은 銘文이 새겨져 있었다.

"옛날의 말을 삼간 사람이니, 경계할지어다. 말을 많이 하지 말라. 말을 많이 하면 잘못이 많아진다. 일을 많이 벌이지 말라. 일을 많이 벌이면 근심이 많아진다. 安樂에 처해 있더라도 반드시 경계하고, 후회할 일을 하지 말라. 무슨 나쁠 게 있겠냐고 말하지 말라. 그 재앙이 장차 길게 갈 것이다. 무슨 해될 게 있겠냐고 말하지 말라. 그 재앙이 장차 커질 것이다. 아무도 듣지 않는다고 말하지 말라. 신은 사람이 하는 일을 엿보고 있다. 불이 타오르기 시작했을 때 끄지 않으면 활활 타오른 다음에 어떻게 하겠으며, 물이 졸졸 흐를 때 막지 않으면 결국 江河가 되고 말 것이다. 실오라기처럼 가늘 때 끊어 버리지 않으면 혹 그물처럼 커지게 되고, 나무가 아주 작을 때 뽑아 버리지 않으면 도끼를 찾아야 할 것이다. 진실로 삼가는 것이 복의 근본이다. 말실수가 해될 게 없다고 말하지 말라. 재앙이 들어오는 문이다. 强暴한 자는 제명대로 살지 못하고 이기기를 좋아하는 자는 반드시 敵手를 만나게 된다. 군자는 천하의 윗자리에 있을 수 없다는 것을 알기 때문에 자신을 낮추며, 여러 사람보다 앞자리에 있을 수 없다는 것을 알기 때문에 자신을 뒤로한다. 온화하고 공손하며 덕을 삼가서 남들로 하여금 仰慕하게 하라. 江海가 비록 왼쪽(東)에 있으나 모든 내의 우두머리가 되는 것은 그 자신을 낮추기 때문이다. 하늘의 도는 親疏의 구별이 없지만[11] 남에게 낮추는 사람을 쓰니, 경계할지어다."

공자가 이 명문을 읽고 나서 돌아보며 제자들에게 말하였다.

"나는 이 말을 기억할 것이다.[12] 이 말이 진실하면서도 이치에 맞고 인정에 가까우면서도 믿을 만하구나."

孔子觀周라가 **入后稷之廟**①한대 **有金人焉**②이라 **參緘其口**③하고 **而銘其背曰**④ **古之愼言人**

---

11) 하늘의……없지만 : ≪老子≫에, 하늘의 도는 親疏의 구별이 없지만, 항상 善人과 함께하며 도와준다.〔天道無親 常與善人〕"라고 하였다.

12) 나는……것이다 : 원문의 '小人'은 일반적으로 제자들로 해석하여, "제자들아 기억하라."라고 번역하는데, 여기에서는 주석대로 번역하였다. ≪禮記≫ 〈檀弓 上〉에, 공자가 위나라에 있을 때 장례를 치르는 자를 보고 말하기를, "훌륭하다. 상례를 치름이여, 법이 될 만하구나. 제자들아 기억하라.〔善哉 爲喪乎 足以爲法矣 小子識之〕"라고 하였다.

也⑤니 戒之哉⑥인저 無多言하라 多言多敗⑦니라 無多事하라 多事多患⑧이니라 安樂⑨必戒⑩하고 無所行悔⑪하라 勿謂何傷하라 其禍將長⑫⑬이니라 勿謂何害하라 其禍將大⑭니라 勿謂不聞하라 神將伺人⑮이니라 焰焰不滅이면 炎炎若何⑯며 涓涓不壅이면 終爲江河⑰라 綿綿不絶이면 或成 網羅⑱하고 毫末不札⑲이면 將尋斧柯⑳니라 誠能愼之가 福之根也㉑라 口是何傷고 禍之門也㉒니 彊梁者는 不得其死㉓하고 好㉔勝者는 必遇其敵㉕하나니라 君子知天下之不可上也라 故下之㉖하고 知衆人之不可先也라 故後之㉗하나니 溫恭愼德하여 使人慕之㉘하라 江海雖左나 長於百川은 以 其卑也㉙일새라 天道無親而能下人㉚하니 戒之哉㉛어다 孔子旣讀斯文也㉜하고 顧謂弟子曰 小人 識㉝之㉞라 此言實而中하고 情而信㉟하니라

① 부자가 주나라를 살펴보다가 마침내 太祖인 后稷의 사당에 들어간 것이다.
　　夫子觀周라가 遂入太祖后稷之廟라
② 사당 안에 금으로 주조된 사람이 있는 것이다.
　　廟中有金鑄人이라
③ 세 겹으로 그 입을 봉한 것이다.
　　三重封其口라
④ 등에 銘文을 다음과 같이 새긴 것이다.
　　銘刻於背上曰
⑤ 이 사람은 옛날에 말을 삼간 사람이다
　　此古者能謹言語之人也라
⑥ 마땅히 경계로 삼아야 한다는 것이다.
　　當以爲戒라
⑦ 사람은 말을 많이 해서는 안 되니 말을 많이 하면 잘못이 많아지는 것이다.
　　人不可多言이니 若多言則多壞敗라
⑧ 사람은 많은 일을 벌여서는 안 되니 일을 많이 벌이면 근심이 많아지는 것이다.
　　人無爲多事니 若多事則多患難이라
⑨ 頭註 : 樂(즐겁다)은 音이 洛이다.
　　樂은 音洛이라
⑩ 비록 안락함에 처해있더라도 반드시 경계해야 하는 것이다.
　　雖處安樂이라도 必警戒也라
⑪ 뉘우칠 일을 다시 해서는 안 되는 것이다.
　　所悔之事를 不可復行이라
⑫ 頭註 : 長(길다)은 叶韻[13]이니 본래 글자의 의미이다.

長은 叶韻이니 如字라

⑬ 무슨 나쁠 게 있겠냐고 말하지 말라. 그 환난이 또 장차 끝이 없다는 것이다.

莫言何傷하라 其患又將無窮이라

⑭ 무슨 해될 게 있겠냐고 말하지 말라. 그 환난이 또 장차 커진다는 것이다.

莫言無害하라 其患又將成大라

⑮ 듣고 아는 바가 없다고 말하지 말라. 神明이 이미 사람을 엿보고 있다는 것이다.

莫言無所聞知하라 神明已窺伺人이라

⑯ 불이 처음 타올라 작을 때 만약 끄지 않으면 도리어 활활 타오르는 것을 장차 어찌 할 수 없는 것과 같은 것이다.

如火始熠熠而小에 若不滅之면 反炎炎而燬則將如何라

⑰ 물이 졸졸 작게 흐를 때 만약 막지 않으면 결국 江河를 이루게 되는 것과 같은 것이다.

如水涓涓細流에 若不塞之면 則終成江河라

⑱ 실오라기가 면면이 작고 가늘 때 만약 끊어버리지 않으면 그물을 이루게 되는 것과 같은 것이다.

如絲綿綿微細에 若不斷絶이면 則有成羅網이라

⑲ 頭註 : 札(뽑다)은 則과 八의 反切이다.

札은 則八切이라

⑳ 나무가 아주 작을 때 만약 뽑아 버리지 않으면 장차 도끼를 써서 찍어야 하는 것과 같은 것이다.

木如毫末之小에 若不拔去면 將用斧柯而斫이라

㉑ 진실로 삼가고 경계하는 것이 복의 근본이 되는 것이다.

誠能謹(成)〔戒〕14)가 是爲福之根本이라

㉒ 말실수가 해될 게 없다고 말하지 말라. 바로 재앙이 들어오는 문인 것이다.

口過毋謂無害하라 乃禍之門也라

㉓ 强暴한 자는 결국 제 명대로 살지 못하는 것이다.

人之强狠者는 終不得其死라

㉔ 頭註 : 好(좋아하다)는 去聲이다.

好는 去聲이라

㉕ 남을 이기기를 좋아하는 자는 반드시 그와 대적하는 사람을 만나게 되는 것이다.

---

13) 長은 叶韻 : 叶韻은 본래 같은 韻에 속하지 않는 글자를 동일한 운으로 사용하는 것으로 '協韻'이라고도 한다. 본문에서의 협운은 '傷'이다.

14) (成)〔戒〕 : 저본에는 '成'으로 되어 있으나, 慶長本에 의거하여 '戒'로 바로잡았다.

好勝人者는 必遇人與之爲敵이라

㉖ 군자는 천하가 커서 윗자리에 있을 수 없다는 것을 알기 때문에 자신을 굽혀 남에게 낮추는 것이다.

君子則知天下之大하여 不可居其上이라 故屈己下之라

㉗ 사람이 많아 앞자리에 있을 수 없다는 것을 알기 때문에 자신을 낮추어 남보다 뒤로 하는 것이다.

知衆人之多하여 不可居其先이라 故遜己後之라

㉘ 온화하고 공경하며 그 덕행을 삼가서 남들로 하여금 앙모하게 하는 것이다.

溫和恭敬而謹其德行하여 使人仰慕之라

㉙ 물은 오른쪽을 높이 친다. 江海가 비록 왼쪽에 있지만 또한 모든 내의 우두머리가 되는 것은 그 자신을 낮추기 때문인 것이다.

水以右爲尊이라 江海雖在於左나 亦能爲百川長은 以其能下也라

㉚ 上天의 도는 親疏의 구별이 없지만 또한 남에게 낮추는 사람을 쓰는 것이다.

上天之道는 雖無親이나 而其用亦能下人이라

㉛ 마땅히 이것으로 鑑戒를 삼아야 한다고 거듭 말한 것이다.

再言當以此爲鑑戒也라

㉜ 부자가 銘文을 다 읽은 것이다.

夫子讀銘文畢이라

㉝ 頭註 : 識(기억하다)는 音이 志이다.

識는 音志라

㉞ 돌아보며 제자들에게 말하기를, "나는 이 말을 기억할 것이다."라고 한 것이다.

回顧與弟子言 我當記之라

㉟ 이 말이 진실하고 이치에 맞으며 인정에 가깝고 믿을 만하다는 것이다.

其言朴實而中理하고 近情而可信이라

제12편 제자의 행실 弟子行 第十二①

　　孔子 弟子에 대한 衛나라 장군 文子의 질문에 子貢이 자기가 직접 본 몇몇 제자들의 言行에 대하여 설명하였으므로, 편명을 '弟子行'이라고 하였다. 자공은 顔回·冉雍·仲由·冉求·公西赤·曾參·顓孫師·卜商·澹台滅明·言偃·南宮括·高柴 등 12명 제자의 행실과 공자의 평가를 소개하였다.

　　① 공자 제자 중에 升堂入室한 자[1)]가 70여 명이었기 때문에 이렇게 편명을 붙인 것이다.

　　　　孔子弟子升堂入室者가 七十餘人이라 故以名篇하니라

12-1[2)] 衛나라 장군 文子가 자공에게 물었다.

　　"제가 듣기로 공자가 가르칠 때에 詩書로써 먼저 가르치고 孝悌로써 인도하며 仁義로써 널리 말해주고 禮樂으로써 보여준 뒤에 文德으로 성취시킨다고 합니다. 入室하고 升堂한 자 70여 명 중에 누가 현명합니까?"

　　자공이 모른다고 대답하자, 문자가 말하였다.

　　"그럼 그들의 행실에 대해 묻고자 합니다."

　　衛將軍文子①가 問於子貢曰② 吾聞孔子之施敎也③에 先之以詩書④하고 而導之以孝悌⑤하며 說之以仁義⑥하고 觀之以禮樂⑦然後에 成之以文德⑧이라하니 蓋入室升堂者七十有餘人⑨에 其孰爲賢⑩잇고 子貢對以不知⑪한대 文子曰 請問其行⑫⑬하노이다

---

1) 升堂入室한 자 : 대청마루에 오르고 방에 들어간 사람으로, 상당한 도의 경지에 오른 자를 의미한다. 공자가 제자 자로의 경지를 두고 말하기를 "당에는 올랐고 아직 방에는 들어가지 못했다.〔升堂矣 未入於室也〕"라고 하였다.(≪論語≫〈先進〉)

2) 저본의 표제에 "夫子의 가르침〔夫子之敎〕"이라고 되어 있다.

① 위나라 卿으로, 이름은 彌牟이다.

　衛卿이니 名彌牟也라

② 자공에게 물은 것이다.

　問子貢言이라

③ 자신이 부자가 가르치는 방법에 대해 들었다는 것이다.

　我聞夫子之設教라

④ 먼저 詩書로써 사람을 가르친 것이다.

　先以詩書教人이라

⑤ 이후에 孝悌의 행실로써 인도한 것이다.

　而後導之以孝悌之行이라

⑥ 仁義의 이치로써 널리 말해준 것이다.

　敷陳以仁義之理라

⑦ 禮樂의 일로써 보여 준 것이다.

　示之以禮樂之事라

⑧ 마지막으로 文德의 가르침으로써 성취시킨 것이다.

　終則以文德之教成就之라

⑨ 심오한 도의 경지에 나아간 자가 모두 72명인 것이다.

　造道之闡奧者 凡七十二人이라

⑩ 그 사람들 중에서 누가 현명하냐고 한 것이다.

　諸人中其誰爲賢잇고

⑪ 자공이 사람을 아는 것이 어렵다고 여겼기 때문에[3] 대답하지 않은 것이다.

　子貢以知人爲難이라 故不對라

⑫ 頭註 : 行(행실)은 去聲이다.

　行은 去聲이라

⑬ 문자가 또 말하기를 "제자들의 행실이 어떠한지 묻고자 합니다."라고 한 것이다.

　文子又言 願問諸弟子所行如何오

12-2[4] 자공이 말하였다.

---

3) 사람을……때문에 : 《書經》〈皐陶謨〉에 "임금께서도 사람을 아는 것을 어렵게 여기셨으니, 사
　람을 알아보면 명철해서 사람을 제자리에 쓸 수 있다.〔惟帝其難之 知人則哲 能官人〕"라고 하였다.

4) 저본의 표제에 "顔回의 행실〔顔回之行〕"이라고 되어 있다.

"아침 일찍 일어나고 밤늦게 자서 성
인의 말씀을 외고 예를 존숭하며, 잘못
된 행동을 반복하지 않고,5) 일컫는 말
이 구차하지 않은 것은 顔回의 행실입
니다. 만약 덕이 있는 임금을 만난다면
대대로 현달한 爵命을 받아 그 명예를
실추시키지 않을 것입니다.

顔回

子貢曰 夫能夙興夜寐①하여 諷誦崇禮②하고
行不貳過③하고 稱言不苟④는 是顔回之行
也⑤니 若逢有德之君이면 世受顯命하여 不失
厥名⑥이리이다

① 자공이 〈안회가〉 아침 일찍 일어나고 밤늦게 자서 게으르지 않다고 말한 것이다.
　子貢言 能早起夜臥而不倦이라
② 성인의 말씀을 외고 예를 존숭한 것이다.
　讀誦而尊禮라
③ 貳는 다시 하는 것이다. 善하지 않은 것이 있으면 알지 못한 적이 없었고 알면 다시 행
　한 적이 없는 것이다.6)
　貳는 再也라 有不善이면 未嘗不知하고 知之면 未嘗復行이라
④ 거론하는 말이 법도에 맞아 구차하지 않은 것이다.
　擧言典法하여 不苟且也라
⑤ 안회의 행실이 이와 같은 것이다.
　此顔回之行如此라
⑥ 만약 훌륭한 임금을 만난다면 안회는 대대로 현달한 작명을 받아 그 아름다운 명예를
　실추시키지 않겠다는 것이다.
　若遇明君이면 則顔回世世受顯著之爵하여 不(避)〔墜〕7)其美名이라

5) 잘못된……않고 : ≪論語≫ 〈雍也〉에 공자가 안연을 평가하면서, "노여움을 다른 사람에게 옮기
　지 않고 잘못을 반복하지 않습니다.〔不遷怒 不貳過〕"라고 하였다.
6) 善하지……것이다 : ≪周易≫ 〈繫辭傳 下〉에 보이는 말로, 공자가 復卦 初九를 해설할 때에 안회
　의 행실을 두고 한 말이다.
7) (避)〔墜〕: 저본에는 '避'로 되어 있으나, 江陵本과 慶長本에 의거하여 '墜'로 바로잡았다.

12-3[8)] 가난할 때에도 손님처럼 의젓
하고,[9)] 아랫사람을 부릴 때에는 힘을
빌려 사용한 듯이 하며,[10)] 남에게 노
여움을 옮기지 않고, 남을 크게 원망
하지 않으며, 남의 옛 잘못을 기억하
지 않는 것은 冉雍의 행실입니다.

在貧如客①하고 使其臣如借②하며 不遷
怒하고 不深怨하며 不錄舊罪③는 是冉雍之
行也④니이다

冉雍

① 가난으로 뜻을 얽매지 않아 손님이 된 것처럼 의젓한 것이다.
不以貧累志하여 矜莊如爲客이라

② 아랫사람을 자신의 소유라 생각하지 않고 힘을 빌려 사용하는 듯이 한 것이다.
不(言)〔有〕[11)]其臣하고 如借使之라

③ 남에게 노여움을 옮기지 않고 남을 크게 원망하지 않으며 또한 남이 이미 저지른 잘못
을 기억하지 않은 것이다.
不遷怒於人하고 不深怨於人하고 亦不記人已過之罪라

④ 염옹의 행실이 이와 같은 것이다.
此冉雍之行如此라

12-4[12)] 强暴한 자를 두려워하지 않고 홀아비와 과부를 업신여기지 않으며[13)] 본

---

8) 저본의 표제에 "冉雍의 행실〔冉雍之行〕"이라고 되어 있다.

9) 가난할……의젓하고 : 《大戴禮記》〈衛將軍文子〉의 주석에 "安貧과 같다.〔如安貧也〕"라고 하
였다.

10) 아랫사람을……하며 : 《大戴禮記》〈衛將軍文子〉에는 '借'가 '藉'로 되어 있다. 그 주석에 "藉는
빌리다는 뜻이니 힘을 빌리는 것과 같다.〔藉 借也 如借力然也〕"라고 하였다.

11) (言)〔有〕 : 저본에는 '言'으로 되어 있으나, 江陵本과 慶長本에 의거하여 '有'로 바로잡았다.

12) 저본의 표제에는 없지만 앞뒤의 용례에 의거하였을 때, "仲由之行(仲由의 행실)"이라는 말이 보
충되어야 한다.

13) 强暴한……않으며 : 《詩經》〈大雅 烝民〉에 "사람들이 말하기를 부드러우면 삼키고 강하면 뱉
는다 하는데, 仲山甫는 부드러워도 삼키지 아니하며 강해도 뱉지 아니하여, 홀아비와 과부를 업
신여기지 아니하고 강포한 자를 두려워하지 않도다.〔人亦有言 柔則茹之 剛則吐之 維仲山甫 柔亦不茹

성대로 말하고 그 재주가 군사를 다스릴 만한 것은 仲由의 행실입니다. 공자께서 文德으로 조화시켰으니 강하고 용맹하지만 文彩가 바탕을 이기지 못합니다.[14]

不畏强禦①하고 不侮矜寡②하고 其言循性③하고 材任治戎④은 是仲由之行也⑤니 孔子和之以文⑥하여 强乎武哉나 文不勝其質⑦이니이다

仲由

① 강포한 사람을 피하지 않는 것이다.
　不避强禦之人이라

② 감히 홀아비와 과부를 하찮게 대하지 않는 것이다.
　不敢忽矜寡之人이라

③ 본성에 따르고 그 감정을 속이지 않는 것이다.
　循性不誣其情이라

④ 그 재주가 軍旅를 다스릴 만한 것이다.
　其材可治軍旅라

⑤ 子路의 행실이 이와 같은 것이다.
　此子路之行如此라

⑥ 자로의 용맹을 좋아하는 습성을 부자가 文德으로 和柔시킨 것이다.
　子路好勇을 夫子以文德和柔之라

⑦ 자로가 비록 강하고 용맹하지만 문채가 그 바탕을 이기지 못한 것이다.
　子路雖强勇이나 但文不勝其質이라

12-5[15] 노인을 공경하고 어린이를 보살피며, 손님과 나그네를 잊지 않고,[16] 배

───────────────

剛亦不吐 不侮矜寡 不畏彊禦]"라고 하였다.

14) 文彩가……못합니다 : 본질보다 형식이 우세한 것을 말한다. 《論語》〈雍也〉에 "바탕이 문채를 이기면 촌스럽고, 문채가 바탕을 이기면 겉치레에 흐르게 되나니, 문채와 바탕이 조화를 이룬 뒤에야 군자라고 할 수 있다.〔質勝文則野 文勝質則史 文質彬彬然後君子〕"라고 하였다.

15) 저본의 표제에 "冉求의 행실〔冉求之行〕"이라고 되어 있다.

움을 좋아하고 六藝에 두루 통하며, 일을 잘 살피고 부지런히 하는 것은 冉求의 행실입니다. 공자께서 그에 대해 말씀하셨습니다.

'배움을 좋아함은 지혜로운 것이고 어린이를 보살핌은 은혜로운 것이며 공경함은 예에 가까운 것이고 부지런함은 끊임없이 계속하는 것이다.'

恭老卹幼하고 不忘賓旅①하며 好②學博藝하고 省物而勤也③는 是冉求之行也④니 孔子語之曰⑤ 好學則知⑥하고 卹孤則惠⑦하며 恭則近禮⑧하고 勤則有繼⑨라하니라

① 노인을 공경하고 어린이를 보살피며, 비록 손님과 나그네의 처지에 있는 사람이라도 또한 잊지 않은 것이다.
敬老存幼하고 雖在賓旅라도 亦不忘之라

② 頭註 : 好(좋아하다)는 去聲이다.
好는 去聲이라

③ 배움을 좋아하여 게으르지 않고 육예에 널리 통하며 여러 일을 살펴 기억하고 부지런히 한 것이다.
好學不倦하고 博覽六藝하며 省錄諸事而能勤也라

④ 염구의 행실이 이와 같은 것이다.
此冉求之行如此라

⑤ 부자가 말한 것이다.
夫子有言曰

⑥ 배움을 좋아함은 지혜라고 말할 수 있는 것이다.
好學則謂之智라

⑦ 어린이를 불쌍히 여김은 은혜라고 말할 수 있는 것이다.
憫幼則謂之惠라

⑧ 공경함은 예에 가까운 것이다.
恭敬則近乎禮라

⑨ 부지런함은 단절되지 않고 늘 하는

冉求

16) 노인을……않고 : 齊 桓公이 패자가 되어 葵丘의 회맹에서 제후들과 맹세할 때에 세 번째 명령에 "노인을 공경하고 어린이를 사랑하며, 손님과 나그네를 잊지 말라.〔敬老慈幼 無忘賓旅〕"라고 하였는데, 주희의 주에 "賓은 賓客이고 旅는 行旅이니 모두 마땅히 이들을 잘 대접해야지 소홀히 하여 잊어서는 안 된다."라고 하였다.(≪孟子集註≫ 〈告子 下〉)

것이다.

勤則常不斷絶이라

12-6[17] 마음이 가지런하고 장엄하면서도 엄숙하며, 마음이 통달하면서도 예를 좋아하며, 兩君이 우호를 맺는 일을 보좌하고, 篤厚하고 雅正하면서도 절도가 있는 것은 公西赤의 행실입니다. 공자께서 말씀하셨습니다.

'그대들 중에 빈객을 접대하는 예를 배우고자 하는 자는 공서적에게서 배우면 될 것이다.'

公西赤

齋莊而能肅①하고 志通而好禮②하며 擯相③兩君之事④하고 篤雅有節⑤은 是公西赤之行也⑥니 孔子曰 二三子之欲學賓客之禮者는 其於赤也⑦라하니라

① 마음을 가지런히 하고 공경함을 다하면서도 엄숙한 것이다.

齋心致敬而嚴肅이라

② 마음이 통달하면서도 예를 좋아한 것이다.

(通心)〔心通〕[18]達而愛禮라

③ 頭註 : 相(돕다)은 去聲이다.

相은 去聲이라

④ 兩君이 우호로 회합할 적에 그 일을 잘 보좌한 것이다.

兩君會好에 能輔助其事라

⑤ 篤厚하고 雅正하면서도 절도에 맞은 것이다.

篤厚雅正而中節이라

⑥ 公西華의 행실이 이와 같은 것이다.

───────────────

17) 저본의 표제에 "公西赤의 행실〔公西赤之行〕"이라고 되어 있다.

18) (通心)〔心通〕: 저본에는 '通心'으로 되어 있으나, 江陵本과 慶長本에 의거하여 '心通'으로 바로잡았다.

此公西華之行如此라

⑦ 공자가 제자에게 말하기를 "그대들이 빈객을 접대하는 일을 배우고자 한다면 공서적과 같이 하면 될 것이다."라고 한 것이다.
子謂弟子言 二三子欲學擯相之事인댄 當如公西赤也라

12-7[19] 가득 차되 넘치지 않고, 충실하되 빈 듯이 하며, 일을 하는 데 있어 충분하되 미치지 못한 듯이 하는 것[20]을 先王도 어려워하였습니다. 그 용모는 공경스럽고 그 덕행은 돈후하며, 남과 말할 때에는 신의가 있고 교만한 사람을 늘 浩浩한 기상으로 하찮게 보는 것은 曾參의 행실입니다. 공자께서 말씀하셨습니다.

'孝는 덕행의 근본이고 悌는 덕행의 순서이며[21] 信은 덕행의 勤厚함이고 忠은 덕행의 정직함이다. 증삼은 이 네 가지의 덕행을 행한 자이다.'

滿而不盈①하고 實而如虛②하며 過之如不及③을 先王難之④라 其貌恭⑤하고 其德敦⑥하며 其言於人也에 無所不信⑦하고 其驕大人也를 常以浩浩⑧는 是曾參之行也⑨니 孔子曰 孝는 德之始也요 悌는 德之序也⑩요 信은 德之厚也요 忠은 德之正也⑪니 參行夫四德者也⑫라하니라

① 가득 찬 것을 붙잡아 지키되 교만하거나 자만하지 않은 것이다.
能持滿而不驕盈이라

② 의리로 가득 차 있지만 늘 비어 있는 듯이 한 것이다.
雖飽於義理나 常若空虛라

③ 행하는 일이 이미 옳지만 도리어 옳지 않은 듯이 한 것이다.
作事雖已是나 猶如未是라

④ 선왕도 어려워했던 바인 것이다.
是先王之所難이라

⑤ 용모가 공경스러운 것이다.
容貌恭敬이라

---

19) 저본의 표제에 "曾參의 행실〔曾參之行〕"이라고 되어 있다.

20) 가득차되……하는 것 : 曾子가 顏淵을 칭송하기를 "유능하면서도 무능한 사람에게 묻고, 학식이 많으면서도 적은 사람에게 묻고, 있어도 없는 듯이 하고, 가득해도 빈 듯이 하였다.〔以能問於不能 以多問於寡 有若無 實若虛〕"라고 하였다.(≪論語≫〈泰伯〉)

21) 悌는……순서이며 : 四部叢刊本의 注에는 "悌는 어른을 공경하는 것이니 이것이 덕의 次序이다.〔悌以敬長 是德之次序也〕"라고 하였다.

⑥ 덕행이 돈후한 것이다.

德行敦厚라

⑦ 남과 말할 때 신의가 있는 것이다.

與人言而有信이라

⑧ 부귀한 사람을 늘 浩浩한 기상으로 하찮게 보는 것이다.

當貴之人을 常以浩浩之氣蔑之라

⑨ 曾子의 행실이 이와 같은 것이다.

此曾子之行如此라

⑩ 공자가 말하기를 "孝는 덕행의 근본이고 悌는 덕행의 순서이다."라고 한 것이다.

子言 孝者는 德之本始요 悌者는 德之次序라

⑪ 信은 덕행의 勤厚함이고 忠은 덕행의 正直함이다.

信者는 謹厚之德이요 忠者는 正直之德이라

⑫ 증자는 늘 이 네 가지 덕행을 행한 것이다.

曾子常卽四者之德而行之라

12-8[22] 훌륭한 공적을 자랑하지 않고, 높은 작위를 즐거워하지 않으며, 남을 업신여기거나 방탕하지 않고, 하소연할 데가 없는 사람을 오만하게 대하지 않는 것은 顓孫師의 행실입니다. 공자께서 말씀하셨습니다.

'자랑하지 않는 것은 그래도 가능하지만 백성을 피폐하게 하지 않는 것은 仁이라 할 만하다.'

부자께서는 그의 仁을 크게 여기셨습니다.

顓孫師

美功不伐①하고 貴位不善②하며 不侮不佚③하고 不傲無告④는 是顓孫師之行也⑤니 孔子曰 其

---

22) 저본의 표제에 "子張의 행실〔子張之行〕"이라고 되어 있다.

不伐則猶可能也^⑥어니와 **其不弊百姓則仁也**^⑦라하니 **夫子以其仁爲大**^⑧하니라

① 훌륭한 공적이 있어도 자랑하지 않은 것이다.
　　有美功不矜伐이라

② 높은 작위로도 즐거워하지 않은 것이다.
　　不以貴爵而樂이라

③ 남을 업신여기고 방탕한 것은 공적을 탐하고 권세를 흠모하는 모양이다.
　　侮佚은 貪功慕勢之貌라

④ 鰥寡孤獨²³⁾을 오만하게 대하지 않은 것이다.
　　不傲鰥寡孤獨之人이라

⑤ 子張의 행실이 이와 같은 것이다.
　　此子張之行如此라

⑥ 공자가 말하기를 "자랑하지 않는 것은 어려운 일이라 하기엔 부족하다."라고 한 것이다.
　　子言 其不矜伐은 未足爲難이라

⑦ 백성을 피폐하게 하지 않는 것은 仁이라고 할 만한 것이다.
　　其不弊於百姓은 可謂仁矣라

⑧ 부자는 자장의 仁을 크게 여긴 것이다.
　　夫子以子張仁之大라

卜商

12-9²⁴⁾ 배움이 깊고 **賓客**을 전송하고 맞이할 적에 반드시 공경하며, 윗사람과 교제하고 아랫사람을 대할 때 칼로 자른 듯 분명한 것은 卜商

---

23) 鰥寡孤獨 : 의지할 데가 없는 사람을 말한다. 《孟子》〈梁惠王 下〉에 "늙었는데 아내가 없는 것을 鰥이라 하고, 늙었는데 남편이 없는 것을 寡라 하며, 늙었는데 아들이 없는 것을 獨이라 하고, 어린데 아버지가 없는 것을 孤라 한다. 이 네 부류는 천하의 곤궁한 백성으로 하소연할 데가 없는 자들이다.〔老而無妻曰鰥 老而無夫曰寡 老而無子曰獨 幼而無父曰孤 此四者 天下之窮民而無告者〕"라고 하였다.

24) 저본의 표제에 "子夏의 행실〔子夏之行〕"이라고 되어 있다.

의 행실입니다.

學之深①하고 送迎必敬②하며 上交下接에 若截焉③은 是卜商之行也④라

① 배워서 깊은 경지에 나아간 것이다.
學而能造其深이라

② 빈객을 전송하고 맞이할 적에 반드시 그 공경을 다한 것이다.
送迎賓客에 必致其敬이라

③ 윗사람과 교제하고 아랫사람을 대할 때 칼로 자른 듯 분명한 것이다.
上與人交하고 下與人接에 截然明白이라

④ 子夏의 행실이 이와 같은 것이다.
此子夏之行如此라

澹臺滅明

12-10[25] 남이 귀하게 대해도 기뻐하지 않고 천하게 여겨도 노여워하지 않으며 진실로 백성을 이롭게 하려고 할 뿐 청렴함으로 처신한 것은 澹臺滅明의 행실입니다.

貴之不喜①하고 賤之不怒②하며 苟利於民矣요 廉於行己③는 是澹臺滅明之行也④라

① 남이 귀하게 대해도 기뻐하지 않은 것이다.
人貴之로되 不爲喜라

② 남이 천하게 여겨도 또한 노여워하지 않은 것이다.
人賤之로되 亦不怒라

③ 오직 백성을 이롭게 하려고 하기 때문에 청렴함으로써 처신한 것이다.
唯欲利於百姓이라 故處己以淸廉이라

④ 담대멸명의 행실이 이와 같은 것이다.
此澹臺之行如此라

---

25) 저본의 표제에 "澹臺滅明의 행실[澹臺之行]"이라고 되어 있다.

12-11²⁶⁾ 먼저 그 생각을 잘 정리하였다가 일이 닥치면 적용하기 때문에 하는 일
이 잘못되지 않은 것은 言偃의 행실입니다.

先成其慮_{하여} 及事而用之^①_라 故動則
不妄^②_은 是言偃之行也^③_라

言偃

① 모든 일에 반드시 먼저 생각을 잘
정리하였다가 일이 닥치면 적용한
것이다.
凡事必先成其思慮_{하여}   及事至則用
之_라

② 하는 일이 잘못되지 않은 것이다.
所爲無舛_{이라}

③ 子游의 행실이 이와 같은 것이다.
此子游之行如此_라

12-12²⁷⁾ 집에 홀로 거처할 때에는 仁을 생각하고, 관직에 있을 때에는 仁義를
말하며, 하루에 세 차례 '白圭의 玷'을 반복해서 외는 것²⁸⁾은 宮縚(궁도)의 행실입
니다.

獨居思仁^①_{하고} 公言仁義^②_{하며} 一日三復白圭之玷^③_은 此宮縚之行也^④_라

① 집에 거처할 때에는 仁을 생각한 것이다.
居於家則思仁_{이라}

② 관직에 있을 때에는 仁義를 말한 것이다.
居官則言仁義_라

③ 玷은 흠결이니, ≪詩經≫에 '흰 옥돌의 흠은 오히려 갈아 없앨 수 있지만 말의 결함은
어떻게 할 수 없다.'라고 하였다. 하루에 세 차례 반복한다는 것은 공경하기를 지극히

---

26) 저본의 표제에 "子游의 행실[子游之行]"이라고 되어 있다.
27) 저본의 표제에 "南容의 행실[南容之行]"이라고 되어 있다.
28) 하루에……외는 것 : ≪論語≫ 〈先進〉에 "南容이 白圭의 시를 하루에 세 번 반복해서 외니, 공
자께서 그 형의 딸을 그에게 시집보내셨다.〔南容三復白圭 孔子以其兄之子妻之〕"라고 하였다. '백
규의 점'은 백규의 시를 말하는 것으로 말을 신중히 하라는 내용이다. ≪詩經≫ 〈大雅 抑〉에
보인다.

한 것이다.

玷은 缺也니 詩云 白圭之玷은 尙可磨也어니와 斯言之玷은 不可爲也라하니라 一日三復은 敬之至也라

④ 南容의 행실이 이와 같은 것이다.

此南容之行如此라

12-13[29] 공자를 뵌 이후로 예법을 어긴 적이 없고, 발로는 남의 그림자를 밟지 않으며, 땅속에서 막 나온 벌레를 죽이지 않고, 한창 자라는 초목을 꺾지 않으며, 부모의 상을 당해서 이를 드러내고 웃은 적이 없는 것은 高柴의 행실입니다. 이들 몇 사람은 제가 직접 본 자들입니다. 그대가 명하여 저에게 물으셨는데 저는 진실로 현명한 사람을 알기에는 부족합니다."

高柴

自見孔子로 未嘗越禮[1]하고 足不履影[2]하며 啓蟄不殺[3]하고 方長不折[4]하며 執親之喪에 未嘗見齒[5]는 是高柴之行也[6]라 凡此諸子[7]는 賜之所親睹者也[8]라 吾子有命而訊賜[9]한대 賜也固不足以知賢[10]이로다

① 부자를 뵌 뒤로 무릇 출입할 때에 예법을 어긴 적이 없는 것이다.

見夫子之後로 凡出入에 未嘗踰禮라

② 왕래할 때에 발자취가 한결같기 때문에 발이 남의 그림자를 밟지 않은 것이다.[30]

往(未)〔來〕[31]常跡이라 故跡不履影也라

---

29) 저본의 표제에 "子羔의 행실〔子羔之行〕"이라고 되어 있다.

30) 왕래할……것이다 : ≪小學集註≫에는 이 부분의 주석이 "그림자를 밟지 않는다는 것은 남과 동행할 때에 그 사람의 그림자를 밟지 않는 것을 말한다.〔不履影 謂與人同行 不踐其影也〕"라고 되어 있다.

31) (未)〔來〕 : 저본에는 '未'로 되어 있으나, 江陵本과 慶長本에 의거하여 '來'로 바로잡았다.

③ 춘분에 땅속의 벌레가 나오면 이때에는 더 이상 살생하지 않은 것이다.
　春分蟄蟲啓戶어든 此時不復殺生이라

④ 봄과 여름 자라날 때에는 초목을 꺾지 않은 것이다.
　春夏長養之時에 不折草木이라

⑤ 부모의 상을 당해서는 웃는 모습이 없는 것이다.
　居父母喪에 無笑容也라

⑥ 子羔의 행실이 이와 같은 것이다.
　此子羔之行如此라

⑦ 자공이 문자에게 '이들 몇몇 제자들은'이라고 말한 것이다.
　子貢謂文子言 凡此數弟子者라

⑧ 바로 자신이 직접 본 자라는 것이다.
　乃賜親見之者라

⑨ 문자가 명하여 賜에게 물은 것이다.
　文子有命而問於賜라

⑩ 사가 스스로 사람의 현명함을 알기에는 부족하다고 겸손하게 말한 것이다.
　賜自謙言不足以知人之賢이라

제13편 현명한 임금 賢君 第十三①

　　孔子가 哀公·子貢·顏回·子路 등과 더불어 현명한 군주와 현명한 신하에 관해 말한 내용을 기록한 편이다. 첫 문장에 哀公이 "오늘날 임금 중에 누가 가장 현명합니까?〔當今之君 孰爲最賢〕"라고 물었으므로, 편명을 '賢君'이라고 하였다. 공자는 현명한 군주로는 衛나라 靈公을 예로 들고 현명한 신하로는 齊나라의 鮑叔과 鄭나라의 子皮를 예로 들었다. 또 銅鞮 伯華의 죽음을 아쉬워한 대목에서 공자가 이상적으로 생각한 현명한 신하의 모습을 볼 수 있다.

　　① 애공이 공자에게 오늘날 임금 중에서 누가 현명한지 물었으므로, 이로 인하여 편명을 붙인 것이다.
　　　哀公問孔子當今之君孰賢하여 因以名篇하니라

13-1[1)] 애공이 공자에게 물었다.
"오늘날 임금 중에 누가 가장 현명합니까?"
공자가 대답하였다.
"아마도 衛 靈公[2)]일 것입니다."
애공이 물었다.
"어째서입니까?"
공자가 대답하였다.

---

1) 저본의 표제에 "衛 靈公의 현명함〔衛靈公賢〕"이라고 되어 있다.
2) 衛 靈公 : 襄公의 아들로 이름은 元이다. 영공은 無道하였는데 현자를 많이 등용하여 나라가 망하지 않고 계속 유지될 수 있었다. 본문에서 언급한 네 사람 외에, 공자는 ≪論語≫〈憲問〉에 "仲叔圉는 외교를 맡고 있고, 祝鮀는 종묘의 일을 맡아보았으며, 王孫賈는 군사를 맡아 다스렸다."라고 하여 세 사람을 衛나라 현자로 꼽았다.

"公子 渠牟는 그 智能이 千乘의 나라를 다스릴 수 있고 그 誠信이 나라를 지킬 수 있는데, 영공이 그를 좋아하여 등용하였습니다. 또 國士인 林國이라는 자는 현자를 보면 반드시 조정에 나아가게 하고 현자가 물러나면 자신의 봉록을 나누어 주기 때문에 떠돌거나 버려진 선비가 없었는데, 영공이 훌륭하게 여겨 존중하였습니다. 또 국사인 慶足이라는 자는 나라에 큰 일이 있으면 조정에 나가 다스리고 일이 없으면 물러나 현자를 조정에 들였는데, 영공이 좋아하여 공경하였습니다. 또 대부 史鰌³⁾는 까닭이 있어 위나라를 버리고 떠났는데,⁴⁾ 영공이 교외에서 사흘을 머물면서 반드시 사추가 들어온 뒤에야 감히 나라에 들어왔습니다. 신이 이러한 점을 보고 영공을 꼽은 것이니 또한 옳지 않겠습니까?"

哀公問於孔子曰①　當今之君에　孰爲最賢②고　孔子對曰　抑有衛靈公乎③인저　公曰　何也잇고④　曰　公子渠牟⑤는　其智足以治千乘⑥⑦하고　其信足以守之⑧어늘　靈公愛而任之⑨요　又有士林國者하니　見賢必進之⑩하고　而退與分其祿⑪이라　是以無游放之士⑫어늘　靈公賢而尊之⑬요　又有士曰慶足者⑭하니　國有大事則起而治之⑮하고　無事則退而容賢⑯이어늘　靈公悅而敬之⑰요　又有大夫史鰌⑱⑲하니　以道去衛⑳어늘　而靈公郊舍三日㉑하여　必待史鰌之入而後敢入㉒이라　臣以此取之㉓하니　不亦可乎㉔잇가

① 애공이 부자에게 물은 것이다.
　　哀公問夫子라
② 오늘날 임금 중에 누가 가장 현명하냐고 한 것이다.
　　當世人君에 何者最賢잇고
③ 공자가 말하기를 "위 영공이 현명한 임금입니다."라고 한 것이다.
　　子言 衛靈公이 賢君也라
④ 애공이 말하기를 "영공은 어떤 면에서 현명합니까?"라고 한 것이다.
　　公言 靈公何得爲賢이니잇고

---

3) 史鰌 : 衛나라의 충신으로 字는 史魚이다. 영공이 어진 신하 遽伯玉을 중용하지 않고 도리어 彌子瑕를 임용한 것을 간하였으나 영공이 듣지 않았다. 죽기 전에 이를 한탄하여 본인을 장사하지 말도록 유언했는데, 영공이 조문왔다가 그것을 알고 사추가 간한 말대로 하였다. 공자가 그에 대해 "나라에 도가 있을 때에도 화살처럼 곧았고, 나라에 도가 없을 때에도 화살처럼 곧았다.〔邦有道 如矢 邦無道 如矢〕"라고 칭찬한 말이 ≪論語≫〈衛靈公〉에 보인다.
4) 까닭이……떠났는데 : ≪儀禮≫에 "까닭이 있어 군주를 버리고 떠났지만 君臣 간의 관계를 아직 끊지 않았으면 齊衰(자최) 三月을 입는다.〔以道去君而未絶者 服齊衰三月〕"라고 하였다.

⑤ 〈公子 渠牟는〉 영공의 아우이다.

　　靈公之弟라

⑥ 頭註 : 乘(수레)은 去聲이다.

　　乘은 去聲이라

⑦ 그 智能이 천승의 제후국을 다스리기에 충분한 것이다.

　　其智能이 足以治千乘諸侯之國이라

⑧ 그 誠信이 나라를 지킬 수 있는 것이다.

　　其誠信能守國이라

⑨ 공이 渠牟를 좋아하여 등용한 것이다.

　　公愛渠牟而任用之라

⑩ 국사인 林國이라는 자가 있는데 현인을 보면 임금에게 추천하여 등용하게 한 것이다.

　　有國士曰林國者하니 見有賢人則進於君而用之라

⑪ 임금이 등용하지 않으면 자기의 봉록을 나누어 준 것이다.

　　君不用則分己俸以與之라

⑫ 당시 국사 중에 떠돌거나 버려진 자가 없었던 것이다.

　　當時國士無游放者라

⑬ 영공이 임국을 훌륭하게 여겨 존중하고 예우한 것이다.

　　公以林國爲賢而尊禮之라

⑭ 또 국사인 慶足이라는 자가 있었던 것이다.

　　又有國士曰慶足이라

⑮ 위나라에 큰 일이 있으면 경족이 조정에 나가 일을 다스린 것이다.

　　衛國有大事則慶足出而治之라

⑯ 일이 없으면 물러나 조정에 현자를 들이려고 한 것이다.

　　無事則退하여 欲以容賢於朝라

⑰ 공이 경족을 좋아하여 공경하고 존중한 것이다.

　　公喜慶足而敬重之라

⑱ 頭註 : 鰌(사람 이름)는 此와 由의 反切이다.

　　鰌는 此由切이라

⑲ 위나라 대부 史魚이다.

　　衛大夫史魚라

⑳ 까닭이 있어 나라를 떠난 것이다.

　　有故而去國이라

㉑ 공이 교외로 나가 머물면서 스스로 뉘우친 것이다.

　　公出郊舍以自悔라

㉒ 사어가 나라에 돌아온 다음에야 돌아온 것이다.

　　待史魚反國而後歸也라

㉓ 이러한 이유로 영공을 현명한 임금이라고 하는 것이다.

　　以此謂靈公爲賢君이라

㉔ 또 어찌 옳지 않겠느냐고 한 것이다.

　　又有何不可리오

13-2[5]　자공이 공자에게 물었다.

　"오늘날 신하 중에 누가 현명합니까?"

　공자가 대답하였다.

　"나는 알지 못하겠다. 옛날 齊나라에 鮑叔이 있었고 鄭나라에 子皮가 있었는데[6] 이들은 모두 현명한 사람들이었다."

　자공이 말하였다.

　"그렇다면 이는 제나라의 管仲과 정나라의 子産을 무시하는 것입니다."

　공자가 대답하였다.

　"賜야, 너는 능력을 발휘하는 것이 현명하다고 들었느냐, 현자를 등용시키는 것이 현명하다고 들었느냐?"

　자공이 말하였다.

　"현자를 등용시키는 것이 현명합니다."

　공자가 말하였다.

　"그러하다. 나는 포숙이 관중을 顯達하게 하고 자피가 자산을 현달하게 하였다는 말은 들었지만 두 사람(관중과 자산)이 자신의 재주보다 나은 자를 현달하게 하였다는 말은 듣지 못하였다."

___

5) 저본의 표제에 "鮑叔과 子皮의 현명함〔鮑叔子皮賢〕", "賢者를 등용시키는 것이 현명한 것이다.〔進賢爲賢〕"라고 되어 있다.

6) 齊나라에……있었는데 : 鮑叔은 춘추시대 齊 桓公의 신하였고 子皮는 鄭나라 신하였다. 포숙은 관중을 천거하여 국정을 맡아 제후를 糾合하고 천하를 바로잡게 하였고, 자피는 자산을 천거하여 국정을 맡아 어진 정사를 베풀게 하였다.

○ 子貢問於孔子曰^① 今之人臣에 孰爲賢^②이고 子曰 吾未識也^③로다 往者에 齊有鮑叔하고 鄭有子皮하니 則賢者矣^④니라 子貢曰 齊無管仲하고 鄭無子産^⑤이라 子曰 賜아 汝聞用力爲賢乎아 進賢爲賢乎^⑥아 子貢曰 進賢賢哉^⑦니이다 子曰 然^⑧하다 吾聞鮑叔達管仲하고 子皮達子産^⑨이요 未聞二子之達賢己之才者也^⑩케라

① 자공이 부자에게 물은 것이다.
子貢問夫子라

② 오늘날의 신하 중에 누가 현명하냐고 한 것이다.
今世人臣에 何人爲賢이니잇고

③ 공자가 말하기를 "나는 오늘날의 현명한 신하를 알지 못한다."라고 한 것이다.
子言 我未識今之賢臣이라

④ 단 옛날 제나라에 포숙이 있었고 정나라에 자피가 있었는데 모두 현명한 사람이라고 한 것이다.
但往昔齊國有鮑叔하고 鄭國有子皮하니 是賢人이라

⑤ 자공이 말하기를 "관중은 제나라의 현명한 신하이고 자산은 정나라의 현명한 신하인데, 이제 부자께서 두 사람을 거론하지 않으시니 이는 제나라의 관중과 정나라의 자산을 무시하는 것입니다."라고 한 것이다.
子貢言 管仲은 齊之賢臣이요 子産은 鄭之賢臣이어늘 今夫子不言二子하니 是齊無管仲하고 鄭無子産矣니이다

⑥ 부자가 자공의 이름을 부르며 말하기를 "너는 당대에 능력을 발휘하는 것이 현명하다고 들었느냐, 현자를 임금에게 추천하여 등용시키는 것이 현명하다고 들었느냐?"라고 한 것이다.
夫子呼子貢名曰 汝所聞是以用力於當時者爲賢가 是以進賢於其君者爲賢가

⑦ 자공이 말하기를 "현자를 임금에게 추천하여 등용시키는 것이 현명합니다."라고 한 것이다.
子貢言 進賢於君者爲賢이니이다

⑧ 부자가 말하기를, "그러하다."라고 한 것이다.
夫子言 是如此라

⑨ 자신이 포숙이 관중을 등용시키고 자피가 자산을 등용시켰다는 말을 들었다는 것이다.
我聞鮑叔進管仲하고 子皮進子産矣라

⑩ 관중과 자산이 자기보다 나은 인재를 등용시켰다는 말은 듣지 못했다고 한 것이다.
未聞管仲子産能進人才之賢於己者라

13-3⁷⁾ 애공이 공자에게 물었다.

"과인이 들으니 건망증이 심한 자가 이사하면서 자신의 아내를 잊어버렸다고 하던데 그러한 일이 있습니까?"

공자가 대답하였다.

"이는 그다지 심한 경우는 아닙니다. 심한 자는 바로 자신을 잊어버립니다."

애공이 물었다.

"자세히 들을 수 있겠습니까?"

공자가 대답하였다.

"옛날 夏나라 桀王이 존귀하기로는 천자가 되고 부유하기로는 四海를 소유하였지만 聖祖⁸⁾의 도를 잊어버렸습니다. 그리하여 그 法典을 무너뜨리고 대대로 지내는 제사를 폐기하여 음란하게 놀고 즐기며 술 마시는 데 빠졌습니다. 그러자 佞臣은 아첨하면서 그의 마음을 엿보아 그가 좋아하는 쪽으로 인도하고, 忠臣은 입을 닫은 채 죄를 피해 몸을 숨기고 아무 말도 하지 않았습니다. 그리하여 천하 사람들이 걸왕을 주벌하여 그 나라를 차지하게 되었습니다. 이것을 일러 심하게 자신을 잊어버린 경우라고 하는 것입니다."

哀公問於孔子曰 寡人聞忘之甚者가 徙而忘其妻라하니 有諸잇가 孔子對曰 此猶未甚者也니이다 甚者는 乃忘其身이니이다 公曰 可得而聞乎잇가 孔子曰 昔者에 夏桀이 貴爲天子하고 富有四海호대 忘其聖祖之道하여 壞其典法하고 廢其世祀하여 荒於淫樂하고 耽湎於酒어늘 佞臣諂諛하여 窺導其心하고 忠士折口하여 逃罪不言^①이라 天下誅桀하여 而有其國이라 此謂忘其身之甚矣니이다

① 折口는 입을 닫는다는 뜻이다.
　　折口는 杜口라

13-4 안연이 공자에게 물었다.

"무엇으로 立身의 방도를 삼아야 합니까?"

---

7) 이 부분은 四部叢刊本을 저본으로 하였다.
8) 聖祖 : 夏나라의 시조인 禹임금을 가리킨다.

공자가 대답하였다.

"공손〔恭〕, 공경〔敬〕, 충실〔忠〕, 신의〔信〕일 뿐이다. 공손하면 환난을 멀리할 수 있고, 공경하면 남이 사랑하고, 충실하면 대중과 화합할 수 있고, 신의가 있으면 남이 일을 맡길 것이다. 이 네 가지를 부지런히 힘쓰면 나라를 바르게 할 수 있을 것이니 어찌 일신뿐이겠느냐?"

○ 顔淵問於孔子曰[①] 何以爲身[②]잇고 子曰 恭敬忠信而已矣[③]니라 恭則遠[④]於患[⑤]하고 敬則人愛之[⑥]하며 忠則和於衆[⑦]하고 信則人任之[⑧]하리니 勤斯四者[⑨]면 可以政[9]國[⑩]이니 豈特一身者哉[⑪]리오

① 안회가 부자에게 물은 것이다.
　　顔回問夫子言이라

② 무엇으로 입신의 방도를 삼아야 하느냐고 한 것이다.
　　何以爲立身之道잇고

③ 공자가 말하기를 "공손, 공경, 충실, 신의만 있으면 가능하다."라고 것이다.
　　子言 惟恭敬忠信則可矣라

④ 頭註 : 遠(멀리하다)은 去聲이다.
　　遠은 去聲이라

⑤ 공손하면 환난을 멀리할 수 있는 것이다.
　　能恭則遠於患難이라

⑥ 공경하면 남이 모두 사랑하는 것이다.
　　能敬則人皆愛之라

⑦ 자신이 충실하면 대중과 화합할 수 있는 것이다.
　　己忠則可和於衆人이라

⑧ 신의가 있으면 남이 일을 맡기는 것이다.
　　有信則人任之以事라

⑨ 이 네 가지를 부지런히 행하는 것이다.
　　勤行此四者라

⑩ 그렇게 함으로써 나라를 바르게 할 수 있는 것이다.
　　以之正國可也라

⑪ 어찌 일신뿐이겠느냐고 한 것이다.

---

9) 政 : 江陵本과 慶長本에는 '正'으로 되어 있다.

208 孔子家語 1

豈但一身而已리오

13-5[10] 공자가 ≪詩經≫을 읽다가 〈正月〉 6장에 이르러 惕然히 두려워하며 말하였다.

"저 사리에 통달하지 못한 군자는 어찌 위태롭지 않겠는가. 윗사람을 따라 세상에 영합하면 자신의 道가 폐기되고, 윗사람을 떠나 세속을 등지면 자신의 몸이 위태롭다. 세상 사람들은 善을 행하지 않는데 자기만 선을 따르면 사람들은 妖邪스럽다고 하지 않으면 狂妄하다고 할 것이다. 그러므로 현자가 때를 만나지 못하면 제 명대로 살지 못할까 두려운 것이다. 桀王이 龍逄을 죽이고 紂王이 比干을 죽인 것[11]이 모두 이러한 부류이다. ≪詩經≫에 '하늘이 높

龍逄諫死

다고 하나 감히 몸을 굽히지 않을 수 없고, 땅이 두텁다고 하나 감히 발을 작게 떼지 않을 수 없다.'라고 하였으니, 이는 위로나 아래로나 죄를 지을까 두려워하여 스스로 조심하는 것을 말한 것이다."

孔子讀詩라가 于正月六章에 惕焉如懼曰 彼不達之君子는 豈不殆哉리오 從上依世則道廢하고 違上離俗則身危하며 時不興善호대 己獨由之면 則曰非妖卽妄也라 故賢也旣不遇天이면 恐不終

---

10) 이 부분은 四部叢刊本을 저본으로 하였다.

11) 桀王이……것 : 龍逄은 夏나라의 충신 關龍逄인데 桀王의 무도한 정치를 간쟁하다가 죽었고, 比干은 殷나라의 충신인데 紂王의 음란과 학정을 직언하자 주왕이 심장을 도려내어 죽였다. (≪莊子≫ 〈人間世〉, ≪史記≫ 권3 〈殷本紀〉)

其命焉이라 桀殺龍逄하고 紂殺比干이 皆類是也라 詩曰 謂天蓋高나 不敢不局이요 謂地蓋厚나 不敢不蹐①이라 此言上下畏罪하여 無所自容也라

① 이 시는 〈正月〉 6장의 내용이다. 局은 굽힌다는 뜻이니, 하늘이 지극히 높다고 하나 자신이 감히 몸을 굽혀 조심해서 다니지 않을 수 없는 것은 위로 忌諱를 저촉할까 두렵기 때문이다. 蹐은 발걸음을 작게 뗀다는 뜻이니, 땅이 두텁다고 하나 자신이 감히 발을 작게 떼지 않을 수 없는 것은 자리에 있는 자(위정자)의 법망에 빠지고 걸릴까 두렵기 때문이다.

此正月六章之辭也라 局은 曲也니 言天至高나 己不敢不曲身危行은 恐上干忌諱也라 蹐은 累足也니 言地至厚나 己不敢不累足은 恐陷累在位之羅網이라

13-6 자로가 공자에게 물었다.

"현명한 임금이 나라를 다스리는 데 있어 우선시해야 할 것은 무엇입니까?"

공자가 대답하였다.

"현명한 자를 존경하고 불초한 자를 천하게 여기는 데 있다."

자로가 물었다.

"제가 듣기로 晉의 中行氏(중항씨)[12]는 현명한 자를 존경하고 불초한 자를 천하게 여겼는데도 망하였다고 합니다. 어째서입니까?"

공자가 대답하였다.

"중항씨는 현명한 자를 존경하되 등용하지 않았고 불초한 자를 천하게 여기되 내치지 않아[13] 현명한 자는 원망하고 불초한 자는 원수처럼 여겼다. 원망하고 원수처럼 여기는 자가 모두 나라에 있고 주변의 敵國이 교외에서 군사를 결속하였으니, 망하지 않기를 바란들 어찌 망하지 않겠는가."

○ 子路問於孔子曰① 賢君治國에 所先者何②잇고 子曰 在於尊賢而賤不肖③하니라 子路曰 由聞晉中行④氏⑤는 尊賢賤不肖矣로되 其亡은 何也⑥잇고 子曰 中行氏는 尊賢而不能用⑦하고 賤不

---

12) 晉의 中行氏(중항씨) : 晉나라 六卿 중의 하나인데 진나라 定公 때 가장 먼저 范氏와 함께 축출되었다.

13) 어진……않아 : ≪大學≫에 "어진 자를 보고도 들어 쓰지 못하며, 들어 쓰되 우선시하지 않는 것이 태만함이고, 불선한 자를 보고도 물리치지 못하며, 물리치되 멀리하지 않는 것이 잘못이다.〔見賢而不能擧 擧而不能先 命也 見不善而不能退 退而不能遠 過也〕"라고 하였다. 鄭玄은 命을 慢의 뜻으로 보았다.

肯而不能去[8]하여 賢者怨之[9]하고 不肖者讐之[10]라 怨讐竝存於國[11]하고 隣敵構兵於郊[12]하니 雖欲無亡이나 豈可得乎[13]아

① 자로가 부자에게 물은 것이다.
子路問夫子言이라

② 현명한 임금이 나라를 다스리는 데 있어 그 도는 무엇을 우선시해야 하느냐고 한 것이다.
賢君理國에 其道何先이니잇고

③ 공자가 말하기를 "어진 사람을 존경하고 불초한 자를 천하게 여기는 데 있다."라고 한 것이다.
子言 在於尊敬賢人하고 輕賤不肖니라

④ 頭註 : 行(항렬)은 戶와 郞의 反切이다.
行은 戶郞反이라

⑤ 자로가 말하기를 "저는 진나라에 중항씨가 있었다고 들었습니다."라고 한 것이다.
子路言 由聞晉國有中行氏라

⑥ 어진 자를 존경하고 불초한 자를 천하게 여겼는데도 나라가 또한 망하였으니, 이는 어째서이냐고 한 것이다.
能尊賢賤不肖호되 而國亦亡은 何也오

⑦ 공자가 말하기를 "중항씨는 비록 어진 자를 존경하였지만 그들을 등용하지 않았다."라고 한 것이다.
子言 中行氏는 雖能尊賢이나 而不能用之라

⑧ 비록 불초한 자를 천하게 여겼지만 그들을 내치지 않은 것이다.
雖能賤不肖나 而不能去之라

⑨ 어진 자는 자기를 등용하지 않는다고 원망한 것이다.
賢者怨其不用己라

⑩ 불초한 자는 자기를 천하게 여긴다고 미워하였기 때문에 임금과 원수가 된 것이다.
不肖者惡其賤己라 故與君爲讐라

⑪ 원망하고 원수처럼 여기는 사람이 모두 나라에 있는 것이다.
怨讐之人이 皆在國中이라

⑫ 주변 국가가 郊野에서 군사를 결속하여 대적한 것이다.
隣國結兵於郊野하여 與之爲敵이라

⑬ 중항씨가 자기 집안이 망하지 않기를 바란들 어찌 망하지 않겠느냐고 한 것이다.

中行雖欲家¹⁴⁾不亡_{이나} 惡得而不亡_{이리오}

13-7¹⁵⁾ 공자가 한숨 쉬며 탄식하여 말하였다.

"가령 銅鞮 伯華¹⁶⁾가 죽지 않았더라면 천하가 안정되었을 것이다. 어려서는 明敏하면서도 배움을 좋아하였고, 장성해서는 용감하여 굽히지 않았으며, 늙어서는 도가 있으면서도 남에게 낮추었다."

자로가 물었다.

"배움을 좋아하고 용기가 있는 것은 좋지만 도가 있으면서도 남에게 낮춘 것은 어째서입니까?"

공자가 대답하였다.

"내가 듣기로 많은 무리로써 적은 무리를 공격하면 이기지 못할 자가 없고, 존귀한 신분으로써 비천한 사람에게 낮추면 민심을 얻지 못할 자가 없다고 한다. 예전에 周公은 冢宰라는 높은 직임에 있으면서 천하의 정사를 다스렸는데도 白屋의 미천한 선비에게 낮추었으니,¹⁷⁾ 이는 천하의 선비를 얻어 등용하려고 해서이다. 어찌 도가 있으면서 천하의 군자에게 낮추지 않을 수 있겠는가."

周公

○ 孔子_喟然嘆曰^① 嚮使銅鞮^②伯華無死^③_면 天下其有定矣^④_{리니} 其幼也_에 敏而好^⑤學^⑥_{하고}

---

14) 家 : 江陵本과 慶長本에는 '國'으로 되어 있다.

15) 저본의 표제에 "周公이 白屋의 미천한 선비에게 낮추다.〔周公下白屋之士〕"라고 되어 있다.

16) 銅鞮 伯華 : 羊舌赤이다. 자는 伯華이고 羊舌職의 아들이며 叔向의 형이다. 銅鞮를 采地로 하였기 때문에 동제 백화라 불린다. 祁奚의 추천으로 祁午를 보좌하여 晉나라 中軍尉를 맡았다.

17) 周公은……낮추었으니 : 白屋은 하얀 지붕의 집을 말하는데, 띠를 덮은 것으로 천한 사람이 사는 집이다. 周公은 인재를 소중하게 여겨 머리 한 번 감으면서 세 번이나 감던 머리털을 움켜쥐고, 밥 한 끼 먹으면서 세 번이나 입에 든 음식을 뱉어내고서 미천한 선비들을 맞이하여, 하루에 만난 사람이 일흔 명이 넘었다.(≪顔氏家訓≫〈風操〉)

其壯也에 勇而不屈^⑦하고 其老也에 有道而能下人^⑧하니라 子路曰 好學有勇則可也^⑨어니와 若夫
有道下人은 何哉^⑩잇고 子曰 吾聞以衆攻寡면 無不克也^⑪요 以貴下賤이면 無不得也^⑫라 昔周公
居冢宰之尊하여 制天下之政^⑬이로되 而猶下白屋之士^⑭는 欲得士之用也^⑮니 惡^⑯有有道而不下
天下君子哉^⑰리오

① 부자가 한가로이 거처하실 적에 탄식하여 말한 것이다.
夫子閑居에 興嘆而言이라

② 頭註 : 鞮(가죽신)는 音이 提이다.
鞮는 音提라

③ 伯華는 옛날의 賢人이다. 가령 그가 죽지 않고 등용되었을 경우이다.
伯華는 古之賢人也라 使其不死而見用이라

④ 천하가 다스려질 수 있는 것이다.
則天下得以治라

⑤ 頭註 : 好(좋아하다)는 去聲이다.
好는 去聲이라

⑥ 어려서는 명민하면서도 배움을 좋아한 것이다.
其幼年에 敏速而好學이라

⑦ 장성해서는 용감하여 꺾이지 않은 것이다.
及壯에 有勇而不撓라

⑧ 老成해서는 도와 덕이 있으면서도 또 겸손하여 남에게 낮춘 것이다.
及老成에 有道德호되 又能謙以下人이라

⑨ 자로가 말하기를, "백화가 배움을 좋아하고 용기가 있는 것은 참으로 좋습니다."라고
한 것이다.
子路言 伯華好學有勇固可라

⑩ 백화는 이미 도가 있는데 또 어찌하여 남에게 낮추느냐고 한 것이다.
伯華旣有道호되 又何用下於人也오

⑪ 많은 무리로써 적은 무리를 공격하면 이기지 못할 자가 없는 것이다.
以衆多而攻寡少면 則無有不勝者라

⑫ 존귀한 신분으로써 비천한 사람에게 낮춘다면 민심을 얻지 못할 자가 없는 것이다.
以尊貴而下於卑賤이면 則無有不得其民者라

⑬ 옛날에 주공은 冢宰가 되어 천하의 정사를 다스린 것이다.
昔者에 周公爲冢宰하여 治天下之政이라

⑭ 또 白屋의 선비에게 낮춘 것이다.

而且下於白屋之士라

⑮ 이는 천하의 선비를 얻어 등용하려고 해서인 것이다.

蓋欲得天下士而任用之라

⑯ 頭註 : 惡(어찌)는 음이 烏이다.

惡는 音烏라

⑰ 어찌 스스로 도가 있으면서 천하의 선비에게 자기를 낮추지 않을 수 있겠느냐고 한 것이다.

豈有自有其道而不屈己天下之士리오

13-8[18) 齊 景公이 노나라에 가서 公館에 머물면서 晏嬰에게 공자를 맞이하게 하였다. 공자가 도착하자 경공이 정치에 대해 물었다. 공자가 대답하였다.

"정치는 財用을 절약하는 데 있습니다."

경공이 기뻐하여 또 물었다.

"秦 穆公[19)이 나라가 작고 지역이 궁벽한 곳에 있었는데도 霸者가 된 것은 어째서입니까?"

공자가 대답하였다.

"그 나라는 작으나 그 뜻은 크고, 그 지역은 궁벽하나 그 정치는 합당하였습니다. 그 행위는 과감하고 그 계책은 조화로웠으며, 법을 집행할 때에는 私心이 없고 명령을 내릴 때에는 구차하지 않았습니다. 또 직접 五羖大夫[20)를 발탁하여 대부의 작위를 주었고, 그와 3일 동안 말해보고는 정치를 그에게 맡겼습니다. 이러한 방법을 취한다면 王者가 되더라도 가능하니 패자가 되는 것은 별것 아닙니다."

경공이 말하였다.

"훌륭한 말씀입니다."

---

18) 이 부분은 四部叢刊本을 저본으로 하였다.

19) 秦 穆公 : 춘추시대 秦나라의 제9대 군주로, 성은 嬴, 이름은 任好이다. 春秋五霸의 한 사람이며, 百里奚 등을 등용해 국정을 정비하여 패자가 되었다.

20) 五羖大夫 : 虞나라의 대부였던 백리해가 나라를 잃은 후 楚나라의 포로가 되어 소를 먹이고 있었는데, 진 목공이 그가 어질다는 소문을 듣고 5마리의 양가죽을 주어 속죄시킨 다음에 국정을 맡겼다. 이 때문에 오고대부라 불렸다.(≪史記≫ 권5 〈秦本紀〉)

齊景公來適魯하여 舍于公館이라가 使晏嬰迎孔子라 孔子至어늘 景公問政焉한대 孔子答曰 政在節財하니이다 公悅하여 又問曰 秦穆公이 國小處僻而霸는 何也잇고 孔子曰 其國雖小나 其志大하고 處雖僻이나 而政其中이라 其擧也果하고 其謀也和하며 法無私而令不偸^①라 首拔五羖하여 爵之大夫^②하고 與語三日하여 而授之以政하니 此取之인댄 雖王可니 其霸少矣리이다 景公曰 善哉라

①　愉는 偸가 되어야 한다. 愉는 구차하다는 뜻이다.
愉는 宜爲偸라 愉는 苟且也라

②　首는 身(몸소)이 되어야 한다.[21] 五羖大夫는 百里奚이다.
首는 宜爲身이라 五羖大夫는 百里奚也라

論穆公霸

13-9 애공이 공자에게 정치를 묻자, 공자가 대답하였다.

"정치의 급선무 중에 백성을 부유하고 장수하게 하는 것보다 중요한 것이 없습니다. 征役을 줄이고 세금 거두기를 가볍게 하면 백성이 부유해지고, 禮敎를 두텁게 하고 죄를 멀리하게 하면 백성이 장수할 것입니다."

---

21) 首는……한다 : ≪史記≫〈孔子世家〉에는 '身擧五羖'로 되어 있다.

애공이 말하였다.

"과인은 부자의 말을 실행하려고 하나 우리나라가 가난하게 될까 두렵습니다."

공자가 말하였다.

"≪詩經≫에 '和樂한 군자여, 백성의 부모로다.'[22)라고 하였습니다. 자식이 부유한데 부모가 가난한 경우는 있지 않습니다."

○ 哀公問政於孔子[①]한대 孔子對曰 政之急者는 莫大乎使民富且壽也[②]니 省力役[③]薄賦斂[④]이면 則民富矣[⑤]요 敦禮教[⑥]遠[⑦]罪戾[⑧]면 則民壽矣[⑨]니이다 公曰 寡人欲行夫子之言[⑩]호되 恐吾國貧矣[⑪]니이다 孔子曰 詩云愷悌君子여 民之父母[⑫]라하니 未有子富而父母貧者也[⑬]니이다

① 애공이 부자에게 정치의 도를 물은 것이다.
    哀公問夫子爲政之道라

② 공자가 말하기를, "정치에서 시급히 해야 하는 것은 백성을 부유하고 장수하게 하는 데 있다."라고 한 것이다.
    子言 爲政所當急者는 在於使民富足壽考라

③ 征役을 줄이는 것이다.
    省其征役이라

④ 세금을 가볍게 하는 것이다.
    薄其稅賦라

⑤ 백성들이 이에 부유해지는 것이다.
    民乃富足이라

⑥ 禮教를 두텁게 하는 것이다.
    厚其禮教라

⑦ 頭註 : 斂(거두다)과 遠(멀리하다)은 모두 去聲이다.
    斂遠은 竝去聲이라

⑧ 사람들로 하여금 죄를 멀리하게 하는 것이다.
    使人遠於罪戾라

⑨ 백성들이 이에 장수하는 것이다.
    民乃壽考라

⑩ 애공이 말하기를, "과인은 부자가 한 말을 실행하려고 합니다."라고 한 것이다.
    公言 寡人欲行夫子所言이라

────────────

22) 시경에……부모로다 : ≪詩經≫〈大雅 泂酌〉에 보인다.

⑪ 장차 우리나라가 가난하게 될까 두렵다고 한 것이다.

將恐吾國貧乏이라

⑫ 부자가 《詩經》을 인용하여 말하기를, "화락한 천자여, 백성의 부모이다."라고 한 것이다.

夫子擧詩言 樂易天子여 爲百姓父母라

⑬ 자식이 부유한데 부모가 가난한 경우는 보지 못한 것이다.

未見有人子富(是)〔足〕[23])而父母貧乏者라

13-10[24]) 공자가 宋나라 군주를 보았는데, 송나라 군주가 공자에게 물었다.

"저는 국가가 오래도록 보존되고 수많은 도읍이 잘 살도록 하고자 하며, 저는 백성들이 의혹이 일으키는 일이 없도록 하고자 하며, 저는 선비들이 자신의 힘을 다하도록 하고자 하며, 저는 天災地變이 없이 日月이 정상적으로 순행하도록 하고자 하며, 저는 성인이 스스로 찾아오도록 하고자 하며, 저는 官府가 잘 다스려지도록 하고자 합니다. 어떻게 해야 합니까?"

공자가 대답하였다.

"千乘의 군주[25]) 중에 저에게 治道에 대해 물은 사람이 많았지만 主君처럼 물은 사람은 없었습니다. 물음이 매우 자세합니다. 하지만 주군께서 하고자 하시는 것을 다 할 수 있습니다. 제가 듣기로 이웃나라끼리 서로 친하게 지내면 국가를 오래도록 보존할 수 있으며, 임금이 은혜롭고 신하가 충성스러우면 수많은 도시가 잘 살 수 있으며, 무고한 자를 죽이지 않고 죄인을 마음대로 풀어주는 일이 없으면 백성들이 의혹을 일으키지 않으며, 선비들에게 봉록을 보태주면 모두 자신의 힘을 다하며, 上天을 높이고 선조의 英靈을 공경하면 日月이 정상적으로 순행하며, 道와 德이 있는 사람을 높이고 귀하게 여기면 성인이 스스로 찾아오며, 유능한 자를 임용하고 무능한 자를 내쫓으면[26]) 관부가 잘 다스려질 것이라고 합니다."

---

23) (是)〔足〕: 저본에는 '是'로 되어 있으나, 江陵本과 慶長本에 의거하여 '足'으로 바로잡았다.

24) 이 부분은 四部叢刊本을 저본으로 하였다.

25) 千乘의 군주 : 천승은 兵車 천 대를 갖출 힘이 있는 나라라는 뜻으로, 큰 제후국의 군주를 말한다.

26) 유능한……내쫓으면 : 원문의 '任能黜否'는 성과가 좋은 관리는 승진시키고 성과가 나쁜 관리는

송나라 군주가 말하였다.

"훌륭합니다. 어찌 그러하지 않겠습니까. 하지만 과인은 재주가 없어 그렇게 할 수 없습니다."

공자가 말하였다.

"이 일은 어려운 일이 아닙니다. 행하려고 하면 될 뿐입니다."

孔子見宋君[27]한대 君問孔子曰 吾欲使長有國하며 而列都得之①하며 吾欲使民無惑하며 吾欲使士竭力하며 吾欲使日月當時하며 吾欲使聖人自來하며 吾欲使官府治理하니 爲之奈何잇고 孔子對曰 千乘之君이 問丘者多矣로대 而未有若主君之問하니 問之悉也로이다 然主君所欲者를 盡可得也니이다 丘聞之호니 隣國相親이면 則長有國하며 君惠臣忠이면 則列都得之하며 不殺無辜하고 無釋罪人이면 則民不惑하며 士益之祿하면 則皆竭力하며 尊天敬鬼하면 則日月當時하며 崇道貴德하면 則聖人自來하며 任能黜否면 則官府治理하리이다 宋君曰 善哉라 豈不然乎리오 寡人不佞하여 不足以致之也로이다 孔子曰 此事非難하니 唯欲行之云耳니이다

① 국가의 수많은 도시들이 모두 잘 사는 것이다.
　　國之列都가 皆得其道라

내쫓는다는 말로, '黜陟幽明'과 같은 뜻이다. ≪書經≫ 〈舜典〉에 "〈순임금은〉 3년마다 근무 성적을 考課하고 세 번을 고과한 뒤에 무능한 자를 내쫓고 유능한 자를 승진시켰다.〔三載考績 三考 黜陟幽明〕"라고 하였다.

27) 宋君 : ≪說苑≫ 〈政理〉에는 '梁君(梁나라 군주)'으로 되어 있다.

제14편 정치를 변론함 辯政 第十四①

齊 景公, 魯 哀公, 楚 葉公이 정치에 대해 물었는데, 孔子의 대답이 같지 않았다. 子貢이 이유를 묻자 孔子가 그 차이점을 설명했기 때문에 편명을 '辯政'이라고 하였다. 공자는 다른 곳에서도 항상 질문자의 눈높이에 맞춰 가르쳤다. 이에 대해 '상황에 따라 말을 바꾸니 孔子는 僞善者'라고 혹평한 수필가도 있지만, 孔子는 일대일 맞춤식 교육의 선구자였다.

① 齊나라 임금, 魯나라 임금, 葉公(섭공)이 모두 정치를 물었는데 부자의 대답이 같지 않자, 자공이 그 이유를 물었기 때문에 '辯政'이라고 편명을 붙인 것이다.
齊君魯君葉公이 俱問政한대 夫子答之不同이어늘 子貢問之라 故辯政名篇하니라

14-1[1] 자공이 공자에게 물었다.

"예전 제나라 임금(齊 景公)이 정치를 물었는데 부자께서 정치는 財用을 절약하는 데 있다고 하시고, 노나라 임금(魯 哀公)이 정치를 물었는데 부자께서 정치는 신하를 깨우치는 데 있다고 하시고, 섭공이 정치를 물었는데 부자께서 정치는 가까운 사람을 기쁘게 하고 먼 사람을 오게 하는 데 있다고 하셨습니다.[2] 세 사람의 질문은 같은데 부자의 대답이 같지 않으니 어찌하여 정치를 하는 방법이 다른 것입니까?"

공자가 대답하였다.

---

1) 저본의 표제에 "정치는 財用을 절약하는 데 있다.[政在節財]"라고 하였다.
2) 섭공이……하셨습니다 : 섭공은 楚나라 葉縣의 尹인 沈諸梁으로, 字는 子高이다. 이와 비슷한 내용이 ≪論語≫ 〈子路〉에도 보인다. 거기에 "섭공이 정치를 묻자 공자가 대답하기를, '가까운 자가 기뻐하고, 먼 자가 오게 해야 한다.'[葉公問政 子曰 近者悅 遠者來] 하였다."라고 하였다.

"각각 그 상황을 고려하여 말해준 것이다. 제나라 임금은 나라를 다스릴 때에 臺榭[3]를 꾸미는 것에 사치하고 苑囿에서 노는 데 빠져 五官[4]을 만족시키는 伎樂이 한시도 그친 적이 없었고, 하루아침에 千乘의 집안을 세 사람에게 하사하였다. 그래서 정치는 재용을 절약하는 데 있다고 말한 것이다. 노나라 임금에게는 신하 세 사람이 있었는데 안으로는 당파를 결성하여 그 임금을 어리석게 하고 밖으로는 제후국의 빈객을 못 오게 막아 그 총명을 가렸다. 그래서 정치는 신하를 깨우치는 데 있다고 말한 것이다. 荊 지역은 땅은 넓지만 도읍지는 협소하여 백성들이 떠나려는 마음을 가지고 있어 그 거처를 편안하게 여기지 못하였다. 그래서 정치는 가까운 사람을 기쁘게 하고 먼 사람을 오게 하는 데 있다고 말한 것이다. 이렇게 세 가지 경우가 있기 때문에 정치가 같지 않은 것이다."

子貢問於孔子曰[1] 昔者齊君問政[2]에 夫子曰政在節財[3]라하시고 魯君問政[4]에 夫子曰政在諭臣[5]이라하시고 葉[6]公問政[7]에 夫子曰政在悅近而來遠[8]이라하시니 三者之問一也[9]로되 而夫子應之不同[10]하니 政在異端乎[11]잇가 子曰 各因其事也[12]니라 齊君爲國[13]에 奢乎臺榭하고 淫乎苑囿[14]하여 五官伎樂이 不懈[15]於時[16]하고 一旦而賜人以千乘之家者三[17]이라 故曰政在節財[18]라하니라 魯君有臣三人[19]하니 內比周以愚其君[20]하고 外距諸侯之賓以蔽其明[21]이라 故曰政在諭臣[22]이라하니라 夫荊之地廣而都狹[23]하여 民有離心하여 莫安其居[24]라 故曰政在悅近而來遠[25]이라하니 此三者所以爲政殊矣[26]니라

① 자공이 부자에게 물은 것이다.
   子貢問夫子言이라
② 이전에 제나라 임금이 정치하는 방법을 물은 것이다.
   前時齊君問爲政之道라
③ 부자께서 정치는 재용을 절약하는 데 있다고 대답한 것이다.
   夫子對以爲政在於節財用이라
④ 노나라 임금이 정치를 하는 방법을 물었을 때이다.
   及魯君問爲政이라
⑤ 부자께서 정치는 신하를 다스리고 깨우치는 데 있다고 대답한 것이다.
   夫子則對以爲政在於理諭臣下라

---

3) 臺榭 : 먼 곳을 조망하기에 좋도록 크고 높게 세운 樓閣이나 亭閣 따위를 말한다.
4) 五官 : 다섯 개의 감각기관으로, 시각·청각·후각·미각·촉각의 감각기능을 이르는 말이다.

⑥ 頭註 : 葉(땅 이름)은 失과 涉의 反切이다.

  葉은 失涉反이라

⑦ 섭공이 정치를 하는 방법을 물었을 때이다.

  及葉公問爲政이라

⑧ 부자께서 정치는 가까운 사람을 기쁘게 하고 먼 사람을 오게 하는 데 있다고 대답한 것이다.

  夫子則對以爲政在於近者悅而遠者來라

⑨ 세 사람이 정치에 대해 물었다는 점은 같은 것이다.

  三者問政則一이라

⑩ 부자의 대답이 각기 다른 것이다.

  而夫子答之가 各自不同이라

⑪ 어찌하여 정치를 하는 방법이 많은 것이냐고 한 것이다.

  豈爲政之道在於多端乎잇고

⑫ 부자가 말하기를, "각각 그 상황을 고려하여 대답한 것은 그 잘못을 구제하기 위해서이다."라고 한 것이다.

  夫子言 各因其事而對之는 所以救其失也라

⑬ 제나라 임금이 나라를 다스릴 때이다.

  夫齊君之治國이라

⑭ 臺榭를 화려하게 꾸미는 것에 사치하고 苑囿에서 노는 데 빠진 것이다.

  侈臺榭之美麗하고 溺苑囿之宴樂이라

⑮ 頭註 : 懈(게으르다)는 古와 賣의 反切이다.

  懈는 古賣反이라

⑯ 伶官의 기악이 한시도 그친 적이 없었던 것이다.

  其伶官伎樂이 無一時少息이라

⑰ 하루아침에 대부라는 관직을 상으로 세 사람에게 준 것이다. 千乘은 대부의 집안이다.

  一日賞大夫之官者三人이라 千乘은 大夫之家也라

⑱ 그래서 정치는 재용을 절약하는 데 있다고 말한 것이다.

  故言爲政在於節財用이라

⑲ 〈세 사람은〉孟孫, 叔孫, 季孫이다.

  孟孫叔孫季孫也라

⑳ 안으로는 당파를 결성하여 그 임금을 어리석고 미혹하게 한 것이다.

  在內則結爲黨與하여 以愚惑其君이라

㉑ 밖으로는 여러 나라의 빈객들을 쫓아내어 임금의 총명을 덮어 감춘 것이다.

　在外則黜諸國之賓客하여 以蒙蔽君之聰明이라

㉒ 그래서 정치는 신하를 다스리고 깨우치는 데 있다고 말한 것이다.

　故言爲政在於理諭臣下라

㉓ 荊은 섭공이 다스리는 지역이다. 그 토지는 넓으나 도읍한 곳은 협소한 것이다.

　荊은 葉公所治之地니 其土地雖廣이나 所都則狹이라

㉔ 백성들이 떠나려는 마음을 가지고 있어 편안하게 거처할 겨를이 없었던 것이다.

　百姓有違散之心하여 不遑安處라

㉕ 그래서 정치는 가까운 사람을 기쁘게 하고 먼 사람을 오게 하는 데 있다고 말한 것이다.

　故言爲政在於近者悅遠者來라

㉖ 이렇게 세 가지의 경우가 있기 때문에 정치하는 것이 같지 않다고 한 것이다.

　以此三者故로 爲政不同이라

14-2⁵⁾ 공자가 말하였다.

"충신이 임금에게 간쟁하는 것은 의미상 다섯 가지 종류가 있다. 첫째는 譎諫(휼간)이고, 둘째는 戇諫(당간)이고, 셋째는 降諫(강간)이고, 넷째는 直諫이고, 다섯째는 諷諫이다.⁶⁾ 오직 임금의 의향을 헤아려 행해야 하니, 나는 풍간을 따를 것이다."

　孔子曰 忠臣之諫君이 有五義焉①하니 一曰譎諫②이요 二曰戇諫③이요 三曰降諫④이요 四曰直諫⑤이요 五曰諷諫⑥이니 唯度⑦主以行之⑧하니 吾從其風諫乎⑨인저

① 부자가 말하기를, "충신이 그 임금에게 간쟁하는 것은 의미상 다섯 가지 종류가 있다."라고 한 것이다.

---

5) 저본의 표제에 "충신의 간쟁에는 다섯 가지 종류가 있다.〔忠臣之諫有五〕"라고 되어 있다.

6) 첫째는……諷諫이다 : 이 다섯 가지 간쟁에 대해 茶山 丁若鏞은, "첫째로 휼간은 완곡한 말로 군주를 깨우치는 것이고, 둘째로 당간은 우직하고 꾸밈없이 간하는 것이고, 셋째로 강간은 기세를 누그러뜨려 간하는 것이고, 넷째로 직간은 거리낌 없이 간하는 것이고, 다섯째로 풍간은 넌지시 감동시키는 것이다.〔一曰譎諫 以詭言悟主 二曰戇諫 愚而朴 三曰降諫 下其氣 四曰直諫 無所諱 五曰諷諫 風動之〕"라고 하였다.(《與猶堂全書》 권25 〈小學珠串 五之類〉) 다섯 가지 간쟁은 서책마다 약간의 차이가 있다. 《說苑》 〈正諫〉에는 正諫, 降諫, 忠諫, 戇諫, 諷諫이라 하였고, 《白虎通》 〈諫諍〉에는 諷諫, 順諫, 窺諫, 指諫, 陷諫이라 하였다.

夫子言 忠臣諫爭其君이 於義有五라

② 〈諷諫은〉 그 일을 바로잡아서 그 임금에게 완곡하게 간하는 것이다.

正其事하여 以諷諫其君이라

③ 戇諫은 꾸밈없이 간하는 것이다.

戇諫은 無文飾也라

④ 〈降諫은〉 그 몸을 낮춤으로써 간하는 것이다.

卑降其體하여 所以諫也라

⑤ 〈直諫은〉 곧은 도로써 간하는 것이다.

以直道而諫也라

⑥ 〈風諫은〉 다른 사례를 빌려다가 인용하여 간하는 것이다.

借他事하여 引援而諫이라

⑦ 頭註 : 度(헤아리다)은 待와 洛의 反切이다.

度은 待洛反이라

⑧ 〈간언은〉 오직 그 임금의 의향을 잘 헤아린 이후에 행하는 데 달린 것이다.

唯在審度其君意向而後行之라

⑨ 풍간은 넌지시 간하여 罪를 멀리하고 害를 피할 수 있는 방법인 것이다.

風諫은 依違하여 遠罪避害者也라

14-3[7] 초나라 王이 荊臺[8]에 遊覽하러 가려고 하자 司馬 子祺[9]가 간언을 하였는데 왕이 노하였다. 그러자 令尹 子西[10]가 殿閣 아래에서 경하하면서 간언하였다.

"지금 형대의 遊覽을 놓쳐서는 안 됩니다."

왕이 기뻐서 영윤 자서의 등을 어루만지며 말하였다.

"그대와 함께 즐기겠다."

---

7) 이 부분은 四部叢刊本을 저본으로 하였다.

8) 荊臺 : 楚 靈王이 지은 章華臺를 말한다. 湖北省 監利縣 서북쪽에 있다.

9) 司馬 子祺 : 子期 또는 子綦라고도 한다. 中山國의 대부였는데, 그 군주가 양고깃국을 하사하지 않자 초나라로 망명하여 중산국을 치게 하였다.(《戰國策》 권33 〈中山策〉) 또 영윤 자서와 함께 吳나라를 치고 惠王을 세웠다. 뒤에 白公 勝에게 피살되었다.

10) 令尹 子西 : 초나라 公子 申으로, 초나라를 사양하고 昭王을 세워서 정치를 개혁하고 기강을 세웠다. 소왕이 공자를 등용하려 하자 이를 저지하였고, 그 후 白公 勝을 불러들여 禍亂을 초래하였다.

영윤 자서가 말을 타고 10리를 가다가 고삐를 잡아당겨 정지한 다음 말하였다.

"신은 할 말이 있는데, 왕께서는 기꺼이 들어주시겠습니까?"

왕이 말하였다.

"그대는 말해 보라."

영윤 자서가 말하였다.

"신은 듣기로 신하가 되어 그 군주에게 충성하는 자는 爵祿으로도 다 상을 줄 수가 없고, 그 군주에게 아첨하는 자는 刑罰로도 다 주벌할 수 없다고 합니다. 사마 자기는 충성스런 신하이고 신은 아첨하는 신하이니, 왕께서는 충성스러운 신하에게 상을 내리시고 아첨하는 신하에게 주벌을 내리소서."

왕이 물었다.

"내가 지금 사마 자기의 간언을 따른다면 이는 나 한 사람만을 금지하는 것일 뿐이니, 후세에 유람하는 것은 어떻게 한단 말인가?"

영윤 자서가 대답하였다.

"후세의 왕을 금지하기는 쉽습니다. 大王께서 세상을 떠나신 뒤에 형대 위에 山陵(황제의 무덤)을 일으키면 자손들이 필시 父祖의 무덤에서 놀면서 즐기지 못할 것입니다."

왕이 말하였다.

"훌륭하다."

그리고 이에 돌아갔다. 공자가 이 일에 대해 듣고 말하였다.

"지극히 좋도다! 자서의 간언이여. 불과 십리 밖에서 간언을 바쳐 백세 뒤의 일을 억제하였도다."

楚王[11]將遊荊臺할새 司馬子祺諫한대 王怒之어늘 令尹子西賀於殿下하고 諫曰 今荊臺之觀을 不可失也니이다 王喜하여 拊子西之背曰 與子共樂之矣라 子西步馬十里하여 引轡而止曰 臣願言有道하니 王肯聽之乎잇가 王曰 子其言之하라 子西曰 臣聞爲人臣而忠其君者는 爵祿不足以賞也요 諛其君者는 刑罰不足以誅也라하니 夫子祺者는 忠臣也요 而臣者는 諛臣也니 願王賞忠而誅諛焉하소서 王曰 我今聽司馬之諫이면 是獨能禁我耳니 若後世遊之엔 何也오 子西曰 禁後世易耳니이다 大王萬歲之後에 起山陵於荊臺之上하면 則子孫必不忍遊於父祖之墓하여 以爲歡樂

─────────────

11) 楚王 : ≪說苑≫ 〈正諫〉에는 '楚昭王'으로 되어 있다.

也니이다 王曰 善하다하고 乃還하다 孔子聞之曰 至哉라 子西之諫也여 入之於(千)〔十〕¹²⁾里之上하여 抑之於百世之後者也로다

14-4 자공이 공자에게 물었다.

"부자께서 子産과 晏子¹³⁾를 공경함이 지극하다고 할 만합니다. 부자께서 그들을 인정하시는 이유를 감히 묻습니다."

공자가 대답하였다.

"자산은 백성을 다스리는 데는 은혜를 베푸는 주체였고 배움에는 박학다식하였다.¹⁴⁾ 안자는 그 임금에게 충직한 신하였고 행실이 공경하면서도 민첩하였다. 그래서 내가 모두 형을 섬기는 예로써 섬기는 것이다."

○ 子貢問於孔子曰^① 夫子之於子産晏子에 可謂至矣^②니 敢問夫子所以與之者^③하노이다 子曰 夫子産於民에 爲惠主^④요 於學爲博物^⑤이요 晏子於君에 爲忠臣^⑥而行爲敬敏^⑦이라 故吾皆以兄事之^⑧하노라

① 자공이 부자에게 물은 것이다.
　　子貢問夫子言이라

② 부자가 두 사람을 모실 적에 매우 공경하고 중히 대한 것이다.
　　夫子之待二子에 敬重之甚이라

③ "감히 묻습니다. 부자께서는 어찌하여 그들을 취하신 것입니까?"라고 한 것이다.
　　敢問 夫子何爲而取之리오

④ 공자가 말하기를, "자산은 백성을 다스리는 데는 은덕을 베푸는 주체라 할 수 있다."라고 한 것이다.
　　子言 子産之於治民에 可謂德惠之主라

---

12) (千)〔十〕: 저본에는 '千'으로 되어 있으나, 《說苑》〈正諫〉에 의거하여 '十'으로 바로잡았다.

13) 子産과 晏子 : 자산은 鄭나라 대부 公孫僑이다. 공자가 자산에 대해 평하기를 "군자의 도가 네 가지 있었으니, 몸가짐이 공손하며, 윗사람을 섬김이 공손하며, 백성을 기름이 은혜로우며, 백성을 부림에 의로웠다."라고 하였다.(《論語》〈公冶長〉) 안자는 晏嬰으로 춘추시대 齊나라의 어진 재상으로서 곧고 바른 말로 임금의 질문에 응답하고, 임금의 다스림이 올바르지 않을 때는 그 命의 옳고 그름을 가려 실행하고 검소한 생활의 본보기를 보였던 인물이다.(《史記》 권62 〈晏嬰列傳〉)

14) 배움에……박학다식하였다 : 《春秋左氏傳》 昭公 元年에, 晉侯가 자산의 말을 듣고서 '박학다식한 군자이다.〔博物君子〕'라고 한 말이 보인다.

⑤ 그 배움에는 바로 박학다식한 君子인 것이다.

　　其於爲學에 乃博物之君子라

⑥ 안자가 임금을 섬기는 것을 보면 忠直한 신하라고 할 수 있는 것이다.

　　晏子之於事君에 可謂忠直之臣이라

⑦ 그 행실이 공손하면서도 민첩한 것이다.

　　其所行이 恭敬而敏速이라

⑧ 자신이 이 때문에 형을 섬기는 예로써 두 사람을 섬기는 것이라고 한 것이다.

　　我故以事兄之禮로 事二子라

14-5[15] 제나라에 다리가 하나인 새들이 公朝로 날아와 모여 날개를 펴고 뛰었다. 齊侯가 괴이하게 여겨 사신을 보내 노나라에 가서 공자에게 묻게 하였는데 공자가 말하였다.

"이 새는 商羊이라는 새로 水災가 일어날 징조이다. 옛날에 어떤 아이가 다리를 구부리고 어깨를 흔들며 뛰면서 또 노래하기를, '큰비가 내리려 하니까 상양이 춤을 추는구나.'라고 하였다. 지금 제나라에 이 새가 나타났으니 그에 대한 應驗이 있을 것이다. 그러니 급히 백성에게 알려 하천을 정비하고 제방을 수축하도록 재촉하라. 조만간 홍수가 날 것이다."

얼마 후에 큰 장맛비가 내려 물이 넘쳐흘렀다. 다른 나라들은 백성들이 해를 입었지만 제나라만은 방비를 하여 해를 입지 않았다. 齊 景公이 말하였다.

"성인의 말이 확실하고 틀림없구나."

○ 齊有一足之鳥가 飛集於公朝하여 舒翅而跳①어늘 齊侯怪之②하여 使使③聘魯問孔子④한대 子曰 此鳥는 名商羊이니 水祥也⑤라 昔에 童兒屈脚振肩而跳⑥하여 且謠曰天大雨에 商羊鼓舞⑦라하니 今齊有之하니 其應至矣⑧라 急告民하여 趨⑨治溝渠하고 修隄防하라 將有大水爲災⑩라하니 頃之에 大霖雨하여 水溢泛⑪하니 諸國傷害民人⑫호되 唯齊有備不敗⑬라 景公曰 聖人之言이 信而有徵矣⑭로다

① 제나라에 다리가 하나인 새들이 朝堂에 날아와 모여 날개를 펴고 뛴 것이다.

　　齊國有獨脚鳥飛集于朝堂하여 展翼而跳躍이라

---

15) 저본의 표제에 "商羊은 새 이름이다.〔商羊鳥名〕"라고 되어 있다.

② 제나라 임금이 매우 이상하게 여긴 것이다.

齊(若)〔君〕¹⁶⁾大以爲異라

③ 頭註 : 아래 使(사신)자는 去聲이다.

使下字는 去聲이라

④ 마침내 사신을 보내 노나라에 가서 이것이 무슨 새인지 공자에게 묻게 한 것이다.

遂使使者하여 聘於魯하여 問孔子此爲何鳥라

⑤ 공자가 말하기를, "이것은 상양으로, 새 이름이다. 水災를 맡고 있다."라고 한 것이다.

子言 此爲商羊이니 鳥名이라 主有水災라

⑥ 옛날 한쪽 다리를 구부리고 양쪽 어깨를 흔들며 뛰는 어린아이가 있었던 것이다.

昔有小兒屈其一足하고 振動兩肩而跳躍者라

⑦ 이에 노래하기를, "하늘에서 큰비가 내리려 하니까 상양이 나타나 춤을 추는구나."라고 한 것이다.

乃歌曰 天將有大雨라 故商羊出而鼓舞라

⑧ 지금 제나라에 이 새가 나타났으니 동요의 가사처럼 응험이 있겠다는 것이다.

今齊國有此鳥하니 童謠之言應矣라

⑨ 頭註 : 趣(재촉하다)은 음이 促이다.

趣은 音促이라

⑩ 관리가 백성에게 명하여 하천을 정비하고 제방을 수축하도록 재촉하는 것이다. 오래지 않아 수재가 있겠다고 한 것이다.

官使命百姓하여 催治其渠溝하고 修其隄防이라 非久有水災也라

⑪ 얼마 후에 과연 큰비가 와서 하천의 물이 넘쳐흐른 것이다.

俄而果有大雨하여 川原水溢而泛이라

⑫ 다른 나라는 모두 홍수로 백성이 해를 입은 것이다.

他國皆爲洪水傷損人民이라

⑬ 제나라만 방비할 줄을 알았기 때문에 해를 입지 않은 것이다.

惟齊國知防備이라 故不爲害라

⑭ 제 경공이 말하기를, "부자는 성인이라 그 말이 확실하고 틀림없구나."라고 한 것이다.

齊景公言 夫子聖人이니 其言信然有驗也라

---

16) (若)〔君〕: 저본에는 '若'으로 되어 있으나, 江陵本과 慶長本에 의거하여 '君'으로 바로잡았다.

商羊知雨

商羊知雨
齊有一足鳥集於公
朝舒翅而跳舒侯怪之
侯使問孔子曰此烏
名商羊水祥也昔童見
屈一脚攢肩而跳且諷曰
天將大雨商羊鼓舞令
齊有之其應至矣急告
民治渠脩堤頃之大雨
水溢諸國傷害惟齊有
備克

14-6 공자가 宓子賤(복자천)[17]에게 물었다.

"그대가 單父(선보)를 다스릴 때에 백성들이 기뻐하였다. 그대는 어떻게 하였기에 백성들을 기쁘게 하였느냐?"

복자천이 대답하였다.

"이곳의 백성 중에 저보다 어진 자가 5인이 있었는데 제가 그들을 섬기면서 모든 일을 물어서 법도로 삼았습니다."

공자가 탄식하여 말하였다.

"옛날 요순이 천하를 다스릴 때에 어진 자를 힘써 구하여 보좌하게 하였다. 대저 어진 사람은 모든 복의 근원이 되고 神明이 으뜸으로 여기는 바다. 애석하다. 不齊가 다스리기엔 작은 곳이구나."

孔子謂宓①子賤曰② 子治單③父④에 衆悅⑤하니 子何施而得之也⑥오 對曰 此地民有賢於

---

17) 宓子賤(복자천) : 공자의 제자이다. 單父의 수령이 되었을 적에 마루 아래로 내려오는 일이 없이 거문고만 연주했는데도 잘 다스려지며 교화가 이루어져, 공자로부터 '君子'라는 칭찬을 받았다.(≪呂氏春秋≫〈察賢〉)

不齊者五人^⑦이어늘 不齊事之而稟度焉^⑧하니이다 孔子嘆曰 昔에 堯舜聽天下^⑨에 務求賢以自
輔^⑩하니 夫賢者는 百福之宗也^⑪요 神明之主也^⑫니 惜乎라 不齊之以所治者小也^⑬여

① 頭註 : 宓(성씨)은 음이 伏이다.
　宓은 音伏이라

② 子賤은 공자의 제자이다. 공자가 그에게 말한 것이다.
　子賤은 孔子弟子라 孔子與之言曰

③ 頭註 : 單은 음이 善이다.
　單은 音善이라

④ 頭註 : 父는 음이 甫이다.
　父는 音甫라

⑤ 네가 선보를 다스려 백성들이 기뻐하였다는 것이다.
　汝治單父而民喜悅이라

⑥ 너는 어떻게 하였기에 백성들의 기쁨을 얻었느냐고 한 것이다.
　汝何爲而得民之喜悅也오

⑦ 대답하기를, "선보의 백성 중에 저보다 어진 자가 5인이 있었습니다."라고 한 것이다.
不齊는 자천의 이름이다.
　答言 單父之民賢於己者有五人焉이라 不齊는 子賤之名이라

⑧ 자신이 모두 그들을 공경히 섬기면서 모든 일을 모두 그들에게 물어서 법도로 삼았다
는 것이다.
　不齊皆敬事之하여 凡事를 皆取稟之以爲法度라

⑨ 부자가 탄식하여 말하기를, '옛날 요순이 천하를 다스릴 때에는'이라고 한 것이다.
　夫子嗟嘆而言曰 古有堯舜治天下라

⑩ 오로지 어진 사람을 힘써 구하여 보좌하게 한 것이다.
　專務求賢人以輔佐라

⑪ 어진 사람은 모든 복의 근원이 되는 것이다.
　賢人爲百福之所主라

⑫ 신명이 으뜸으로 여기는 바인 것이다.
　神明之所宗이라

⑬ "애석하다. 자천이 다스리기엔 작은 곳이구나."라고 한 것이다.
　可惜이라 子賤(少)〔小〕¹⁸⁾於爲治라

18) (少)〔小〕: 저본에는 '少'로 되어 있으나, 江陵本과 慶長本에 의거하여 '小'로 바로잡았다.

14-7[19] 자공이 信陽邑의 宰邑가 되어 떠나려 할 때에 공자에게 작별인사를 하자, 공자가 말하였다.

"부지런히 하고 신중히 하라. 내가 듣기로 관리 노릇을 할 줄 아는 자는 법을 받들어 백성을 이롭게 하고, 관리 노릇을 할 줄 모르는 자는 법을 왜곡시켜 백성을 침해한다고 하니, 이것이 원망이 생기는 이유이다. 백성을 다스리는 관직에 있을 때에는 공평한 것이 가장 좋고 재물을 보았을 때는 청렴한 것이 가장 좋으니, 청렴함과 공평함을 지키고 바꾸지 마라. 남의 善을 숨기는 것을 어진 자를 가린다고 하고 남의 惡을 들추어내는 자를 소인이라고 한다. 안으로 서로 훈계하지 않고 밖으로 서로 비방하는 것은 친한 사람과 화목하게 지내는 것이 아니다. 남의 선을 말할 경우에는 자기가 그 선을 소유한 듯이 하고 남의 악을 말할 경우에는 자기가 그 악을 뒤집어쓴 듯이 해야 한다. 그러므로 군자는 신중하지 않을 수 없는 것이다."

○ 子貢爲信陽宰[①]하여 將行할새 辭於孔子[②]한대 孔子曰 勤之愼之[③]하라 吾聞知爲吏者는 奉法以利民[④]하고 不知爲吏者는 枉法以侵民[⑤]이라하니 此怨之所由也[⑥]라 治官莫若平[⑦]이요 臨財莫如廉[⑧]이니 廉平之[守][20]를 不可改也[⑨]라 匿人之善을 斯謂蔽賢[⑩]이요 揚人之惡을 斯爲小人[⑪]이라 內不相訓而外相謗은 非親睦也[⑫]라 言人之善엔 若己有之[⑬]하고 言人之惡엔 若己受之[⑭]라 故君子無所不愼焉[⑮]이니라

① 자공이 信陽邑의 邑宰가 된 것이다.
　　子貢爲信陽邑宰라

② 관리로 가려 할 때에 와서 부자에게 작별인사를 한 것이다.
　　將之官에 來告辭夫子라

③ 공자가 말하기를, "일을 하는데 부지런히 하고 신중히 해야 한다."라고 한 것이다.
　　子言 當用勤謹於事라

④ 자신이 듣기로 관리 노릇을 잘하는 자는 國法을 받들어 그 백성에게 이익을 준다고 한다는 것이다.
　　我聞能爲吏者는 奉承國法以利益其百姓이라

---

19) 저본의 표제에 "자공이 신양의 재가 되다.〔子貢爲信陽宰〕", "청렴함과 공평함은 지키고 바꾸어서는 안 된다.〔廉平之守 不可改〕"라고 되어 있다. 저본에는 '廉正之守 不可改'로 되어 있으나 江陵本과 慶長本에 의거하여 '正'을 '平'으로 바로잡았다.

20) 〔守〕: 원문에는 없으나, 江陵本과 慶長本에 의거하여 보충하였다.

⑤ 관리 노릇을 잘 못하는 자는 그 법을 왜곡시켜 백성을 침해한다고 한 것이다.
不能爲吏者는 枉用其法以侵害百姓이라

⑥ 이것이 백성의 원한을 불러일으키는 이유인 것이다.
此召民怨之所起也라

⑦ 관직에 있으면서 백성을 다스릴 때에는 공평한 것이 가장 좋은 것이다.
在官治民엔 莫若公平이라

⑧ 재물과 이익을 보았을 때는 청렴한 것이 가장 좋은 것이다.
見其財利엔 莫如淸廉이라

⑨ 청렴하고 공평한 도를 굳게 지키고 바꾸어서는 안 되는 것이다.
廉平之道를 須固守之하여 不可改易이라

⑩ 남의 선행을 숨기는 것은 어진 자를 가리는 것이다.
隱匿人之善行은 則是蔽於賢者라

⑪ 남의 불미스러운 일을 들추어내는 사람을 소인이라고 하는 것이다.
播揚人之不美事를 則謂之小人이라

⑫ 안에서는 서로 훈계하지 않고 밖을 나가서는 서로 비방하는 것은 친한 사람을 친히 대하여 화목하게 지내는 방도가 아닌 것이다.
在內不相訓戒하고 出外則相謗訕은 則非親親以睦之道라

⑬ 타인의 선을 말할 경우에는 자신이 그 선을 소유한 듯이 하는 것이다.
說他人之善엔 如我自有其善이라

⑭ 타인의 악을 말할 경우에는 자신이 그 악을 뒤집어쓴 듯이 해야 하는 것이다.
說他人之惡엔 如我自受其惡이라

⑮ 이 때문에 군자는 그 공경함을 다하지 않음이 없다는 것이다.
是以君子之人은 無所不用其敬이라

14-8[21] 자로가 蒲邑을 다스린 지 3년이 지났을 때에 공자가 그곳을 지나가게 되었는데, 그 境內에 들어가서 말하였다.

"훌륭하다, 由여! 공경하면서도 신의가 있구나."

그 읍에 들어가서 말하였다.

"훌륭하다, 유여! 忠信이 있으면서도 관대하구나."

---

21) 저본의 표제에 "자로가 포읍을 다스리다.〔子路治蒲〕"라고 되어 있다.

公庭에 이르러 말하였다.

"훌륭하다, 유여! 밝게 살피면서도 결단력이 있구나."

자공이 고삐를 잡은 채 물었다.

"부자께서는 유가 어떻게 정치하는지 보지 않으셨는데 세 차례나 훌륭하다고 칭찬하시니 그 훌륭한 점을 들을 수 있겠습니까?"

공자가 대답하였다.

"나는 그의 정치를 보았다. 경내에 들어가니 농지가 다 다스려져 있고 황무지가 잘 개간되어 있었으며 하천이 깊이 준설되어 있었다. 이는 공경하면서도 신의가 있기 때문에 그 백성들이 힘을 다한 것이다. 그 읍에 들어가니 담장과 집이 완전하고 견고하며 나무가 매우 무성하였다. 이는 忠信이 있으면서도 관대하기 때문에 그 백성들이 야박하지 않은 것이다. 公庭에 이르니 공정이 매우 조용하고 한가로우며 아랫사람들이 명령을 잘 따랐다. 이는 밝게 살피면서도 결단력이 있기 때문에 그 정치가 어수선하지 않은 것이다. 이로써 본다면 비록 세 차례 훌륭하다고 칭찬하더라도 어찌 그 아름다움을 다 표현할 수 있겠느냐?"

○ 子路治蒲三年[1]에 孔子過之[2]라 入其境曰 善哉라 由也[3]여 恭敬以信矣[4]로다 入其邑曰 善哉라 由也[5]여 忠信而寬矣[6]로다 至庭曰 善哉라 由也[7]여 明察以斷[8]矣[9]로다 子貢執轡而問曰[10] 夫子未見由之政而三稱其善[11]하니 其善可得聞乎[12]잇가 孔子曰 吾見其政矣[13]로니 入其境[14]하니 田疇盡易(이)[15][16]하고 草萊甚辟[17][18]하고 溝洫深治[19]하니 此其恭敬以信[20]이라 故其民盡力也[21]요 入其邑[22]하니 墻屋完[23]固[24]하고 樹木甚茂[25]하니 此其忠信以寬[26]이라 故其民不偸也[27]요 至其庭[28]하니 庭甚淸閑[29]하고 諸下用命[30]하니 此其明察以斷[31]이라 故其政不擾也[32]라 以此觀之[33]컨대 雖三稱其善이라도 庸盡其美乎[34]아

[1] 자로가 포읍의 읍재가 된 지 3년이나 지난 것이다.
子路爲蒲邑宰하여 三歲之久라

[2] 부자가 포읍을 지나가게 된 것이다.
夫子從蒲邑過라

[3] 포읍의 경내에 들어가서 이에 말하기를, "훌륭하다, 由가 정치를 함이여!"라고 한 것이다.
入至蒲界乃曰 美哉라 由之爲政이여

[4] 공경하면서도 신의가 있는 것이다.

能恭敬而有信_{이라}

⑤ 그 읍에 이르러 또 말하기를, "훌륭하다, 유가 정치를 함이여!"라고 한 것이다.
至其邑則又言 美哉_라 由之爲政_{이여}

⑥ 忠信이 있으면서도 관대하고 온화한 것이다.
能忠信而寬和_라

⑦ 公庭에 이르러서는 또 말하기를, "훌륭하다, 유가 정치를 함이여!"라고 한 것이다.
及至公庭又言 美哉_라 由之爲政_{이여}

⑧ 頭註 : 斷(결단)은 去聲이다.
斷_은 去聲_{이라}

⑨ 밝게 살피면서도 결단력이 있는 것이다.
能明察而有斷_{이라}

⑩ 자공이 부자를 위해 수레를 몰았기 때문에 말고삐를 잡은 채 물은 것이다.
子貢爲夫子御車_라 故執馬轡而問_{이라}

⑪ "부자께서는 자로의 정사를 미처 보지 않으셨는데 세 차례 훌륭하다고 칭찬하셨습니다."라고 말한 것이다.
言夫子未及見子路之政事_{호되} 而三次稱美其善_{이라}

⑫ 그 정치의 훌륭한 점을 알 수 있겠느냐고 한 것이다.
其政之善_을 可知之否_{잇가}

⑬ 공자가 말하기를, "나는 유가 정치하는 것을 보았다."라고 한 것이다.
子言 我見由之政矣_라

⑭ 처음 그 경내에 이른 것이다.
初至其境界_라

⑮ 頭註 : 易(다스리다)는 去聲이다.
易_는 去聲_{이라}

⑯ 농지가 다스려지지 않음이 없는 것이다.
田疇無不耕治_라

⑰ 頭註 : 辟(열다)은 音이 闢이다.
辟_은 音闢_{이라}

⑱ 황무지가 개간되지 않음이 없는 것이다.
草萊無不開辟_{이라}

⑲ 하천 또한 깊이 준설되어 있는 것이다.
而溝洫亦修治得深_{이라}

過蒲贊政

⑳ 이는 자로가 능히 공경하면서도 신의가 있기 때문인 것이다.

此子路能恭敬以信이라

㉑ 그러므로 포읍의 백성들이 모두 그 힘을 다한 것이다.

故蒲邑之民이 皆盡其力이라

㉒ 읍내에 들어간 것이다.

及入其邑內라

㉓ 頭註 : 完(완전하다)은 胡와 官의 反切이다.

完은 胡官切이라

㉔ 담장과 집이 완전하고 견고한 것이다.

墻屋完全而堅固라

㉕ 그 林木이 매우 무성한 것이다.

其林木甚茂盛이라

㉖ 이는 자로가 능히 忠信이 있으면서도 관대하기 때문인 것이다.

此子路能忠信以寬이라

㉗ 그러므로 포읍 백성의 습속이 야박하지 않은 것이다.

故蒲之民俗不偸薄也라

㉘ 公庭에 이른 것이다.

　　及至其公庭이라

㉙ 공정 안이 조용하고 한가로워 일이 없는 것이다.

　　公庭之間에 淸閑無事라

㉚ 胥吏 등이 그 명령을 따르지 않음이 없는 것이다.

　　胥吏之屬이 無有不從其命令이라

㉛ 이는 자로가 능히 일을 밝게 살피면서도 결단력이 있기 때문인 것이다.

　　此子路能明察於事而有決斷이라

㉜ 그러므로 그 정사가 번다하고 어수선한 데에 이르지 않은 것이다.

　　故其政事不至於煩擾也라

㉝ 자로가 이처럼 정치하는 것을 본 것이다.

　　觀子路爲政如此라

㉞ 비록 세 차례 그 훌륭함을 칭찬하더라도 또한 어찌 그 아름다움을 다 표현할 수 있겠느냐고 한 것이다.

　　雖三次稱美其善이라도 亦豈能盡其美乎아

標題句解孔子家語 卷中

제15편 여섯 가지 근본 원칙 六本 第十五^①

孔子가 편의 첫머리에서 孝·哀·勇·農·嗣·力을 君子의 여섯 가지 근본이라고 말했으므로, 편명을 '六本'이라고 하였다. "좋은 약은 입에 쓰지만 병에는 이롭고, 충직한 말은 귀에 거슬리지만 행동에는 이롭다."라는 공자의 가르침이 속담처럼 널리 쓰였으며, '芝蘭之交'라는 말도 이 편에서 나왔을 정도로 많이 알려진 내용이다.

　① 편의 첫 머리에 여섯 가지 근본 원칙에 관한 일을 말하였기 때문에 이렇게 편명을 붙인 것이다.
　篇首言六本之事라 故以名篇하니라

15-1¹⁾ 공자가 말하였다.

"몸가짐을 하는 데 여섯 가지 근본 원칙이 있으니 그런 뒤에야 군자가 될 수 있다. 立身에는 義가 있으니 효가 근본이고, 喪事에는 禮가 있으니 슬픔이 근본이고, 전쟁에는 隊列이 있으니 용기가 근본이고, 정치에는 이치가 있으니 농사가 근본이고, 국가를 유지하는 데는 道가 있으니 後嗣가 근본이고, 재물을 늘리는 데는 때가 있으니 勤力이 근본이다."

孔子曰 行己有六本焉^①하니 然後爲君子^②니라 立身有義矣니 而孝爲本^③이요 喪紀有禮矣니 而哀爲本^④이요 戰陣有列矣니 而勇爲本^⑤이요 治政有理矣니 而農爲本^⑥이요 居國有道矣니 而嗣爲本^⑦이요 生財有時矣니 而力爲本^⑧이라

　① 부자가 말하기를, "사람이 몸가짐을 하는 데는 여섯 가지 근본 원칙이 있다."라고 한 것

---

1) 저본의 표제에 "몸가짐을 하는 데 여섯 가지 근본 원칙이 있다.〔行己有六本〕"라고 되어 있다.

이다.

夫子言 人之一身所行有六本이라

② 이렇게 해야 군자다운 사람이 된다는 것이다.

斯爲君子之人이라

③ 입신은 효를 근본으로 삼는 것이다.

立身은 以孝爲本이라

④ 喪事는 슬픔을 근본으로 삼는 것이다.

喪事는 以哀戚爲本이라

⑤ 전쟁은 용기를 근본으로 삼는 것이다.

戰陣은 以勇爲本이라

⑥ 정치는 농사를 근본으로 삼는 것이다.

爲政은 以農爲本이라

⑦ 국가를 유지하는 데는 자식을 세우는 것을 근본으로 삼는 것이다.

爲國은 以立子爲本이라

⑧ 재물을 늘리는 데는 勤力을 근본으로 삼는 것이다.

生財는 以勤力爲本이라

15-2 공자가 말하였다.

"좋은 약은 입에 쓰지만 병에는 이롭고 충직한 말은 귀에 거슬리지만 행동에는 이롭다. 湯임금과 武王은 신하의 곧은 말을 들어서 昌盛하였고, 桀과 紂는 자신의 뜻에 순종하는 말만 들어서 망하였다.[2] 임금에게 간쟁하는 신하가 없고, 아버지에게 간쟁하는 자식이 없으며, 형에게 간쟁하는 아우가 없고, 선비에게 간쟁하는 벗이 없고서 잘못이 없는 자는 있지 않을 것이다. 그러므로 '임금이 잘못하면 신하가 간쟁할 수 있고, 아버지가 잘못하면 자식이 간쟁할 수 있고, 형이 잘못하면 아우가 간쟁할 수 있고, 자신이 잘못하면 벗이 간쟁할 수 있다.'라고 한 것이다. 이 때문에 나라에는 危亡의 조짐이 없고 집안에는 悖逆을 일으키는 악행이 없어서, 부

---

2) 湯임금과……망하였다 : 원문의 諤諤은 과감하게 직언하는 것이고, 唯唯는 예예하며 순종하는 것으로 諾諾과 같다. ≪史記≫〈商君列傳〉에 "양 1,000마리의 가죽보다는 여우 한 마리의 겨드랑이 털가죽이 훨씬 낫고, 1,000명의 신하가 예예하는 것보다는 한 사람의 선비가 직언하는 것이 낫다.〔千羊之皮 不如一狐之掖 千人之諾諾 不如一士之諤諤〕"라고 하였다.

자와 형제가 잘못이 없게 되고 벗과의 교제도 끊어지지 않게 되는 것이다."

孔子曰 良藥苦口而利於病①하고 忠言逆耳而利於行②③하니 湯武以諤諤而昌④하고 桀紂
以唯⑤唯而亡⑥이라 君無爭⑦臣하고 父無爭子하며 兄無爭弟하고 士無爭友하면 無其過者未之
有也⑧라 故曰 君失之어든 臣得之⑨하고 父失之어든 子得之⑩하며 兄失之어든 弟得之⑪하고 己
失之어든 友得之⑫라 是以國無危亡之兆하고 家無悖亂之惡⑬하여 父子兄弟無失하고 而交友
無絶也⑭니라

① 좋은 약은 비록 입에 쓰지만 병에는 이로운 것이다.
　　良藥雖苦口而益於病이라
② 頭註 : 行(행동)은 去聲이다.
　　行은 去聲이라
③ 忠直한 말은 비록 사람이 듣기에 거슬리지만 행하는 데는 이로운 것이다.
　　忠鯁之言은 雖逆人聽而利於所行이라
④ 商나라 湯임금과 周나라 武王은 곧고 바른 말을 들었기 때문에 창성한 것이다.
　　商湯周武는 由聽謇諤之言이라 故昌盛이라
⑤ 頭註 : 唯(공손하게 대답하는 말)는 上聲이다.
　　唯는 上聲이라
⑥ 夏나라 桀과 殷나라 紂는 그의 신하들이 뜻에 순종하여 예예하였기 때문에 그 나라가
　　망한 것이다.
　　夏桀殷紂는 其臣順意하여 惟唯唯라 故亡其國이라
⑦ 頭註 : 爭(간쟁하다)은 去聲이다.
　　爭은 去聲이라
⑧ 임금, 아버지, 형, 선비에게 간쟁하는 아랫사람이 없고서 스스로 잘못을 적게 하려고
　　하는 자는 있지 않은 것이다.
　　君父兄士가 若無在下人諫爭이면 欲自少過者未有也라
⑨ 임금에게 잘못이 있으면 신하가 간쟁할 수 있는 것이다.
　　君有過어든 臣得以諫이라
⑩ 아버지에게 잘못이 있으면 자식이 간쟁할 수 있는 것이다.
　　父有過어든 子得以諫이라
⑪ 형에게 잘못이 있으면 아우가 간쟁할 수 있는 것이다.
　　兄有過어든 弟得以諫이라
⑫ 자기에게 잘못이 있으면 벗이 간쟁할 수 있는 것이다.

己有過失이어든 朋友得以諫이라

⑬ 나라가 危亡에 이르지 않고 집안이 悖逆을 일으키는 데 이르지 않는 것이다.

國不至於危亡하고 家不至於悖逆이라

⑭ 부자와 형제 모두 잘못이 없게 되고 벗과의 교유도 끊어짐이 없게 되는 것이다.

父子兄弟俱無過失하고 朋友交遊亦無斷絶이라

15-3[3] 공자가 제 경공을 만나 보았는데 경공이 기뻐하여 廩丘를 떼어 주어 食邑으로 삼기를 청하였다. 공자가 사양하여 받지 않고 들어가 제자들에게 말하였다.

"내가 들으니 군자는 공로가 있어 賞을 줄 때만 그 상을 받는다고 한다. 그런데 지금 내가 제나라 군주에게 말하였는데 제나라 군주는 내 말을 실행하지 않으면서 나에게 식읍을 하사하니, 또한 나를 전혀 모르는 것이다."

그리고 이에 드디어 떠났다.

孔子見齊景公한대 公悅焉하여 請置廩丘之邑以爲養이어늘 孔子辭而不受하고 入謂弟子曰 吾聞君子賞功受賞이라하니 今吾言於齊君이어늘 君未之有行而賜吾邑하니 其不知丘亦甚矣라하고 於是遂行하다

15-4[4] 자하가 三年喪을 마치고 공자를 뵙자, 공자가 말하였다.

"거문고를 주어라."

그리고 거문고를 타게 하였는데, 和樂하고 즐겁게 연주하고는 일어나 말하였다.

"先王이 제정한 예이기 때문에 감히 喪期를 채우지 않을 수 없었습니다."

공자가 말하였다.

"군자이다."

閔子騫이 삼년상을 마치고 공자를 뵙자, 공자가 말하였다.

"거문고를 주어라."

그리고 거문고를 타게 하였는데, 애절하고 슬프게 연주하고는 일어나 말하였다.

---

3) 이 부분은 四部叢刊本을 저본으로 하였다.

4) 이 부분은 四部叢刊本을 저본으로 하였다.

"선왕이 제정한 예이기 때문에 감히 喪期를 연장할 수 없었습니다."

공자가 말하였다.

"군자이다."

자공이 물었다.

"민자건은 슬픔이 다하지 않았는데 부자께서 군자라고 하시고, 자하는 슬픔이 이미 다했는데 또 군자라고 하셨습니다. 두 사람은 감정이 서로 다른데 모두 군자라고 하시니, 저는 의혹되어 감히 그 이유를 묻습니다."

공자가 말하였다.

閔子騫

"민자건은 슬픔을 잊지 못하였는데도 예로써 끊었고 자하는 슬픔이 이미 다했는데도 슬픈 감정을 연장하여 예에 이르렀다. 그러니 비록 모두 군자라고 하더라도 또한 옳지 않겠는가."

(子貢)〔子夏〕⁵⁾ 三年之喪畢하고 見於孔子한대 子曰 與之琴하라하고 使之絃한대 侃侃而樂하고 作而曰 先王制禮라〔不敢不及이로이다 子曰 君子也라 閔子三年之喪畢하고 見於孔子한대 子曰 與之琴하라하고 使之絃한대 切切而悲하고 作而曰 先王制禮라〕⁶⁾ 弗敢過也로이다 子曰 君子也라 子貢曰 閔子哀未盡이어늘 夫子曰君子也라하시고 子夏哀已盡이어늘 又曰君子也라하시니이다 二者殊情이로대 而俱曰君子라하시니 賜也(或)〔惑〕⁷⁾하여 敢問之하노이다 孔子曰 閔子哀未忘이어늘 能斷之以禮하고 子夏哀已盡이어늘 能引之及禮하니 雖均之君子라도 不亦可乎아

15-5⁸⁾ 공자가 그물로 참새를 잡는 자가 잡은 것을 보았는데 모두 부리가 노란 새

---

5) (子貢)〔子夏〕: 저본에는 '子貢'으로 되어 있으나, 뒤의 내용과 ≪說苑≫ 〈修文〉에 의거하여 '子夏'로 바로잡았다.

6) 〔不敢不及……先王制禮〕: 이 부분은 저본에는 없으나, ≪詩經≫ 〈素冠〉의 毛序와 ≪說苑≫ 〈修文〉에 의거하여 보충하였다.

7) (或)〔惑〕: 저본에는 '或'으로 되어 있으나, ≪說苑≫ 〈修文〉에 의거하여 '惑'으로 바로잡았다.

8) 이 부분은 四部叢刊本을 저본으로 하였다.

끼 참새였다. 夫子가 물었다.

"유독 큰 참새를 잡지 않은 것은 어째서인가?"

그물로 참새를 잡는 자가 말하였다.

"큰 참새는 잘 놀라서 잡기 어렵지만 새끼 참새는 먹을 것을 탐하여 잡기가 쉽습니다. 새끼 참새가 큰 참새를 따르면 잡을 수 없고, 큰 참새가 새끼 참새를 따르면 또한 잡을 수 없습니다."[9]

공자가 제자들을 돌아보고 말하였다.

"잘 놀라서 害를 멀리하는 것과 먹을 것을 탐하다가 다가올 환난도 잊어버리는 것은 자신의 마음에서 나오는 것이지만 따르는 것에 따라 화도 되고 복도 된다. 그러므로 군자는 그 따르는 바를 삼가는 것이다. 長者의 사려를 따르면 몸을 보전하는 길이 있지만 小者의 우매함을 따르면 위태롭고 망하는 실패가 있게 된다."

孔子見羅雀者所得하니 皆黃口小雀이러라 夫子問之曰 大雀獨不得은 何也오 羅者曰 大雀善驚而難得이나 黃口貪食而易得이라 黃口從大雀則不得하고 大雀從黃口亦不得하니이다 孔子顧謂弟子曰 善驚以遠害와 利食而忘患은 自其心矣로대 而以所從爲禍福이라 故君子愼其所從이라 以長者之慮면 則有全身之階요 隨小者之戀(당)이면 而有危亡之敗也니라

15-6[10] 공자가 ≪周易≫을 읽다가 損卦와 益卦에 이르러 한숨 쉬며 탄식하자, 子夏가 자리에서 일어나 물었다.

"부자께서는 어찌 탄식하십니까?"

공자가 대답하였다.

"대저 스스로 덜어내는 자는 반드시 유익하고 스스로 보태는 자는 반드시 터져 망가지게 된다.[11] 내가 이 때문에 탄식하는 것이다."

9) 어린……없습니다 : 이 부분은 ≪說苑≫ 〈敬愼〉에 "새끼 참새가 큰 참새를 따르면 잡을 수 없지만, 큰 참새가 새끼 참새를 따르면 잡을 수 있다.〔黃口從大爵者不得 大爵從黃口者可得〕"라고 되어 있고, 뒤의 내용에도 '따르는 것에 따라 화도 되고 복도 된다.'라고 하였으므로, 뒷부분은 '큰 참새가 새끼 참새를 따르면 잡을 수 있습니다.'라고 해야 할 듯하다.

10) 저본의 표제에 "스스로 덜어내는 자는 반드시 유익하다.〔自損者必有益〕"라고 되어 있다.

11) 스스로……된다 : ≪周易≫에서 損卦에서 益卦로, 益卦에서 夬卦로 가는 과정을 설명한 것이다. ≪周易≫ 〈序卦傳〉에 "덜어내기를 그치지 않으면 반드시 보태주므로 益卦로 받았고, 보태고 그치지 않으면 반드시 터지므로 夬卦로 받았다. 夬는 터지는 것이다.〔損而不已必益 故受之以益 益而

子貢이 말하였다.

"그렇다면 배우는 자는 보태는 것이 있어서는 안 됩니까?"

공자가 말하였다.

"道를 보태는 것을 말하는 것이 아니다. 도가 더욱 보태지더라도 자신은 더욱 덜어내야 하니 배우는 자는 자만함을 덜어내어 겸허함으로 남을 받아들이기 때문에 가득 찬 상태를 유지할 수 있는 것이다. 크구나! 하늘의 도는 만물을 이루었다가 반드시 변화시키니, 무릇 가득 찬 상태를 오래도록 유지하는 자는 있지 않았다. 옛날 요임금이 천하를 다스리는 지위에 있으면서도 진실함과 공손함으로 유지하였고 능히 겸양하여 아랫사람을 대하였다. 이 때문에 천년이 지났는데도 그 덕이 더욱 성대하여 지금까지도 더욱 드러나는 것이다. 하지만 夏나라 桀과 昆吾[12]는 自滿한 마음이 끝이 없고 방자해서 절제할 줄 몰라 지푸라기를 베듯 백성을 죽였으므로 匹夫를 죽이듯이 천하가 그를 討罪하였다. 이 때문에 천년이 지났는데도 그 악행이 드러나 지금까지도 사라지지 않는 것이다."

○ 孔子讀易이라가 至於損益[①]하여 喟然而歎[②]이어늘 子夏避席問曰[③] 夫子何嘆焉[④]잇고 孔子曰 夫自損者必有益[⑤]이요 自益者必有決之[⑥]라 吾以是歎也[⑦]니라 子貢曰 然則學者不可以益乎[⑧]잇가 子曰 非道益之謂也[⑨]라 道彌益而身彌損[⑩]이니 夫學者損其自多[⑪]하여 以虛受人[⑫]이라 故能成其滿[⑬]이라 博哉라 天道成而必變[⑭]이니 凡持滿而能久者 未嘗有也[⑮]라 昔堯居天下之位[⑯]호되 猶允恭以持之[⑰]하고 克讓以接下[⑱]라 是以千歲而益盛하여 迄今而逾彰[⑲]이어니와 夏桀昆吾[⑳]自滿而無極[㉑]하고 亢意而不節[㉒]하여 斬刈黎民을 如草芥焉[㉓]하니 天下討之를 如誅匹夫[㉔]라 是以千載[㉕]而惡著하여 迄今而不滅[㉖]이니라

① 부자가 ≪周易≫을 읽다가 損卦와 益卦에 이른 것이다.

　夫子讀周易이라가 至損益二卦라

② 한숨 쉬며 탄식한 것이다.

　喟然興歎이라

③ 자하가 자리에서 일어나 부자에게 물은 것이다.

不已必決 故受之以夬 夬者決也〕라고 하였다.

12) 昆吾 : 三代 시대 서쪽 오랑캐 나라인 昆吾國으로 桀의 黨與이다. ≪詩經≫〈商頌 長發〉에 "〈탕임금이〉 韋나라와 顧나라를 정벌하시고, 곤오와 하나라 걸을 쳤다.〔韋顧旣伐 昆吾夏桀〕"라고 하였다.

子夏避位而問夫子라

④ 부자는 무엇 때문에 탄식하느냐고 한 것이다.

夫子何所歎이니잇고

⑤ 사람은 스스로 덜어내면 유익한 바가 있는 것이다.

人能自損이면 則有所益이라

⑥ 스스로 보태는 자는 반드시 터져 망가지는 데에 이르는 것이다.

自益者必至於夬決이라

⑦ 자신이 이 때문에 탄식하는 것이라고 한 것이다.

我由此而歎이라

⑧ 자하가 말하기를, "이와 같다면 배우는 자는 보태는 것이 있어서는 안 됩니까?"라고 한 것이다.

子夏言 如此則學者不可有益乎잇가

⑨ 부자가 말하기를, "도를 보태지 말라는 말이 아니다."라고 한 것이다.

夫子言 非謂道不可益이라

⑩ 도는 비록 더욱 보태지더라도 자신은 마땅히 더욱 덜어내야 하는 것이다.

道雖愈益이라도 身當愈損이라

⑪ 배우는 자는 스스로 그 보태지는 것을 덜 줄을 알아야 하는 것이다.

學者當知自損其益이라

⑫ 겸허함으로 남을 받아들이는 것이다.

以謙虛而容人이라

⑬ 이에 가득 찬 상태를 유지할 수 있는 것이다.

乃能持於盈滿이라

⑭ 크도다! 하늘의 도는 이미 만물을 이루었다가 다시 만물을 변화시키는 것이다.

大哉라 上天之道는 旣成於物이라가 復變於物이라

⑮ 무릇 가득 찬 상태를 오래도록 유지하는 데 이르는 자는 있지 않은 것이다.

凡能持盈이 至於久者는 未有也라

⑯ 옛날 요임금이 임금의 자리에 있으면서 천하를 다스린 것이다.

昔者에 帝堯居位하여 以治天下라

⑰ 오히려 또 공경과 진실함으로 삼가서 지킨 것이다.

尙且敬信以謹持之라

⑱ 능히 겸손함으로 아랫사람을 대한 것이다.

能謙遜以接下情이라

⑲ 이 때문에 천년이 지났는데도 그 덕이 더욱 성대하여 지금까지도 더욱 드러나는 것이다.

千歲而下에 其德愈盛하여 至今而愈彰이라

⑳ 昆吾國이 하나라 걸과 난을 일으킨 것이다.

昆吾國이 與夏桀作亂이라

㉑ 자만한 마음을 그치지 않은 것이다.

自滿不止라

㉒ 방자해서 절제할 줄을 모른 것이다.

恣意而不知節이라

㉓ 백성을 살육하기를 지푸라기를 베듯이 한 것이다.

殺戮百姓을 如刈草芥라

㉔ 천하가 함께 정벌하기를 필부 한 사람을 죽이듯이 한 것이다.

天下共伐之를 如殺一匹夫焉이라

㉕ 頭註 : 載(해)는 上聲이라

載는 上聲이라

㉖ 천년이 지났는데도 그 악행이 더욱 드러나 지금까지도 사라지지 않는 것이다.

千載而下에 其惡愈著하여 至今而不泯滅이라

15-7[13] 증자가 오이 밭을 김매다가 실수로 오이의 뿌리를 잘랐다. 그러자 曾晳이 노하여 큰 몽둥이를 잡고 증자의 등을 때렸는데 증자가 땅에 넘어져 한참동안 정신을 차리지 못하였다. 이윽고 소생하여 기뻐서 일어나 증석에게 나아가 말하였다.

"아까 제가 아버지께 잘못을 저질러 아버지께서 저를 때려서 가르쳐 주셨는데 편찮으신 데는 없으십니까?"

그리고는 물러나 방에 들어가 거문고를 가져다 노래하여 증석이 이를 듣고서 자신이 건강하다는 것을 알게 하고자 하였다. 공자가 이 일을 듣고 노하여 문하의 제자들에게 말하였다.

"증삼이 오거든 들이지 말라."

증삼은 자신이 잘못이 없다고 여겨 사람을 시켜 공자에게 그 이유를 묻게 하자,

---

13) 이 부분은 四部叢刊本을 저본으로 하였다.

공자가 말하였다.

"너는 듣지 못하였느냐. 옛날 瞽瞍에게 舜이라는 자식[14]이 있었다. 순이 고수를 섬길 때에 심부름을 시키려고 하면 그 곁에 있지 않은 적이 없었지만 찾아서 죽이려고 하면 그렇게 하도록 한 적이 없었다. 또 작은 회초리로 때리면 맞기를 기다렸지만 큰 몽둥이로 때리면 피하여 달아났다. 그러므로 고수는 아버지답지 않은 죄를 저지르지 않았고 순은 淳厚한 효를 잃지 않았던 것이다. 그런데 지금 증삼은 아버지를 섬길 때에 몸을 내맡긴 채 크게 노하도록 두어 죽더라도 피하지 않았다. 이미 죽어서 아버지를 不義한 데에 빠뜨렸다면 그 不孝가 무엇이 이보다 크겠는가. 너는 천자의 백성이 아니냐? 천자의 백성을 죽인 죄가 어떠한가?"

증삼이 이를 듣고 말하였다.

"저의 죄가 큽니다."

마침내 공자에게 가서 사죄하였다.

曾子耘瓜라가 誤斬其根이어늘 曾晳怒하여 建大杖以擊其背하니 曾子仆地而不知人久之라 有頃乃蘇하여 欣然而起하여 進於曾晳曰 嚮也에 參得罪於大人하여 大人用力敎參하니 得無疾乎잇가 退而就房하여 援琴而歌하여 欲令曾晳而聞之하여 知其體康也라 孔子聞之而怒하여 告門弟子曰 參來어든 勿內(납)하라 曾參自以爲無罪하여 使人請於孔子한대 子曰 汝不聞乎아 昔瞽瞍有子曰 舜하니 舜之事瞽瞍에 欲使之인댄 未嘗不在於側이어니와 索而殺之인댄 未嘗可得하며 小棰則待過하고 大杖則逃走라 故瞽瞍不犯不父之罪하고 而舜不失烝烝之孝어늘 今參事父에 委身以待暴怒하여 殪(에)而不避①라 旣身死而陷父於不義인댄 其不孝孰大焉이리오 汝非天子之民也아 殺天子之民이 其罪奚若고 曾參聞之曰 參罪大矣로이다하고 遂造孔子而謝過하다

① 殪는 죽는다는 뜻이다.
　殪는 死라

15-8[15) 荊나라(楚나라) 公子[16)가 15세에 형나라 재상의 일을 섭행하자, 공자가

---

14) 瞽瞍에게……자식 : 舜임금의 부친인 瞽瞍가 완악하여 순임금을 몇 차례나 죽이려고까지 하였는데, 순임금이 어버이 모시는 도리를 깍듯이 행하자, 고수도 기뻐하게 되었다는 고사가 있다. (《孟子》〈離婁 上〉)

15) 이 부분은 四部叢刊本을 저본으로 하였다.

이를 듣고 사람을 시켜 가서 어떻게 정치를 하는지 살펴보게 하였다. 심부름 간 사람이 돌아와서 말하였다.

"그 조정을 보니 맑고 깨끗하고 일이 적으며, 堂 위에는 5명의 덕망 있는 노인이 있고 행랑 아래에는 20명의 훌륭한 壯士가 있었습니다."

공자가 말하였다.

"25명의 지혜를 합하여 천하를 다스리더라도 참으로 화를 면할 수 있는데 하물며 형나라쯤이겠는가."

荊公子行年十五而攝荊相事어늘 孔子聞之하고 使人往觀其爲政焉이어늘 使者反曰 視其朝하니 淸淨而少事하며 其堂上에 有五老焉하고 其廊下에 有二十壯士焉하니이다 孔子曰 合二十五人之智하여 以治天下라도 其固免矣어든 況荊乎아

15-9[17] 공자가 말하였다.

"내가 죽은 뒤로 商(자하)의 학문은 날로 진보할 것이고 賜(자공)의 학문은 날로 퇴보할 것이다."

증자가 물었다.

"무슨 말입니까?"

공자가 대답하였다.

"상은 자기보다 나은 사람과 어울리기를 좋아하고 사는 자기보다 못한 사람과 어울리기를 좋아한다. 그 자식을 모르겠거든 그 아비를 살펴보고, 그 사람을 모르겠거든 그 벗을 살펴보며, 그 임금을 모르겠거든 그 등용된 사람을 살펴보고, 그 지역을 모르겠거든 그 지역에서 자라는 초목을 살펴보아야 한다. 그러므로 '선한 사람과 함께 있는 것은 芝草와 蘭草가 있는 방 안에 들어가는 것과 같아서 오래 지나면 그 향기를 맡지 못하니 이는 바로 지초와 난초에 同化되어서이고, 불선한 사람과 함께 있는 것은 절인 생선 가게에 들어가는 것과 같아서 오래 지나면 그 악취를 맡지 못하니 이는 또한 절인 생선에 동화되어서이다. 붉은 丹砂를 보관한 곳

---

16) 荊나라 公子 : ≪說苑≫〈尊賢〉에는 '介子推'로 명시되어 있다.

17) 저본의 표제에 "芝草와 蘭草에 동화되다.〔芝蘭俱化〕"라고 되어 있다.

은 붉어지고 검은 옷을 보관한 곳은 검어진다.'라고 하였다. 이 때문에 君子는 반
드시 함께 어울리는 사람을 신중히 선택해야 하는 것이다."

○ 孔子曰 吾死之後則商也日益^①하고 賜也日損^②하리라 曾子曰 何謂也^③잇고 子曰 商也好^④
與賢己者處^⑤하고 賜也好悅不若己者處^⑥라 不知其子어든 視其父^⑦하고 不知其人이어든 視其
友^⑧하고 不知其君이어든 視其所使^⑨하고 不知其地어든 視其草木^⑩이라 故曰 與善人居는 如入芝
蘭之室^⑪하여 久而不聞其香하니 卽與之化矣^⑫요 與不善人居는 如入鮑魚之肆^⑬하여 久而不聞其
臭하니 亦與之化矣^⑭라 丹之所藏者赤^⑮하고 漆之所藏者黑^⑯이라 是以君子必愼其所與處者
焉^⑰이니라

① 부자가 말하기를, "내가 죽은 뒤에 자하의 학문은 날로 진보하는 바가 있을 것이다."라
   고 한 것이다.
   夫子言 我死後에 子夏日有所益이라

② 자공의 학문은 날로 퇴보하는 바가 있을 것이라고 한 것이다.
   子貢日有所損이라

③ 曾參이 묻기를, "어째서입니까?"라고 한 것이다.
   曾參問 是如何오

④ 頭註 : 好(좋아하다)는 去聲이다.
   好는 去聲이라

⑤ 자하는 자기보다 나은 사람과 어울리기를 좋아한 것이다.
   子夏好與勝己之人相處라

⑥ 자공은 자기보다 못한 사람과 어울리기를 좋아한 것이다.
   子貢好與不如己之人相處라

⑦ 그 자식의 善惡을 모르겠거든 그 아비를 살펴보는 것이다.
   不知其子之善惡이어든 惟觀其父라

⑧ 그 사람의 선악을 모르겠거든 그가 사귀는 벗을 살펴보는 것이다.
   不知其人之善惡이어든 惟觀其所交之友라

⑨ 그 임금의 선악을 모르겠거든 그 등용한 사람을 살펴보는 것이다.
   不知其君之善惡이어든 惟觀其所用之人이라

⑩ 그 지역의 토질을 모르겠거든 그 지역의 초목이 무성한지의 여부를 살펴보는 것이다.
   不知其地(上)〔土〕¹⁸⁾之肥瘠이어든 惟觀其地草木榮瘁如何라

---

18) (上)〔土〕: 저본에는 '上'으로 되어 있으나, 江陵本과 慶長本에 의거하여 '土'로 바로잡았다.

⑪ 선한 사람과 함께 있는 것은 지초와 난초가 있는 방에 들어가는 것과 같은 것이다.

與善人同處는 如入芝蘭之室中이라

⑫ 오래 지나면 그 향기를 맡지 못하니 이는 지초와 난초에 동화되어서이다.

久後不聞其香氣하니 與芝蘭俱化也라

⑬ 불선한 사람과 함께 있는 것은 악취 나는 생선 가게에 들어가는 것과 같은 것이다.

與不善人同處는 如入臭魚之店中이라

⑭ 오래 지나면 그 악취를 맡지 못하니 이는 또한 절인 생선에 동화되어서이다.

久後不知其臭氣하니 亦與鮑魚俱化也라

⑮ 붉은 丹砂를 보관한 곳은 반드시 붉어지는 것이다.

藏丹處必赤이라

⑯ 검은 옻을 보관한 곳은 반드시 검어지는 것이다.

藏漆處必黑이라

⑰ 그러므로 군자는 반드시 함께 어울리는 사람을 신중히 선택해야 하는 것이다.

故君子必謹其所與同處者라

248

제16편 사물에 대한 변론   辯物 第十六①

　　孔子가 博學多識하고 이치를 꿰뚫어 사물을 잘 분별한 것을 기록한 편이기에, 편명을 '辨物'로 삼았다. 物은 '事物' 즉 '일'이라는 뜻 외에도 '사물의 이치'라는 말을 포함한다. 孔子가 당시 상상의 동물로 여겨졌던 기린의 존재를 알았던 것은 그의 박학다식한 일면이고, 陽虎가 魯나라를 떠나 趙簡子에게 갔다는 말을 듣고서 장차 禍亂이 일어날 것을 안 것과 사당의 화재를 통해 功과 德이 부족한 사당에 불이 났을 것이라고 말한 것은 그의 이치를 꿰뚫어 보는 일면을 보인 것이다.

　　① 이 장은 사물에 대해 변론한 것이 많기 때문에 이렇게 편명을 붙인 것이다.
　　　　此章多辯論於事物이라 故以名篇하니라

16-1 郯子(담자)¹⁾가 노나라에 朝見하자 노나라 사람이 물었다.
　"少昊氏²⁾는 새의 이름을 따서 관직의 이름을 붙였습니다.³⁾ 어째서입니까?"
　담자가 대답하였다.
　"저의 조상이라 제가 그 까닭을 압니다. 옛날 黃帝⁴⁾는 구름으로 관직을 기록하였기 때문에 구름으로 百官의 장관을 기록하여 관직의 이름을 붙였고, 炎帝氏⁵⁾는

---

1) 郯子(담자) : 춘추시대 郯나라의 임금으로, 공자가 그에게서 고대의 정치제도를 배웠다고 한다.
2) 少昊氏 : 소호는 중국 고대 전설상의 임금으로, 黃帝의 아들이다. 후대에 가을을 맡는 신이 되었다.
3) 새의……붙였습니다 : 예를 들면, 鳳凰氏(봉황)는 歷正이고, 玄鳥氏(제비)는 司分이고, 祝鳩氏(비둘기)는 司徒이고, 雎鳩氏(물수리)는 司馬이고, 鳲鳩氏(뻐꾸기)는 司空이고, 爽鳩氏(매)는 司寇이고, 鶻鳩氏(맷비둘기)는 司事와 같은 경우이다.(≪春秋左氏傳≫ 昭公 17년)
4) 黃帝 : 중국의 전설상에 나오는 五帝 가운데 하나로, 曆算, 文字, 音律, 醫藥 등을 처음으로 사람들에게 가르쳤다고 한다.

불로, 共工氏⁶⁾는 물로, 太昊氏⁷⁾는 용으로 관직의 이름을 붙였으니 그 뜻은 똑같습니다. 우리 古祖인 少昊氏 摯가 즉위할 때에 마침 봉황이 날아왔습니다. 이 때문에 새로 관직을 기록하였습니다. 그래서 새로 백관의 장관을 기록하여 관직의 이름을 붙였습니다. 그런데 顓頊氏⁸⁾ 이후로는 人事와 관계가 먼 것을 기록할 수 없어서 가까운 것을 기록하게 되었습니다. 그래서 백성의 일로 백관의 장관을 기록하여 관직의 이름을 붙였으니, 먼 것을 기록할 수 없었기 때문입니다."

공자가 이 말을 듣고 마침내 담자를 알현하고 배웠다.

郯^①子朝魯^②한대 魯人問曰^③ 少昊氏以鳥名官하니 何也^④오 對曰 吾祖也라 我知之^⑤로라 昔黃帝以雲紀官이라 故爲雲師而雲名^⑥하고 炎帝以火^⑦하고 共工以水^⑧하고 太昊以龍^⑨하니 其義一也^⑩라 我高祖少昊摯之立也^⑪에 鳳鳥適至^⑫라 是以紀之於鳥라 故爲鳥師而官名^⑬이라 自顓頊^⑭氏以來로 不能紀遠하여 乃紀於近^⑮하니 爲民師而命以民事^⑯는 則不能故也^⑰라 孔子聞之^⑱하고 遂見郯子而學焉^⑲이라

① 頭註 : 郯(나라 이름)은 곱이 談이다.

　郯은 音談이라

② 담자가 노나라에 朝見한 것이다.

　郯子朝於魯國이라

③ 노나라 사람은 叔孫昭子이다.

　魯人은 叔孫昭子也라

④ 소호는 金天氏이다. 소호가 새 이름으로 관직의 이름을 붙였기 때문에 노나라 사람이 물은 것이다.

　少昊는 金天氏也라 少昊以鳥名官이라 故魯人發問이라

⑤ 담자가 말하기를, "소호씨는 저의 조상입니다. 그래서 저는 새 이름으로 관직의 이름을 붙인 이유를 알고 있습니다."라고 한 것이다.

　郯子言 少昊氏는 我之祖也라 我知其以鳥名官之故라

---

5) 炎帝氏 : 중국 고대 전설상의 임금으로 보통 神農氏라 불린다. 농사짓는 법을 만들고 온갖 식물을 맛보아 약초를 정했다고 한다.

6) 共工氏 : 제후를 主導하는 사람으로서 九州의 우두머리가 되었는데, 직임을 잘 수행하지 못하여 순임금이 幽洲로 유배를 보냈다.(≪書經≫〈舜典〉)

7) 太昊氏 : 중국 고대 전설 속의 三皇 중 하나로 伏羲氏, 包羲氏라 불린다. 八卦를 처음 만들고 그물을 발명하여 고기 잡는 방법을 가르치는 등 인류 문명의 창시자로 여겨진다.

8) 顓頊氏 : 五帝의 한 사람으로 高陽氏라 불린다. 황제 헌원씨의 손자로 소호를 이어 즉위하였다.

⑥ 황제는 헌원씨이다. 구름으로 百官의 장관을 기록하여 관직의 이름을 붙인 것이다.

黃帝는 軒轅氏也라 以雲紀其官長하여 而爲官名者也라

⑦ 신농씨는 불로 관직의 이름을 붙인 것이다.

神農氏는 以火名官이라

⑧ 共工은 九州의 伯인데 물로 관직의 이름을 붙인 것이다.

共工은 伯九州니 以水名官이라

⑨ 包羲氏는 용으로 관직을 기록한 것이다.

包羲氏는 以龍紀官이라

⑩ 불로 백관의 장관을 기록하여 관직의 이름을 붙인 것이고, 용으로 백관의 장관을 기록하여 관직의 이름을 붙인 것이다.

火師而火名也요 龍師而龍名也라

⑪ 나의 선조 소호씨가 처음 즉위한 것이다. 摯는 소호씨의 이름이다.

我上祖少昊之初立也라 摯는 少昊名이라

⑫ 마침 봉황이 날아오는 상서가 있었던 것이다.

適有鳳鳥之祥瑞라

⑬ 그래서 새로 그 백관의 장관을 기록하여 관직의 이름을 붙인 것이다.

故以鳥紀其官長하여 而爲官名也라

⑭ 頭註 : 頊(사람 이름)은 許와 六의 反切이다.

頊은 許六切이라

⑮ 顓帝(전욱) 이후로 人事와 관계가 먼 것은 기록할 수 없어서 가까운 것을 기록한 것이다.

顓帝以來로 不紀遠而紀近이라

⑯ 백성으로 백관의 장관을 기록하여 백성의 일로 관직의 이름을 붙인 것이다.

以民而紀官하여 以民事而名官也라

⑰ 먼 것을 기록할 수 없음을 말한 것이다.

言不能紀遠也라

⑱ 부자가 담자의 말을 들은 것이다.

夫子聞郯子言이라

⑲ 마침내 찾아가 알현하고 이에 나아가 배웠으니, 담자가 옛 일을 잘 알기 때문이다.

遂往見之하고 乃就學焉하니 以郯子之知古也라

16-2[9)] 邾 隱公이 노나라에 朝見하였는데 자공이 그 禮를 보았다. 邾子는 玉[10)]을 높이 들어 그 얼굴이 위를 쳐다보고 定公은 옥을 낮은 자세로 받아 그 얼굴이 아래를 쳐다보았다. 자공이 말하였다.

"예를 행하는 모습을 보건대 두 임금은 장차 죽을 것이다. 예는 死生과 存亡의 주체이다. 좌우로 움직이고 두루 돌며 進退하고 俯仰하는 것에서 사생과 존망을 취하고, 朝會하고 제사 지내며 喪禮를 치르고 군사와 관련된 일에서 사생과 존망을 볼 수 있다. 그런데 지금 正月에 서로 조현하는 예를 행하면서 모두 법도에 맞지 않으니 이는 마음을 잃은 것이다. 좋은 일도 격식에 맞지 않은데 어떻게 오래 살 수 있겠는가. 높이 들어 위를 쳐다보는 것은 교만[驕]한 것이고 낮은 자세로 받아 아래를 쳐다보는 것은 태만[替]한 것이니,[11)] 교만함은 禍亂에 가깝고 태만함은 질병에 가깝다. 우리 임금이 주인이니 먼저 죽을 것이다."

여름 5월에 정공은 薨하고 또 주자는 出奔하였다. 공자가 말하였다.

"賜의 말이 불행하게도 맞았으니 사가 말을 많이 하겠구나."

邾隱公朝于魯하니 子貢觀焉[①]하다 邾子는 執玉高하여 其容仰하고 定公은 受玉卑하여 其容俯[②]러라 子貢曰 以禮觀之컨대 二君者는 將有死亡焉호리라 夫禮는 生死存亡之體니 將左右周旋과 進退俯仰하여 於是乎取之하고 朝祀喪戎하여 於是乎觀之어늘 今正月相朝호대 而皆不度[③]하니 心以亡矣라 嘉事不體[④]하니 何以能久리오 高仰은 驕요 卑俯는 替니 驕는 近亂하고 替는 近疾이라 (若)〔君〕[12)]爲主하니 其先亡乎인저 夏五月에 公薨하고 又邾子出奔하다 孔子曰 賜不幸而言中하니 是賜多言이로다

① 자공이 이때에 노나라 대부로 있었던 것이다.
　　子貢時爲魯大夫也라

② 玉은 왕에게 朝聘할 때 올리는 것이다.
　　玉은 所以聘(子玉)〔于王〕[13)]이라

---

9) 이 부분은 四部叢刊本을 저본으로 하였다.

10) 玉 : 제후끼리 서로 조회할 때에는 등급에 따라 公은 桓圭, 侯는 信圭, 伯은 躬圭, 子는 穀璧, 男은 蒲璧을 잡고 조회한다.(≪周禮≫〈典瑞〉)

11) 높이……것이니 : 원문의 '驕'와 '替'에 대해, ≪春秋左氏傳≫ 주석에는 "驕는 傲慢의 發現이고, 替는 怠惰의 發現이다."라고 하였다.

12) (若)〔君〕: 원문에는 '若'으로 되어 있으나, ≪春秋左氏傳≫ 定公 15년에 의거하여 '君'으로 바로잡았다.

③ 그 법도에 맞지 않은 것이다.
　不得其法度也라

④ 朝聘하는 것은 또한 좋은 일이다. 不體는 그 격식에 맞지 않는다는 뜻이다.
　朝聘은 亦嘉事也라 不體는 不得其體라

16-3¹⁴⁾ 공자가 陳나라에 있을 때 陳侯¹⁵⁾가 찾아가 연회를 베풀고 놀았다. 그때 지나가는 사람이 "노나라 司鐸¹⁶⁾에 화재가 나서 宗廟에까지 번졌다."라고 하였다. 이 사실을 공자에게 고하자, 공자가 말하였다.

"불이 번진 곳은 桓公과 僖公¹⁷⁾의 사당일 것입니다."

진후가 물었다.

"어떻게 아십니까?"

공자가 대답하였다.

"禮에 祖는 功이 있는 사람에게 붙이고 宗은 德이 있는 사람에게 붙이기 때문에¹⁸⁾ 그 사당을 훼철하지 않는다고 하였습니다. 그런데 지금 환공과 희공은 제사 지내는 代數가 다하였고, 또 사당을 보존하기에는 功과 德이 부족합니다. 그런데도 노나라에서 훼철하지 않았습니다. 이 때문에 天災를 입은 것입니다."

3일이 지나 노나라의 사신이 도착하였는데 이 일에 대해 물어보니 환공과 희공의 사당이었다. 진후가 자공에게 말하였다.

"내가 지금에서야 성인을 존중할 줄 알게 되었다."

자공이 대답하였다.

"임금께서 아셨으니 다행입니다. 하지만 그 도를 專心으로 따르고 그 교화를 미

---

13) (子玉)[于王] : 저본에는 '子玉'으로 되어 있으나, 四庫全書本에 의거하여 '于王'으로 바로잡았다.
14) 이 부분은 四部叢刊本을 저본으로 하였다.
15) 陳侯 : 陳 惠公을 가리킨다.
16) 司鐸 : 文敎 또는 政敎를 관장하는 기관이다. 古代에 敎化를 베풀 때 반드시 木鐸으로 사람들을 경계하였으므로 붙여진 이름이다.
17) 桓公과 僖公 : 환공의 이름은 子允이고, 희공의 이름은 子申이다. 모두 無道한 임금이다.
18) 祖는……때문에 : 《禮記》〈祭法〉에 "有虞氏는 顓頊을 祖제사 지내고 堯를 宗제사 지냈고, 夏后氏는 顓頊을 祖제사 지내고 禹를 宗제사 지냈으며, 殷나라 사람은 契(설)을 祖제사 지내고 湯을 宗제사 지냈고, 周나라 사람은 文王을 祖제사 지내고 武王을 宗제사 지냈다."라고 하였다.

루어 행하는 것처럼 좋은 것이 없습니다."

孔子在陳할새 陳侯就之燕遊焉하다 行路之人云 魯司鐸災^①하여 及宗廟라한대 以告孔子어늘 子
曰 所及者는 其桓僖之廟^②라 陳侯曰 何以知之오 子曰 禮에 祖有功而宗有德이라 故不毁其廟
焉하니 今桓僖之親盡矣요 又功德不足以存其廟어늘 而魯不毁라 是以天災加之니이다 三日에 魯
使至하니 問焉則桓僖也러라 陳侯謂子貢曰 吾乃今知聖人之可貴라 對曰 君之知之하시니 可矣나
未若專其道而行其化之善也니이다

① 司鐸은 官名이다.
  (司驛)〔司鐸〕¹⁹⁾은 官名이라
② 桓公과 僖公이다.
  桓公僖公이라

16-4²⁰⁾ 陽虎²¹⁾가 齊나라로 달아났다가 제나라에서 晉나라로 도망가 趙氏에게 갔
다. 공자가 이 소식을 듣고 자로에게 말하였다.

"조씨는 대대로 禍亂이 있을 것이다."

자로가 물었다.

"정권이 양호의 손에 있지 않은데 어떻게 난리를 일으키겠습니까."

공자가 대답하였다.

"네가 알 수 있는 바가 아니다. 양호는 부유한 사람과 친하고 仁한 사람과 친하
지 않아 季孫에게 총애를 받았지만 또 그를 죽이려 하였다가 실패하고 달아났다.
그리하여 제나라에 받아주기를 요구하였는데 제나라 사람이 그를 잡아 가두자 마
침내 晉나라로 도망갔다. 이는 제나라와 노나라 양국의 입장에서는 그 걱정거리를
제거한 셈이다. 하지만 趙簡子는 이익을 좋아하고 지나치게 쉽게 믿으니, 반드시

---

19) (司驛)〔司鐸〕: 저본에는 '司驛'으로 되어 있으나, 四庫全書本에 의거하여 '司鐸'으로 바로잡
    았다.
20) 이 부분은 四部叢刊本을 저본으로 하였다.
21) 陽虎 : 陽貨라고도 칭한다. 춘추시대 말기의 노나라 사람으로, 季氏의 가신이 되어 季平子를 섬
    기다가 계평자가 죽은 뒤에는 專權을 잡고 권한을 부렸다. 魯 定公 때 三桓인 孟孫, 叔孫, 季孫
    을 제거하려고 모의하였다가 도리어 이들의 습격을 받아 陽關으로 도망쳤는데, 삼환이 양관을
    공격하자 다시 제나라로 도망쳤다가 다시 趙簡子의 謀臣이 되었다.

그의 말에 현혹되어 그의 계책을 따를 것이다. 그러므로 禍亂이 一代로 끝나지 않으리라는 것을 안 것이다."

陽虎旣奔齊라가 自齊奔晉하여 適趙氏한대 孔子聞之하고 謂子路曰 趙氏其世有亂乎인저 子路曰 權不在焉하니 豈(不)〔能〕[22]爲亂이리오 孔子曰 非汝所知라 夫陽虎는 親富而不親仁하여 有寵於季孫이로대 又將殺之라 不剋而奔하여 求容於齊어늘 齊人囚之하니 乃亡歸晉이라 是齊魯二國이 已去其疾이로대 趙簡子는 好利而多信하니 必溺其說而從其謀라 禍敗所終이 非一世를 可知也라

16-5[23] 叔孫氏의 車士(御者)가 말하였다.

"子鉏商이 넓은 들에서 땔나무를 하다가 기린을 잡아서 왼쪽 앞다리를 부러뜨린 채 싣고 돌아왔습니다."

숙손이 상서롭지 못하다고 여겨 성곽 밖에 버려두고 사람을 시켜 공자에게 이 사실을 고하게 하였다. 공자가 가서 보고 말하였다.

"기린이다. 어찌하여 여기에 왔느냐. 어찌하여 여기에 왔느냐."

그리고 소매를 뒤집어 얼굴에 흐르는 눈물을 닦았는데 눈물이 옷을 적셨다. 숙손이 이 말을 듣고 기린을 가져오게 하였다. 자공이 물었다.

"부자께서는 어찌하여 우십니까?"

공자가 대답하였다.

"기린은 明王을 위해 나타난다. 그런데 나올 때가 아닌데 나왔다가 해를 당하였다. 내가 이 때문에 서글퍼하는 것이다."

○ 叔孫氏之車士曰 子鉏商[1]이 採薪於大野라가 獲麟焉[2]하여 折其前左足하여 載以歸[3]라한대 叔孫以爲不祥이라하여 棄之於郭外[4]하고 使人告孔子[5]한대 孔子往觀之曰 麟也[6]로다 胡爲來哉오 胡爲來哉[7]오하고 反袂拭面하니 涕泣沾襟[8]이라 叔孫聞之[9]하고 然後取之[10]라 子貢問曰 夫子何泣爾[11]니잇고 孔子曰 麟之至는 爲明王也[12]어늘 出非其時而見害[13]하니 吾是以傷焉[14]하노라

---

22) (不)〔能〕: 저본에는 '不'로 되어 있으나 四庫全書本에 의거하여 '能'으로 바로잡았다.

23) 저본의 표제에 "기린이 나올 때가 아닌데 나오다.〔麟出非時〕"라고 되어 있다.

西狩獲麟

① 숙손씨는 노나라 대부이다. 車士는 수레를 잡고 있는 사람이다. 子는 성이고 鉏商은 이름이다.

叔孫氏는 魯大夫라 車士는 持車者라 子는 姓也요 鉏商은 名也라

② 넓은 들에서 땔나무를 하다가 기린을 잡은 것이다.

因採薪於大野之中하여 而獲其麟獸라

③ 기린의 왼쪽 앞다리를 부러뜨리고 드디어 싣고 돌아온 것이다.

傷折麟之前左足하여 遂載之而歸라

④ 숙손씨가 괴이한 동물이라고 여겨서 이에 성곽 밖에 버려둔 것이다.

叔孫氏以爲怪物이라하여 乃棄置於郭外이라

⑤ 사람을 시켜 부자에게 묻게 한 것이다.

使人問夫子라

⑥ 공자가 성곽 밖에 가서 보고 말하기를, "이것은 기린이다."라고 한 것이다.

孔子往郭外하여 看之曰 此麟獸也라

⑦ 어찌하여 여기에 왔느냐고 한 것이다. 거듭 말한 것은 매우 슬퍼한 것이다.

何爲而來此오 再言之者는 傷嗟之甚이라

⑧ 부자는 기린이 나올 때가 아닌데 나왔다고 여겼기 때문에 소매로 얼굴을 닦고 이로 인해 눈물을 떨구었는데 눈물이 그 옷을 적신 것이다.

夫子以麟出非其時故_로 以袖拭面_{하고} 因泣下_{한대} 涕淚沾其衣_라

⑨ 숙손이 부자의 말을 들은 것이다.

叔孫聞夫子之言_{이라}

⑩ 마침내 가져온 것이다.

遂取歸_라

⑪ 자공이 묻기를, "부자께서는 어찌하여 우십니까?"라고 한 것이다.

子貢問 夫子何爲而泣_{이니잇고}

⑫ 공자가 말하기를, "기린은 仁獸이다. 明王이 조정에 있으면 그를 위해 나온다."라고 한 것이다.

子言 麟_은 仁獸也_라 明王在上則爲之出_{이라}

⑬ 지금 기린이 나오지 않을 때인데 나와 도리어 사람에게 해를 당한 것이다.

今麟不出遇時_{하여} 反爲人所害_라

⑭ 이것이 내가 슬퍼하는 이유라고 한 것이다.

此吾所以爲感也_라

제17편 哀公이 정치를 물음 哀公問政 第十七①

哀公이 孔子에게 정치에 대해 물은 것을 기록한 편이기에, 편명을 '哀公問政'으로 삼았다. 孔子는 仁과 禮가 정치의 근본이라고 생각하였다. 仁을 실천하기 위한 방도로 親親과 尊賢을 중시하였고, 禮를 행하기 위한 방도로 5가지 達德인 군신, 부자, 부부, 형제, 붕우 간의 예절을 알고(智), 실천하고(仁), 힘써 행하는(勇) 이 3가지 達道를 중시하였는데, 이는 모두 誠을 통해 가능하다고 보았다. 공자는 哀公에게 정치의 세부적인 조목보다는 정치의 요체를 말해주었다.

① 첫 장의 뜻으로 편명을 붙인 것이다.
  以首章之義故로 以名篇하니라

17-1¹⁾ 哀公이 孔子에게 정치를 묻자 공자가 대답하였다.

"文王과 武王의 정치가 方策에 실려 있으니, 문왕과 무왕 같은 사람이 있으면 그러한 정치가 거행되고 문왕과 무왕 같은 사람이 없으면 그러한 정치가 종식됩니다. 하늘이 이치에 순행하면 만물이 빠르게 생장하고, 사람이 도에 맞게 행하면 정치가 빠르게 거행되고, 땅이 알맞은 곳을 얻으면 나무가 빠르게 자랍니다. 대저 정치는 나나니벌²⁾과 같습니다. 교화를 통해 그 정치를 이루기 때문에 정치는 사람을 얻는 데 달려 있으니, 사람을 취하는 것은 몸으로써 하고 도를 닦는 것은 仁으로써 해야 합니다. 仁은 사람의 몸이니 친한 사람을 친하게 대하는 것보다 중요한 것이 없고, 義는 마땅함이니 어진 사람을 높이는 것보다 중요한 것이 없습니다. 친

---

1) 저본의 표제에 "文王과 武王의 정치가 方策에 실려 있다.〔文武之政 布在方策〕"라고 되어 있다.

2) 나나니벌 : 원문은 蒲盧이다. 주희는 沈括의 의견을 따라 포로를 갈대라고 하여, 갈대가 땅에서 쉽게 자라듯이 훌륭한 사람이 있으면 정치가 거행되기 쉽다고 하였다.(≪中庸章句≫)

한 사람을 친하게 대하도록 가르치는 것[3]과 어진 사람을 높이는 데 차등을 두는 것이 예가 생겨난 이유입니다.

哀公問政於孔子[①]한대 孔子對曰 文武之政이 布在方策[②]하니 其人存이면 則其政擧[③]하고 其人亡이면 則其政息[④]이니이다 天道敏生[⑤]하고 人道敏政[⑥]하고 地道敏樹[⑦]하니 夫政也者는 猶蒲盧也[⑧]니이다 待化以成[⑨]이라 故爲政在於得人[⑩]하니 取人以身[⑪]이요 修道以仁[⑫]이니이다 仁者는 人也[⑬]니 親親이 爲大[⑭]하고 義者는 宜也[⑮]니 尊賢이 爲大[⑯]하니 親親之敎[⑰]와 尊賢之等[⑱]이 禮所以生也[⑲]니이다

① 애공이 공자에게 정치를 물은 것이다.
　公問政事於孔子라

② 부자가 대답하기를, "문왕과 무왕의 정치가 詩書 같은 方策에 실려 있습니다."라고 한 것이다.
　夫子答言 文王武王之政事가 布在詩書方策之中이라

③ 문왕과 무왕 같은 사람이 있으면 그러한 정치가 거행되는 것이다.
　文武在면 則其政擧而行之라

④ 문왕과 무왕 같은 사람이 없으면 그러한 정치가 종식되는 것이다.
　文武旣沒이면 則其政滅矣라

⑤ 하늘은 만물을 낳는 것이 지극히 빠른 것이다.
　上天生物至速이라

⑥ 사람이 그 도를 얻으면 그 정치가 거행되는 것이 빠른 것이다.
　人得其道면 則其政行速이라

⑦ 땅이 그 도를 얻으면 초목을 생장시키는 것이 빠른 것이다.
　地得其道면 生草木速이라

⑧ 포로는 나나니벌이니, 뽕나무벌레를 데려다 변화시켜 자식을 삼는다.[4] 임금이 정치를 할 때에 백성을 교화시키는 것이 또한 그와 같은 것이다.
　蒲盧는 果蠃也니 取螟蛉而化之以爲子라 人君爲政化百姓이 亦如之也라

⑨ 백성을 교화시켜 그 정치를 이루는 것이다.
　化民以成其政이라

---

3) 친한……것 : ≪中庸章句≫에는 이 부분이 "친한 사람을 친히 대하는 데 차등을 둔다.〔親親之殺〕"라고 되어 있다.

4) 포로는……삼는다 : ≪詩經≫ 〈小雅 小宛〉에 "뽕나무벌레의 새끼를 나나니벌이 업고 가는구나. 너도 자식 잘 가르쳐 착한 이를 닮게 하라.〔螟蛉有子 蜾蠃負之 敎誨爾子 式穀似之〕"라고 하였다.

⑩ 정치의 요체는 사람을 얻는 데 있는 것이다.

　　爲政之要는 在於得人이라

⑪ 사람을 취하는 방도는 몸을 닦는 데 있는 것이다.

　　取人之道는 在於修身이라

⑫ 그 도를 닦으려면 仁을 근본으로 해야 하는 것이다.

　　欲修其道인댄 以仁爲本이라

⑬ 사람의 몸에 이렇게 사는 이치가 갖추어져 있고 본래 자애로운 뜻이 있는 것이다.

　　人身(其)〔具〕5)此生理하고 自有慈愛之意라

⑭ 仁의 작용은 친한 사람을 친하게 대하는 것보다 중요한 것이 없는 것이다.

　　仁之用은 莫大於親親이라

⑮ 사리를 분별하여 각기 그 마땅함을 얻는 것이다.

　　分別事理하여 各得其宜라

⑯ 義의 작용은 어진 사람을 높이는 것보다 중요한 것이 없는 것이다.

　　義之用은 莫大於尊賢이라

⑰ 敎는 교화를 말한다.

　　敎謂敎化라

⑱ 等은 차등을 말한다.

　　等謂差等이라

⑲ 禮는 이 두 가지를 등급에 맞게 적용하는 것일 뿐인 것이다.

　　禮는 所以節(丈)〔文〕6)斯二者而已라

17-27) 禮는 정치의 근본입니다. 이 때문에 군자는 몸을 닦지 않을 수 없으니, 몸을 닦을 것을 생각한다면 어버이를 섬기지 않을 수 없고, 어버이를 섬길 것을 생각한다면 사람을 알지 않을 수 없고 사람을 알 것을 생각한다면 하늘의 이치를 알지 않을 수 없습니다. 천하의 達道가 다섯 가지인데 이것을 행하는 것은 세 가지입니다. 君臣 간의 관계와 父子간의 관계와 夫婦간의 관계와 兄弟간의 관계와 朋友간의 관계 이 다섯 가지는 천하의 達道이고, 智·仁·勇 이 세 가지는 천하의 達德

이니, 이것을 행하는 것은 하나입니다. 혹은 태어나면서부터 알고, 혹은 배워서 알고, 혹은 애써서 알기도 하는데 그 알게 된다는 점에서는 똑같습니다. 혹은 편안히 행하고 혹은 이롭게 여겨 행하고 혹은 힘써서 행하는데 그 공을 이룬다는 점에서는 똑같습니다."

禮者는 政之本也①라 是以君子不可以不修身②이니 思修身인댄 不可以不事親③이요 思事親인댄 不可以不知人④이요 思知人인댄 不可以不知天⑤이니이다 天下之達道有五⑥하니 其所以行之者三⑦이라 曰君臣也⑧와 父子也⑨와 夫婦也⑩와 昆弟也⑪와 朋友也⑫五者는 天下之達道⑬요 智仁勇⑭三者는 天下之達德也⑮니 所以行之者는 一也⑯니이다 或生而知之⑰하고 或學而知之⑱하며 或困而知之⑲하나니 及其知之하여는 一也⑳니이다 或安而行之㉑하고 或利而行之㉒하며 或勉强㉓而行之㉔하나니 及其成功하여는 一也㉕니이다

① 정치는 반드시 禮를 근본으로 하는 것이다.
　爲政必以禮爲本이라
② 정치는 사람을 얻는 데 달려 있으니, 몸으로써 사람을 취하기 때문인 것이다.
　爲政在人은 取人以身故也라
③ 仁으로써 도를 닦기 때문인 것이다.
　修道以仁故也라
④ 친한 사람을 친히 대하는 仁을 다하고자 한다면 반드시 어진 사람을 높이는 義를 말미암아야 하는 것이다.
　欲盡親親之仁인댄 必由尊賢之義라
⑤ 친한 사람을 친히 대하고 어진 사람을 높이는 것이 모두 천리인 것이다.
　親親尊賢이 皆天理也라
⑥ 천하에 통행하는 도가 다섯 가지 조목이 있는 것이다.
　天下通行之道가 其條有五라
⑦ 이것을 행하는 것은 세 가지이니, 智·仁·勇인 것이다.
　所以行者有三하니 智仁勇也라
⑧ 군신 간에는 의리가 있는 것이다.
　君臣有義라
⑨ 부자간에는 친함이 있는 것이다.
　父子有親이라
⑩ 부부간에는 분별이 있는 것이다.

夫婦有別_{이라}

⑪ 형제간에는 차서가 있는 것이다.

兄弟有序_라

⑫ 붕우 간에는 신의가 있는 것이다.

朋友有信_{이라}

⑬ 위 문장의 다섯 가지는 천하 고금에서 공통으로 말미암는 길인 것이다.

上文五者_는 天下古今所共由之路也_라

⑭ 智는 이것을 아는 것이고, 仁은 이것을 體行하는 것이고, 勇은 이것을 힘써 행하는 것이다.

智_는 所以知此_요 仁_은 所以體此_요 勇_은 所以强此也_라

⑮ 세 가지는 천하 고금에서 공통적으로 행해지는 이치이다.

三者_는 天下古今所同得之理也_라

⑯ 하나는 誠이다.

一者_는 誠也_라

⑰ 태어나면서 아는 것은 智이다.

生知者智也_라

⑱ 배워서 아는 것은 仁이다.

學知者仁也_라

⑲ 애써서 아는 것은 勇이다.

困知者勇也_라

⑳ 세 가지 아는 것을 합하여 말하면 모두 智者의 일이지만 알려고 하는 것은 勇이다.

合三知而言_{인댄} 皆智者之事_나 而知之者勇也_라

㉑ 편안히 행하는 것은 智이다.

安行者智也_라

㉒ 이롭게 여겨 행하는 것은 仁이다.

利行者仁也_라

㉓ 頭註 : 强(힘쓰다)은 去聲이다.

强_은 去聲_{이라}

㉔ 힘써 행하는 것은 勇이다.

勉强行者勇也_라

㉕ 세 가지 행하는 것을 합하여 말하면 모두 仁者의 일이지만 공을 이루는 것은 勇이다.

合三行而言_{이면} 皆仁者之事_나 而成功者_는 勇也_라

17-3⁸⁾ 宰我가 공자에게 물었다.

"저는 鬼神이라는 명칭은 들었으나 무엇인지는 모릅니다. 감히 묻습니다."

공자가 대답하였다.

"사람이 태어나면 氣와 魂이 갖추어지는데 氣는 정신이 왕성한 것이다. 대체로 살아 있는 것은 반드시 죽게 마련이고 죽은 것은 반드시 흙으로 돌아가게 마련이니 이것을 鬼라 하고, 魂氣는 하늘로 돌아가니 이것을 神이라고 한다. 귀와 신을 합하여 祭享을 올리는 것이 가르침의 지극함이다. 그러므로 종묘를 만들고 사당을 만들어 四時에 제사를 지내 親疏의 관계를 분별하고 백성을 가르쳐 옛날로 돌아가고 처음을 회복하게 하니, 감히 낳아주신 조상을 잊기 않기 위해서이다. 옛날 문왕께서는 제사를 지낼 때에 돌아가신 분을 섬기기를 산 사람을 섬기듯 하였고 돌아가신 분을 생각하여 차마 살기를 바라지 않으셨다. 그래서 忌日이 되면 반드시 슬픔을 다하셨고 이름을 부를 경우에는 부모를 뵙듯이 하였으니 제사에 마음을 다한 것이다. ≪詩經≫에 '날이 밝도록 잠을 이루지 못하여 부모를 생각하노라.'⁹⁾라고 하였으니 공경한 마음으로 제사를 잘 치르고 또 이어서 생각을 다하는 것이 효자의 마음이다. 문왕께서 능히 孝의 도리를 터득하셨다."

○ 宰我問於孔子曰^① 吾聞鬼神之名이나 而不知所謂^②로니 敢問焉^③하노이다 孔子曰 人生有氣有魂^④하니 氣者는 神之盛也^⑤라 夫生必死^⑥하고 死必歸土하니 此謂鬼^⑦요 魂氣歸于天하니 此謂神^⑧이라 合鬼與神而享之가 敎之至也^⑨라 故築爲宮室^⑩하고 設爲宗祧(조)^{⑪⑫}하여 春秋祭祀^⑬하여 以別^⑭親疏^⑮하고 敎民反古復始^⑯는 不敢忘其所由生也^⑰일새라 昔者文王之祭也^⑱에 事死如事生^⑲하고 思死而不欲生^⑳하여 忌日則必哀^㉑하고 稱諱則如見親^㉒하니 祀之忠也^㉓라 詩云明發不寐하여 有懷二人^㉔이라하니 敬而致之하고 又從而思之^㉕는 孝子之情也^㉖라 文王爲能得之矣^㉗니라

① 재여가 부자에게 물은 것이다.

　宰予問夫子言이라

② 자신이 귀신이라는 명칭은 들었지만 무엇을 귀신이라고 하는지 모른다는 것이다.

　我聞鬼神之名이나 而不知何以爲鬼神이라

③ "이른바 귀신이라는 것에 대해 감히 묻습니다."라고 한 것이다.

---

8) 저본의 표제에 "귀신에 대해 묻다.〔問鬼神〕"라고 되어 있다. 江陵本과 慶長本에는 "宰我가 귀신에 대해 묻다.〔宰我問鬼神〕"라고 되어 있다.

9) ≪詩經≫에……생각하노라 : ≪詩經≫ 〈小雅 小宛〉에 보인다.

敢問 所謂鬼神者라

④ 공자가 말하기를, "대체로 사람이 태어나면 氣가 있고 魂이 있다."라고 한 것이다. 氣와
魂은 陽이다.

子言 夫人之生有氣有魂이라 氣與魂은 陽也라

⑤ 精氣는 사람의 정신이 왕성한 것이다.[10]

精氣者는 人神之盛也라

⑥ 살아 있는 것은 반드시 죽게 마련이다.

有生必有死라

⑦ 죽으면 반드시 땅에 묻히기 때문에 鬼라고 하는 것이다.

死而必葬於土라 故謂之鬼라

⑧ 그 魂氣는 위로 하늘로 올라가기 때문에 神이라고 하는 것이다.

其魂氣則上升于天이라 故謂之神이라

⑨ 神과 鬼를 합하여 섬기는 것이 효도의 지극함이니, 효는 가르침이 생기게 된 원인이다.

合神鬼而事之가 孝道之至니 孝者는 教之所由生也라

⑩ 종묘를 만드는 것이다.

爲宗廟也라

⑪ 頭註 : 祧(먼 조상의 사당)는 他와 彫의 反切이다.

祧는 他彫切이라

⑫ 宗은 부모를 모시는 사당이고 祧는 먼 조상을 모시는 사당이다.

宗은 親廟也요 祧는 遠廟也라

⑬ 四時에 先祖를 제사 지낸다. 春秋라고 말한 것은 사시를 번갈아 든 것이다.

四時祭祀祖先라 言春秋者는 錯擧之也라

⑭ 頭註 : 別(분별하다)은 彼와 列의 反切이다.

別은 彼列切이라

⑮ 그 친소의 관계를 분별하는 것이다.

以分別其親疏라

⑯ 백성을 가르쳐 옛날을 생각하고 조상의 은혜에 보답할 줄 알게 하는 것이다.

教百姓하여 使知思古報本이라

⑰ 감히 낳아주신 조상을 조금이라도 잊지 않기 위해서이다.

不敢少忘所生祖宗이라

---

10) 精氣는……것이다 : 《禮記注疏》〈祭義〉의 疏에 "氣者是神之盛極也"라고 하였다.

⑱ 주 문왕이 조상을 제사 지낸 것이다.

周文王之祭祖라

⑲ 돌아가신 분을 섬기는 예가 또한 산 사람을 섬기듯 한 것이다.

事死之禮가 亦如事生이라

⑳ 부모의 죽음을 생각하여 스스로 차마 살려고 하지 않은 것이다.

思親之死하여 而自不忍生이라

㉑ 부모가 돌아가신 날에는 반드시 그 슬픔을 다한 것이다.

父母死日엔 必致其哀라

㉒ 부모의 이름을 부를 경우에는 부모를 뵙듯이 한 것이다.

稱父母之名엔 則如見父母라

㉓ 제사에 마음을 다한 것이다.

祭祀之盡忠也라

㉔ 날이 밝도록 잠을 자지 못하여 생각하는 것은 오직 부모라고 한 것이다.

達旦不寐하여 所思惟父母也라

㉕ 공경히 제사를 잘 치르고 또 이어서 생각을 다하는 것이다.

恭敬而致祭하고 又從而致思者라

㉖ 이것이 효자의 마음이다.

此孝子之心이라

㉗ 오직 문왕께서 능히 효의 도리를 터득하신 것이다.

惟文王爲能得其孝道라

제18편 안회 顏回 第十八①

顏回의 언행과 孔子와의 대화 등 顏回와 관계된 일들을 기록한 편이기에, 편명을 '顏回'로 삼았다. 顏回는 德行이 뛰어난 것으로 孔門四科에 든 인물로, 그가 죽자 "하늘이 나를 망쳤다.〔天喪予〕"라고 할 정도로 孔子가 가장 아끼던 제자였다. 顏回가 定公에게 馬夫에 대해 대답한 말이나 사람의 哭소리만 듣고도 그 이유를 안 것, 또 군자와 소인의 구별에 대해 孔子에게 물은 내용 등을 보면 그가 왜 孔子에게 사랑을 받았는지 알 수 있다.

① 魯 定公이 顏回에게 東野畢이 말을 잘 모는 것에 대해 물었으므로 이 때문에 '顏回'라고 편명을 붙인 것이다.

魯定公이 問顏回東野畢善御하여 因以顏回名篇하니라

18-1[1] 魯 定公이 顏回에게 물었다.

"그대 또한 東野畢이 말을 잘 몬다는 말을 들었는가?"

안회가 대답하였다.

"말을 잘 몬다면 잘 몬다고 할 수 있지만 그 말이 장차 반드시 달아날 것입니다."

〈그 후에 과연 그러한 일이 있었다.〉 정공이 물었다.

"어떻게 알았는가?"

안회가 대답하였다.

"그가 하는 일을 보고 알았습니다. 옛날 순임금은 백성을 다스리는 데 뛰어났고 造父(조보)[2]는 말을 부리는 데 뛰어났습니다. 그래서 순임금은 그 백성의 힘을 고

---

1) 저본의 표제에 "동야필이 말을 잘 몰다.〔東野畢善御〕", "순임금이 백성을 다스리는 데 뛰어나다.〔舜巧於使民〕"라고 되어 있다.

갈시키지 않았고 조보는 말의 힘을 고갈시키지 않았습니다. 이 때문에 순임금에게 는 달아나 은거하는 백성이 없었고 조보에게는 달아난 말이 없었습니다. 그런데 지금 동야필이 말을 모는 것을 보니, 말에 오르고 고삐를 잡을 때엔 재갈 물리는 위의가 바르고 말을 달릴 때엔 조련하는 예를 극진히 하지만, 험한 곳을 지나거나 먼 곳에 이를 때엔 말의 힘이 고갈되었는데도 도리어 말에 채찍질을 그치지 않습 니다. 신이 이것으로 알았습니다."

정공이 말하였다.

"그대의 말에 담겨진 뜻이 크다. 조금 더 듣기를 원하노라."

안회가 말하였다.

"신이 들으니, 새가 궁지에 몰리면 쪼아대고 짐승이 궁지에 몰리면 후려치고 사 람이 궁지에 몰리면 속이고 말이 궁지에 몰리면 달아난다고 합니다. 예로부터 지 금까지 그 아랫사람을 궁지에 몰아넣고서 위태롭지 않은 자는 있지 않았습니다."

魯定公問於顏回曰^① 子亦聞東野畢之善御乎^②아 對曰 善則善矣^③어니와 然其馬將必 佚^④호리이다 公曰 何以知之^⑤오 對曰 以政知之^⑥하니이다 昔者에 帝舜은 巧於使民^⑦하고 造 父는 巧於使馬^⑧일새 舜不窮其民力^⑨하고 造^⑩父不窮其馬力^⑪이라 是以舜無佚民^⑫하고 造 父無佚馬^⑬러니 今東野畢之御也^⑭는 升馬執轡엔 銜體正矣^⑮요 步驟馳騁^⑯엔 朝^⑰禮畢矣^⑱로되 歷險致遠^⑲엔 馬力盡矣^⑳나 然而猶乃求馬不已^㉑하니 臣以此知之^㉒니이다 公曰 吾子之言이 其 義大矣^㉓라 願少進乎^㉔인저 回曰^㉕ 臣聞之鳥窮則啄^㉖하고 獸窮則攫(확)^{㉗㉘}하고 人窮則詐^㉙하고 馬窮則佚^㉚이라하니 自古及今^㉛히 未有窮其下而能無危者也^㉜니이다

① 定公이 顏淵에게 물은 것이다.
    定公問顏淵言이라

② "그대는 東野畢이 말을 잘 몬다는 말을 들은 적이 있는가?"라고 한 것이다. 동야필은 정공의 御者이다.
    汝曾聞東野畢之善能御馬耶아 東野畢은 定公御者라

③ 안회가 정공에게 답하기를, "그가 말을 모는 것은 참으로 잘한다고 할 만합니다."라고

---

2) 造父(조보) : 周 穆王 때 사람으로, 말을 잘 몰았으므로 후대에 말을 잘 모는 사람의 대명사로 쓰 인다. 목왕이 서쪽으로 가서 수렵에 빠져 돌아오길 잊었는데, 徐偃王이 반란을 일으키자 그가 왕의 말을 몰아 하루에 천 리를 달려가 공격하여 대파하였다. 그 공으로 조씨 성을 받았다고 한 다.(≪史記≫ 권43 〈趙世家〉)

한 것이다.

回答公言 其御馬固可謂善矣라

④ 단 모는 말이 멍에를 풀고서 우리를 넘어 달아날까 염려된다고 한 것이다.

但所御之馬가 將恐不服駕御하여 越駕而走矣라

⑤ 정공이 또 안회에게 묻기를, "그대는 어떻게 그 말이 반드시 달아날 줄을 알았는가?"라고 한 것이다.

公又問顔回言 汝何以知其馬必佚잇고

⑥ 안회가 말하기를, "그가 하는 일을 보고 알았습니다."라고 한 것이다.

回言 觀其事知之라

⑦ 옛날 虞舜은 백성을 다스리는 데 뛰어났던 것이다.

古之虞舜은 善於御百姓이라

⑧ 주나라의 조보는 말을 부리는 데 뛰어났던 것이다.

周之造父는 善於御馬라

⑨ 순임금은 백성을 다스릴 때에 백성의 힘을 곤궁하게 하지 않은 것이다.

帝舜使民에 不窮困於民力이라

⑩ 頭註 : 造(사람 성씨)는 七과 到의 反切이다.

造는 七到切이라

⑪ 조보는 말을 부릴 때에 말의 힘을 곤궁하게 하지 않은 것이다.

造父使馬에 不窮困於馬力이라

⑫ 순에게는 달아나 은거한 백성이 없었던 것이다.

舜無走佚之民이라

⑬ 조보에게는 달아난 말이 없었던 것이다.

造父無走佚之馬라

⑭ 그런데 지금 동야필이 말을 모는 것을 본 것이다.

今觀東野畢之御馬라

⑮ 말에 오르고 고삐를 잡을 때엔 재갈과 굴레를 채우는 것이 매우 바른 것이다.

登馬執轡엔 銜勒旣正이라

⑯ 말이 달리는 것이다.

馬之馳走라

⑰ 頭註 : 朝(조련하다)는 直와 遙의 反切이다.

朝는 直遙切이라

⑱ 조련하는 예의를 극진히 한 것이다.

盡禮之儀라

⑲ 말을 타고 험한 곳을 지나거나 먼 곳에 이르는 것이다.
　　乘馬過險至遠이라

⑳ 말의 힘이 이미 다 고갈된 것이다.
　　馬之力已極矣라

㉑ 말의 힘이 이미 다 고갈되었는데 오히려 또 채찍질을 그치지 않은 것이다.
　　馬力旣極이로되 尙且鞭策不止라

㉒ 이러한 점을 보고서 말이 반드시 달아날 줄을 안 것이다.
　　觀其如此라 故知馬將必佚이라

㉓ 정공이 안회에게 말하기를, "그대가 말을 모는 것에 대해 말했을 뿐인데 백성을 다스리는 큰 뜻이 담겨 있습니다."라고 한 것이다.
　　公謂回曰 子言御馬에 有御民之大義라

㉔ 다시 그에 대한 말을 다 듣고 싶다고 한 것이다.
　　更欲盡聞其言이라

㉕ 안회가 답한 것이다.
　　回答言이라

㉖ 회가 새가 사람에 의해 궁지에 몰리면 반드시 사람을 쪼아댄다고 들은 것이다.
　　回聞禽鳥爲人所困則必啄人이라

㉗ 頭註 : 攫(후려치다)은 厥과 縛의 反切이다.
　　攫은 厥縛切이라

㉘ 달리는 짐승이 사람에 의해 궁지에 몰리면 반드시 사람을 후려치는 것이다.
　　走獸爲人所困則必搏이라

㉙ 사람이 궁지에 몰리면 반드시 간교하게 속이는 것이다.
　　人至於窮則必奸詐라

㉚ 말이 궁지에 몰리면 반드시 달아나는 것이다.
　　馬至於窮則必佚走라

㉛ 예로부터 지금에 이른 것이다.
　　從古而至于今이라

㉜ 백성들을 궁지에 내몰고서 危亡의 근심이 없는 자는 있지 않은 것이다.
　　未有窮困於下民而能無危亡之患者라

18-2³⁾ 공자가 衛나라에 있을 때 동이 틀 무렵 일찍 일어났다. 안회가 곁에서 모시다가 매우 구슬프게 哭을 하는 자의 울음소리를 들었다. 공자가 물었다.

"回야! 너는 이것이 무슨 곡소리인 줄 알겠느냐?"

안회가 대답하였다.

"제 생각에 이 곡소리는 죽은 사람을 위해서일 뿐만 아니라 또 생이별하는 일이 있어서 우는 소리일 것입니다."

공자가 물었다.

"어떻게 아느냐?"

안회가 대답하였다.

"제가 듣기로 桓山⁴⁾에 사는 새가 새끼 네 마리를 낳았는데 새끼들이 날 수 있게 되어 四海로 흩어져 날아가려고 하자 그 어미가 슬피 울면서 그들을 보냈다고 합니다. 어미의 슬픈 울음소리가 이 곡소리와 비슷하니, 떠나가면 다시는 돌아오지 않기 때문입니다. 저는 그 소리가 비슷하여 알았습니다."

공자가 사람을 시켜 곡을 하는 자에게 물으니, 곡을 하는 자가 과연 다음과 같이 말하였다.

"아버지가 죽었는데 집이 가난하여 자식을 팔아 장례를 치르고 자식과 영영 이별하려고 합니다."

공자가 말하였다.

"회는 소리를 잘 식별하는구나."

孔子在衛할새 昧旦晨興이라 顔回侍側이라가 聞哭者之聲甚哀라 子曰 回아 汝知此何所哭乎아 對曰 回以此哭聲은 非但爲死者而已라 又有生離別者也리이다 子曰 何以知之오 對曰 回聞桓山之鳥가 生四子焉이러니 羽翼旣成에 將分于四海할새 其母悲鳴而送之라 哀聲有似於此하니 謂其往而不返也라 回竊以音類知之하노이다 孔子使人問哭者한대 果曰 父死家貧하여 賣子以葬하고 與之長決하나이다 子曰 回也는 善於識音矣로다

---

3) 이 부분은 四部叢刊本을 저본으로 하였다.
4) 桓山 : ≪說苑≫〈辨物〉에는 '完山'으로 되어 있는데, 전설 속의 지명이다. 뒤에 형제간의 이별의 슬픔을 비유하는 말로 쓰이게 되었다.

18-3[5] 안회가 공자에게 물었다.

"臧文仲과 臧武仲[6] 중에 누가 더 현명합니까?"

공자가 대답하였다.

"장무중이 더 현명하다."

안회가 말하였다.

"장무중은 세상 사람들이 聖人이라고 하지만 그 몸이 죄를 면치 못하였으니 이는 지혜가 있다고 말할 수 없고, 군사를 일으켜 토벌하는 것에 대해 말하기를 좋아하였지만 邾나라에 의해 銳鋒이 꺾였으니 이는 지혜가 있다고 말할 수 없습니다. 그렇지만 장문중은 그 몸은 죽었지만 그의 말은 不朽하게 남아 있으니 어찌 더 현명하지 않겠습니까."

공자가 말하였다.

"그 몸은 죽었지만 훌륭한 말을 후세에 남겼기 때문에 文仲이라는 시호를 받은 것이다. 그러나 仁하지 못한 일이 세 가지가 있고 지혜롭지 못한 일이 세 가지가 있으니, 이런 점 때문에 장무중에게 미치지 못하는 것이다."

안회가 물었다.

"자세한 내용을 들을 수 있겠습니까?"

공자가 말하였다.

"展禽을 下位에 두고 六關을 설치하고 妾에게 부들자리를 짜게 한 것이 세 가지 仁하지 못한 일이고, 虛器를 설치하고 逆祀를 방치한 채 그대로 두고 바닷새에게 제사 지내게 한 것이 세 가지 지혜롭지 못한 일이다. 그러나 장무중은 제나라에 있을 때 제나라에 난리가 있을 것을 알고 田地를 받지 않아 그 화를 피하였으니, 이처럼 지혜롭기가 참으로 어려운 것이다. 장무중과 같은 지혜로도 노나라에 용납되지 못한 것은 이유가 있다. 일을 처리하는 데 사리를 따르지 않고 정사를 시행하는 데 남의 마음을 헤아리지 못했기 때문이다. 《書經》 夏書에 '늘 이를 생각하라.'라고 하였으니, 사리를 따르고 남의 마음을 헤아려 베풀어야 함을 말한 것이다."

---

5) 이 부분은 四部叢刊本을 저본으로 하였다.

6) 臧文仲과 臧武仲 : 장문중은 춘추시대 魯나라 卿인 臧孫辰으로, 문중은 시호이다. 장무중은 노나라 대부인 臧孫紇로, 장문중의 손자이다.

顏回問於孔子曰 臧文仲武仲은 孰賢이니잇고 孔子曰 武仲이 賢哉니라 顏回曰 武仲은 世稱聖
人이나 而身不免於罪하니 是智不足稱也①요 好言兵討나 而挫銳於邾하니 是智不足名也②로이다
夫文仲은 其身雖歿이나 而言不朽하니 惡有未賢③이리오 孔子曰 身歿言立이 所以爲文仲也라 然
猶有不仁者三과 不智者三하니 是則不及武仲也니라 回曰 可得聞乎잇가 孔子曰 下展禽④하고 置
六關⑤하고 妾織蒲⑥가 三不仁이요 設虛器⑦하고 縱逆祀⑧하고 祠海鳥⑨가 三不智니라 武仲在齊할새
齊將有禍라 不受其田하여 以避其難⑩하니 是智之難也니라 夫臧(文)〔武〕⁷⁾仲之智로도 而不容於
魯는 抑有由焉하니 作而不順하고 施而不恕也夫⑪인저 夏書曰 念茲在茲라하니 順事恕施⑫니라

① 장무중이 季氏를 위해 嫡子를 폐하고 庶子를 세웠는데, 孟氏에게 참소를 받아 제나라
　로 出奔한 것이다.⁸⁾
　武仲爲季氏하여 廢適立庶라가 爲孟氏所譖하여 出奔于齊라
② 장무중이 邾나라와 전쟁하였는데 大敗하자, 나라 사람들이 노래하기를 '우리 임금 너무
　어려 난장이를 장수로 보내 我軍이 邾軍에게 패배하게 하였네.'라고 한 것이다.⁹⁾
　武仲이 與邾戰而敗績이어늘 國人頌之曰 我君小子라 侏儒〔是使〕¹⁰⁾하여 使我敗於邾라
③ 불후한 말을 남겼기 때문에 현명하다고 한 것이다.
　立不朽之言이라 故以爲賢이라
④ 展禽은 柳下惠이다. 그의 현명함을 알고서도 그를 낮은 자리에 두어 함께 조정에 서지
　않은 것이다.¹¹⁾
　展禽은 柳下惠라 知其賢而使在下位하여 不與立於朝也라
⑤ 六關은 關門의 이름이다. 노나라에는 본래 이 관문이 없었는데 장문중이 설치하여 행
　인들에게 세금을 징수하였기 때문에 仁하지 못하다고 한 것이다. ≪春秋左氏傳≫에 '육

7) (文)〔武〕: 저본에는 '文'으로 되어 있으나, 四庫全書本에 의거하여 '武'로 바로잡았다.
8) 장무중이……것이다 : ≪春秋左氏傳≫ 襄公 23년에 季武子가 長子인 公鉏(공서)를 제쳐두고 次
　子인 紇(흘)을 후계로 삼으려 하자, 장무중이 계교를 써서 이를 성사시켰다. 이런 이유로 孟孫
　氏가 장무중을 몹시 싫어하였는데, 뒤에 孟莊子가 죽자 공서가 다시 계교를 써서 차자인 羯(갈)
　을 후사로 세워 세력을 확장하니, 장무중이 자신이 죽을 날이 멀지 않음을 직감하고 제나라로
　달아났다.
9) 장무중이……하였다 : 이 사건은 ≪春秋左氏傳≫ 襄公 4년에 보이는데, 두예의 주에 襄公이 어렸
　기 때문에 '小子'라고 하고, 臧紇(장문중)이 키가 작았기 때문에 '侏儒(난쟁이)'라고 한 것이다.
10)〔是使〕: 저본에는 이 글자가 없으나, 앞뒤의 문맥이 통하지 않아 ≪春秋左氏傳≫ 襄公 4년 조
　에 의거하여 보충하였다.
11) 展禽은……것이다 : 이 사실은 ≪論語≫ 〈衛靈公〉에 보이는데 "장문중은 그 지위를 도적질한
　자일 것이다. 유하혜의 현명함을 알고서도 함께 조정에 서지 아니하였다.〔臧文仲其竊位者與 知柳下
　惠之賢而不與立也〕"라고 하였다.

관을 폐쇄하였다.'12)라고 한 것은 잘못이다.

六關은 關名이라 魯本無此關이로대 文仲置之하여 以稅行者라 故爲不仁이라 傳曰 廢六關은 非也라

⑥ 《春秋左氏傳》에는 '부들자리를 짜다〔織蒲〕'라고 하였으니13) 蒲는 부들자리이다. 장문중이 나라를 위하고 집안을 위하는 것이 이익을 탐하는 데에 있다는 말이다.

傳曰 織蒲라하니 蒲는 席也니 言文仲爲國爲家가 在於貪利也라

⑦ 蔡(큰 거북)를 보관한 것이다. 蔡는 천자의 守龜14)로 장문중의 소유가 아니다. 그러므로 '虛器'라고 한 것이다.15)

居蔡라 蔡는 天子之守龜니 非文仲所有라 故曰虛器也라하니라

⑧ 夏父弗忌(하보불기)가 송나라 사람을 위하여 僖公의 신위를 閔公의 위에 올렸는데,16) 장문중이 내버려 두고 막지 않은 것이다.

夏父弗忌爲宋人하여 躋僖公於閔公之上이어늘 文仲縱而不禁也라

⑨ 바닷새가 노나라 東門 위에 와서 앉자 장문중이 그 새가 무엇인지 모르고 國人들로 하여금 제사 지내게 하였으니17) 이는 지혜롭지 못한 것이다.

海鳥止于魯東門之上이어늘 文仲不知하고 而令國人祠之하니 是不知也라

⑩ 장무중이 제나라로 달아나자 齊 莊公이 그에게 田地를 주려고 하였다. 하지만 장무중은 장공에게 난리가 있을 것을 알고 사양하고 받지 않은 것이다.

武仲奔齊어늘 齊莊公將與之田한대 武仲知莊公將有難하고 辭而不受也라

⑪ 사리를 따르지 않고 남의 마음을 헤아리지 못했다고 한 것은 적자를 폐하고 서자를 세웠기 때문이고, 장무중이 그렇게 한 까닭은 계씨에게 시행하기 위해서인 것이다.

不順不恕는 爲廢適立庶요 武仲之所以然은 欲爲施於季氏也라

---

12) 육관을 폐쇄하였다 : 《春秋左氏傳》 文公 2년 조에 보인다.

13) 부들자리를……하였으니 : 《春秋左氏傳》 文公 2년 조에 보인다.

14) 守龜 : 天子와 諸侯가 점을 치던 거북을 이른다.

15) 큰……것이다 : 이 사실은 《論語》〈公冶長〉에 보이는데 "장문중이 큰 거북을 보관하되 기둥머리 斗栱에는 山 모양을 조각하고 들보 위 동자기둥에는 水草를 그렸으니, 어찌 지혜롭다 하겠는가.〔臧文仲居蔡 山節藻梲 何如其知也〕"라고 하였다.

16) 夏父弗忌가……올렸는데 : 魯 文公 2년에 太廟에서 큰 제사를 지내면서 신주의 차례를 정할 때에 僖公을 위에 두고 閔公을 아래에 둔 일을 가리킨다. 임금이 된 순서로 보면 민공이 위이고, 형제 간의 서열로 보면 희공이 민공의 庶兄이었다. 이때 하보불기가 宗伯으로서 제사를 주관하면서 "내가 보기에 新鬼(희공)는 크고 故鬼(민공)는 작으니, 큰 분을 앞에 모시고 작은 분을 뒤에 모시는 것이 順理이고, 성현을 위로 올리는 것이 明哲함이니, 명철과 순리가 예이다."라는 논리를 주장하며 희공과 민공의 서열을 바꾸었다.(《春秋左氏傳》 文公 2년)

17) 바닷새가……하였으니 : 爰居라는 바닷새가 魯나라 東門에 3일 동안 머물자, 장문중이 神이라 여겨 나라사람들을 시켜 제사 지내게 하였다는 내용이 《國語》〈魯語〉에 보인다.

⑫ 이를 늘 생각하여 사리를 따르고 남의 마음을 헤아려 베풀어야 하는 것이다.

(今)〔念〕[18]此在常하여 當順其事하고 恕其施也라

18-4 안회가 君子에 대해 묻자, 공자가 대답하였다.

"사람을 사랑하는 것이 仁에 가깝고 일을 헤아려 하는 것이 智에 가까우며, 자신을 중히 여기지 않고 남을 가볍게 여기지 않는 사람이 군자일 것이다."

안회가 小人에 대해 묻자, 공자가 대답하였다.

"남의 善을 비방하면서 그것을 말재주가 있다고 여기고, 교활하고 奸詐함을 품고서 그것을 지혜롭다고 여기며, 남에게 잘못이 있으면 기뻐하고, 남에게 배우는 것을 부끄러워하면서 그 무능함을 수치스럽게 여기는 사람이 소인이다."

○顔回問君子①한대 孔子曰② 愛近仁③하고 度(탁)④近智⑤하며 爲己不重⑥하고 爲人不輕⑦이 君子也夫⑧인저 顔回問小人⑨한대 孔子曰⑩ 毁人之善하여 以爲辯⑪하고 狡訐懷詐하여 以爲智⑫하며 幸人之有過⑬요 恥學而羞不能⑭이 小人也⑮라

① 안회가 부자에게 군자에 대해 물은 것이다.

回問君子於夫子라

② 부자가 말한 것이다.

夫子言이라

③ 사람을 널리 사랑하는 것이 仁에 가까운 것이다.

博愛於人이 近於仁也라

④ 頭註 : 度(헤아리다)은 待와 各의 反切이다.

度은 待各切이라

⑤ 일을 헤아려 행하는 것이 智에 가까운 것이다.

度事而行이 近於智也라

⑥ 자신을 가볍게 여기는 것이다.

輕於爲己라

⑦ 남을 중히 여기는 것이다.

重於爲人이라

⑧ 이러한 사람을 군자라고 하는 것이다.

---

18) (今)〔念〕: 저본에는 '今'으로 되어 있으나, 四庫全書本에 의거하여 '念'으로 바로잡았다.

此之謂君子라

⑨ 안회가 부자에게 소인에 대해 물은 것이다.

回問小人於夫子라

⑩ 부자가 말한 것이다.

夫子言이라

⑪ 남이 행한 선한 일을 비방하면서 말재주를 늘어놓은 것이다.

毁謗人之善事하여 以肆其口辯이라

⑫ 그 마음속에 교활하고 奸詐함을 품는 것을 스스로 지혜롭다 여긴 것이다.

其心狡訐姦詐를 自以爲智라

⑬ 남에게 과실이 있으면 기뻐한 것이다.

喜他人之有過失이라

⑭ 배우고 묻는 것을 부끄러워하면서 그 무능함을 수치스럽게 여긴 것이다.

恥於學問而自羞其不能이라

⑮ 이러한 사람을 소인이라고 하는 것이다.

此之謂小人이라

18-5 안회가 자로에게 말하였다.

"勇力이 덕행보다 뛰어나고서 제 명에 죽은 자는 적으니, 어찌 삼가지 않겠
는가."

顏回謂子路曰① 力猛於德②而得其死者鮮③矣④니 盍愼諸焉⑤잇고하니라

① 안연이 중유에게 말한 것이다.

顏淵與仲由言이라

② 勇力이 德行보다 뛰어난 것이다.

勇力勝於德行이라

③ 頭註 : 鮮(적다)은 上聲이다.

鮮은 上聲이라

④ 제 명에 죽기를 바라는 자는 적은 것이다.

欲其得善終者 少也라

⑤ 마땅히 이것을 삼가야 하는 것이다. 안회는 중유가 용맹을 좋아하는 것을 알았기 때문
에 이렇게 箴戒한 것이다.

當謹於此라 回知由之好勇이라 故以此箴之라

18-6 叔孫武叔[19]이 안회를 보았는데, 숙손무숙이 남의 잘못을 많이 말하고 자기 멋대로 평가하자, 안회가 말하였다.

"저는 공자께 다음과 같은 말을 들었습니다. '남의 악한 점을 말하는 것은 자신을 아름답게 하는 방법이 아니고, 남의 간사한 점을 말하는 것은 자신을 바르게 하는 방법이 아니다. 그러므로 군자는 자신의 과실을 다스릴 뿐 남의 과실은 다스리지 않는 것이다.'[20]라고 하셨습니다."

叔孫武叔이 見於顔回①한대 武叔多稱人之過而己評論之②어늘 顔回曰 吾聞諸孔子호니 曰③ 言人之惡은 非所以美己④요 言人之枉은 非所以正己⑤라 故君子攻其惡이요 無攻人之惡⑥이라

① 무숙은 노나라 대부이다.
　　武叔은 魯大夫라

② 무숙이 남의 과실을 많이 말하고 또 자기 멋대로 평가한 것이다.
　　武叔多言人之過失하고 又以己意評論之라

③ 안회가 무숙에게 말하기를, "제가 예전에 부자에게 다음과 같은 말을 들었습니다."라고 한 것이다.
　　顔回謂武叔曰 吾嘗聞夫子言이라

④ 남의 잘못을 말하는 것은 자신을 아름답게 하는 방법이 아니다.
　　談人惡者는 非美身之道라

⑤ 남의 간사한 점을 말하는 것은 자신을 바르게 하는 방법이 아니다.
　　談人邪者는 非正身之道라

⑥ 이 때문에 군자는 오직 자신의 과실을 다스리고 타인의 과실은 다스리지 않는 것이다.
　　是以君子之人은 惟攻己之過惡이요 不攻他人之過惡이라

---

19) 叔孫武叔 : 노나라 대부로, 이름은 州仇이고, 武는 시호이며, 叔은 자이다. 숙손무숙이 공자를 비방하자, 자공이 "그러지 말라. 중니는 비방할 수 없는 분이다.[無以爲也 仲尼不可毁也]"라고 한 말이 ≪論語≫ 〈子張〉에 보인다.

20) 자신의……것이다 : 자신에게 잘못이 있으면 반성하여 고칠 뿐 남의 잘못에 대해서는 따지지 않는다는 말이다. ≪論語≫ 〈顔淵〉에 "자신의 과실을 다스리고 남의 과실을 다스리지 않는 것이 간특함을 없애는 것이 아니겠는가.[攻其惡 無攻人之惡 非修慝與]"라고 하였다.

제19편 자로가 공자를 처음 뵘 子路初見 第十九^①

　　무예를 중시하던 子路가 처음 孔子를 만나 나눈 대화를 기록한 편이기에, 편명을 '子路初見'으로 삼았다. 孔子는 배움을 중시하여 子路에게 배울 것을 강조하였고, 배움과 정사를 조화롭게 한 宓子賤을 칭찬하였다. 또한 禮를 중시하여 기장과 복숭아 중에서 제사에 올릴 수 있는 기장을 우선시하였고, 魯나라가 齊나라의 女樂을 받아들이고 대부를 예우하는 常禮도 따르지 않자 魯나라를 떠났다. 이 외에도 修身, 爲政, 知人 등에 관한 孔子의 견해가 자세히 기록되어 있다.

　　① 첫 장의 뜻으로 편명을 붙인 것이다.

　　　以首章之義로 名篇하니라

19-1 자로가 공자를 처음 뵈었다. 공자가 말하였다.

"너는 무엇을 좋아하느냐?"

자로가 대답하였다.

"긴 칼을 좋아합니다."

공자가 말하였다.

"나는 이것을 물은 것이 아니다. 다만 네가 능한 것에다 학문을 더해야 함을 말한 것이니, 이렇게 한다면 어찌 〈다른 사람들이〉 그 경지에 이를 수 있겠느냐."

자로가 말하였다.

"학문이 무슨 보탬이 되겠습니까."

공자가 말하였다.

"대체로 임금에게 간하는 신하가 없으면 正道를 잃게 되고, 선비에게 教誡하는 벗이 없으면 충고를 들을 기회를 잃게 된다. 미쳐 날뛰는 말을 몰 때에는 채찍을 놓지 않고 활을 잡을 때에는 도지개에서 뒤집히지 않게 한다. 나무는 먹줄을 따르면 곧아지고 사람은 간쟁을 받아들이면 성스러워진다.[1] 스승에게 가르침을 받고 의리를 묻기를 중시한다면 누군들 따르지 않겠느냐. 어진 사람을 헐뜯고 선비를 미워하면 반드시 형벌을 받게 되니 군자는 배우지 않아서는 안 되는 것이다."

자로가 말하였다.

"南山의 대나무는 바로잡지 않아도 절로 곧게 자랍니다. 이것을 베어다가 화살을 만들어 쓴다면 무소의 가죽을 뚫을 수 있습니다. 이러한 관점에서 말한다면 어찌 배울 필요가 있겠습니까."

공자가 말하였다.

"화살 뒤에 깃을 꽂고 화살 앞에 화살촉을 갈아서 박는다면 뚫고 들어가는 것이 또한 깊지 않겠느냐?"

子路初見孔子[1]한대 子曰 汝何好樂(요)[2][3]오 對曰 好長劒[4]이로이다 子曰 吾非此之問也[5]라 徒謂以子之所能으로 而加之以學問[6]이니 豈可及乎[7]아 子路曰 學豈益哉[8]리잇고 子曰 夫人君而無諫臣則失正[9]하고 士而無敎友則失聽[10]하나니 御狂馬엔 不釋策[11]하고 操[12]弓엔 不反檠[13]이라 木受繩則直[14]하고 人受諫則聖[15]하나니 受學重問이 孰不順哉[16]리오 毁仁惡士면 必近於刑[17]이니 君子不可不學[18]이니라 子路曰 南山有竹은 不揉自直[19]하니 斬而用之면 達於犀革[20]이니이다 以此言之컨대 何學之有[21]리잇가 子曰 栝而羽之하고 鏃[22]而礪之[23]하면 其入之不亦深乎[24]아

① 중유가 처음 부자를 뵌 것이다.
  仲由始見夫子라
② 頭註: 樂(좋아하다)는 五와 敎의 反切이다.
  樂는 五敎切이라
③ 공자가 중유에게 묻기를, "너는 무엇을 좋아하느냐?"라고 한 것이다.
  子問仲由호되 爾何所愛오
④ 중유가 답하기를, "좋아하는 것은 긴 칼입니다."라고 한 것이다.
  由答言 所好在長劒이라
⑤ 공자가 말하기를, "내가 너에게 물은 것은 이것을 말한 것이 아니다."라고 한 것이다.

---

1) 나무는……성스러워진다 : ≪書經≫〈說命〉에 "나무는 먹줄을 따르면 바르게 되고, 임금은 諫言을 따르면 성스러워진다.〔惟木從繩則正 后從諫則聖〕"라고 하였고, ≪荀子≫〈勸學〉에, "나무는 먹줄을 따르면 바르게 되고, 쇠는 숫돌에 갈면 예리하게 된다.〔木受繩則直 金就礪則利〕"라고 하였다.

子言 我之問汝는 非謂此也라

⑥ 단지 네가 이미 능한 것에다 또 학문의 유익함을 더해야 함을 물은 것이다.

但問汝旣有所能에 又當加學問之益이라

⑦ 그렇게 한다면 〈다른 사람이〉 미칠 수 없는 경지가 된다는 것이다.

則不可及也라

⑧ 중유가 말하기를, "학문이 무슨 보탬이 되겠습니까."라고 한 것이다.

仲由言 學豈足爲益이리오

⑨ 공자가 말하기를, "임금에게 만약 간쟁하는 신하가 없으면 혹 그 正道를 잃게 된다."라고 한 것이다.

子言 人君若無諫諍之臣이면 則或失其正道라

⑩ 선비에게 서로 敎誡하는 벗이 없으면 혹 충고를 들을 수 있는 기회를 잃게 되는 것이다.

士無朋友相敎訓이면 則或失於所聞이라

⑪ 미쳐 날뛰는 말을 모는 자는 채찍을 놓아서는 안 되는 것이다.

御狂馬者는 不得釋策策이라

⑫ 頭註 : 操(잡다)는 平聲이다.

操는 平聲이라

⑬ 활은 도지개에서 뒤집히지 않은 뒤에야 잡을 수 있는 것이다.

弓不反於檠然後可持라

⑭ 나무를 자를 때 먹줄을 따르면 곧아지는 것이다.

斲木從繩이면 則正直이라

⑮ 사람이 간쟁을 따르면 성스러워지는 것이다.

爲人而從諫諍이면 則至於聖이라

⑯ 스승에게 가르침을 받고 의리를 묻기를 좋아한다면 누군들 따르지 않겠느냐고 한 것이다.

受師敎學하고 好問理義면 孰有不順者리오

⑰ 어진 사람을 헐뜯고 선비를 미워하고 원망하면 반드시 刑戮을 받게 되는 것이다.

謗毁仁者하고 憎怨士人하면 必近於刑戮也라

⑱ 군자는 배우지 않아서는 안 되는 것이다.

君子之人은 不可不爲學이라

⑲ 자로가 또 말하기를, "남산의 대나무는 바로잡으려 하지 않아도 절로 곧아집니다."라고 한 것이다.

子路又言 南山之竹은 不假矯揉而自直이라

⑳ 베어서 화살을 만들면 가죽이나 뿔처럼 견고한 것을 뚫을 수 있는 것이다.

伐而爲箭이면 可以貫於皮角之堅이라

㉑ 이런 관점에서 본다면 또 어찌 배울 필요가 있겠느냐고 한 것이다.

以此觀之면 又何待於學이리오

㉒ 頭註 : 鏃(화살촉)은 作과 木의 反切이다.

鏃은 作木切이라

㉓ 부자가 '화살 끝에 깃을 꽂고 화살 앞에 화살촉을 박는다면'이라고 말한 것이다.

夫子言 箭末用羽하고 箭頭用鏃이라

㉔ 쏘아서 들어가는 정도가 깊은 것이다.

射入則深이라

19-2 자로가 떠나면서 공자에게 작별인사를 하였다. 공자가 말하였다.

"너에게 수레를 주랴, 아니면 말을 주랴?"

자로가 말하였다.

"말씀을 주십시오."

공자가 말하였다.

"힘쓰지 않으면 통달하지 못하고, 애쓰지 않으면 功效가 없고, 忠直하지 않으면 친하게 지낼 수 없고, 信義가 있지 않으면 약속한 말을 실천할 수 없고, 공경하지 않으면 예의를 잃게 되니, 이 다섯 가지를 신중히 행할 뿐이다."

자로가 말하였다.

"저는 종신토록 이 가르침을 받들겠습니다."

子路將行에 **辭於孔子**①한대 **子曰 贈汝以車**아 **贈汝以言乎**②아 **子路曰 請以言**③하노이다 **子曰 不强不達**④이요 **不勞無功**⑤이요 **不忠無親**⑥이요 **不信無復**⑦이요 **不恭失禮**⑧하나니 **愼此五者而 已**⑨니라 **子路曰 由請終身奉之**⑩호리이다

① 부자와 작별하고 돌아가려고 한 것이다.

辭夫子而歸라

② 부자가 말하기를, "지금 너에게 거마를 주어 전송하랴, 아니면 말을 주어 전송하랴?"라고 한 것이다.

夫子言 今送汝以車馬乎아 抑送以言語乎아

③ 자로가 말하기를, "저에게 말씀을 주십시오."라고 한 것이다.

子路言 請以言語贈我라

④ 공자가 말하기를, "사람이 힘쓰지 않으면 스스로 통달하지 못한다."라고 한 것이다.

子言 人不以强力이면 則不能自達이라

⑤ 부지런히 애쓰지 못하면 공효가 없는 것이다.

不能勤勞면 則無功效라

⑥ 忠直하지 않으면 서로 친하게 지낼 수 없는 것이다.

不忠直이면 則無以相親이라

⑦ 信義가 의리에 가까우면 약속한 말을 실천할 수 있으니,[2] 지금 신의가 있지 않다면 실천할 수 없는 것이다.

信近於義면 言可復也니 今而不信이면 則無可復이라

⑧ 공경하지 않으면 예의를 잃게 되는 것이다.

不恭敬이면 則失其禮儀라

⑨ 이 다섯 가지를 신중히 행할 뿐이라고 한 것이다.

惟謹行此五者而已라

⑩ 자로가 말하기를, "저는 이 한 몸이 다할 때까지 가르침을 받들겠습니다."라고 한 것이다.

子路言 由請盡此一身而奉教라

19-3[3] 공자가 노나라 司寇가 되어 季康子를 보았는데 계강자가 기뻐하지 않았다. 공자가 또 보려 하자 재여가 앞으로 나와 말하였다.

"예전에 저는 늘 부자께 '王公이 나를 초빙하지 않으면 가지 않겠다.'라고 한 말을 들었습니다. 그런데 지금 부자께서 사구의 벼슬에 있은 지 얼마 되지 않았는데 절개를 굽힌 일이 여러 차례이니, 그만 두어야 하지 않겠습니까?"

공자가 대답하였다.

"그러하다. 그러나 노나라는 사람들끼리 서로 능멸하고 병기를 가지고 해친 지

---

2) 信義가……있으니 : 《論語》〈學而〉에 보이는 말인데, 주희는 '信'을 '約信(약속)'의 뜻으로 보아 '약속이 의리에 가까우면 약속한 말을 실천할 수 있다.'라고 하였다.

3) 이 부분은 四部叢刊本을 저본으로 하였다.

가 오래되었는데도 有司가 다스리지 못하고 있으니 난리가 일어날 것이다. 이러한 때에 나를 초빙하였으니 어느 것이 이보다 큰일이겠느냐."

노나라 사람들이 듣고 말하였다.

"성인께서 다스리려고 하니 어찌 먼저 스스로 형벌을 멀리 피하지 않겠는가."

이후로 나라에 다투는 사람이 없었다. 공자가 재여에게 말하였다.

"산에서 십리를 벗어나도 매미 소리가 여전히 귓가에 맴도는 법이다. 그러므로 정사는 民心에 順應하는 것이 가장 중요한 것이다."

孔子爲魯司寇에 見季康子한대 康子不悅①하다 孔子又見之한대 宰予進曰 昔에 予也常聞諸夫子호니 曰 王公不我聘則弗動이라하니 今夫子之於司寇也日少②호대 而屈節數矣③하니 不可以已乎잇가 孔子曰 然하다 魯國以衆相陵하고 以兵相暴之日久矣어늘 而有司不治하니 則將亂也라 其聘我者가 孰大於是哉④리오 魯人聞之曰 聖人將治하니 何不先自遠刑罰이리오 自此之後로 國無爭者하니라 孔子謂宰予曰 違山十里에 蟪蛄之聲이 猶在於耳라 故政事莫如應之⑤니라

① 季桓子가 되어야 하니, 계강자가 아니다.
　　當爲桓子니 非康子也라

② 司寇의 관직에 있은 날이 얼마 되지 않은 것을 말한다.
　　謂在司寇官少日淺이라

③ 절개를 굽혀 계손을 여러 차례 본 것을 말한다.
　　謂屈節하여 數見於季孫이라

④ "나를 초빙하여 관직에 앉혔으니 그 정치가 어찌 다시 이보다 큰 것이 있겠는가."라고 말한 것이다.
　　言聘我使在官하니 其爲治가 豈復可大於此者也리오

⑤ 違는 떠난다는 뜻이고 蟪蛄는 蛁蟟(매미)이니, 산에서 십리를 벗어났는데도 매미 소리가 여전히 귓가에 맴도는 것은 그 울음소리가 그치지 않기 때문이다. 정사는 모름지기 신중하게 들은 뒤에 행해야 하는 것을 말한 것이다.
　　違는 去也요 蟪蛄는 蛁蟟也니 蛁蟟之聲이 去山十里에도 猶在於耳는 以其鳴而不已라 言政事須愼聽之然後에 行之者也라

19-4[4] 공자의 형의 아들인 孔篾이 宓子賤(복자천)과 함께 벼슬하고 있었다. 공자

---

4) 이 부분은 四部叢刊本을 저본으로 하였다.

가 공멸을 찾아가 물었다.

"네가 벼슬한 뒤로 무엇을 얻고 무엇을 잃었느냐?"

공멸이 대답하였다.

"얻은 것은 없고 잃은 것이 세 가지입니다. 國事가 계속 이어지니 배운 것을 어찌 익힐 수 있겠습니까. 이 때문에 학문이 밝아지지 못했습니다. 俸祿이 적어 미음이나 죽 같은 보잘 것 없는 음식도 친척에게 나누어 주지 못하였으니, 이 때문에 骨肉 간에 더욱 소원해졌습니다. 公事로 급한 일이 많아 죽은 사람을 조문하거나 병든 사람을 위문하지 못하였으니, 이 때문에 朋友 간의 도가 실추되었습니다. 잃은 것이 세 가지라는 것은 바로 이것을 말합니다."

공자가 마음에 들지 않아 복자천을 찾아가서 공멸에게 물었던 것처럼 묻자, 복자천이 대답하였다.

"벼슬한 뒤로 잃은 것은 없고 얻은 것이 세 가지입니다. 예전에 배운 것을 지금 실행할 수 있게 되었으니, 이 때문에 학문이 더욱 밝아졌습니다. 봉록으로 받은 것을 친척에게 베풀 수 있었으니 이 때문에 골육 간에 더욱 친해졌습니다. 公事가 있지만 죽은 사람을 조문하거나 병든 사람을 위문하는 일을 겸할 수 있었으니, 이 때문에 붕우 간의 우의가 돈독해졌습니다."

공자가 감탄하여 복자천을 다음과 같이 평하였다.

"군자로구나. 이 사람이여! 노나라에 군자가 없었다면 자천이 어떻게 이것을 배웠겠는가."[5]

孔子兄子有孔篾者가 與宓子賤偕仕러니 孔子往過孔篾하여 而問之曰 自汝之仕로 何得何亡고 對曰 未有所得이요 而所亡者三이라 王事若龍[1]하니 學焉得習[2]이리오 是學不得明也요 俸祿少하여 饘粥不及親戚하니 是以骨肉益疏也요 公事多急하여 不得弔死問疾하니 是朋友之道闕也라 其所亡者三은 卽謂此也니이다 孔子不悅하여 往過子賤하여 問如孔篾한대 對曰 自來仕者로 無所亡이요 其有所得者三이라 始誦之를 今得而行之하니 是學益明也요 俸祿所供이 被及親戚하니 是骨肉益親也요 雖有公事나 而兼以弔死問疾하니 是朋友篤也니이다 孔子喟然하여 謂子賤曰 君子哉라 若人[3]이여 魯無君子者면 則子賤焉取此[4]리오

---

5) 공자가……배웠겠는가 : 《論語》〈公冶長〉에도 "군자로구나. 이 사람이여! 노나라에 군자가 없었다면 이 사람이 어디에서 이러한 덕을 취했겠는가.〔君子哉 若人 魯無君子者 斯焉取斯〕"라고 복자천을 평가한 공자의 말이 보인다.

① 龍은 마땅히 讐(되풀이되다)으로 되어야 하니, 전후로 서로 이어진 것이다.

　　龍宜爲讐하니 前後相因也라

② 배운 것을 익힐 수 없다는 말이다.

　　言不得習學也라

③ 若人은 '이 사람'이라고 말한 것과 같다.

　　若人은 猶言是人者也라

④ 만약 노나라에 군자가 없었다면 이 사람이 어떻게 이것을 배울 수 있었겠는가. 노나라에 군자가 있다는 말이다.

　　如魯無君子者면 此人安得而學之리오 言魯有君子也라

19-5[6)] 공자가 애공을 모시고 앉았는데, 애공이 복숭아와 기장을 주었다. 애공이 말하였다.

"드십시오."

공자가 먼저 기장을 먼저 먹은 뒤에 복숭아를 먹자, 좌우 사람들이 모두 입을 가리고 웃었다. 애공이 말하였다.

"기장은 복숭아를 씻는 것이지 먹는 것이 아닙니다."

공자가 대답하였다.

"저도 알고 있습니다. 그러나 기장은 五穀[7)] 중에 으뜸이라 郊祭와 종묘의 제사에 가장 귀중한 음식이고, 과실의 종류에 6가지가 있는데 그중 복숭아가 가장 좋지 않은지라 제사에도 쓰지 않고 교제와 종묘의 제사에도 올리지 않습니다. 저는 군자가 천한 것으로 귀한 것을 씻는다는 말은 들었지만 귀한 것으로 천한 것을 씻는다는 말은 듣지 못했습니다. 지금 오곡 중에 으뜸인 것으로 과실 중에 가장 좋지 않은 것을 씻는 것은 가장 좋은 것으로 가장 좋지 않은 것을 씻는 격입니다. 신은 이것이 교화에 방해가 되고 의리에 해가 될까 생각하였기 때문에 감히 그렇게 하지 않았습니다."

애공이 말하였다.

---

6) 이 부분은 四部叢刊本을 저본으로 하였다.

7) 五穀 : ≪大戴禮記≫에는 기장〔黍〕, 피〔稷〕, 삼〔麻〕, 보리〔麥〕, 콩〔菽〕이라고 하였고, ≪周禮≫에는 삼, 기장, 피, 보리, 콩이나 또는 기장, 피, 콩, 보리, 벼〔稻〕라고 하였다.

"훌륭합니다."

孔子侍坐於哀公할새 賜之桃與黍焉하다 哀公曰 請食하소서 孔子先食黍而後食桃하니 左右皆掩口而笑하다 公曰 黍者는 所以雪^①桃요 非爲食之也니이다 孔子對曰 丘知之矣로라 然夫黍者는 五穀之長이라 郊禮宗廟에 以爲上盛이요 菓屬有六에 而桃爲下라 祭祀不用하고 不登郊廟하니이다 丘聞之君子以賤雪貴요 不聞以貴雪賤하니 今以五穀之長으로 雪菓之下者는 是從上雪下니 臣以爲妨於敎하고 害於義라 故不敢하니이다 公曰 善哉라

① 雪은 씻는다는 뜻이다.
　雪은 拭이라

貴黍賤桃

19-6⁸⁾ 공자가 노나라의 재상이 되자, 제나라 사람이 노나라가 覇者가 될 것을 염려하여 그 정사를 무너뜨리려고 하였다. 이에 아름다운 여자 80명을 선발하여 화려한 문양의 비단 옷을 입히고 容璣曲⁹⁾에 맞추어 춤을 출 수 있게 하였으며, 말

---

8) 저본의 표제에 "제나라 사람이 미녀 樂師와 장식한 말을 보내다.〔齊人遺女樂及文馬〕", "공자가 노나라를 떠나다.〔孔子去魯〕"라고 되어 있다.

40필을 아름답게 장식하여 노나라 임금에게 보내려고 하였다. 그리하여 노나라 성 남쪽의 높은 문 밖에 미녀 樂師를 진열하고 아름답게 장식한 말을 늘어놓았는데, 季桓子가 微服 차림으로 가서 보고 받으려 하였다. 자로가 공자에게 말하였다.

"부자께서는 떠나실 만합니다."

공자가 말하였다.

"노나라는 이제 郊祭를 지낼 것이니 만약 대부에게 제사 고기를 보내준다면 이는 그 常禮를 폐기하지 않은 것이라 내가 그래도 가려는 걸음을 멈출 것이다."

이윽고 계환자가 미녀 악사를 받고서는 임금과 신하가 여색에 푹 빠져 3일 동안 國政을 열지 않고 郊祭를 마친 뒤에도 제사 고기를 보내지 않자, 공자가 마침내 떠났다.

○ 孔子相魯^①한대 齊人患其將霸^②하여 欲敗其政^③하여 乃選好女子八十人^④하여 衣以文飾而舞容璣^⑤하고 及文馬四十^⑥하여 以遺魯君^⑦하여 陳女樂列文馬于魯城南高門外^⑧한대 季桓子微服으로 往觀之^⑨하고 將受焉^⑩하다 子路言於孔子曰 夫子可以行矣^⑪로소이다 孔子曰 魯今且郊^⑫하니 若致膰^⑬於大夫^⑭면 是則未廢其常^⑮이니 吾猶可以止也^⑯라하더니 桓子旣受女樂^⑰하여 君臣淫荒^⑱하여 三日不聽國政^⑲하고 郊又不致膰俎^⑳하니 孔子遂行^㉑하다

① 부자가 재상의 일을 섭행할 때이다.
　夫子攝相時라
② 제나라는 노나라가 패자의 도를 이룰까 염려한 것이다.
　齊國恐魯國成霸者之道라
③ 노나라의 정사를 무너뜨리려고 한 것이다.
　欲壞魯國政事라
④ 이에 미녀 80인을 선발한 것이다.
　乃選美女八十人이라
⑤ 화려한 문양의 비단 옷을 입히고 容璣曲에 맞추어 춤을 출 수 있게 한 것이다.
　衣文綉之衣하고 舞容璣之曲이라
⑥ 10乘의 말을 모두 아름답게 장식한 것이다.
　及馬十乘을 皆有文飾이라
⑦ 노나라 임금에게 공물로 바치려고 한 것이다.

---

9) 容璣曲 : 춘추시대 유명한 舞曲의 이름이다.

以貢獻於魯君이라

⑧ 그리하여 노나라 성 남쪽 문 밖에 바칠 공물을 진열한 것이다.
陳列所貢之物于魯城南門外라

⑨ 계환자가 이에 평상복을 입고 가서 본 것이다.
季桓子乃常服往看之라

⑩ 제나라가 바치는 미녀 악사와 장식한 말을 받으려고 한 것이다.
欲受齊所貢女樂文馬라

⑪ 자로가 부자에게 고하기를, "부자께서는 떠나실 만합니다."라고 한 것이다.
子路告夫子曰 夫子可去矣라

⑫ 공자가 말하기를, "이제 노나라는 郊祭를 지낼 것이다."라고 한 것이다.
子言 今魯方郊祀라

⑬ 頭註 : 膰(제사 고기)은 음이 煩이다.
膰은 音煩이라

⑭ 만약 그래도 제사 고기를 보내 대부에게 나누어 줄 경우이다.
若猶致祭肉하여 分與大夫라

⑮ 이는 常禮를 폐기하지 않는 것이다.
則是不廢其常禮라

⑯ 나는 떠나지 않을 것이라고 한 것이다.
在我未可去也라

⑰ 이윽고 노나라가 제나라의 미녀 악사를 받은 것이다.
魯國已受齊之女樂이라

⑱ 그 임금과 신하가 모두 여색에 푹 빠진 것이다.
其君臣이 俱淫荒於女色이라

⑲ 3일 동안이나 국사를 다스리지 않은 것이다.
至於三日하여 不治國事라

⑳ 교제를 지내고도 신하들에게 제사 고기를 보내지 않은 것

齊人歸女樂圖

이다.

郊祀又不致胙於其臣이라

㉑ 부자가 그 常禮가 폐기된 것을 보고 이에 떠난 것이다.

夫子見其廢禮하고 於是去之라

19-7[10] 澹臺子羽는 군자의 용모를 가지고 있지만 행실이 그 용모를 따라가지 못하고, 宰我는 고상한 말솜씨가 있지만 지혜가 말재주에 미치지 못하였다. 공자가 말하였다.

"속담에 '좋은 말을 고르려면 수레 끌 때를 살펴야 하고 훌륭한 선비를 뽑으려면 혼자 거처할 때를 살펴야 한다.'라고 하였으니 이 말은 버려서는 안 된다. 용모로 사람을 취하면 자우와 같은 자를 뽑는 실수를 하고 言辭로 사람을 취하면 재여와 같은 자를 뽑는 실수를 할 것이다."[11]

○ 澹臺子羽有君子之容이로되 而行不勝其貌[①]하고 宰我有文雅之辭로되 而智不充其辯[②]이어늘 孔子曰 語云[③]相馬以輿[④]하고 相士以居[⑤]는 弗可廢矣[⑥]라 以容取人則失之子羽[⑦]하고 以辭取人則失之宰(子)〔予〕[⑧][12]라

① 澹臺滅明은 군자의 용모는 가지고 있지만 일을 행하는 것이 그에 걸맞지 않은 것이다.

澹臺滅明은 有君子之容貌로되 而行事不稱焉이라

② 재여는 언사가 비록 고상하나 그 지혜와 능력이 말재주에 미치지 못한 것이다.

宰(子)〔予〕[13]는 言辭雖文雅나 而其智能不充於口辯이라

③ 부자가 말하기를, "속담에 다음과 같이 말하였다."라고 한 것이다.

夫子言 俗語有云이라

---

10) 저본의 표제에 "용모로 사람을 뽑으면 자우와 같은 사람을 뽑는 실수를 한다.〔以容取人 失之子羽〕"라고 되어 있다.

11) 용모로……것이다 : ≪史記≫〈仲尼弟子列傳〉에는 이 내용과 정반대로 되어 있다. 그 내용을 보면, 澹臺子羽는 얼굴이 매우 못생겨서 그가 공자를 섬기려 하자 공자는 재주 없으리라고 여겼다. 그러나 그는 공자에게서 수업을 받은 뒤로는 물러가 행실을 닦아 지름길로 다니지 않고 公事가 아니면 卿大夫를 만나 보지 않았다. 뒤에 공자가 "내가 말로 사람을 취하였다가 재여에게서 실수를 하였고, 용모로 사람을 취하였다가 자우에게서 실수를 하였다."라고 하였다. 子羽는 澹臺滅明의 字이다.

12) (子)〔予〕 : 저본에는 '子'로 되어 있으나, 江陵本과 慶長本에 의거하여 '予'로 바로잡았다.

13) (子)〔予〕 : 저본에는 '子'로 되어 있으나, 江陵本과 慶長本에 의거하여 '予'로 바로잡았다.

④ 좋은 말을 고르려면 수레 끌 때를 살펴야 하는 것이다.

相馬엔 當觀其駕車之時라

⑤ 훌륭한 선비를 뽑으려면 혼자 거처할 때를 살펴야 하는 것이다.

相士人엔 當觀於獨居之時라

⑥ 이 말은 버려서는 안 되는 것이다.

此言不可棄也라

⑦ 용모로 사람을 취하면 자우와 같은 자를 뽑는 실수를 하게 되는 것이다.

以容貌取人이면 則取子羽爲失矣라

⑧ 말로 사람을 취하면 재아와 같은 자를 뽑는 실수를 하게 되는 것이다.

以文辭取人이면 則取宰我爲失矣라

19-8[14] 孔篾이 몸가짐의 방도를 묻자, 공자가 말하였다.

"알면서도 하지 않는 것보다는 차라리 모르는 게 낫고, 친하면서도 믿지 않는 것보다는 차라리 친하지 않은 게 나으며, 즐거운 일이 찾아 올 때에 즐겁다고 교만해서는 안 되고, 근심스러운 일이 닥칠 때에 잘 생각해서 걱정스런 일이 없게 해야 한다."

공멸이 말하였다.

"몸가짐을 단정히 하는 도가 이것뿐입니까?"

공자가 말하였다.

"자신의 능하지 못한 점을 다스리고 자신의 부족한 점을 보완할 뿐, 자신이 무능하다고 하여 남의 능력을 의심하지 말고 자신이 능하다고 하여 남을 업신여기지 말아서, 종일토록 말하더라도 자신에게 걱정을 끼치는 일이 없게 하고 종일토록 행하더라도 자신에게 환난이 닥치는 일이 없게 해야 한다. 이것은 오직 지혜로운 자만이 할 수 있는 것이다."

○ 孔篾問行己之道[1]한대 子曰[2] 知而弗爲는 莫如勿知[3]요 親而弗信은 莫如勿親[4]이요 樂之方至에 樂而弗驕[5]하고 患之所至에 思而勿憂[6]니라 孔篾曰 行己乎[7]잇가 子曰 攻其所不能[8]하고 備其所不足[9]하여 毋以其所不能疑人[10]하고 毋以其所能驕人[11]하여 終日言에 無遺己之憂[12]하고

---

14) 저본의 표제에 "공멸이 몸가짐의 방도를 묻다.[孔篾問行己之道]"라고 되어 있다.

終日行에 不遺己之患⑬은 惟智者有之⑭니라

① 孔篾은 부자의 형의 아들이다. 공멸이 修身의 방도를 물은 것이다.
孔篾은 夫子兄子라 問修身之道라

② 부자가 말한 것이다.
夫子言이라

③ 이미 할 줄 알면서도 하지 않는 것보다는 차라리 모르는 게 나은 것이다.
旣知可爲而不爲는 不如不知라

④ 이미 남과 친하면서 또 믿지 않기보다는 차라리 서로 친하지 않는 게 나은 것이다.
旣親於人호되 又不信之는 不如勿與相親이라

⑤ 기쁜 일이 다가올 때에 기쁘다고 교만해서는 안 되는 것이다.
喜之方來에 不可乘喜而驕傲라

⑥ 환난이 닥치려고 할 때에 잘 생각해서 걱정하는 일이 없게 해야 하는 것이다.
患難將來에 當思而不當憂라

⑦ 공멸이 말하기를, "몸가짐의 방도가 이것뿐입니까?"라고 한 것이다.
篾言 行己之道가 止於此乎잇가

⑧ 공자가 말하기를, "자신의 능하지 못한 점을 다스려야 한다."라고 한 것이다.
子言 己有不能을 當攻治之라

⑨ 자신의 부족한 점을 온전히 보완해야 하는 것이다.
己有不足을 當備全之라

⑩ 내가 무능하다고 하여 남의 능력을 의심하지 말아야 하는 것이다.
勿以我不能으로 而疑人之能이라

⑪ 자신이 능하다고 하여 남의 무능함을 업신여기지 말아야 하는 것이다.
勿以己能으로 而驕人之不能이라

⑫ 말하는 데 말실수가 없기 때문에 걱정하는 데 이르지 않는 것이다.
言無口過라 故不至有憂라

⑬ 행하는 데 남의 원망과 미움이 없기 때문에 환난이 닥치는 데 이르지 않는 것이다.
行無怨惡라 故不至有患이라

⑭ 이는 오직 밝고 지혜로운 사람만이 이렇게 할 수 있는 것이다.
惟明智之人能如此라

제20편 곤액을 당함　在厄 第二十①

　　孔子 일행이 楚나라로 가는 도중에 陳나라와 蔡나라 사이에서 곤액을 당한 일을 기록한 편이기에, 편명을 '在厄'으로 삼았다. 孔子가 楚나라로 가는 길에 陳나라와 蔡나라가 있었는데, 孔子가 楚 昭王에게 등용되면 자신들의 나라가 위태롭게 될 것이라고 여겨 그 대부들이 孔子 일행을 포위하였으므로 孔子 일행이 곤액을 당하였다. 하지만 이러한 어려운 상황에서도 孔子는 글을 읽고 거문고를 타며 노래하는 것을 멈추지 않았다. 이는 근심 속에서도 道를 즐기는 孔子의 憂樂觀을 볼 수 있는 편이다.

　　① 공자가 陳나라와 蔡나라 사이에서 곤액을 당하였으므로 '在厄'이라고 편명을 붙인 것이다.
　　孔子厄於陳蔡라 乃以在厄名篇하니라

20-1¹⁾ 楚 昭王이 공자를 초빙하자 공자가 答禮하러 가다가 도중에 陳나라와 蔡나라 사이에 이르렀다. 진나라와 채나라의 大夫가 서로 모의하여 말하였다.
　　"공자는 성현이라 그 諷諫하는 것이 모두 제후의 병통에 들어맞으니, 만약 초나라에서 등용한다면 진나라와 채나라가 모두 위태로워질 것입니다."
　　마침내 그 무리로 하여금 군사를 이끌고 공자를 막아 갈 수 없게 하였다. 그러자 양식이 끊긴 지 7일이 지나고 밖으로 통하는 길도 없어서 나물국을 먹기에도 부족하였다. 따르는 자들이 모두 병이 들었지만 공자는 더욱 강개하여 講誦과 絃歌를 조금도 게을리하지 않았다.

　　楚昭王聘孔子①한대 孔子往拜禮焉②에 路出于陳蔡③러니 陳蔡大夫가 相與謀曰④ 孔子聖

賢⑤이라 其所刺譏가 皆中⑥諸侯之病⑦하니 若用於楚면 則陳蔡危矣⑧리이다하고 遂使徒兵距孔子不得行⑨하니 絶糧七日⑩에 外無所通⑪하고 藜羹不充⑫하여 從⑬者皆病⑭이어늘 孔子愈慷慨하여 講絃歌不衰⑮하다

① 초 소왕이 사신을 보내 공자를 초빙한 것이다.
   楚昭王遣使하여 聘召孔子라

② 공자가 초나라에 가서 소왕의 예우에 절하려고 한 것이다.
   孔子往楚國하여 拜昭王之禮命이라

③ 도중에 진나라와 채나라의 사이에 이른 것이다.
   行路至于陳蔡之間이라

④ 진나라와 채나라 두 나라의 신하가 서로 함께 모의하여 말한 것이다.
   陳蔡二國之臣이 相共謀議曰

⑤ 공자는 성현이다.
   孔子는 聖賢之人이라

⑥ 頭註 : 中(맞다)은 去聲이다.
   中은 去聲이라

⑦ 그 풍간하는 것이 모두 제후의 당시 병통에 꼭 들어맞은 것이다.
   其諷諫이 皆切中諸侯之時病이라

⑧ 만약 공자가 초나라에 등용된다면 두 나라는 모두 위태로워질 것이라고 한 것이다.
   若孔子得用於楚면 則二國皆危患矣라

⑨ 마침내 그 무리에게 명하여 군사를 거느리고 공자가 가는 길을 막아 가지 못하게 한 것이다.
   乃命其徒하여 率兵遮孔子路하여 使不得去라

⑩ 공자가 먹지 못한 지 7일이 지난 것이다.
   孔子不食者七日이라

⑪ 밖으로 통하는 샛길도 없는 것이다.
   外無間道可通이라

⑫ 나물국도 먹기에 부족한 것이다.
   藜藿之羹이 不足於口라

⑬ 頭註 : 從(수행하다)은 去聲이다.
   從은 去聲이라

⑭ 따르는 사람들이 모두 주리고 곤궁한 것이다.

隨從之人이 皆飢困이라

⑮ 그런데 공자는 더욱 스스로 강개하여 講誦과 絃歌를 조금도 게을리 한 적이 없었던 것이다.

孔子益自慷慨하여 講誦絃歌를 曾不少怠라

20-2²⁾ 마침내 자로를 불러 물었다.

"우리의 道가 잘못된 것인가? 어찌하여 이 지경에 이르렀단 말인가."

자로가 怒氣를 품고서 안색을 바꾸고 대답하였다.

"군자의 도는 곤궁하지 않으니, 아마도 부자께서 어질지 못하신 듯합니다. 사람들이 우리를 믿지 않습니다. 아마도 부자께서 지혜롭지 못하신 듯합니다. 사람들이 우리를 가지 못하게 합니다. 또 저는 예전에 부자께 듣기를, '착한 일을 행한 사람에게는 하늘이 복으로 갚아주고 나쁜 일을 행한 사람에게는 하늘이 재앙으로 갚아준다.'라고 하였습니다. 이제 부자께서 덕을 쌓고 의를 품고서 이것을 몸소 행하신 지 오래인데 어찌하여 그 처한 바가 곤궁하단 말입니까?"

乃召子路而問焉①曰 吾道非乎②아 奚爲至於此③오 子路慍作色而對曰④ 君子無所困⑤하니 意者夫子未仁與⑥인저 人之弗吾信也⑦니이다 意者夫子未智與⑧인저 人之弗吾行也⑨니이다 且由也는 昔者聞諸夫子호니 曰⑩爲善者는 天報之以福⑪하고 爲不善者는 天報之以禍⑫라하니 今夫子積德懷義⑬하여 行之久矣⑭로되 奚居之窮也⑮잇고

① 마침내 자로를 불러 오게 하여 물은 것이다.
　遂召子路來問之라
② 우리의 도가 행해지지 않는다는 것이다.
　吾道之不行이라
③ 어찌하여 이 지경에 이르렀느냐고 한 것이다.
　何爲至此오
④ 자로가 怒氣를 품고서 안색을 바꾸고 부자에게 답한 것이다.
　子路含怒變顔色하여 答夫子言이라
⑤ 군자의 도가 어찌 곤궁하겠느냐고 한 것이다.

─────────────

2) 저본의 표제에 "착한 일을 행한 사람에게는 하늘이 복으로 갚아준다.〔爲善 天報以福〕"라고 되어 있다.

君子之道가 何爲困窮이리오

⑥ 아마도 부자께서 仁을 극진히 행하지 못해서일 것이라고 한 것이다.

豈夫子未能盡於仁乎인저

⑦ 그래서 사람들이 믿지 않는 것이라고 한 것이다.

故人不之信이라

⑧ 또 아마도 부자께서 지혜롭지 못해서일 것이라고 한 것이다.

又豈夫子之未智乎인저

⑨ 그래서 사람들이 통행하지 못하게 하여 곤궁한 것이라고 한 것이다.

故人不使通行而困窮也라

⑩ 옛날에 자신(由)이 부자께서 하신 말씀을 들었다는 것이다.

昔由嘗聞夫子言이라

⑪ 사람이 착한 일을 하면 하늘이 복으로 갚아주는 것이다.

人能作善이면 則天以福報之라

⑫ 나쁜 일을 하면 하늘이 재앙으로 갚아주는 것이다.

作不善이면 則天以禍報之라

⑬ 이제 부자께서 밖으로는 德을 쌓고 안으로는 義를 품은 것이다.

今夫子外積於德하고 內懷於義라

⑭ 이것을 몸소 행하신 지 또한 이미 오래라고 한 것이다.

行之於身이 亦已久矣라

⑮ 그런데 어찌하여 처한 바가 이처럼 곤궁하냐고 한 것이다.

何爲所處窮困如是오

20-3[3)] 공자가 말하였다.

"由는 아직 이러한 이치를 알지 못하는구나. 내가 너에게 말해주겠다. 너는 어진 사람은 반드시 남에게 신뢰를 받을 것이라고 말하는데, 네 말대로라면 伯夷와 叔弟는 首陽山에서 굶어 죽지 않았을 것이다.[4)] 너는 지혜로운 사람은 반드시 남에게

---

3) 저본의 표제에 "지초와 난초는 왕래하는 사람이 없다고 하여 향기를 뿜지 않는 것은 아니다.〔芝蘭不以無人而不芳〕"라고 되어 있다.

4) 伯夷와……것이다 : 백이와 숙제는 殷나라 孤竹君의 아들인데, 周 武王이 은나라를 정벌하자, '신하로서 군주를 정벌하는 것은 옳지 않다.'고 간하였다. 그러나 간언이 받아들여지지 않자 의리상 주나라 곡식을 먹을 수 없다고 하여 首陽山에 들어가 고사리를 캐 먹다가 굶어서 죽었다.

등용될 것이라고 말하는데, 네 말대로라면 왕자 比干은 심장을 도려내는 일을 겪지 않았을 것이다.[5] 너는 충직한 신하는 반드시 임금에게 보답을 받을 것이라고 말하는데, 네 말대로라면 關龍逢은 형벌을 당하지 않았을 것이다.[6] 너는 諫하는 신하의 말은 반드시 임금이 들어줄 것이라고 말하는데, 네 말대로라면 伍子胥는 죽임을 당하지 않았을 것이다.[7]

대저 만나고 만나지 못하는 것은 때에 달린 것이고, 잘하고 잘하지 못하는 것은 재주에 달린 것이다. 널리 배우고 깊이 계책을 세운 군자라도 때를 만나지 못한 자가 많으니, 어찌 나만 그러하겠느냐. 또 지초와 난초는 깊은 숲속에서 자라는데 왕래하는 사람이 없다고 하여 향기를 내뿜지 않는 것은 아니고, 군자는 도를 닦고 덕을 이루는데 곤궁하다고 하여 절개를 바꾸지 않는다. 행하는 것은 사람에게 달려 있지만 살고 죽는 것은 운명이다. 이 때문에 晉나라 重耳가 霸業을 이루려는 마음을 먹은 것은 曹나라와 衛나라에서 곤란을 겪을 때였고,[8] 越王 句踐이 패업을 이루려는 마음을 먹은 것은 會稽에서 곤란을 겪을 때였다.[9] 그러므로 아랫자리에 있으면서 근심이 없는 자는 생각이 원대하지 못하고 처신함에 있어 늘 안일한 자는 뜻이 광대하지 못하니, 네가 어찌 이러한 사정을 알겠느냐."

子曰 由는 未之識也[1]로다 吾語[2]汝[3]호리라 汝以仁者로 爲必信也[4]하니 則伯夷叔齊不餓死首

(≪史記≫ 권61 〈白夷傳〉)

5) 왕자……것이다 : 비간은 은나라 충신으로 紂王의 삼촌이다. 주왕의 음란함을 직언하였는데, 주왕이 "성인의 심장에는 일곱 구멍이 있다는데 사실인가 보자." 하고는 그의 배를 갈라 죽였다. (≪史記≫ 권3 〈殷本紀〉)
6) 關龍逢……것이다 : 관용방은 夏나라 桀王 때의 충신으로, 걸왕의 무도한 정사를 간하다가 炮烙의 형벌을 받고 죽었다.(≪莊子≫ 〈人間世〉)
7) 伍子胥……것이다 : 오자서는 춘추시대 楚나라 사람 伍員이다. 越王 句踐이 吳王 夫差와 싸워 패하자 西施를 오왕에게 바치면서 강화를 요청하였는데, 오왕은 이를 승낙하고 이를 간하는 충신 오자서를 자결하게 하였다.(≪史記≫ 권41 〈越王句踐世家〉)
8) 晉나라……때였고 : 진나라 중이는 晉 文公으로, 驪姬의 사건으로 인하여 국외에 망명한 지 19년 만에 귀국하여 즉위한 뒤에 춘추오패 중의 하나가 되었다. 그가 여러 나라를 떠돌아다니는 동안 齊 桓公, 宋 襄公, 楚 成王, 秦 穆公에게는 극진하게 후대를 받았으나, 衛 文公, 曹 共公, 鄭 文公에게는 박대를 받았다.(≪史記≫ 권39 〈晉世家〉)
9) 越王……때였다 : 월왕 구천은 춘추시대 월나라의 제2대 왕으로 오나라 부차와 싸우다가 크게 패하여 會稽山에서 굴욕적인 和議를 체결하고 귀국한 뒤에, 20년 동안 섶나무 위에 눕고 쓸개를 맛본 끝에 부차를 죽이고 오나라를 멸망시켜 회계의 치욕을 씻었다.(≪史記≫ 권41 〈越王句踐世家〉)

陽⑤하고 汝以智者로 爲必用也⑥하니 則王子比干不見剖心⑦하고 汝以忠者로 爲必報也⑧하니 則關龍逢(방)⑨不見刑⑩하고 汝以諫者로 爲必聽也⑪하니 則伍子胥不見殺⑫이라 夫遇不遇者는 時也⑬요 賢不肖者는 才也⑭니 君子博學深謀而不遇時者衆矣⑮니 何獨丘哉⑯리오 且芝蘭生於深林⑰하되 不以無人而不芳⑱하고 君子修道立德⑲하되 不爲窮困而改節⑳하나니 爲之者는 人也㉑요 生死者는 命也㉒라 是以晉重耳之有霸心이 生於曹衛㉓하고 越王句㉔踐之有霸心이 生於會㉕稽㉖라 故居下而無憂者는 則思不遠㉗하고 處身而常逸者는 則志不廣㉘하니 庸知其終始乎㉙아

① 공자가 자로에게 말하기를, "由야! 너는 이러한 이치를 모르는구나."라고 한 것이다.
   子謂子路曰 由汝未識此理로다
② 頭註 : 語(가르치다)는 去聲이다.
   語는 去聲이라
③ 내가 너에게 말해주겠다는 것이다.
   我與爾言之라
④ 너는 어진 사람은 반드시 남에게 신뢰를 받을 것이라고 말한다는 것이다.
   汝言仁人必取信於人乎인저
⑤ 그렇다면 백이와 숙제는 응당 굶어 죽지 않았을 것이다.
   則夷齊不當餓死라
⑥ 너는 지혜로운 사람은 반드시 남에게 등용될 것이라고 말한다는 것이다.
   汝言智者必見用於人乎인저
⑦ 그렇다면 比干은 응당 紂에게 죽임을 당하지 않았을 것이다.
   則比干不當爲紂所殺이라
⑧ 너는 충직한 신하는 반드시 임금에게 보답을 받을 것이라고 말한다는 것이다.
   汝言忠臣必得君之報乎인저
⑨ 頭註 : 逢(사람 이름)은 薄과 江의 反切이다.
   逢은 薄江切이라
⑩ 그렇다면 관용방은 또한 응당 걸에게 죽임을 당하지 않았을 것이다.
   則龍逢亦不當爲(紂)〔桀〕10)所殺이라
⑪ 너는 간하는 신하의 말은 반드시 임금이 들어줄 것이라고 말한다는 것이다.

---

10) (紂)〔桀〕: 저본에는 '紂'로 되어 있으나, ≪莊子≫ 〈人間世〉에 의거하여 '桀'로 바로잡아 번역하였다.

汝言諫臣必得君之聽乎인저

⑫ 그렇다면 오자서는 응당 吳王에게 죽임을 당하지 않았을 것이다.
則子胥不當見殺於吳王矣라

⑬ 때라는 것은 만나기도 하고 만나지 못하기도 하는 것이다.
時有遇不遇라

⑭ 재주는 뛰어나기도 하고 못하기도 하는 것이다.
才有賢不肖라

⑮ 세상에는 재주와 지혜가 있는 군자 중에 때를 얻지 못한 자가 많은 것이다.
世之才智君子가 不得其時者多라

⑯ 어찌 나만 때를 만나지 못했겠느냐고 한 것이다.
豈惟我不遇哉리오

⑰ 지초와 난초라는 풀은 깊은 숲속에서 자란다.
夫芝蘭之草는 生深林中이라

⑱ 어찌 왕래하는 사람이 없다고 하여 그 향기를 내뿜지 않겠느냐는 것이다.
豈因無人往來하여 而不吐其香乎아

⑲ 군자는 그 도를 닦아 밝히고 그 덕을 이루어 수립하는 것이다.
君子修明其道하여 成立其德이라

⑳ 어찌 한때의 곤궁함으로 그 지키던 바를 끝내 바꾸겠느냐고 한 것이다.
豈以一時之窮困으로 而遂變其所守乎아

㉑ 행하고 그만 두는 것은 사람에게 달려 있는 것이다.
作輟在人이라

㉒ 죽고 사는 것은 운명이다.
死生有命이라

㉓ 重耳는 晉 文公이다. 公子일 때에 出奔하여 曹나라와 衛나라에서 곤란을 겪었다.
重耳는 晉文公이라 爲公子時에 出奔하여 困於曹衛라

㉔ 頭註 : 句(글귀)는 音이 勾이다.
句는 音勾라

㉕ 頭註 : 會(만나다)는 古와 外의 反切이다.
會는 古外切이라

㉖ 월왕이 패업을 일으키려는 마음을 먹은 것은 회계에서 곤란을 겪을 때였다.
越王之有霸心이 生於困于會稽之時라

㉗ 아랫자리에 있으면서 환난을 걱정하지 않는다면 思慮가 부족한 것이다.

在下位而無患難之憂면 則思慮淺矣라

㉘ 처신함에 안일함만을 힘쓰면 그 뜻이 작은 것이다.

處身惟務逸樂이면 則其志小矣라

㉙ 네가 어찌 이러한 사정을 알겠느냐고 한 것이다. 혹은 文公과 越王의 때의 일과 같은 것이다.

汝何用知其終始리오 或者若文公越王之時也라

20-4¹¹⁾ 자로가 나가자 자공을 불러 자로에게 고해준 대로 말해주었다. 자공이 물었다.

"부자의 道가 지극히 크기 때문에 천하 사람들이 용납하지 못하는 것이니, 부자께서는 어찌하여 그 도를 조금 낮추지 않습니까?"

공자가 대답하였다.

"賜야! 훌륭한 농부가 파종을 잘하더라도 꼭 수확을 잘할 수 있는 것은 아니고, 훌륭한 장인이 재주가 뛰어나더라도 매번 사람들의 마음에 들 수는 없는 것이다. 마찬가지로 군자가 그 도를 닦아서 법도와 기강이 있더라도 꼭 사람들에게 용납되는 것은 아니다. 그런데 지금 그 도를 닦지 않으면서 사람들에게 용납되기를 바라니, 賜야! 너는 뜻이 크지 못하고 생각도 원대하지 못하구나."

자공이 나간 뒤에 안회가 들어왔는데 자공에게 물은 대로 물었다. 안회가 말하였다.

"부자의 도가 지극히 크지만 천하 사람들이 용납하지 못하는 것은 아닙니다.¹²⁾ 그렇다 하더라도 부자께서는 그 도를 추진하여 행하십시오. 세상이 부자를 등용하지 않으면 그 국가는 치욕을 받을 것이니 부자께서는 무엇을 근심하십니까. 용납하지 못한 뒤에야 군자의 도가 큼을 볼 수 있을 것입니다."

공자가 흐뭇해하며 탄식하여 말하였다.

"이러한 면이 있구나!"

---

11) 저본의 표제에 "부자의 道가 크다.〔夫子道大〕"라고 되어 있다.

12) 부자의……아닙니다 : 四部叢刊本에는 이 부분이 "부자의 도가 지극히 커서 천하 사람들이 용납하지 못하는 것입니다.〔夫子之道至大 天下莫能容〕"라고 되어 있고, ≪史記≫ 〈孔子世家〉에는 "夫子之道至大 故天下莫能容"이라고 되어 있다.

子路出^①커늘 召子貢하여 告如子路^②한대 子貢曰 夫子之道至大^③라 故天下莫能容^④하니 夫子
盍少貶焉^⑤이니잇고 子曰 賜^⑥아 良農能稼나 不必能穡^⑦이요 良工能巧나 不能爲順^⑧하나니 君子能
修其道하여 綱而紀之^⑨나 不必其能容^⑩이라 今不修其道而求其容^⑪하니 賜아 爾志不廣矣^⑫요 思
不遠矣^⑬로다 子貢出^⑭커늘 顔回入하여 問亦如之^⑮한대 顔回曰 夫子之道至大^⑯호되 天下莫不能
容^⑰이라 雖然夫子推而行之^⑱하면 世不我用^⑲이 有國之醜也^⑳니 夫子何病焉^㉑이시리잇고 不容然
後에 見君子^㉒리이다 孔子欣然歎曰^㉓ 有是哉^㉔인저

① 자로가 나가고 난 뒤이다.
　子路已出이라

② 부자가 자공을 불러 들어오게 하여 자로에게 말해준 대로 말해준 것이다.
　夫子召子貢入하여 以告子路之言으로 告之라

③ 자공이 대답하기를, "부자의 도는 매우 큽니다."라고 한 것이다.
　子貢答言 夫子之道甚大라

④ 이 때문에 천하 사람들이 용납하지 못하는 것이라고 한 것이다.
　是以天下不能容이라

⑤ 부자께서는 어찌하여 그 도를 조금 스스로 낮추지 않느냐고 한 것이다.
　夫子何不少自損抑고

⑥ 공자가 자공의 이름을 부른 것이다.
　子呼子貢名이라

⑦ 파종하는 것을 稼라 하고 수확하는 것을 穡이라고 한다. 훌륭한 농부가 아무리 灌漑와
파종을 잘한다고 해도 꼭 수확을 잘할 수 있는 것은 아니라고 말한 것이다.
　種曰稼요 斂曰穡이라 言良農能漑種之나 未必能斂穫之也라

⑧ 훌륭한 장인이 아무리 재주가 뛰어나다고 해도 매번 사람들의 마음에 들게 할 수 없는
것이다.
　良工能巧나 不能每順人意라

⑨ 군자가 그 도를 닦고 밝혀 법도와 기강이 있는 것이다.
　君子能修明其道하여 有綱而有紀라

⑩ 꼭 사람들이 용납하는 것은 아니다.
　未必其人之能容이라

⑪ 그런데 지금 그 도를 닦지 않으면서 남이 용납해주기를 바라고 있다는 것이다.
　今乃不修其道而求人之見容이라

⑫ 공자가 말하기를, "賜야! 너의 뜻이 작다."라고 한 것이다.

子言 賜아 爾志小矣라

⑬ 생각하는 것 또한 부족하다는 것이다.

所慮亦淺矣라

⑭ 자공이 나가고 난 뒤이다.

子貢已出이라

⑮ 안회가 이에 들어오자 부자가 또한 자공에게 물은 말대로 물은 것이다.

顏回乃入이어늘 夫子問之를 亦如問子貢之言이라

⑯ 안회가 대답하기를, "부자의 도가 매우 큽니다."라고 한 것이다.

顏回答言 夫子之道甚大라

⑰ 천하 사람들이 용납하지 못하는 것은 아니라고 한 것이다.

而天下無所不能容이라

⑱ 그러나 가령 부자께서 그 도를 추진하여 행하는 것이다.

然使夫子推行其道라

⑲ 時君이 등용하지 않는 것이다.

時君不能用者라

⑳ 바로 그 국가는 치욕을 받게 되는 것이다.

乃國家之恥也라

㉑ 부자께서는 또 무엇을 근심하느냐고 한 것이다.

夫子又何患之리오

㉒ 세상이 용납하지 못한 뒤에야 군자의 도가 큼을 볼 수 있을 것이라고 한 것이다.

世不能容이라야 乃見君子之道大라

㉓ 부자가 안회의 말을 듣고 이에 기뻐하며 감탄하여 말한 것이다.

夫子聞顏回言하고 乃樂然而歎曰

㉔ 참으로 이러한 면이 있다고 한 것이다.

誠有如此也라

20-5[13)] 자로가 공자에게 물었다.

"군자도 걱정이 있습니까?"

공자가 대답하였다.

---

13) 저본의 표제에 "군자는 걱정이 없다.〔君子無憂〕"라고 되어 있다.

"없다. 군자의 몸가짐은 뜻을 얻지 못하여서는 자신의 뜻을 즐거워하고, 뜻을 얻고 나서는 또 잘 다스려짐을 즐거워한다. 이 때문에 종신토록 즐거워할 뿐 하루의 근심도 없는 것이다. 소인은 그렇지 않아 구한 바를 얻지 못하여서는 얻지 못함을 근심하고, 구한 바를 얻고 나서는 또 잃어버릴 것을 근심한다. 이 때문에 종신토록 걱정할 뿐 하루의 즐거움도 없는 것이다.

○ 子路問於孔子曰[1] 君子亦有憂乎[2]잇가 子曰 無也[3]니라 君子之修行也[4]는 其未得也[5]엔 則樂[6]其意[7]하고 旣得之[8]하여는 又樂其治[9]라 是以有終身之樂하고 無一日之憂[10]어니와 小人則不然[11]하여 其未得也[12]엔 患弗得之[13]하고 旣得之[14]하여는 又恐失之[15]라 是以有終身之憂하고 無一日之樂也[16]니라

① 자로가 부자에게 물은 것이다.
　　子路問夫子言이라
② 군자도 걱정하는 것이 있느냐고 한 것이다.
　　君子有所憂否아
③ 부자가 말하기를, "걱정이 없다."라고 한 것이다.
　　夫子言 無憂라
④ 대저 군자의 몸가짐은 다음과 같다.
　　夫君子之行己라
⑤ 그 뜻을 얻지 못한 것이다.
　　未得其志라
⑥ 頭註 : 樂(즐거워하다)은 음이 落이다.
　　樂은 音落이라
⑦ 스스로 그 성정을 도야하는 것이다.
　　自能陶其情이라
⑧ 자신의 뜻을 이루고 난 뒤이다.
　　此志已遂라
⑨ 또 그 일을 편안히 여기는 것이다.
　　又能安其事라
⑩ 그러므로 군자는 항상 즐거워하고 걱정하지 않는 것이다.
　　故君子常樂而不憂라
⑪ 소인은 이와 반대이다.

小人反是라

⑫ 구한 바를 얻지 못한 것이다.

所求未得이라

⑬ 얻지 못함을 걱정하는 것이다.

惟恐不得이라

⑭ 구한 바를 이미 얻은 것이다.

所求旣得이라

⑮ 또 잃을 것을 두려워하는 것이다.

又懼其失이라

⑯ 그러므로 소인은 늘 근심하고 즐거워하지 않는 것이다.

故小人常憂而不樂이라

20-6 증자가 해진 옷을 입고 노나라에서 농사를 짓고 있었다. 노나라 임금이 이 소식을 듣고 고을을 주었는데 굳이 사양하며 받지 않고 말하였다.

"제가 듣기로 남의 은혜를 받은 자는 늘 남을 두려워하고, 남에게 물건을 주는 자는 늘 남에게 교만을 부린다고 합니다. 비록 임금께서 고을을 하사만 하실 뿐 저에게 교만을 부리지 않는다 할지라도 제가 어찌 두려워하지 않겠습니까?"

○ 曾子弊衣而耕於魯①한대 魯君聞之而致邑焉②이어늘 固辭不受曰③ 吾聞受人施者는 常畏人④하고 與人者는 常驕人⑤이라하니 縱君有賜不我驕也⑥인정 吾豈能勿畏乎⑦리오

① 증자가 해진 옷을 입고 노나라 들판에서 농사를 짓고 있었다.

曾子衣幣衣하고 耕於魯之野라

② 노나라 임금이 이를 듣고 알고서 이에 고을을 주어서 俸祿을 받아 농사짓는 것을 대신하게 한 것이다.

魯君聞知하여 乃致爲邑하여 使得祿以代耕이라

③ 증자가 굳게 사양하며 받으려 하지 않고서 이에 말한 것이다.

曾子堅〔辭〕14)하며 不肯受하여 乃曰

④ 자신은 남의 은혜를 받은 자는 그 사람을 보면 늘 두려워하는 마음을 갖는다고 들었다는 것이다.

---

14) 〔辭〕: 저본에는 없으나, 江陵本과 慶長本에 의거하여 보충하였다.

我聞受人之惠者_는 見其人_에 常有畏心_{이라}

⑤ 남에게 물건을 준 자는 그 사람을 보면 늘 오만하고 홀대하는 것이다.

有物與人者_는 見其人_에 常傲忽之_라

⑥ '비록 노나라 임금께서 고을을 하사하시기만 하고 저를 홀대하지 않는다 할지라도'의 뜻이다.

縱使魯君有賜_{하고} 而不傲忽於我_라

⑦ 제 입장에서 어찌 두려워하지 않겠느냐고 한 것이다.

在我豈能不畏之_{리오}

20-7[15] 공자가 陳나라와 蔡나라 사이에서 곤액을 당하여 따르는 자들이 7일 동안 밥을 먹지 못하였다. 자공이 몰래 포위를 뚫고 나가서 가지고 있던 재화로 들에 있는 사람에게 곡식 판매를 요청하여 쌀 1섬을 얻었다. 안회와 중유가 토담집에서 밥을 지을 때에 재가 밥에 떨어지자 안회가 가져다 먹었다. 자공이 멀리 우물에서 이 광경을 보고 훔쳐 먹었다고 불쾌하게 여겨 들어가 공자에게 물었다.

"어진 사람과 청렴한 선비도 곤궁할 때에는 절개를 바꿉니까?"

공자가 대답하였다.

"절개를 바꾼다면 어찌 어질고 청렴하다고 말할 수 있겠느냐."

자공이 물었다.

"안회 같은 자는 절개를 바꾸지 않을 사람입니까?"

공자가 대답하였다.

"그러하다."

그러자 자공이 안회가 밥을 훔쳐 먹은 일을 공자에게 말하였다. 공자가 말하였다.

"나는 안회가 어진 사람이라고 믿은 지 오래되었다. 비록 네가 이런 말을 하더라도 의심하지 않는다. 아마도 필시 까닭이 있을 것이니, 너는 가만히 있어 보거라. 내가 물어 보겠다."

공자가 안회를 불러서 물었다.

---

15) 이 부분은 四部叢刊本을 저본으로 하였다.

"얼마 전에 내가 꿈에 先人을 보았으니 아마도 나를 도와주실 것이다. 너는 밥을 지었으면 가져와라. 내가 선인께 올리겠다."

안회가 대답하였다.

"아까 재가 밥에 떨어졌는데 그대로 두자니 깨끗하지 못하고 버리자니 아까워 제가 바로 먹었습니다. 그 밥으로는 제사 지낼 수 없기 때문입니다."

공자가 말하였다.

"그러한가? 그런 상황이라면 나도 먹었을 것이다."

안회가 나가자 공자가 제자들을 돌아보고 말하였다.

"내가 안회를 믿은 것이 오늘뿐만이 아니다."

제자들이 이 일로 인하여 마침내 안회를 心腹하였다.

孔子厄於陳蔡하여 從者七日不食이어늘 子貢以所齎貨로 竊犯圍而出하여 告糴於野人하여 得米一石焉이라 顏回仲由炊之於壞屋之下할새 有埃墨墮飯中이어늘 顏回取而食之한대 子貢自井望見之하고 不悅하여 以爲竊食也라 入問孔子曰 仁人廉士도 窮改節乎잇가 孔子曰 改節이면 卽何稱於仁廉哉리오 子貢曰 若回也 其不改節乎잇가 子曰 然하다 子貢以所飯告孔子한대 子曰 吾信回之爲仁久矣니 雖汝有云이나 弗以疑也라 其或者必有故乎인저 汝止하라 吾將問之호리라 召顏回曰 疇昔에 予夢見先人하니 豈或啓祐我哉인저 子炊而進飯하라 吾將進焉호리라 對曰 向有埃墨墮飯中이어늘 欲置之則不潔하고 欲棄之則可惜이라 回卽食之하니 不可祭也일새니이다 孔子曰 然乎아 吾亦食之라 顏回出이어늘 孔子顧謂二三子曰 吾之信回也 非待今日也라 二三子由此乃服之하다

제21편 관리로 들어가 백성을 다스림 入官 第二十一①

관리가 되어 백성을 다스리는 것에 대한 子張의 질문과 孔子의 대답을 기록한 편이기에, 편명을 '入官'으로 삼았다. 孔子는 관리가 되어 몸을 편안하게 하고 명예를 얻을 수 있는 방법에 대해서 명예를 독차지하지 말 것, 백성을 가르치는 데 게을리하지 말 것, 남의 잘못을 들추지 말 것, 남의 말실수를 따지지 말 것, 不善을 행하지 말 것, 일을 지체시키지 말 것 이렇게 6가지로 설명하였다. 또한 백성을 다스리는 데 너무 까다롭게 따지지 말고 관대하고 너그럽게 대하고 仁道로 교화하도록 주문하고 있다.

① 자장이 관리로 들어가 백성을 다스리는 것을 물었으므로, 이로 인하여 편명을 붙인 것이다.

子張問入官이라 因以名篇하니라

21-1[1] 자장이 공자에게 관리로 들어가 백성을 다스리는 것에 대해 묻자, 공자가 대답하였다.

"몸을 편안히 하고 명예를 얻는 것이 어렵다."

자장이 물었다.

"어떻게 해야 합니까?"

공자가 대답하였다.

"자신이 善政을 베풀었더라도 명예를 독차지하지 말고, 백성을 가르치는 데 능하지 못하더라도 게을리하지 말며, 남의 과거의 잘못을 발설하지 말고, 남의 말실수를 공격하지 말며, 자기의 不善을 끝까지 행하지 말고, 행하고 있는 일을 지체시

---

1) 저본의 표제에 "자장이 入官에 대해 묻다.〔子張問入官〕"라고 되어 있다. 저본에는 '子張問官入'으로 되어 있으나, 江陵本과 慶長本에 의거하여 '官入'을 '入官'으로 바로잡았다.

키지 말아야 한다. 군자가 관리로 들어가 이 여섯 가지부터 행한다면 몸이 편안하고 명예를 얻어 백성들이 政令을 따를 것이다.

또, 분노가 시도 때도 없이 일어나는 것이 獄訟이 생기는 까닭이고, 간언을 막는 것이 思慮가 막히는 까닭이며, 일을 소홀히 하는 것이 禮教를 잃는 까닭이고, 일을 게을리하는 것이 때를 놓치는 까닭이며, 사치하는 것이 재물이 부족한 까닭이고, 독단적으로 처리하는 것이 일이 성취되지 못하는 까닭이다. 군자가 관리로 들어가 이 여섯 가지를 제거한다면 몸이 편안하고 명예를 얻어 백성들이 정령을 따를 것이다.

子張問入官於孔子[1]한대 子曰 安身取譽爲難[2]하니라 子張曰 爲之如何[3]잇고 子曰 已有善勿專[4]하고 教不能勿怠[5]하며 已過勿發[6]하고 失言勿(椅)〔掎〕[7]2)하며 不善勿遂[8]하고 行事勿留[9]하니 君子入官하여 自此六者[10]면 則身安譽至하여 而政從矣[11]리라 且夫忿數(삭)[12]者는 獄之所由生也[13]요 距諫者는 慮之所以塞也[14]요 慢易(이)[15]者는 禮之所以失也[16]요 怠惰者는 時之所以後也[17]요 奢侈者는 財之所以不足也[18]요 專獨者는 事之所以不成也[19]니 君子入官하여 除此六者[20]면 則身安譽至하여 而政從矣[21]리라

① 入官은 백성을 다스리는 관리로서의 직임을 담당하는 것을 말한다.
  入官은 謂當官治民之職이라

② 공자가 말하기를, "관리가 되어 몸이 편안하고 좋은 명예를 얻는 것이 어려운 것이다."라고 한 것이다.
  子言 居官身安하고 得其善譽者難이라

③ 자장이 또 묻기를, "어떻게 해야 몸을 편안히 하고 명예를 얻을 수 있습니까?"라고 한 것이다.
  子張又問 何爲可以安身取譽니잇고

④ 공자가 말하기를, "만약 善政을 베풀었거든 독차지하여 자기 소유로 삼아서는 안 된다."라고 한 것이다.
  子言 若有善政이어든 不可專爲己有라

⑤ 백성을 가르치는 데 능하지 못하더라도 게을리하지 말아야 하는 것이다.
  教民未能이라도 勿懈怠라

⑥ 남의 과거의 과오가 크게 해가 없거든 발설하여 드러내지 말아야 하는 것이다.

---

2) (椅)〔掎〕: 저본에는 '椅'로 되어 있으나, 江陵本에 의거하여 '掎'로 바로잡았다.

人已過誤가 無所傷害어든 勿發揚之라

⑦ 남이 말실수를 하였더라도 앞뒤로 공격³⁾하지 말아야 하는 것이다.

人有失言이라도 勿(椅)〔掎〕⁴⁾角之라

⑧ 자신이 不善이 있거든 끝까지 행하지 말아야 하는 것이다.

己有不善이어든 不可遂行이라

⑨ 마땅히 행해야 하는 일을 지체시키지 말아야 하는 것이다.

(宣)〔宜〕⁵⁾行之事를 勿令留滯라

⑩ 관리가 되어 이 여섯 가지를 잘 행해야 하는 것이다.

居官能行此六者라

⑪ 그렇게 한다면 몸이 편안하고 명예를 얻어 백성들이 政令을 따를 것이다.

則身安譽得하여 而民從政矣리라

⑫ 頭註 : 數(자주)은 入聲이다.

數은 入聲이라

⑬ 분노가 일정하지 않은 것은 억울한 일이 많아서이므로 獄訟이 이로부터 생겨나는 것이다.

忿怒不常은 則事多抑枉이라 故獄訟自此而生이라

⑭ 남의 간언을 듣지 않으면 思慮가 반드시 막히게 되는 것이다.

不聽人諫이면 則思慮必有蔽塞이라

⑮ 頭註 : 易(소홀히 하다)는 去聲이다.

易는 去聲이라

⑯ 일을 경시하고 소홀히 하면 禮敎를 잃게 되는 것이다.

輕忽於事면 則失禮敎라

⑰ 일을 부지런히 하지 않으면 때를 잃게 되는 것이다.

不勤於事면 則失其時라

⑱ 절제하여 쓰지 않으면 재물이 반드시 모자라게 되는 것이다.

不能節用이면 則財必乏이라

---

3) 앞뒤로 공격 : 원문의 '掎角'은 사슴을 사냥할 때 한편으로는 뿔을 잡고 또 한편으로는 사슴의 다리를 잡는 것으로, 앞뒤에서 서로 호응하며 적을 견제하거나 공격하는 것을 비유하는 말로 쓰인다. 《春秋左氏傳》 襄公 14년 조에 "비유하자면 사슴을 잡을 때에 晉나라 군대는 뿔을 잡고 여러 戎族은 다리를 잡고서 함께 쓰러뜨린 것과 같다."라고 한 데서 나왔다.

4) (椅)〔掎〕: 저본에는 '椅'로 되어 있으나, 江陵本에 의거하여 '掎'로 바로잡았다.

5) (宣)〔宜〕: 저본에는 '宣'으로 되어 있으나, 江陵本과 慶長本에 의거하여 '宜'로 바로잡았다.

⑲ 독단적으로 처리하고 남에게 맡기지 않으면 일이 성취되지 않는 것이다.

自專而不任人이면 則事不成就라

⑳ 관리가 되어 또 이 여섯 가지를 제거할 수 있는 것이다.

居官又能去此六者라

㉑ 몸이 편안하고 명예를 얻어 백성들이 政令을 따를 것이다.

則身安譽得하여 而民從政矣리라

21-2⁶⁾ 그러므로 군자는 南面하여⁷⁾ 관리 노릇을 하되 공정함으로 다스리고, 智慮를 면밀하게 하고 요점만을 들어 행하되 백성에게 이익이 되는 것은 행하고 해로운 것은 제거할 뿐 보답을 바라지 않는다. 이 때문에 관리가 되어 잘 다스리지 못하면 어지러워지고, 어지러워지면 다툼이 생기게 되는 것이다. 훌륭한 임금은 반드시 관대함으로써 그 백성들을 용납하고, 慈愛하고 너그럽게 대하여 백성들이 저절로 다스려지도록 한다. 임금은 백성의 본보기가 되고, 有司로서 정사를 맡은 자는 백성의 모범이 되며, 近臣과 寵臣은 백관들의 법도가 된다. 그러므로 본보기가 되는 임금이 바르지 못하면 백성이 바른 도리를 잃게 되고, 모범이 되는 신하가 곧지 못하면 백성들이 혼란에 빠지며, 근신과 총신이 아첨하면 백관들이 貪汚하게 되는 것이다.

故君子南面臨官에 而公治之①하고 精智而略行之②호되 進是利而除是害③하여 無求其報焉④이라 是故臨官不治則亂⑤하고 亂生則爭之者至⑥하나니 明君必寬宥하여 以容其民⑦하고 慈愛優柔之⑧하여 而民自得矣⑨라 君上者는 民之儀也⑩요 有司執政者는 民之表也⑪요 邇臣便辟者는 群僕之倫也⑫라 故儀不正則民失⑬하고 表不端則百姓亂⑭하고 邇臣便辟則群臣汚矣⑮라

① 군자가 남쪽을 향하여 공정한 道로써 백성을 다스리는 것이다.

君子南嚮하여 治民以公正之道라

② 智慮를 면밀하게 하고 그 요점을 들어서 행하는 것이다.

精於智慮하고 擧其要而行之라

6) 저본의 표제에 "임금은 백성의 본보기이다.〔君者 民之儀〕"라고 되어 있다.
7) 南面하여 : 尊位에 있는 것을 말한다. 고대에 북쪽에서 남쪽을 보고 앉는 것을 尊位로 여겼기 때문에, 帝王이나 제후들이 신하들을 보거나, 卿大夫가 자신의 관료들을 볼 때에 모두 남면하여 앉았다. 대체로 남면은 천자의 지위를 가리키나 여기에서는 官長의 뜻으로 쓰였다.

③ 백성에게 이로운 것은 행하고 백성에게 해가 되는 것은 제거하는 것이다.
利於民者行之하고 爲民害者去之라

④ 남의 보답을 바라지 않으면 민심을 얻을 수 있는 것이다.
不求人報면 則得民情矣라

⑤ 이 때문에 官所에 나아가 잘 다스리지 못하면 백성이 어지러워지는 것이다.
臨莅官所하여 不治則民亂이라

⑥ 어지러움이 생기게 되면 분쟁하는 일이 있게 되는 것이다.
亂旣生이면 則有忿爭之事矣라

⑦ 훌륭한 임금이 백성을 다스리는 방법은 반드시 관대함을 숭상하여 백성들을 용납하는 것이다.
明君之治民也는 必尙寬宥以容之라

⑧ 자애롭게 대하면 사납지 않고 너그럽게 대하면 急迫하지 않은 것이다.
慈愛則不嚴하고 優柔則不迫이라

⑨ 백성들이 저절로 다스려지게 되는 것이다.
而百姓自得其治라

⑩ 임금은 백성의 본보기가 되는 것이다.
君爲民之法式이라

⑪ 신하는 백성의 모범이 되는 것이다.
臣爲民之表倡이라

⑫ 邇臣은 임금을 위해 일을 하는 자이고, 便辟은 임금의 좌우에서 일을 맡아보는 자이다. 倫은 紀綱이니 사람들의 법도가 되는 것이다.
邇臣은 爲辟이요 便辟은 執事在君之左右者라 倫은 紀也니 爲衆之紀라

⑬ 본보기인 임금이 바르지 못하면 백성들이 모두 바른 도리를 잃게 되는 것이다.
君儀不正이면 則百姓皆失正이라

⑭ 모범이 되는 신하가 곧지 못하면 백성들을 다스릴 수 없는 것이다.
臣表不直이면 則民不得而治라

⑮ 근신이 총신과 아첨하면[8] 백관들이 貪汚하게 되는 것이다.[9]

---

8) 근신이……아첨하면 : 근신과 총신이 부화뇌동하여 임금에게 아첨한다는 말이다. 원문의 '同'의 뜻은 《論語》〈子路〉의 '소인은 阿黨하되 조화를 이루지 못한다.〔小人同而不和〕'라고 한 뜻과 같다.

9) 백관들이……것이다 : 백관들이 더러운 세상에 영합하여 탐오하게 된다는 말이다. 《孟子》〈盡心 下〉에 맹자가 鄕原을 德을 해치는 적이라 하면서 "세속에 동화하고 더러운 세상에 영합한다.〔同乎流俗 合乎汚世〕"라고 하였다.

邇臣同於便辟이면 則群臣合汚矣라

21-3 옛날 聖君이 면류관을 쓰고 앞에 구슬을 드리운 것은 밝게 살핌을 가리기 위해서였고, 紘紞을 귀에 꽂은 것은 밝게 들음을 막기 위해서였다. 그러므로 물이 너무 맑으면 물고기가 없고 사람이 지나치게 살피면 친구가 없는 것이다. 不正한 자를 바르게 하여 스스로 뜻을 얻게 하고,[10) 관대하고 너그럽게 대하여 스스로 그 마땅한 도리를 구하게 하며, 법도를 헤아려서 보여주어 스스로 이치를 찾게 해야 한다. 백성에게 작은 죄가 있으면 반드시 그의 좋은 점을 찾아서 그 잘못을 용서해주고, 백성에게 큰 죄가 있으면 반드시 그 원인을 찾아서 仁道로 도와 교화하며, 만일 죽을죄를 지었더라도 살려준다면 善하게 될 것이다. 이 때문에 상하가 서로 친하여 離叛하지 않고 道化가 흘러 막히지 않는 것이다. 이것이 백성을 다스리는 지극한 도이고 관리 노릇을 하는 큰 원칙이다."

자장이 이 말을 듣고 물러나 기록하였다.

○ 古者聖主[①]가 冕而前旒[②]는 所以蔽明也[③]요 紘紞(굉담)[④] 充耳[⑤]는 所以掩聰也[⑥]니 水至淸則無魚[⑦]하고 人至察則無徒[⑧]라 枉而直之하여 使自得之[⑨]하고 優而柔之하여 使自求之[⑩]하고 揆而度(탁)[⑪]之하여 使自索之[⑫]라 民有小罪[⑬]어든 必求其善하여 以赦其過[⑭]하고 民有大罪[⑮]어든 必原其故하여 以仁輔化[⑯]하며 如有死罪[⑰]라도 其使之生則善也[⑱]라 是以上下親而不離[⑲]하고 道化流而不蘊[⑳]하나니 此治民之至道矣[㉑]요 入官之大統矣[㉒]라 子張旣聞斯言하고 退而記之[㉓]하다

① 上古에 聖德이 있는 임금이다.

上古聖德之君이라

② 면류관을 쓰고 앞에 12개의 구슬을 드리운 것이다.

冕而前垂十二旒라

③ 밝게 살피는 것을 가리기 위한 것이다.

所以蔽其明視也라

④ 頭註：紞(귀막이 끈)은 丁과 敢의 反切이다.

紞은 丁敢切이라

---

10) 스스로……하고 : ≪孟子≫ 〈滕文公 上〉에 맹자가 요임금의 말을 인용하면서 "위로하고 오게 하며, 바로잡아주고 펴주며, 도와주고 보조하여 스스로 뜻을 얻게 하고, 또 이어서 振作하고 은혜를 베풀어준다.〔勞之來之 匡之直之 輔之翼之 使自得之 又從而振德之〕"라고 하였다.

⑤ 紘은 갓끈이 아래로부터 올라온 것이고 紞은 冠의 양 옆에 드리운 것이다.

紘은 纓從下而上이요 紞은 冠之垂者라

⑥ 밝게 듣는 것을 막기 위한 것이다.

所以掩其聰聽也라

⑦ 너무 맑은 물에는 물고기가 그 속에서 살지 않는 것이다.

至淸之水則魚不居其中이라

⑧ 사람이 너무 밝게 살피면 남이 감히 친하게 지내지 못하는 것이다.

人太明察則人不敢相親이라

⑨ 不正한 자를 반드시 바르게 하여 백성들이 스스로 뜻을 얻게 하는 것이다.

枉者必與直之하여 使民自得其志라

⑩ 관대하고 온화하게 백성을 대하여 스스로 그 마땅한 도리를 구하게 하는 것이다.

寬和待民하여 使之自求其宜라

⑪ 頭註 : 度(헤아리다)은 待와 洛의 反切이다.

度는 待洛切이라

⑫ 그 법도를 헤아려서 열어 보여주어 백성이 스스로 본성을 찾게 해야 하는 것이다.

揆度其法하여 以開示之하여 使民自索得之라

⑬ 백성에게 잘못이 있는데 그 죄가 작은 것이다.

民之有過에 其罪小라

⑭ 응당 좋은 점을 찾아서 용서해야 하는 것이다.

當求其善處하여 以赦宥之라

⑮ 백성에게 잘못이 있는데 그 죄가 큰 것이다.

民之有過에 其罪大라

⑯ 응당 죄를 저지른 원인을 미루어 파악하여 仁道로 도와서 교화해야 하는 것이다.

當推原其所以犯處하여 以仁道輔助而化之라

⑰ 혹시 죽을죄를 지은 경우이다.

或其罪當死라

⑱ 바른 도리로 살려준다면 이에 착하게 될 것이다.

則以道使之得生이면 斯善矣라

⑲ 그러므로 상하가 서로 친하여 이반하지 않는 것이다.

故上下相親而不離叛이라

⑳ 道化가 유행하여 막힘이 없는 것이다.

道化流行而無有壅滯라

㉑ 이것이 바로 백성을 다스리는 지극한 도이다.

　　此乃治民極至之道라

㉒ 관리 노릇을 하는 큰 원칙이다.

　　居官之大統紀也라

㉓ 자장이 부자의 말을 듣고 이에 물러나 기록한 것이다.

　　子張聞夫子之言하고 乃退而記之라

제22편 곤액을 당하여 경계함 困誓 第二十二①

孔子가 곤액을 당하여 경계하고 권면하는 말을 기록한 편이기에 편명을 '困誓'로 삼았다. 孔子는 陳나라와 蔡나라, 鄭나라, 匡 땅 등에서 곤액을 당하여서도 거문고를 타면서 노래하고 걱정하지 않았고, 또한 곤란을 겪은 것을 자신의 뜻을 분발하는 시발점으로 삼아 긍정적으로 보고 부정적으로 보지 않았다. 그리고 子貢이 도를 행하는데 곤란을 겪고, 史魚가 諫言을 하는 데 곤란을 겪은 일 등을 기록하여, 곤궁 속에서도 어떻게 처신해야 하는지 설명하였다.

① 자공이 배우는 데 권태를 느끼고 도를 행하는 데 지치는 것에 대해 물었으므로, 마침내 '困誓'라고 편명을 붙인 것이다.

子貢問倦學困道하여 遂以困誓名其篇하니라

22-1 자공이 공자에게 물었다.

"저는 배우는 데 권태를 느끼고 도를 행하는 데 지쳤습니다. 그래서 쉬면서 임금을 섬기고자 하는데 어떻습니까?"

공자가 대답하였다.

"≪詩經≫에 '아침저녁으로 온화하고 공경하여 맡은 일을 정성스럽게 한다.'[1]고 하였으니, 이는 임금을 섬기기가 어려운 것을 말한 것이다. 어찌 쉴 수 있겠느냐?"

자공이 말하였다.

"그렇다면 저는 쉬면서 어버이를 섬기고자 합니다."

공자가 말하였다.

---

1) 시경에……한다 : 이 시는 湯임금의 자손이 탕임금을 제사 지내면서 읊은 노래로, ≪詩經≫〈商頌 那〉에 보인다. 여기서는 임금을 섬기는 뜻으로 斷章取義한 것이다.

"《詩經》에 '효자의 도가 다하여 없어지지 않는 것은 길이 너의 族類에게 善한 道를 주기 때문이다.'²⁾라고 하였으니 이는 어버이를 섬기기가 어려운 것을 말한 것이다. 어찌 쉴 수 있겠느냐?"

子貢問於孔子曰① 賜倦於學하고 困於道矣②하니 願息而事君이 可乎③잇가 孔子曰 詩云④溫恭朝夕하여 執事有恪⑤이라하니 事君之難也⑥니 焉⑦可以息哉⑧리오 曰然則賜願息而事親⑨하노이다 孔子曰 詩云⑩孝子不匱는 永錫爾類⑪라하니 事親之難也⑫니 焉可以息哉⑬리오

① 자공이 부자에게 물은 것이다.
　子貢問夫子言이라
② 자신(賜)이 묻고 배우는 데 권태를 느끼고 도를 행하는 데 지쳤다는 것이다.
　賜也怠於問學하고 疲於行道라
③ 조금 쉬면서 임금에게 나아가 벼슬하고자 하는데 어떻겠느냐고 한 것이다.
　願少休息하여 出仕於君하니 如何잇고
④ 부자가 《詩經》의 구절을 들어 대답한 것이다.
　夫子擧詩言하여 答之라
⑤ 아침저녁으로 온화하고 공경하여 맡은 일을 정성스럽게 하여 잘못이 없게 해야 하는 것이다.
　溫和恭敬於朝夕之間하여 所司之事를 當敬而無失이라
⑥ 이는 임금을 섬기기가 어려운 것을 말한 것이다.
　此事君之所難이라
⑦ 頭註 : 焉(어찌)은 음이 烟이다.
　焉은 音烟이라
⑧ 어찌 쉴 수 있겠느냐고 한 것이다.
　安得休息이리오
⑨ 賜가 또 말하기를, "배우는 것을 쉬면서 부모를 섬기고자 합니다."라고 한 것이다.
　賜又言 願休息所學하여 以事父母라
⑩ 부자가 또 《詩經》의 구절을 들어 대답한 것이다.
　夫子又擧詩言하여 答之라
⑪ 효자의 도가 다하여 없어지지 않는 것은 효자들이 계속해서 전해져서 길이 너에게 善

2) 시경에……때문이다 : 이 시는 제사를 지낸 뒤에 尸童이 이에 대한 답례로 읊은 노래로, 《詩經》〈大雅 既醉〉에 보인다. 여기서는 부모를 섬기는 뜻으로 단장취의한 것이다.

한 道를 주기 때문이다.

孝子之道가 不匱竭者는 能以類相傳하여 長錫爾以善道也라

⑫ 이는 어버이를 섬기기가 어려운 일임을 말한 것이다.

此事親之所難이라

⑬ 어찌 쉴 수 있겠느냐고 한 것이다.

安得休息이리오

22-2 공자가 衛나라에서 晉나라로 들어가려 할 때에 黃河에 이르렀는데, 趙簡子가 竇犨鳴犢(두주명독)과 舜華를 죽였다는 말을 듣고[3] 황하 가에 임하여 탄식하며 말하였다.

"내가 황하를 건너지 못하는 것은 하늘의 命이로다. 내 들으니, '새끼를 밴 짐승의 배를 갈라 어린 짐승을 죽이면 기린은 그 郊野에 오지 않고, 못의 물을 말려 고기를 잡으면 蛟龍은 그 연못에 살지 않으며, 둥지를 뒤엎어 알을 깨뜨리면 봉황은 그 고을에 날아오지 않는다.'라고 하였다. 鳥獸도 의롭지 못한 일을 보면 오히려 피할 줄 아는데 하물며 사람이야 말할 것이 있겠는가."

마침내 鄒나라로 돌아가 쉬면서 槃操라는 거문고 곡조를 지어 그들을 애도하였다.

○ 孔子自衛將入晉①할새 至河하여 聞趙簡子殺竇犨鳴犢及舜華②하고 乃臨河而歎曰③ 丘之不濟는 此命也④로다 丘聞之⑤호니 刳胎殺夭⑥면 則麒麟不至其郊⑦하고 竭澤而漁면 則蛟龍不處其淵⑧하고 覆巢破卵이면 則鳳凰不翔其邑⑨이라하니 鳥獸之於不義에도 尙知避之⑩어든 況於人乎⑪아 遂還息於鄒⑫하여 作槃琴以哀之⑬하다

① 부자가 위나라에서 진나라로 가려고 한 것이다.

夫子自衛國으로 欲往晉國이라

② 가는 도중 황하에 이르렀는데 이에 조간자가 이 두 사람을 죽였다는 말을 들은 것이다. 두 사람은 晉나라의 대부이다.

行至於河하여 乃聞簡子殺此二人이라 蓋晉之大夫也라

---

3) 趙簡子가……듣고 : 조간자는 춘추시대 晉나라의 대부로 이름은 趙鞅이고, 두주명독과 순화는 진나라의 어진 대부이다. 이때는 公族의 세력이 약하고 대부의 세력이 강했는데, 조간자는 대부로 있으면서 국사를 17년 동안 장악하였다. 조간자가 정권을 장악하지 못하였을 때에는 이 두 사람에게 도움을 받아 정사를 다스렸는데, 정권을 장악하고 나서는 이 두 사람을 모두 죽였다. (≪史記≫ 권47 〈孔子世家〉)

西河返駕

③ 마침내 하수를 보며 탄식하며 말한 것이다.

遂向河水而嗟歎曰

④ 자신이 이 황하를 건너지 못하는 것은 天命이라는 것이다.

我之不得渡此河者는 天之命也라

⑤ 자신이 일찍이 들은 말이 있다는 것이다.

我嘗有所聞이라

⑥ 頭註 : 夭(어린 짐승)는 上聲이다.

夭는 上聲이라

⑦ 새끼를 밴 짐승의 배를 갈라 어린 짐승을 죽이면 기린은 감히 그 郊野에 오지 않는 것이다.

剖獸胎하여 殺少畜者면 則麒麟不敢至其野라

⑧ 川澤을 말려 물고기를 잡으면 교룡은 감히 그 연못에 살지 않는 것이다.

罄川澤而取魚者면 則蛟龍不敢居其淵이라

⑨ 새 둥지를 부수어 알을 깨뜨리면 봉황은 감히 그 고을에 날아오지 않는 것이다.

毁鳥巢하여 破鳥卵者면 則鳳凰不敢飛其邑이라

⑩ 조수도 의롭지 못한 일을 보면 또한 물러나 피할 줄 안다는 것이다.

夫鳥獸見不義之處하면 亦知退避라

⑪ 사람으로서 조수만 못해서야 되겠느냐고 한 것이다.

可以人而不如鳥獸오

⑫ 마침내 鄒나라로 돌아가 쉰 것이다.

乃歸息於鄒國이라

⑬ 槃操는 거문고 곡조 이름이다. 이것을 지어 피살된 두 대부를 애도한 것이다.

槃操는 琴曲名이라 作此하여 以傷二大夫見殺이라

22-3 자로가 공자에게 물었다.

"여기에 어떤 사람이 아침 일찍 일어나고 밤늦게 자서[4] 田畓을 경작하고 五穀을 심느라 손발에 굳은살이 박이면서 그 부모를 봉양합니다. 그런데도 효자라고 불리지 않는 것은 어째서입니까?"

공자가 대답하였다.

"아마도 그 몸을 공경하지 않아서일 것이고, 말을 온순하게 하지 않아서일 것이며, 기뻐하는 안색을 짓지 않아서일 것이다. 지금 힘을 다해 부모를 봉양하고 또 이 세 가지의 잘못이 없다면 어찌 효자라고 불리지 않는 것을 근심하겠느냐."

○ 子路問孔子曰① 有人於此②하니 夙興夜寐③하여 耕耘樹藝④에 手足胼胝(변지)⑤以養⑥其親⑦호되 然而名不稱孝는 何也⑧잇고 孔子曰⑨ 意者身不敬與⑩며 辭不順與⑪며 色不悅與⑫인저 今盡力養親而無三者之闕⑬이면 何謂無孝之名乎⑭아

① 자로가 부자에게 물은 것이다.

子路問夫子言이라

② 지금 어떤 사람이 있는 것이다.

今有人焉이라

③ 아침 일찍 일어나고 밤늦게 자는 것이다.

早起而夜睡라

④ 그 전답을 경작하고 오곡을 심는 것이다.

耕耘其田하고 種藝五穀이라

⑤ 손과 발에 굳은살이 박인 것이다.

---

4) 아침……자서 : 원문의 '夙興夜寐'는 쉼 없이 부지런히 노력한다는 뜻이다. ≪詩經≫〈小雅 小宛〉에 "아침 일찍 일어나고 밤늦게 잠자면서 너를 낳아주신 부모에게 욕됨이 없도록 하라.〔夙興夜寐 無忝爾所生〕"라고 하였다.

手胼而足胝라

⑥ 頭註 : 養(봉양하다)은 去聲이다.

養은 去聲이라

⑦ 그렇게 하여 부모를 봉양한 것이다.

以奉養於父母라

⑧ 그런데도 효자라고 불리지 않는 것은 어째서이냐고 한 것이다.

而且無孝之名은 何也오

⑨ 공자가 말한 것이다.

子言이라

⑩ 아마도 그 몸을 공경하지 않아서일 것이다.

豈是未能敬其身乎인저

⑪ 말을 온순하게 하지 않아서일 것이다.

言語之不順乎인저

⑫ 기뻐하는 안색을 짓지 않아서일 것이다.

顔色之不悅乎인저

⑬ 지금 힘을 다해 부모를 섬기고 또 이 세 가지의 잘못이 없는 것이다.

今能竭力以事父母요 而又無此三者之失이라

⑭ 효자라고 불리지 않는 것을 어찌 근심하겠느냐고 한 것이다.

何患名之不稱孝也리오

22-4[5] 공자가 陳나라와 蔡나라 사이에서 困厄을 당하였다. 양식이 떨어진 지 7일이 지나자 제자들이 주리고 병이 들었다. 그런데도 공자가 거문고를 타며 노래하자 자로가 들어가 뵙고 말하였다.

"부자께서 노래하시는 것이 예에 맞습니까?"

공자가 응답하지 않고 곡을 마친 다음 말하였다.

"由야! 이리 오너라. 내가 너에게 말해주겠다. 군자가 음악을 좋아하면 교만함이 없어지고 소인이 음악을 좋아하면 두려움이 없어지는 것이다."

자로가 기뻐하여 干戚을 잡고 춤을 추어 세 곡이 끝난 다음 나갔다. 다음날 곤액

---

5) 저본의 표제에 "부자가 진나라와 채나라 사이에서 곤액을 당하다.〔夫子厄於陳蔡〕"라고 되어 있다.

에서 벗어나자 자공이 고삐를 잡고서 말하였다.

"우리 제자들이 부자를 따라왔다가 이렇게 곤란을 겪은 일은 잊지 못할 것입니다."

공자가 말하였다.

"훌륭하다. 대저 진나라와 채나라 사이에서 곤액을 당한 것은 나로서도 행운이고 나를 따라온 그대들에게도 행운이다. 내가 듣기로, '烈士가 困辱을 당하지 않으면 節行이 뚜렷하게 드러나지 않는다.'라고 하니, 나를 분발시켜 뜻을 면려한 것이 이 곤액에서 시작하지 않았다고 어찌 장담하겠느냐."

○ 孔子遭厄於陳蔡之間[1]하여 絶糧七日[2]에 弟子餒病[3]이어늘 孔子絃歌[4]한대 子路入見曰[5] 夫子之歌가 禮乎[6]잇가 孔子弗應[7]하고 曲終而曰[8] 由는 來하라 吾語汝[9]호리라 君子好樂[10]이면 爲無驕也[11]요 小人好[12]樂이면 爲無懾也[13]니라 子路悅[14]하여 援戚而舞하여 三終而出[15]한대 明日免於厄[16]이어늘 子貢執轡曰[17] 二三子가 從夫子而遭此難也[18]하니 其弗忘矣[19]리이다 孔子曰 善[20]하다 夫陳蔡之間은 丘之幸也[21]요 二三子從丘者도 皆幸也[22]로다 吾聞之[23]호니 烈士不困이면 行不彰[24]이라하니 庸知其非激憤勵志之始於是乎[25]아

① 부자가 초나라에 가는 도중에 진나라와 채나라의 대부들이 군사를 이용하여 막은 것이다.
夫子往楚에 陳蔡大夫가 用兵拒之라

② 7일 동안 먹지 못한 것이다.
七日不食이라

③ 따르는 자들이 모두 주리고 困乏한 것이다.
從者皆飢困이라

④ 그런데도 부자는 거문고를 타며 노래한 것이다.
夫子彈琴而歌라

⑤ 자로가 들어가 부자에게 물은 것이다.
子路入하여 問夫子曰

⑥ 부자께서 노래하시는 것이 예에 맞느냐고 한 것이다.
夫子之所歌가 合禮乎잇가

⑦ 부자가 대답하지 않은 것이다.
夫子不答이라

⑧ 거문고를 멈추고 이에 말한 것이다.

琴罷乃曰

⑨ "由야! 이리 오너라. 내가 너에게 말해주겠다."라고 한 것이다.

由는 來하라 吾與爾言호리라

⑩ 頭註 : 樂(음악)은 원래 글자의 뜻이다.

樂은 如字라

⑪ 군자가 음악을 좋아하면 교만함이 없어지는 것이다.

君子之好樂則無驕傲也라

⑫ 頭註 : 好(좋아하다)는 去聲이다.

好는 去聲이라

⑬ 소인이 음악을 좋아하면 두려움이 없어지는 것이다.

小人之好樂則無畏懾也라

⑭ 자로가 이 말을 듣고 기뻐한 것이다.

子路聞言而喜라

⑮ 이에 干戚을 잡고 춤을 추어 세 곡을 마친 다음 나간 것이다.

乃執干戚以舞하여 三成而出이라

⑯ 다음날 곤액에서 벗어난 것이다.

次日得脫其厄이라

⑰ 자공이 부자를 위해 말을 몰았기 때문에 고삐를 잡고 말한 것이다.

子貢爲夫子御라 故執轡而言이라

⑱ 우리 제자들이 부자를 따라왔다가 이렇게 곤액을 당한 것이다.

二三弟子가 從夫子하여 遇此厄難이라

⑲ 잊지 못한다는 것이다.

不可忘也라

⑳ 부자가 자공의 말을 좋게 여긴 것이다.

夫子善其言이라

㉑ 공자가 말하기를, "진나라와 채나라에서 겪은 곤액은 바로 나에게도 행운이다."라고 한 것이다.

子言 陳蔡之厄은 乃我之有幸也라

㉒ 진나라와 채나라에 나를 따라온 너희 제자들에게도 또한 행운이라는 것이다.

二三弟子從我於陳蔡者도 亦有幸也라

㉓ 내가 일찍이 들은 것이 있다는 것이다.

吾嘗有聞이라

㉔ 忠烈한 선비는 곤욕을 당하지 않으면 節行이 뚜렷하게 드러나지 않는 것이다.

忠烈之士는 不遇困辱이면 則節行不彰著라

㉕ 나를 분발시켜 면려한 것이 이 곤액에서 시작하지 않았다고 어찌 장담하겠느냐고 한 것이다.

安知此厄非激厲我自此始乎아

在陳絶糧

22-5[6] 공자가 宋나라로 가는 도중에 匡 땅 사람 簡子가 무장한 군사들을 이끌고 포위하였다.[7] 자로가 성이 나서 창을 휘두르며 싸우려 하자, 공자가 만류하면서 말하였다.

"어찌 仁과 義를 닦고서 세속의 질시를 면하지 못할 자가 있겠는가.[8] 대저 詩書

---

6) 저본의 표제에 "匡人이 부자를 포위하다.〔匡人圍夫子〕"라고 되어 있다.

7) 공자가……포위하였다 : 陽虎가 전에 匡 땅에서 포악한 짓을 하였는데, 공자의 외모가 양호와 비슷하였으므로 광 땅 사람들이 양호로 오인하여 포위한 것이다.(≪史記≫ 권47 〈孔子世家〉)

8) 어찌……있겠는가 : 이 부분은 본문과 주석의 뜻이 반대이다. 본문은 仁과 義를 닦아 훌륭한 군자가 되면 세상 사람들의 질시를 면할 수 있다는 뜻이고, 주석은 인과 의를 닦은 군자는 세상 사람들의 질시를 피할 수 없다는 뜻이다.

를 講明하지 않고 禮樂을 익히지 않은 것은 나의 잘못이지만 선왕의 도를 繼述하고 古人의 법도를 좋아하는데도 재앙을 입는 것은 나의 죄가 아니다. 명하노니 노래하라. 내가 너에게 화답하겠다.”

자로가 거문고를 타면서 노래하자 공자가 화답하였다. 세 곡을 노래하고 마치자 광 땅 사람이 병기를 거두고 물러났다. 공자가 말하였다.

“높은 벼랑을 올라가 보지 않으면 어떻게 떨어지는 근심이 있는 줄 알겠으며, 깊은 못에 다다르지 않으면 어떻게 빠지는 근심이 있는 줄 알겠으며, 큰 바다를 보지 않으면 어떻게 風波의 근심이 있는 줄 알겠는가. 몸가짐을 잃는 것이 이 세 가지의 근심에 있지 않겠는가. 선비가 이 세 가지의 근심을 조심한다면 몸에 허물이 없을 것이다.”

○孔子之宋①할새 匡人簡子가 以甲士圍之②어늘 子路怒하여 奮戟將與之戰③이어늘 孔子止之曰④ 惡⑤有修仁義而不免世俗之惡者乎⑥아 夫詩書之不講⑦과 禮樂之不習⑧은 是丘之過也⑨어니와 若以述先王好古法而爲咎者⑩는 則非丘之罪也⑪라 命之歌⑫[9]하라 予和⑬汝⑭호리라 子路彈琴而歌어늘 孔子和之⑮하고 曲三終⑯한대 匡人解甲而罷⑰하다 孔子曰⑱ 不觀高崖면 何以知顚墜之患⑲이며 不臨深泉이면 何以知沒溺之患⑳이며 不觀巨海면 何以知風波之患㉑이리오 失之者其不在此乎㉒아 士愼此三者면 則無累㉓於身矣㉔라

① 부자가 송나라로 간 것이다.
　夫子往宋國이라
② 광 땅 사람 簡子가 군사들을 이끌고 부자를 포위한 것이다.
　匡人有簡子者가 以兵圍夫子라
③ 자로가 성이 나서 戈戟을 잡고서 광 땅 사람과 싸우려 한 것이다.
　子路發怒하여 持戈戟하여 欲與匡人相戰이라
④ 부자가 자로를 만류하여 싸우지 못하게 하고 이에 말한 것이다.
　夫子止子路하여 勿與戰乃言曰
⑤ 頭註 : 惡(어찌)는 平聲이다.
　惡는 平聲이라
⑥ 어찌 仁과 義를 닦은 군자가 세상 사람들의 질시를 면할 수 있겠느냐고 한 것이다.
　安有修仁義之君子가 能免世人之疾惡乎아

---

9) 命之歌 : 四部叢刊本에는 “命之夫 歌(운명이로다. 노래하라.)”라고 되어 있다.

匡人解圍

⑦ 詩書를 講明하지 않은 것이다.
　不講明於詩書라

⑧ 禮樂을 익히고 배우지 않은 것이다.
　不習學於禮樂이라

⑨ 그것은 자신의 잘못이라는 것이다.
　則是我之過라

⑩ 선왕의 도를 繼述하고 古人의 법도를 좋아하는데도 재앙을 입는 것과 같은 경우이다.
　如述先王之道하고 好古人之法호되 而獲殃咎者라

⑪ 이것은 나의 죄가 아니라는 것이다.
　此則非我之罪라

⑫ 자로에게 노래하게 한 것이다.
　使子路歌라

⑬ 頭註 : 和(화답하다)는 去聲이다.
　和는 去聲이라

⑭ 부자가 자로에게 화답한 것이다.
　夫子和子路라

⑮ 자로가 이에 거문고를 타면서 노래하니 부자가 화답한 것이다.
　子路乃援琴而歌어늘 夫子和之라

⑯ 세 곡을 노래하고 마친 것이다.

　歌三成_{이라}

⑰ 광 땅 사람이 병기를 거두고 물러난 것이다.

　匡人引兵退_라

⑱ 공자가 말한 것이다.

　子言_{이라}

⑲ 높은 산에 올라가서 보지 않으면 떨어지는 근심이 있는 줄 모른다는 것이다.

　未見高山_{이면} 則不知有墜落之患_{이라}

⑳ 깊은 물에 다가서서 보지 않으면 빠지는 근심이 있는 줄 모른다는 것이다.

　未見深水_면 則不知有沈溺之患_{이라}

㉑ 큰 바다를 보지 않으면 풍파의 근심이 있는 줄 모른다는 것이다.

　未見大海_면 則不知有風波之患_{이라}

㉒ 사람이 몸가짐을 잃는 것이 어찌 이 세 가지의 근심에 있지 않겠느냐고 한 것이다.

　人之失身_이 豈不在此三患_{이리오}

㉓ 頭註 : 累(허물)는 去聲이다.

　累_는 去聲_{이라}

㉔ 선비가 이 세 가지 근심을 조심한다면 그 몸에 허물이 없을 것이라고 한 것이다.

　士能謹此三患者_면 則其身無累矣_{라라}

22-6¹⁰⁾ 공자가 鄭나라에 갔다가 제자들과 헤어져 동쪽 성곽문 밖에서 혼자 서 있었다. 어떤 사람이 자공에게 말하였다.

　“동쪽 성문 밖에 한 사람이 있는데, 키는 9자 6치에 눈이 반듯하고 길며 광대뼈가 툭 튀어나왔고, 머리는 堯임금과 같고, 목은 皐陶와 같고, 어깨는 子産과 같았습니다. 그러나 허리 아래로는 禹임금보다 3치가 부족하였는데 풀이 죽은 모습이 마치 상갓집 개와 같았습니다.”

　자공이 그대로 말해주자, 공자가 흔쾌히 감탄하며 말하였다.

　“形狀이 중요한 것은 아니지만 상갓집 개와 같다는 말이 참으로 그러하구나. 참으로 그러하구나.”

---

10) 이 부분은 四部叢刊本을 저본으로 하였다.

孔子適鄭이라가 與弟子相失하여 獨立東郭門外한대 或人謂子貢曰 東門外有一人焉하니 其長九尺有六寸에 河目隆顙①하고 其頭似堯하고 其頸似皐繇하고 其肩似子産이라 然自腰已下는 不及禹者三寸하니 纍然如喪家之狗②라 子貢以告한대 孔子欣然而歎曰 形狀은 末也로대 如喪家之狗가 然乎哉인저 然乎哉인저

① 河目은 위아래로 반듯하고 평평하면서도 긴 눈이다. 顙은 광대뼈이다.
  河目은 上下匡平而長이라 顙은 頰也라

② 상갓집 개는 주인이 매우 슬퍼하여 먹이를 주지 않기 때문에 풀이 죽은 듯이 상심해 한다. 공자가 난세에 태어나 도가 행해지지 않기 때문에 풀이 죽은 것이니, 뜻을 얻지 못한 모습이다.
  喪家狗는 主人哀荒하여 不見(飯)〔飮〕[11]食이라 故纍然不得意라 孔子生於亂世하여 道不得行이라 故纍然하니 是不得意之貌也라

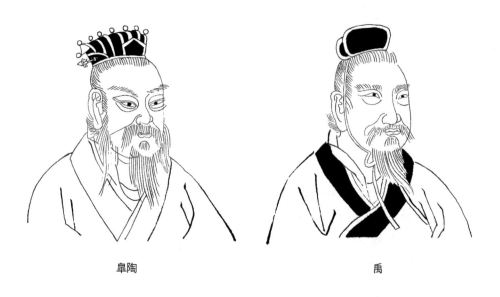

皐陶   禹

22-7[12] 衛나라 蘧伯玉은 현명하였지만 靈公이 등용하지 못했고, 彌子瑕는 어리석었지만 도리어 등용하였다.[13] 그래서 史魚[14]가 자주 간언하였는데도 듣지 않았

---

11) (飯)〔飮〕: 저본에는 '飯'으로 되어 있으나, 四庫全書本과 漢文大系本에 의거하여 '飮'으로 바로잡았다.

12) 저본의 표제에 "사어가 시체로 간쟁하다.〔史魚屍諫〕"라고 되어 있다.

13) 衛나라……등용하였다: 거백옥은 衛나라의 賢臣이고, 미자하는 용모가 아름다워 영공의 총애

다. 사어가 병이 들어 죽으려 할 때에 자식에게 명하였다.

"내가 위나라 조정에 있으면서 거백옥을 진출시키지 못하고 미자하를 물리치지 못하였으니 이는 내가 신하가 되어 임금을 바로잡지 못한 것이다. 살아서 임금을 바로잡지 못한 이상 죽어서 葬事의 예를 갖출 수 없다. 내가 죽거든 너는 내 시체를 창문 아래 두어라.[15] 그렇게 한다면 나로서는 또한 족할 것이다."

그 자식이 아비의 말대로 하였다. 영공이 조문할 때에 그 자식이 아비가 말한 대로 영공에게 고하자 영공이 말하였다.

"이는 과인의 잘못이다."

이에 客位에 殯所를 차리라고 명하였다. 그런 다음 거백옥을 진출시켜 등용하고 미자하를 물리쳐 멀리 내쫓았다. 공자가 이 소식을 듣고 말하였다.

"옛날에 간쟁한 사람은 죽으면 그만이었지 사어처럼 죽어서 시체로 간쟁하는 사람은 있지 않았다. 충성이 그 임금을 감동시킨 것이니, 곧은 신하라고 하지 않겠는가."

○ 衛蘧伯玉賢이어늘 而靈公不用[1]하고 彌子瑕不肖어늘 反任之[2]한대 史魚驟諫而不從[3]이라 史魚病[4]하여 將卒[5]에 命其子曰[6] 吾在衛朝[7]하여 不能進蘧伯玉하고 退彌子瑕[8]하니 是吾爲臣하여 不能正其君也[9]라 生而不能正其君[10]하니 則死無以成禮[11]라 我死커든 汝置屍牖下하라 於我畢矣[12]리라 其子從之[13]하다 靈公弔焉[14]할새 其子以其父言告公[15]한대 公曰 是寡人之過也[16]라 於是에 命之殯於客位[17]하고 進蘧伯玉而用之[18]하고 退彌子瑕而遠[19]之[20]한대 孔子聞之曰[21] 古之諫者는 死則已矣[22]하니 未有如史魚死而屍諫[23]하니 忠感其君者也[24]로니 可不謂直乎[25]아

① 거백옥은 위나라의 현인이었는데도 영공이 등용하지 못한 것이다.

　　伯玉은 衛之賢人이어늘 靈公不能用之라

② 미자하는 현인이 아니었는데도 영공이 도리어 등용한 것이다.

를 받았던 신하이다.

14) 史魚 : 直諫을 잘한 衛나라 대부 史鰌를 가리킨다. 공자가 그에 대해 "나라에 도가 있을 때에도 화살처럼 곧았고, 나라에 도가 없을 때에도 화살처럼 곧았다."라고 칭찬하였다.(≪論語≫〈衛靈公〉)

15) 시체를……두어라 : 원래 창문 아래에서 飯含을 하고, 서쪽 계단에 빈소를 차리는데, 사어가 자신의 본분을 다하지 못하였으므로 이렇게 하라고 명한 것이다. ≪禮記≫〈檀弓 上〉에 "남쪽 창문 밑에서 飯含하고, 문 안에서 小斂하고, 동쪽 계단에서 大斂하고, 객위인 서쪽 계단에 빈소를 차린다.〔飯於牖下 小斂於戶內 大斂於阼 殯於客位〕"라고 하였다.

彌子는 非賢人이어늘 公反用之라

③ 사어가 영공에게 간언하였는데도 듣지 않은 것이다.

史魚諫靈公而不聽이라

④ 사어가 병이 든 것이다.

史魚有疾이라

⑤ 頭註 : 卒(죽다)은 子와 律의 反切이다.

卒은 子律切이라

⑥ 죽으려 할 때에 그 자식에게 말한 것이다.

將死에 謂其子言이라

⑦ 頭註 : 朝(조정)는 直와 遙의 反切이다.

朝는 直遙切이라

⑧ 자신이 위나라에서 벼슬하면서 임금으로 하여금 현명한 거백옥을 등용하고 불초한 미
자하를 버리게 하지 못했다는 것이다.

吾仕於衛하여 不能使君用伯玉之賢하고 棄彌子之不肖라

⑨ 이는 자신이 신하가 되어 임금을 바로잡지 못한 것이다.

是我爲人臣하여 不能正救其君이라

⑩ 살아서 임금을 바로잡지 못한 것이다.

在生不能正救其君이라

⑪ 죽은 다음에는 장사의 예를 갖출 수 없는 것이다.

旣死則不足備禮라

⑫ "내가 죽은 뒤에 너는 창문 아래에 시체를 두어라. 그렇게 한다면 나로서는 또한 족할
것이다."라고 한 것이다.

我死後에 汝惟置尸於牖下면 在我亦足矣라

⑬ 자식이 그 말대로 한 것이다.

子從其言이라

⑭ 영공이 가서 위문한 것이다.

靈公往慰之라

⑮ 그 자식이 아비가 한 말을 영공에게 고한 것이다.

其子以父所言으로 告公이라

⑯ 영공이 말하기를, "이는 과인의 잘못이다."라고 한 것이다.

公言 此則寡人之過라

⑰ 영공이 이에 서쪽 계단에 빈소를 차리라고 명한 것이다.

公乃命殯於西階라

⑱ 드디어 거백옥을 진출시켜 등용한 것이다.

遂進伯玉而任用之라

⑲ 頭註 : 遠(멀리하다)은 去聲이다.

遠은 去聲이라

⑳ 미자하를 물리쳐 멀리 내쫓은 것이다.

退彌子而遠棄之라

㉑ 부자가 이 소식을 듣고서 말한 것이다.

夫子聞之乃言曰

㉒ 예로부터 간쟁한 사람은 죽으면 또한 그만이었다는 것이다.

自古之諫爭者는 至死則亦已矣라

㉓ 사어처럼 죽어서도 시체로 諫한 사람은 보지 못했다는 것이다.

未見有如史魚死而猶以尸諫이라

㉔ 충성이 임금을 감동시킨 것이다.

忠誠感動於君이라

㉕ 곧은 신하라고 할 만하다는 것이다.

可謂直臣矣라

328

제23편 五帝의 덕 五帝德 第二十三①

　　상고시대 다섯 제왕(皇帝, 顓頊, 帝嚳, 堯, 舜)의 功德에 대한 宰我의 질문과 孔子의 대답을 기록한 편이기에, 편명을 '五帝德'으로 삼았다. 이들 다섯 제왕은 모두 태어날 때부터 神異하고 善良한 마음을 가지고 있었으며, 四海를 소유하여서는 백성들을 어진 정치로 다스려 온 천하가 교화되었다고 서술하였다. 아울러 禹의 功德도 함께 서술하였다. 상고시대의 일을 자세히 서술한 孔子의 박학다식한 면을 볼 수 있다.

　　① 宰我가 오제의 덕에 대해 물었으므로 이에 편명을 붙인 것이다.
　　　　宰我問五帝之德이라 乃以名篇하니라

23-1[1] 재아가 黃帝에 대해 묻자, 공자가 대답하였다.

　"황제는 태어나면서 신령하여 어려서 능히 말을 하였으며, 명철하고 슬기로우며 엄숙하고 공경하며 독실하고 민첩하며 성실하고 신실한 덕이 있었다. 자라서는 총명하여 五氣를 다스리고 五量[2]을 설치하여 만백성을 어루만지고 사방의 형세를 헤아려 소를 부리고 말을 타며 猛獸를 길들여서 炎帝와 阪泉의 들판에

宰我

---

1) 저본의 표제에 "黃帝의 덕〔黃帝之德〕"이라고 되어 있다.
2) 五量：量을 재는 다섯 가지 도구이다. 왕숙과 왕광모의 주석은 같다. ≪漢書≫에는 龠, 合, 升, 斗, 斛으로 되어 있다.

서 전쟁하여 세 번 싸운 뒤에 승리하였다. 그리하여 비로소 衣裳을 드리우고[3] 黼
黻을 만들어서 백성을 다스려 천지의 법도를 따르고 幽明의 원인을 알며 死生과
存亡의 이치에 통달하였다. 또 五穀을 파종하고 草木을 맛보았으며, 仁厚한 덕이
鳥獸와 곤충에까지 미쳤다. 해와 달과 별의 운행을 살펴서 눈과 귀로 부지런히 힘
쓰고 마음과 힘을 다하여 水火와 재물을 이용하여 백성을 生育하였다.”

宰我問黃帝[①]한대 孔子曰[②] 黃帝生而神靈[③]하여 弱而能言[④]하며 哲睿齊[⑤] 莊敦敏誠信[⑥]이라
長[⑦]聰明[⑧]하여 治五氣[⑨]하고 設五量[⑩]하여 撫萬民[⑪]하고 度[⑫]四方[⑬]하여 服牛乘馬[⑭]하고 擾馴[⑮]
猛獸[⑯]하여 以與炎帝로 戰于阪泉之野[⑰]하여 三戰而後克之[⑱]라 始垂衣裳[⑲]하고 作爲黼黻[⑳]하여
治民하여 以順天地之紀[㉑]하고 知幽明之故[㉒]하고 達死生存亡之說[㉓]이라 播時百穀[㉔]하고 嘗味草
木[㉕]하며 仁厚及於鳥獸昆蟲[㉖]이라 考日月星辰[㉗]하여 勞耳目하고 勤心力[㉘]하며 用水火財物하여 以
生民[㉙]하니라

① 재여가 부자에게 黃帝의 덕에 대해 물은 것이다.
　　宰予問黃帝之德於夫子라
② 공자가 말한 것이다.
　　子言이라
③ 황제는 처음 태어나면서 바로 신령하고 기이한 것이다.
　　黃帝初生便靈異라
④ 어려서 바로 능히 말을 한 것이다.
　　幼小便能言語라
⑤ 頭註 : 齊(엄숙하다)는 側과 皆의 反切이다.
　　齊는 側皆切이라
⑥ 게다가 이러한 여덟 가지의 덕이 있었던 것이다.
　　又有此八者之德이라
⑦ 頭註 : 長(자라다)은 上聲이다.
　　長은 上聲이라
⑧ 자라서는 총명한 것이다.
　　及長則聰明이라

───────────────

3) 衣裳을 드리우고 : 無爲의 정치로 교화를 한다는 뜻이니, 聖君의 德治를 가리킨다. ≪周易≫〈繫
　辭傳 下〉에 “황제와 요·순이 衣裳을 드리우고 편히 앉아 있었는데 천하가 잘 다스려졌다.〔帝堯
　舜垂衣裳而天下治〕”라고 하였다.

⑨ 五行의 氣를 다스린 것이다.

理五行之氣라

⑩ 設은 둔다는 뜻이다. 五量은 權衡(무게를 재는 단위), 升斛(부피를 재는 단위), 尺丈(길이를 재는 단위), 里步(거리를 재는 단위), 十百(수량을 세는 단위)을 말한다.

設은 置也라 五量은 謂權衡升斛尺丈里步十百이라

⑪ 백성을 어루만져 안정시킨 것이다.

撫定百姓이라

⑫ 頭註 : 度(헤아리다)은 入聲이다.

度은 入聲이라

⑬ 사방의 형세를 헤아린 것이다.

商度四方이라

⑭ 소를 부려 무거운 짐을 싣게 하고 말을 타서 걷는 것을 대신하게 한 것이다.

服牛使負重이요 乘馬使代步라

⑮ 頭註 : 馴(길들이다)은 音이 旬이다.

馴은 音旬이라

⑯ 곰, 표범, 범 같은 맹수를 길들인 것이다.

教養熊羆貔貅貙虎之猛獸라

⑰ 신농씨와 阪泉에서 전쟁한 것이다.

與神農氏로 相戰於阪泉이라

⑱ 세 번 싸운 뒤에 비로소 승리한 것이다.

三戰方得勝이라

⑲ 그리하여 위와 아래에 각각 衣와 裳을 입은 것이다.

乃服上衣下裳이라

⑳ 백색과 흑색으로 된 것을 黼라고 하는데 도끼 문양 같은 것을 수놓은 것이고, 흑색과 청색으로 된 것을 黻이라고 하는데 두 개의 '己'자가 등진 것과 같은 것을 수놓은 것이다.

白與黑謂之黼니 若斧文이요 黑與靑謂之黻이니 若兩己相背라

㉑ 백성을 다스려 천지 상하의 법도를 따른 것이다.

治百姓하여 以順天地上下之綱紀라

㉒ 귀신과 예악의 원인을 안 것이다.

知鬼神禮樂之故라

㉓ 사생과 존망의 이치에 통달한 것이다.

通死生存亡之理라

㉔ 오곡을 파종한 것이다.

種是五穀이라

㉕ 초목의 氣味를 맛본 것이다.

嘗草木之氣味라

㉖ 인후한 덕이 조수와 곤충 같은 동물에게까지 퍼진 것이다.

仁厚之德이 流於[4]鳥獸昆蟲之物이라

㉗ 天文의 度數[5]를 고증하고 징험한 것이다.

考驗天文度數라

㉘ 보고 듣는 것에 부지런히 힘쓰고 마음과 힘을 다한 것이다.

勞於視聽하고 勤於心力이라

㉙ 水火와 재물의 이로움을 이용하여 만백성을 生育한 것이다.

用水火財物之利하여 以生養萬民이라

23-2[6] 재아가 말하였다.

"帝顓頊에 대해 묻습니다."

공자가 대답하였다.

"전욱은 사려가 깊어 智謀가 있고 이치에 통달하여 智慮가 있었다. 材木을 기르되 토질에 맞게 하고, 四時의 운행을 따라 행하여 하늘의 이치를 본받으며, 귀신에 의지하되 義로써 제재하고, 氣質과 習性을 다스려 백성들을 가르치며, 齋戒하고 성심을 다해 제사 지냈다. 四海를 순행하면서 백성을 편안하게 하여, 북쪽으로는 幽陵[7]에 이르고 남쪽으로는 交趾[8]에 미쳤으며 서쪽으로는 流沙[9]에 이르고 동쪽

---

4) 於 : 江陵本과 慶長本에는 '及'으로 되어 있다.

5) 天文의 度數 : 천문인 일월성신이 운행하는 度數이다.

6) 저본의 표제에 "帝顓頊의 덕[顓帝之德]"이라고 되어 있다.

7) 幽陵 : 북쪽 끝 지역으로, 幽州라고도 한다. ≪書經≫ 〈舜典〉에 순임금이 共工을 幽州로 유배 보낸 일이 보인다.

8) 交趾 : 지금의 베트남 북부 지역을 가리킨다. 後漢 伏波將軍 馬援이 交趾國을 遠征한 뒤에 두 개의 구리 기둥(銅柱)을 세워 漢나라와 남방 외국의 경계선을 표시한 고사가 있다.(≪後漢書≫ 권24 〈馬援列傳〉)

9) 流沙 : 중국 서북방의 사막 지대를 가리킨다. 모래가 물과 같이 흐른다 하여 붙여진 이름으로,

으로는 蟠木¹⁰⁾에 다다랐다. 그러자 살아 있는 동식물과 크고 작은 생물과 해와 달이 비추는 모든 지역에서 와서 服屬하지 않음이 없었다."

宰我曰 請問帝顓頊^{①②}하노이다 孔子曰^③ 顓頊淵而有謀^④하고 疏通以智^⑤하며 養財以任地^⑥하고 履時以象天^⑦하며 依鬼神而制義^⑧하고 治氣性以敎衆^⑨하며 潔誠以祭祀^⑩하며 巡四海以寧民^⑪하여 北至幽陵^⑫하고 南暨交趾^⑬하고 西抵流沙^⑭하고 東極蟠木^⑮하니 動靜之生^⑯과 小大之物^⑰과 日月所照^⑱에 莫不底屬^⑲하니라

① 頭註 : 頊(제왕 이름)은 虛와 六의 反切이다.
　　頊은 虛六切이라

② 宰我가 또 顓帝에 대해 물은 것이다.
　　宰我又問顓帝라

③ 공자가 말한 것이다.
　　子言이라

④ 顓帝는 사려가 깊어 智謀가 있었던 것이다.
　　顓帝深沈有智謀라

⑤ 이치에 통달하여 智慮가 있었던 것이다.
　　通達有智慮라

⑥ 재목을 생장하되 토질에 맞게 한 것이다.
　　生養財物하되 任作土地라

⑦ 四時의 운행을 따라 행하여 하늘의 이치를 본받은 것이다.
　　順履四時하여 法象上天이라

⑧ 귀신에 의지하되 義로써 제재한 것이다.
　　因鬼神하되 而制之以義라

⑨ 그 기질과 습성을 조화롭게 하여 백성을 가르친 것이다.
　　調和其氣性하여 以敎百姓이라

⑩ 齋戒하고 성심을 다해 신에게 제사 지낸 것이다.
　　蠲潔誠心하여 以祭祀神祇라

⑪ 四海를 순행하면서 백성을 편안하게 한 것이다.

'流河'라고도 한다. 《書經》〈禹貢〉에 "동쪽으로는 바다에 다다랐고, 서쪽으로는 流沙에 미치었으며, 북쪽으로부터 남쪽까지 명성과 교화가 온 세상에 퍼졌다.〔東漸于海 西被于流沙 朔南暨 聲教訖于四海〕"라고 하였다.

10) 蟠木 : 동해에 있는 전설상의 산 이름이다.

巡行四海하여 以安百姓이라

⑫ 그 지역이 북쪽으로는 幽州에 이른 것이다.

其地北至幽州라

⑬ 남쪽으로는 交趾에 미친 것이다.

南及于交趾라

⑭ 서쪽으로는 流沙의 지역에 이른 것이다.

西至流沙之地라

⑮ 동쪽으로는 蟠木이라는 곳에 다다른 것이다.

東際[11]蟠木之所라

⑯ 모든 살아 있는 동식물이다.

凡動植之生物이라

⑰ 크고 작은 생물이다.

及夫小大之物이라

⑱ 해와 달이 비추는 지역이다.

日月所照之地라

⑲ 와서 복속하지 않은 이가 없었던 것이다.

無不底乎而來服屬之也라

23-3[12] 재아가 말하였다.

"帝嚳에 대해 묻습니다."

공자가 대답하였다.

"高辛氏는 태어나면서 神異하였고 자신의 이름을 스스로 말하였다. 이로운 물건을 널리 베풀고 사사로이 취하지 않았으며, 귀가 밝아 먼 곳의 일을 알고 눈이 밝아 미세한 것까지 살폈다. 어질면서도 위엄이 있고 은혜로우면서도 신의가 있어 천지의 의리를 따르고 백성의 급한 사정을 알았다. 자신의 몸을 닦으니 천하가 복종하였으며 땅에서 생산되는 財物을 취하여 절제해서 사용하였다. 만백성을 어루만지고 길러 가르치고 이롭게 하였으며, 해와 달이 생기고 사라지는 것을 冊曆으

---

11) 際 : 慶長本에는 '極'으로 되어 있다.

12) 저본의 표제에 "高辛氏의 덕〔高辛之德〕"이라고 되어 있다.

로 기록하여 맞이하고 보냈으며, 귀신의 이치를 밝혀 공경히 제사 지내니, 그 안색은 온화하고 그 덕은 중후하여 해와 달이 비추는 곳과 비와 바람이 이르는 모든 지역에서 교화를 따르지 않음이 없었다."

宰我曰 請問帝嚳①②하노이다 孔子曰③ 高辛生而神異④하고 自言其名⑤하며 博施⑥厚利하여 不於其身⑦하며 聰以知遠⑧하고 明以察微⑨하며 仁而威하고 惠而信⑩하여 順天地之義⑪하며 知民所急⑫하며 修身而天下服⑬하며 取地之財而節用焉⑭하며 撫敎萬民而誨利之⑮하며 歷日月之生朔而迎送之⑯하며 明鬼神而敬事之⑰하니 其色也和⑱하고 其德也重⑲하여 日月所照와 風雨所至⑳에 莫不從化㉑하니라

① 頭註 : 嚳(제왕 이름)은 音이 酷이다.
　嚳은 音酷이라

② 재아가 또 제곡에 대해 물은 것이다.
　宰予又問帝嚳이라

③ 공자가 대답한 것이다.
　子言이라

④ 제곡은 고신씨라고 불린다. 처음 태어났을 때에 바로 神異한 면이 있었던 것이다.
　帝嚳號高辛氏라 初生便有神異라

⑤ 스스로 자신의 이름을 말할 수 있는 것이다.
　自能言其名이라

⑥ 頭註 : 施(베풀다)는 去聲이다.
　施는 去聲이라

⑦ 이로운 물건을 널리 베풀고 개인적으로 취하지 않은 것이다.
　普施利物하여 不私於身이라

⑧ 밝게 들어서 먼 곳의 일을 알기에 충분한 것이다.
　聰聽足以知遠이라

⑨ 밝게 보아서 미세한 것을 살피기에 충분한 것이다.
　明視足以察微라

⑩ 어질면서도 위엄이 있고 은혜로우면서도 신의가 있는 것이다.
　仁而有威하고 惠而有信이라

⑪ 天地 尊卑의 의리를 따른 것이다.
　以順天地尊卑之義라

⑫ 백성의 급한 사정을 안 것이다.

　知百姓之所急_{이라}

⑬ 스스로 자신의 몸을 닦으니 천하가 모두 복종한 것이다.

　自修其身_{하니} 而天下咸服從_{이라}

⑭ 토지에서 생산되는 재물을 취하여 절제해서 사용한 것이다.

　取土地所生之財_{하여} 節儉而用之_라

⑮ 백성을 어루만지고 길러서 가르치고 이롭게 한 것이다.

　撫育百姓_{하여} 而訓誨利益之_라

⑯ 弦(상현·하현), 望(보름), 晦(그믐), 朔(초하루) 같은 해와 달의 운행에 대한 冊曆을 만들어서 이르기 전에 맞이하고 지나가면 보낸 것이다.

　作歷弦望晦朔日月_{하여} 未至而迎之_{하고} 過而送之_라

⑰ 귀신의 이치를 밝혀 제사 지낸 것이다.

　明鬼神之義_{하여} 而祭祀之_라

⑱ 안색은 온화한 것이다.

　顏色溫和_라

⑲ 덕행은 중후한 것이다.

　德行重厚_라

⑳ 해와 달이 비추는 곳과 비와 바람이 이르는 지역이다.

　日月所照_와 風雨所至之地_라

㉑ 그 교화에 모두 복종한 것이다.

　無不服從其化_라

23-4[13] 재아가 말하였다.

"帝堯에 대해 묻습니다."

공자가 대답하였다.

"陶唐은 그 仁이 하늘처럼 광대하고 그 지혜가 신처럼 헤아릴 수 없었으며, 백성들이 해가 비치는 곳에 나아가듯 그에게 나아가고 구름이 적셔주기를 바라듯 그에게 바랐다. 부유하면서도 교만하지 않고 존귀하면서도 스스로를 낮추어, 伯夷에게 禮를 관장하게 하고[14] 夔(기)와 龍에게 음악을 관장하게 하며[15] 四凶을 유배 보내

---

13) 저본의 표제에 "帝堯의 덕〔帝堯之德〕"이라고 되어 있다.

니[16] 천하가 복종하였다. 그 말은 어그러지지 않고 그 덕은 간사하지 않아, 四海의 안과 배와 수레가 이르는 지역에서 평안하고 기뻐하지 않음이 없었다."

宰我曰 請問帝堯①하노이다 孔子曰② 陶唐其仁如天③하고 其智如神④하며 就之如日⑤하고 望之如雲⑥하며 富而不驕⑦하고 貴而能降⑧하여 伯夷典禮⑨하고 夔龍典樂⑩하여 流四凶而天下服⑪이라 其言不忒⑫하고 其德不回⑬하여 四海之內와 舟轝所及⑭에 莫不夷說(열)⑮⑯하니라

① 宰予가 또 帝堯에 대해 물은 것이다.
　宰予又問帝堯라

② 공자가 대답한 것이다.
　子言이라

③ 帝堯는 陶唐氏라고 불린다. 그 仁이 하늘처럼 광대한 것이다.
　帝堯는 號陶唐氏라 其仁廣大如天이라

④ 그 지혜가 신처럼 헤아릴 수 없는 것이다.
　其智如神不可測度이라

⑤ 해가 비추는 곳에 사람이 모두 나아가듯 한 것이다.
　如日之照에 人咸就之라

⑥ 사람이 우러러 바라는 것이 구름이 덮어주고 적셔주기를 바라는 듯이 한 것이다.
　人仰望之則如雲覆渥浸潤也라

⑦ 부유함이 천하를 소유하였는데도 교

四凶服罪圖

---

14) 伯夷에게……하고 : 《書經》〈舜典〉에 의하면 순임금이 백이를 秩宗으로 삼아서 三禮(天神, 地祇, 人鬼)를 섬기는 예를 맡게 하였다. 그러나 《史記》〈五帝本紀〉에 의하면, 요임금 때 등용되었다는 것을 알 수 있다.

15) 夔와……하며 : 夔와 龍도 모두 요임금 때 등용되었고, 순임금 때 활약한 신하이다. 《書經》〈舜典〉에 기는 음악을 담당하고, 용은 간언을 담당하게 한 일이 보인다.

16) 四凶을……보내니 : 四凶은 흉악한 네 사람으로, 요임금 시대에 있었다고 하는 共工·驩兜(환도)·三苗·鯀(곤)을 가리킨다. 순임금이 공공을 幽州에 유배 보내고, 환도를 嵩山에 留置하고, 삼묘를 三危로 쫓아내고, 곤을 羽山에 가두었다.(《書經》〈舜典〉) 渾敦·窮奇·檮杌(도올)·饕餮(도철)을 사흉이라고도 한다.(《春秋左氏傳》 文公 18년)

만하지 않은 것이다.

富有天下호되 而不驕矜이라

⑧ 존귀함이 천자가 되었는데도 스스로를 낮춘 것이다.

貴爲天子호되 而能自卑라

⑨ 伯夷에게 예를 관장하게 한 것이다.

伯夷掌禮라

⑩ 두 신하에게 음악을 관장하게 한 것이다.

二臣掌樂이라

⑪ 四凶을 유배 보내니 천하가 모두 복종한 것이다.

流竄四凶하니 而天下咸服이라

⑫ 말이 어그러지지 않은 것이다.

言無差忒이라

⑬ 그 덕이 간사하지 않은 것이다.

其德不回邪라

⑭ 모든 天下 四海의 안과 배와 수레가 다니는 지역이다.

凡天下四海之內와 舟車所至之地라

伯夷典禮圖

⑮ 頭註：說(기쁘다)은 音이 悅이다.

說은 音悅이라

⑯ 모두 평안하고 마음으로 기뻐한 것이다.

無不夷平而心悅이라

23-5[17] 재아가 말하였다.

"帝舜에 대해 묻습니다."

공자가 대답하였다.

"虞舜은 孝誠과 友愛가 사방에 알려졌으며 질그릇을 굽고 물고기를 잡아[18] 부모

---

17) 저본의 표제에 "帝舜의 덕〔帝舜之德〕"이라고 되어 있다.

를 섬겼다. 관대하고 너그러우면서도 온유하고 善良하며, 독실하고 민첩하면서도 알맞은 때를 알았으며, 하늘을 敬畏하고 백성을 사랑하며 먼 지역 사람들을 돌보고 가까운 사람들을 親愛하였다. 帝位의 명을 받들어 두 여자[19]에게 의지하여 슬기롭고 명철하며 지혜롭고 통달한 덕으로 천하의 임금이 되었다. 그리하여 22명의 신하[20]에게 명하여 요임금의 옛 제도를 따르게 하고 자신은 공손히 南面할 뿐이었다. 천지가 평안해지자[21] 5년마다 한 번씩 四海를 巡狩하였다. 30년 동안 섭행하였고, 요임금의 帝位를 계승한 지 50년이 되어 方岳에 올라 蒼梧의 들판[22]에서 죽어 장사 지냈다."

宰我曰 請問帝舜[①]하노이다 孔子曰[②] 虞舜孝友聞於四方[③]하고 陶漁事親[④]하며 寬裕而溫良[⑤]하고 敦敏而知時[⑥]하며 畏天而愛民[⑦]하고 恤遠而親近[⑧]하며 承受大命[⑨]하여 依于二女[⑩]하여 叡明智通[⑪]하여 爲天下帝[⑫]하여 命二十二臣[⑬]하여 率堯舊職[⑭]하고 恭己而已[⑮]라 天平地成[⑯]하니 巡狩四海[⑰]를 五載[⑱]一始[⑲]하고 三十年在位[⑳]요 嗣帝五十載[21]에 陟方岳하여 死于蒼梧之野而葬焉[22]하니라

① 재여가 또 帝舜에 대해 물은 것이다.
　宰予又問舜帝라

---

18) 질그릇을……잡아 : 순임금이 질그릇을 굽고 물고기를 잡은 일은 ≪史記≫〈五帝本紀〉에 보인다. 거기에 "순임금이 歷山에서 농사를 지을 때에는 역산의 사람들이 모두 밭두둑을 양보하였고, 雷澤에서 물고기를 잡을 때에는 뇌택 가의 사람들이 모두 거처를 양보하였으며, 河濱에서 질그릇을 구울 때에는 하빈의 그릇이 모두 이지러지지 않았다.〔舜耕歷山 歷山之人皆讓畔 漁雷澤 雷澤上人皆讓居 陶河濱 河濱器皆不苦窳〕"라고 하였다.

19) 두 여자 : 요임금의 딸인 娥皇과 女英을 가리킨다. ≪史記≫〈五帝本紀〉에 "요임금이 마침내 두 딸을 순에게 시집보내어 그 안을 살피게 하고 아홉 아들을 함께 거처하게 하여 그 밖을 살피게 하였다.〔堯乃以二女妻舜 以觀其內 使九男與處 以觀其外〕"라고 하였다.

20) 22명의 신하 : 四岳과 9명의 관원과 12州의 牧을 말한다. ≪書經≫〈舜典〉에 "아, 너희 22인아. 공경하여 때에 맞게 하늘의 일을 도우라.〔咨汝二十有二人 欽哉 惟時亮天功〕"라고 하였다.

21) 천지가 평안해지자 : 원문의 '天平地成'은 ≪書經≫〈大禹謨〉의 '地平天成'과 같은 말로, 水土가 이미 다스려지자 만물이 이루어졌다는 뜻이다. 여기에서는 천지가 아주 잘 다스려졌다는 말이다. 순임금이 禹의 공적을 칭찬하면서 "땅이 다스려지자 하늘이 이루어져서 六府와 三事가 진실로 다스려져 만세토록 영원히 힘입음은 너의 공이다.〔地平天成 六府三事允治 萬世永賴時乃功〕"라고 하였다.

22) 蒼梧의 들판 : 蒼梧는 중국 湖南省에 있는 산이다. ≪史記≫〈五帝本紀〉에 "〈순임금이〉 남쪽으로 巡狩하다가 창오의 들에서 崩御하여 湘江의 남쪽 九疑山에 장사 지냈다.〔南巡狩 崩於蒼梧之野 葬於江南九疑〕"라고 하였다.

② 공자가 대답한 것이다.

子言이라

③ 帝舜은 有虞氏라고 불린다. 그 효성과 우애의 덕이 사방에 알려진 것이다.

帝舜은 號有虞氏라 其孝友之德이 著聞於四方이라

④ 질그릇을 만들고 직접 물고기를 잡아 부모를 봉양한 것이다.

爲陶器躬捕魚하여 以養父母라

⑤ 관대하고 너그러우면서도 온유하고 선량한 것이다.

寬和廣裕하고 溫柔良善이라

⑥ 독실하고 민첩하면서도 알맞은 때를 안 것이다.

敦厚敏疾하고 知時之宜라

⑦ 하늘을 경외하고 백성을 사랑으로 길러준 것이다.

敬畏上天하고 愛養下民이라

⑧ 먼 지역의 사람들을 너그럽게 보살피고 가까운 백성들을 친애한 것이다.

寬恤遠方하고 親愛近民이라

⑨ 요임금이 내린 帝位의 大命을 받든 것이다.

承受堯之大命이라

⑩ 요임금이 순에게 두 딸을 시집보내어 순의 動靜을 두 딸에게 살피게 한 것이다.

堯妻舜以二女하여 舜動靜을 謀之於二女라

⑪ 이러한 네 가지의 덕이 있었던 것이다.

有此四者之德이라

⑫ 천하의 임금이 된 것이다.

爲天下之君이라

⑬ ≪書經≫〈舜典〉에 자세히 보인다.

詳見舜典이라

⑭ 帝堯의 옛 제도를 따른 것이다.

率循堯帝舊典이라

⑮ 순은 다만 공손하게 남면할 뿐이었던 것이다.

舜但恭己南面而已라

⑯ 하늘이 다스려지고 땅이 이루어진 것이다.

天得其平하고 地得其成이라

⑰ 사방의 제후들을 巡狩한 것이다.

巡狩四方之諸侯라

⑱ 頭註 : 載(해)는 上聲이다.

　　載는 上聲이라

⑲ 5년에 1차례 실시한 것이다.

　　五年一次라

⑳ 30년 동안 천자의 지위를 섭행한 것이다.

　　攝天子位三十年이라

㉑ 50년 동안 요의 제위를 계승한 것이다.

　　繼堯帝五十年이라

㉒ 巡狩하는 일로 인하여 方岳에 올라 제후를 조회하고 이에 蒼梧에서 죽어서 마침내 장
　사 지낸 것이다.

　　因巡狩登方岳朝諸侯하고 乃死于蒼梧하여 遂葬焉이라

23-6[23) 재아가 말하였다.

"禹임금에 대해 묻습니다."

공자가 대답하였다.

"夏后는 민첩하고 재빨랐다. 그 德은 正常에 어긋나지 않고 그 仁은 친할 만하
며, 그 말은 믿을 만하며 음성은 음률이 되고 몸은 법도가 되었으며 부지런히 힘
쓰고 화락하여, 크고 작은 모범이 되었다. 그 공로는 온갖 신을 섬기는 주체가 되
었고 그 은혜는 백성의 부모가 되었으며, 왼쪽에는 準과 繩을, 오른쪽에는 規와 矩
를 두고 四時의 운행에 맞추어 행하였다. 드디어 四海를 소유하여 皐陶(고요)[24)와
伯益[25)에게 맡겨 그 정치를 돕게 하고 六師[26)를 일으켜 반항하는 나라[27)를 정벌

---

23) 저본의 표제에 "夏禹의 덕〔夏禹之德〕", "왼쪽에는 準과 繩을 두고 오른쪽에는 規와 矩를 두다.
　　〔左準繩右規矩〕"라고 되어 있다.

24) 皐陶(고요) : 순임금의 신하로, 형법을 관장하였다.

25) 伯益 : 순임금의 신하로, 산림천택의 초목과 조수를 관리하는 虞 벼슬을 맡았고, 우임금을 도
　　와 治水의 공을 이루었다.(≪書經≫ 〈舜典〉)

26) 六師 : 천자의 군사이다. '師'는 군사의 단위로, 주나라 군대 편제에 1군은 12,500인이며, 천자
　　는 6군을 갖는다고 하였다.(≪周禮注疏≫ 권28 〈下官 司書〉)

27) 반항하는 나라 : 원문의 '不庭'은 왕실에 來朝하지 않는 나라를 말한다. ≪詩經≫ 〈韓奕〉에 "來
　　朝하지 않는 나라를 바로잡아 너의 임금을 보좌하라.〔榦不庭方 以佐戎辟〕"라고 한 데서 온 말로,
　　來朝하지 않는다는 것은 곧 반항을 뜻한다.

하니, 사방 極地의 백성들이 감히 복종하지 않음이 없었다."

宰我曰 請問禹^①하노이다 孔子曰^② 夏后敏給克齊^③하고 其德不爽^④하고 其仁可親^⑤하고 其言可信^⑥하며 聲爲律^⑦이요 身爲度^⑧하며 亹亹穆穆^⑨하여 爲紀爲綱^⑩하니 其功爲百神之主^⑪하고 其惠爲民父母^⑫하며 左準繩하고 右規矩^⑬하며 履四時^⑭라 據四海^⑮하여 任皐陶伯益하여 以贊其治^⑯하고 興六師하여 以征不庭^⑰하니 四極之民이 莫敢不服^⑱하니라

① 재여가 또 夏禹에 대해 물은 것이다.
　　宰予又問夏禹라
② 공자가 대답한 것이다.
　　子言이라
③ 大禹는 夏后氏라고 불린다. 사람됨이 민첩하고 재빨랐다. 齊는 빠르다는 뜻이다.
　　大禹는 號夏后氏라 爲人敏給而克齊라 齊는 疾也라
④ 그 德이 정상에 어긋나거나 간특함이 없었던 것이다.
　　其德無違忒이라
⑤ 그 仁이 친근할 만한 것이다.
　　其仁可親近이라
⑥ 그 말이 따르고 믿을 만한 것이다.
　　其言可聽信이라
⑦ 聲音이 음률에 합한 것이다.
　　聲音應鐘律이라
⑧ 몸이 법도가 된 것이다.
　　以身爲法度라
⑨ 亹亹은 힘쓴다는 뜻이고, 穆穆은 和樂하다는 뜻이다.
　　亹亹은 勉也요 穆穆은 和也라
⑩ 큰 벼리를 綱이라 하고 작은 벼리를 紀라고 한다.
　　大曰綱이요 小曰紀라
⑪ 우가 물을 다스려 천하가 平治된 뒤에 온갖 신이 평안해진 것이다.
　　禹治水하여 天下旣平然後에 百神得其所라
⑫ 백성에게 은혜를 베푸는 것을 마치 부모가 자식에게 베푸는 듯이 한 것이다.
　　其恩惠及民이 如父母之於子라
⑬ 準·繩·規·矩는 평평하고 곧고 네모나고 둥근 것을 만드는 도구이다. 左右는 늘 사용한다는 말이다.

準繩規矩는 平直方員之器라 左右는 言常用也라

⑭ 행한 바가 四時의 운행에 맞은 것이다.
所行合四時之宜라

⑮ 드디어 四海의 땅을 소유한 것이다.
奄有四海之地라

⑯ 두 명의 신하를 등용하여 정치를 보좌하게 한 것이다.
用二臣以輔治라

⑰ 군사를 써서 반항하는 자를 정벌한 것이다.
用兵以伐不庭者라

⑱ 사방 極地의 백성들이 그 정치와 교화에 모두 복종한 것이다.
四方極至之地百姓이 無有不服從其政化라

제24편 오제 五帝 第二十四①

상고시대 다섯 제왕(太皥, 炎帝, 黃帝, 少皥, 顓頊)의 실상에 대한 季康子의 질문과 孔子의 대답을 기록한 편이기에, 편명을 '五帝'로 삼았다. 앞의 〈五帝德〉과 五帝의 명칭이 다른 것은 五帝의 계통이 다르기 때문이다. 처음에 "老聃에게 들었다."라고 한 말에서 볼 수 있듯이 이 五帝의 계통은 老聃의 고향인 楚나라에서 유래한 것임을 알 수 있다. 五帝의 명칭을 五行과 연관시켜 자세히 설명하였고, 시대에 따라 夏殷周 三代가 숭상하는 色이 다른 이유를 서술하였다.

① 季康子가 五帝의 명칭에 대해 물었으므로 이로 인하여 편명을 붙인 것이다.
　季康子問五帝之名이라 因以名篇하니라

24-1[1] 계강자가 공자에게 물었다.

"예전에 五帝의 이름은 들었지만 그 실상에 대해서는 모릅니다. 청컨대 묻습니다. 무엇을 오제라고 합니까?"

공자가 대답하였다.

"예전에 저는 老聃에게 다음과 같은 말을 들었습니다. '하늘에 五行이 있으니水·火·金·木·土이다. 이것이 四時를 나누어 맡아 化育하여 만물을 이루니 그神을 오제라고 한다.' 옛날의 왕이 시대가 바뀌면 名號를 바꾼 것은 오행에서 취하여 본받았으니, 오행이 번갈아 왕성하여 처음과 끝이 상생하는 이치를 본뜬 것입니다.[2] 이 때문에 太皥(태호)[3]를 木에 配合하고 炎帝[4]를 火에 배합하고 黃帝[5]를

---

1) 저본의 표제에 "계강자가 五帝에 대해 묻다.〔康子問五帝〕", "오제를 오행에 배합하다.〔五帝配五行〕"라고 되어 있다.
2) 오행이……것입니다 : 오행의 상생 순서를 따른다는 말이다. 상생은 木火土金水의 순서로 木生

土에 배합하고 少皥[6]를 金에 배합하고 顓頊[7]을 水에 배합한 것입니다.”

　季康子問於孔子曰[1] 舊聞五帝之名이로되 而不知其實[2]하니 請問何謂五帝[3]잇고 孔子曰 昔丘也聞諸老聃호니 曰[4]天有五行하니 水火金木土라 分時化育하여 以成萬物[5]하니 其神謂之五帝[6]라 古之王者가 易代而改號는 取法五行[7]하니 五行更[8]王[9]하여 終始相生이 亦象其義[10]니이다 是以太皥配木[11]하고 炎帝配火[12]하고 黃帝配土[13]하고 少皥配金[14]하고 顓頊配水[15]니이다

① 계강자가 부자에게 물은 것이다.
　　康子問夫子言이라

② 五帝라는 이름은 전해 들었으나 그 실상은 모른다고 한 것이다.
　　相傳聞五帝名이나 不知其實이라

③ “청컨대 묻습니다. 무엇을 오제라고 합니까?”라고 한 것이다.
　　請問 如何謂五帝잇고

④ 공자가 말하기를, “예전에 저는 老子가 한 말을 들었습니다.”라고 한 것이다.
　　子言 昔我聞老子言이라

⑤ 하늘이 水・火・金・木・土를 낳아 四時에 나누어 왕성하여 만물을 화육하여 이룬 것이다.
　　天生水火金木土하여 分王四時하여 以化成萬物이라

⑥ 五行의 神을 五帝라고 명명한 것이다.
　　五行之神을 名爲五帝라

⑦ 옛날 임금이 시대가 바뀌면 名號를 바꾼 것은 오행에서 취하여 본받은 것이다.
　　古者人君이 更世換名號하여 取象於五行이라

⑧ 頭註 : 更(바뀌다)은 平聲이다.
　　更은 (去)〔平〕[8]聲이라

　火, 火生土, 土生金, 金生水, 水生木이다.

3) 太皥(태호) : 伏羲氏로, 東方의 木을 맡은 帝神이다. ≪禮記≫ 〈月令〉에 “孟春의 달은, 帝는 太皥이고, 神은 句芒이다.〔孟春之月 其帝大皥 其神句芒〕”라고 하였다.

4) 炎帝 : 神農氏로, 南方의 火를 맡은 帝神이다. ≪禮記≫ 〈月令〉에 “孟夏의 달은, 帝는 炎帝이고, 神은 祝融이다.〔孟夏之月 其帝炎帝 其神祝融〕”라고 하였다.

5) 黃帝 : 軒轅氏로, 중앙의 土를 맡은 帝神이다.

6) 少皥 : 金天氏로, 西方의 金을 맡은 帝神이다. ≪禮記≫ 〈月令〉에 “孟秋의 달은, 帝는 少皥이고, 神은 蓐收이다.〔孟秋之月 其帝少皥 其神蓐收〕”라고 하였다.

7) 顓頊 : 北方을 맡은 帝神이다. ≪禮記≫ 〈月令〉에 “孟冬의 달은, 帝는 顓頊이며, 神은 玄冥이다.〔孟冬之月 其帝顓頊 其神玄冥〕”라고 하였다.

⑨ 頭註 : 王(왕성하다)은 去聲이다.

　　王은 去聲이라

⑩ 오행이 번갈아 왕성하여 처음과 끝이 순환하여 상생하는 것을 본받아 처음에는 木德을 가진 이가 천하에 왕 노릇 하였고 그 다음은 돌아가면서 계승한 것이다.

　　法五行更王하여 終始相生하여 始以木德王天下하고 其次轉相承也라

⑪ 太昊는 木德으로 왕 노릇 한 것이다.

　　太昊以木德王이라

⑫ 炎帝는 火德으로 왕 노릇 한 것이다.

　　炎帝以火德王이라

⑬ 黃帝는 土德으로 왕 노릇 한 것이다.

　　黃帝以土德王이라

⑭ 少昊는 金德으로 왕 노릇 한 것이다.

　　少昊以金德王이라

⑮ 顓帝는 水德으로 왕 노릇 한 것이다.

　　顓帝以水德王이라

24-2 계강자가 물었다.

"太皥氏가 木에서 시작한 것은 어째서입니까?"

공자가 대답하였다.

"오행이 用事하는 것은 木에서 먼저 시작합니다. 木은 동방이니 만물의 시초가 모두 동방에서 시작합니다. 이 때문에 왕이 이를 본받아 가장 먼저 木德으로 천하에 왕 노릇 하였고 그 다음은 오행이 상생하는 순서에 따라 돌아가면서 계승합니다."

　　康子曰 太皥氏其始之木은 何如①잇고 孔子曰 五行用事는 先起於木②하니 木은 東方이니 萬物之初皆出焉③이니이다 是故로 王④者則之하여 而首以木德王天下⑤하고 其次則以所生之行으로 轉相承也⑥니이다

　① 계강자가 또 묻기를, "태호씨가 처음 木을 취한 것은 무슨 뜻입니까?"라고 한 것이다.

　　康子又問 太昊其初取木은 何義잇고

---

8) (去)〔平〕: 저본에는 ‘去’로 되어 있으나, 江陵本과 慶長本에 의거하여 ‘平’으로 바로잡았다.

② 공자가 말하기를, "오행이 用事하는 것은 먼저 木에서 시작합니다."라고 한 것이다.

子言 五行之用은 先從木始니이다

③ 木은 동방에 속하니 만물이 모두 동쪽에서 생겨나는 것이다.

木屬東方이니 萬物皆於東而生이라

④ 頭註 : 王(왕 노릇 하다)은 去聲이다.

王은 去聲이라

⑤ 이에 왕이 이를 본받아 먼저 木德으로 천하에 왕 노릇 한 것이다.

於是에 王者取法之하여 先以木德王天下라

⑥ 목은 火를 낳으니 그 다음은 火德을 가진 이가 왕 노릇 한다. 번갈아 서로 이어 받아서 끝나면 다시 시작하는 것이다.

木生火하니 其次以火王이라 更相承續하여 終而復始라

24-3[9] 계강자가 물었다.

"제가 듣기로 勾芒은 木正이 되었고 祝融은 火正이 되었고 蓐收는 金正이 되었고 玄冥은 水正이 되었고 后土는 土正이 되었다고 합니다. 이들 五正은 오행의 주체로서 그 명칭이 혼란스럽지 않은데 '帝'라고 말한 것은 어째서입니까?"

공자가 대답하였다.

"무릇 五正은 오행을 맡은 관직 이름입니다. 오행이 上帝를 보좌하므로 오제라고 하니, 태호씨 무리가 五行의 神에 배합되어 또한 '帝'라고 한 것은 오행의 신의 호칭을 따른 것입니다. 옛날 소호씨에게 아들이 네 명 있었는데, 重, 該, 脩, 熙입니다. 重은 勾芒으로 삼고, 該는 蓐收로 삼고, 脩와 熙는 玄冥으로 삼고, 顓頊氏의 아들 黎는 祝融으로 삼고, 共工氏의 아들 勾龍은 后土로 삼았습니다. 이 다섯 사람은 각기 맡고 있는 일로 인하여 관직을 삼아주어, 살아서는 上公이 되었고 죽어서는 존귀한 신이 되었습니다. 그래서 별도로 '五祀'라고 칭한 것이고 '帝'라고 칭할 수는 없었던 것입니다."

康子曰 吾聞勾[1]芒爲木正[2]하고 祝融爲火正[3]하고 蓐收爲金正[4]하고 玄冥爲水正[5]하고 后土爲土正[6]이라하니 此五行之主而不亂이어늘 稱曰帝者는 何也[7]잇고 孔子曰 凡五正者는 五行之官名[8]이니이다 五行佐成上帝하여 而稱五帝[9]라 太皞之屬이 配焉亦云帝는 從其號[10]니이다 昔少皞氏

---

9) 저본의 표제에 "五祀는 '帝'라고 칭할 수 없다.[五祀不得稱帝]"라고 되어 있다.

之子에 有四叔^⑪하니 曰重^⑫曰該曰(假)〔脩〕¹⁰⁾曰熙^⑬라 使重爲勾芒^⑭하고 該爲蓐收^⑮하고 脩及熙爲玄冥^⑯하며 顓頊氏之子曰黎爲祝融^⑰하고 共工氏之子曰勾龍爲后土^⑱하니 此五者는 各以其所能業으로 爲官職^⑲하여 生爲上公^⑳이요 死爲貴神^㉑하여 別稱五祀요 不得稱帝^㉒니이다

① 頭註 : 勾(갈고리)는 音이 約이다.
　　勾는 (約音)〔音約〕¹¹⁾라
② 계강자가 또 묻기를, "저는 듣기로 勾芒神은 木官이 되었다고 합니다."라고 한 것이다.
　　康子又問 吾聞勾芒神爲木官이라
③ 祝融神은 火官이 된 것이다.
　　祝融神爲火官이라
④ 蓐收神은 金官이 된 것이다.
　　蓐收神爲金官이라
⑤ 玄冥神은 水官이 된 것이다.
　　玄冥神爲水官이라
⑥ 后土神은 土官이 된 것이다.
　　后土神爲土官이라
⑦ 이들 또한 오행의 주체로서 그 명칭이 혼란스럽지 않은데 모두 五帝라고 명명한 것은 어째서이냐고 한 것이다.
　　此亦五行之主而不亂이어늘 皆名曰五帝者는 何也잇고
⑧ 공자가 말하기를, "이 五正은 오행을 맡은 관직 이름입니다."라고 한 것이다.
　　子言 此五正者는 五行之官名也니이다
⑨ 오행이 상제를 보좌하기 때문에 신의 호칭을 五帝라고 한 것이다.
　　五行所以輔佐上帝라 故神號爲五帝라
⑩ 그러므로 태호씨 무리가 이를 취하여 본받았으므로 또한 帝라고 칭한 것이다.
　　故太昊之屬이 取法之하여 亦稱爲帝라
⑪ 소호씨에게 네 명의 아들이 있었던 것이다.
　　少昊氏有四子라
⑫ 頭註 : 重(신의 이름)은 平聲이다.
　　重은 平聲이라

10) (假)〔脩〕: 저본에는 '假'로 되어 있으나, 뒤의 내용과 慶長本에 의거하여 '脩'로 바로잡았다.
11) (約音)〔音約〕: 저본에는 '約音'으로 되어 있으나, 다른 곳의 사례에 의거하여 '音約'로 바로잡았다. 慶長本에는 '音鈞'로 되어 있다.

⑬ 네 아들의 이름이다.

　　四子之名이라

⑭ 소호씨가 이름이 重인 그의 아들을 勾芒官으로 삼은 것이다.

　　少昊使其子名重者로 爲勾芒官이라

⑮ 該를 蓐收官으로 삼은 것이다.

　　使該로 爲蓐收官이라

⑯ 脩와 熙를 함께 玄冥官으로 삼은 것이다.

　　使脩與熙로 共爲玄冥官이라

⑰ 顓帝의 아들 黎를 祝融官으로 삼은 것이다.

　　顓帝子名黎를 使爲祝融官이라

⑱ 共工氏의 아들 勾龍을 后土官으로 삼은 것이다.

　　共工氏子名勾龍을 作后土官이라

⑲ 각기 오행을 맡은 관직을 직업으로 삼은 것이다.

　　各以五行之官으로 爲職業之事라

⑳ 살아 있을 때는 上公의 작위를 받은 것이다.

　　在生爵爲上公이라

㉑ 죽어서는 존귀한 신이 된 것이다.

　　死則爲尊貴之神이라

㉒ 五祀는 上公의 신이기 때문에 帝라고 칭할 수 없는 것이다.

　　五祀는 上公之神이라 故不得稱帝也라

24-4[12] 계강자가 물었다.

"제왕이 名號를 바꾸는 것은 오행의 덕에서 본받아 統轄하는 바가 있는 것인데, 색을 바꾸는 이유는 모두 무슨 일 때문입니까?"

공자가 대답하였다.

"숭상하는 색은 각기 왕성한 덕의 다음 차례를 따르는 것입니다. 夏后氏는 金德으로 왕 노릇 하였지만 〈백색을 숭상하지 않고〉 흑색을 숭상하였고, 殷나라 사람은 水德으로 왕 노릇 하였지만 〈흑색을 숭상하지 않고〉 백색을 숭상하였고, 周나라 사람은 木德으로 왕 노릇 하였지만 〈청색을 숭상하지 않고〉 적색을 숭상하였습

---

12) 저본의 표제에 "제왕이 숭상하는 색이 같지 않다.〔帝王所尙不同〕"라고 되어 있다.

니다.”

계강자가 물었다.

“요와 순 두 임금은 무슨 색을 숭상하였습니까?”

공자가 대답하였다.

“요임금은 火德으로 왕 노릇 하였지만 〈적색을 숭상하지 않고〉 황색을 숭상하였고, 순임금은 土德으로 왕 노릇 하였지만 〈황색을 숭상하지 않고〉 청색을 숭상하였습니다.”

康子曰 帝王改號는 於五行之德에 各有所統[1]한대 則其所以相變者는 皆主何事[2]잇고 孔子曰 所尙則各從其所王之德次焉[3]이라 夏后氏는 以金德王이로대 色尙黑[4]하고 殷人은 用水德王이로대 色尙白[5]하고 周人은 以木德王이로대 色尙赤[6]이니이다 康子曰 唐虞二帝는 其所尙者가 何色[7]이니잇고 孔子曰 堯는 以火德王이로대 色尙黃[8]하고 舜은 以土德王이로대 色尙靑[9]하니이다

[1] 제왕이 시대가 바뀜에 따라 名號를 바꾸는 것은 오행이 시종 상생하는 것을 취하여 본받아 각기 속한 바가 있는 것이다.
　　帝王易代改號는 取法五行終始相生하여 各有所屬이라

[2] 木德을 숭상하는 나라에서 적색을 숭상하므로 물은 것이다.
　　在木家而尙赤하니 所以問也라

[3] 숭상하는 색은 각기 왕성한 덕의 다음 차례를 따르니, 예컨대 木의 다음은 火이므로 적색을 숭상하는 것과 같은 것이다.
　　所尙之色은 各從其所王之次者하니 如木次火則尙赤也라

[4] 金은 다음 차례가 水이기 때문에 흑색을 숭상하는 것이다.
　　金次水라 故尙黑也라

[5] 水德을 숭상하는 나라는 마땅히 청색을 숭상해야 하는데 백색을 숭상하는 것은, 土德을 숭상하는 나라가 청색을 숭상하기 때문에 이를 기피한 것이다.
　　水家宜尙靑이로대 而尙白者는 避土家之尙靑이라

[6] 木은 다음 차례가 火이기 때문에 적색을 숭상하는 것이다.
　　木次火라 故尙赤也라

[7] 계강자가 또 묻기를, “요와 순은 무슨 색을 숭상하였습니까?”라고 한 것이다.
　　康子又問 堯舜之所尙은 何色잇고

[8] 火는 다음 차례가 土이기 때문에 황색을 숭상한 것이다.

火次土라 故尙黃也라

⑨ 土德을 숭상하는 나라는 마땅히 백색을 숭상해야 하는데 土는 四時에 왕성하니, 오행이 用事할 때에 먼저 木에서 시작하는 것을 취하였으므로 청색을 숭상한 것이다.

土家宜尙白이로대 土者王於四季하니 五行用事가 先起於木이라 故尙靑也라

제25편 고삐를 잡음 執轡 第二十五^①

閔子騫이 費 땅의 邑宰가 되어 정치를 묻자 고삐와 채찍을 가지런히 잡고 있어야 한다며 말을 모는 것에 비유한 孔子의 대답을 기록한 편이기에, 편명을 '執轡'로 삼았다. 孔子는 정치에서의 德과 法을 재갈과 굴레로, 관리와 刑法을 고삐와 채찍으로 비유를 들었다. 말을 모는 사람이 재갈과 굴레를 바르게 하고 고삐와 채찍을 가지런히 잡으면 말이 千里를 달리듯이, 백성을 다스리는 사람이 덕과 법을 균등하게 적용하고 관리와 형법을 바르게 하여 다스리면 천하가 저절로 다스려질 것이라고 하였다. 孔子의 정치사상을 보여주는 편이다.

① 閔子騫이 부자에게 정치에 대해 물었는데 부자가 말을 모는 것으로 대답하였으므로 마침내 '執轡'라고 편명을 붙인 것이다.
閔子騫問政於夫子한대 夫子以御馬對라 遂以執轡名篇하니라

25-1¹⁾ 민자건이 費邑의 邑宰가 되어 공자에게 정치에 대해 묻자, 공자가 대답하였다.

"덕과 법으로써 하는 것이다. 대저 덕과 법은 백성을 다스리는 도구이니 말을 몰 때에 재갈과 굴레가 있는 것과 같다. 임금은 御者이고 관리는 고삐이고 형법은 채찍이니, 임금이 정치를 할 때에는 고삐와 채찍을 잡을 뿐이다. 옛날 천자는 內史²⁾를 좌우의 손으로 여겼고, 덕과 법을 재갈과 굴레로 여겼으며, 百官을 고삐로 여겼고, 형벌을 채찍으로 여겼으며, 만백성을 말로 여겼다. 그래서 천하를 다스리는 데 잘못이 없었던 것이다.

---

1) 저본의 표제에 "백성을 다스리는 것은 말을 모는 것과 같다.〔御民猶御馬〕"라고 되어 있다.
2) 內史 : 주나라의 관직명으로, 천자를 도와 정무를 보좌하였다.

閔子騫爲費宰하여 問政於孔子^①한대 子曰 以德以法^②이니라 夫德法者는 御民之具^③니 猶御馬之有銜勒也^④라 君者는 人也^⑤요 吏者는 轡也^⑥요 刑者는 策也^⑦니 夫人君之政^⑧엔 執其轡策而已^⑨라 古者天子는 以內史爲左右手^⑩하고 以德法爲銜勒^⑪하고 以百官爲轡^⑫하고 以刑罰爲策^⑬하고 以萬民爲馬^⑭라 故御天下而不失^⑮이라

① 민자건이 費邑의 읍재가 되어 공자에게 정치를 물은 것이다.

  子騫爲費邑宰하여 問政於孔子라

② 공자가 말하기를, "정치는 덕과 법으로 해야 한다."라고 한 것이다.

  子言 爲政當以德以法이라

③ 덕과 법은 바로 백성을 다스리는 도구이다.

  德與法은 乃御民之具라

④ 마치 말을 몰 때 철로 된 재갈을 말의 입에 물리는 것과 같은 것이다.

  如御馬以銜鐵勒馬口也라

⑤ 임금은 말을 모는 사람과 같은 것이다.

  君猶御馬之人이라

⑥ 관리는 말의 고삐와 같은 것이다.

  吏猶馬之轡也라

⑦ 형법은 말의 채찍과 같은 것이다.

  形法猶馬之鞭策也라

⑧ 임금이 위에서 정치를 하는 것이다.

  人君爲政于上이라

⑨ 고삐와 채찍을 잡을 뿐이다. 〈고삐와 채찍은〉 관리와 형법을 말한다.

  但執其轡策而已라 謂吏與刑也라

⑩ 內史는 왕의 八柄³⁾을 관장하여 왕의 다스림을 돕기 때문에 왕이 좌우의 손으로 여기는 것이다.

  內史는 掌王八柄하여 詔王治라 故王以爲左右手라

⑪ 덕과 법은 말의 재갈과 굴레와 같은 것이다.

  德與法은 猶馬之銜勒이라

⑫ 관리는 말의 고삐와 같은 것이다.

---

3) 八柄 : 임금이 신하를 통제하는 여덟 가지 수단으로, 爵(爵位), 祿(俸祿), 予(賞賜), 置(官位에 앉
  힘), 生(奉養), 奪(家産 沒收), 廢(追放), 誅(譴責)를 말한다.(≪周禮≫〈天官 大帝〉)

官吏는 猶馬之轡라

⑬ 형법은 말의 채찍과 같은 것이다.

形法猶馬之鞭策이라

⑭ 백성은 말과 같은 것이다.

百姓은 猶馬라

⑮ 천하를 다스리는 데 잘못이 없었던 것이다.

治天下而無所失이라

25-2⁴⁾ 말을 잘 모는 자는 재갈과 굴레를 바르게 하고 고삐와 채찍을 가지런히 하며 말의 힘을 균등하게 하고 말의 마음을 화평하게 하였기 때문에, 입으로 소리를 지르지 않아도 말이 알아서 대응하고 고삐와 채찍을 들지 않아도 천리에까지 도달할 수 있었다. 마찬가지로 백성을 잘 다스리는 자는 덕과 법을 均一하게 적용하고 百官을 바르게 다스리며 백성의 힘을 均平하게 하고 백성의 마음을 편안하게 하였기 때문에, 명령을 두 번 내리지 않아도 백성들이 따르고 형벌을 쓸 필요가 없었던 것이다. 이 때문에 天地가 그를 덕이 있다고 여기고 백성들이 귀의한 것이다.

善御馬者①는 正銜勒②하고 齊轡策③하며 均馬力④하고 和馬心⑤이라 故口無聲而馬應⑥하고 轡策不擧而極千里⑦라 善御民者⑧는 壹其德法⑨하고 正其百官⑩하며 以均齊民力⑪하고 和安民心⑫이라 故令不再而民順從⑬하고 刑不用⑭이라 是以天地德之⑮하고 而兆民懷之⑯하니라

① 말을 잘 모는 자이다.

善於御馬者라

② 재갈과 굴레를 바르게 하는 것이다.

正其銜勒이라

③ 고삐와 채찍을 가지런히 하는 것이다.

齊其轡策이라

④ 그 힘을 균평하게 하는 것이다.

均平其力이라

⑤ 그 마음을 화평하게 하는 것이다.

調和其心이라

---

4) 저본의 표제에 "말을 잘 모는 자〔善御馬者〕", "백성을 잘 다스리는 자〔善御民者〕"라고 되어 있다.

⑥ 크게 꾸짖지 않아도 말이 알아서 대응하여 걷고 달리는 것이다.

　不待呵叱而馬自應其步驟라

⑦ 고삐와 채찍을 들지 않아도 천 리 먼 곳까지 이를 수 있는 것이다.

　轡策不用擧로대 而可至千里之遠이라

⑧ 백성을 잘 다스리는 자이다.

　善於御民者라

⑨ 덕과 법을 균일하게 하는 것이다.

　德與法을 使其均壹이라

⑩ 백관을 바르게 다스리는 것이다.

　百官을 使之正이라

⑪ 백성의 힘을 균평하게 하는 것이다.

　民力을 使之均平이라

⑫ 백성의 마음을 편안하게 하는 것이다.

　民心을 使之安和라

⑬ 그래서 號令이 한 번 나오면 백성들이 모두 따르는 것이다.

　故號令一出에 而民皆聽從이라

⑭ 형벌을 쓰지 않아도 천하가 절로 다스려지는 것이다.

　形罰不用이라도 天下自治라

⑮ 천지가 덕이 있다고 여기는 것이다.

　天地以爲有德이라

⑯ 백성이 그에게 귀의하는 것이다.

　百姓歸之라

25-3[5] 옛날 천하를 다스리는 자는 六官에게 총괄하여 다스리게 하였다. 冢宰[6]라는 관직은 大道를 이루고, 司徒[7]라는 관직은 德敎를 이루고, 宗伯[8]이라는 관직은

---

5) 저본의 표제에 "천하를 다스리는 자는 六官에게 총괄하게 하다.〔御天下者 以六官〕"라고 되어 있다.

6) 冢宰：주나라 六卿 가운데 天官에 속한다. ≪書經≫〈周官〉에 "冢宰는 나라의 정치를 관장하니 百官을 통솔하고 四海를 고르게 다스린다.〔冢宰掌邦治 統百官 均四海〕"라고 하였다.

7) 司徒：地官에 속하는 벼슬이다. ≪書經≫〈周官〉에 "司徒는 나라의 교육을 관장하니 五倫을 펴서 백성을 길들인다.〔司徒掌邦敎 敷五典 擾兆民〕"라고 하였다.

8) 宗伯：春官, 즉 禮曹에 소속된 벼슬이다. ≪書經≫〈周官〉에 "宗伯은 나라의 예를 관장하니 신과

仁德을 이루고, 司馬[9]라는 관직은 聖明을 이루고, 司寇[10]라는 관직은 義理를 이루고, 司空[11]이라는 관직은 禮儀를 이루게 하였다. 그리하여 6개의 관직을 손에 쥐어 고삐를 잡듯이 하고 司會[12]를 힘을 조절하는 속 고삐(軜)[13]를 잡듯이 하였다. 그러므로 네 마리의 말을 모는 자는 6개의 고삐를 쥐고,[14] 천하를 다스리는 자는 6개의 관직을 바르게 한다고 하는 것이다.”

　　古之御天下者[①]는 以六官總治焉[②]하니 冢宰之官은 以成道[③]하고 司徒之官은 以成德[④]하고 宗伯之官은 以成仁[⑤]하고 司馬之官은 以成聖[⑥]하고 司寇之官은 以成義[⑦]하고 司空之官은 以成禮[⑧]라 六官在手以爲轡[⑨]하고 〔司會〕[15]均仁以爲納[⑩]이라 故曰御四馬者執六轡[⑪]요 御天下者正六官[⑫]이라

　　① 옛날 임금이 천하를 다스리는 것이다.

　　　　古之人君이 治天下라

　　② 六典을 두어 그 정치를 총괄하게 한 것이다.

　　　　有六典하여 以總其政治라

　　사람을 다스려 上下를 화목하게 한다.〔宗伯掌邦禮 治神人 和上下〕”라고 하였다.

9) 司馬 : 夏官, 즉 兵曹에 소속된 벼슬이다. ≪書經≫〈周官〉에 “司馬는 나라의 정치를 관장하니 六師를 통솔하여 나라를 平治한다.〔司馬掌邦政 統六師 平邦國〕”라고 하였다.

10) 司寇 : 秋官, 즉 刑曹에 소속된 벼슬이다. ≪書經≫〈周官〉에 “司寇는 나라의 禁令을 관장하니 간특함을 다스리고 포악하여 난을 일으키는 자를 형벌한다.〔司寇掌邦禁 詰姦慝 刑暴亂〕”라고 하였다.

11) 司空 : 冬官, 즉 工曹에 소속된 벼슬이다. ≪書經≫〈周官〉에 “司空은 나라의 땅을 관장하니, 士農工商의 四民을 살게 하고, 天時에 순응하여 地利를 일으킨다.〔司空掌邦土 居四民 時地利〕”라고 하였다.

12) 司會 : 冢宰를 보좌하여 재정과 경제를 담당하고 관리들의 치적을 조사하고 평가하는 임무를 맡았던 관리이다.(≪周禮注疏≫ 권6〈天官 司會〉)

13) 속 고삐(軜) : 원문의 ‘納’은 ‘軜’과 같은 글자로, 驂馬의 안쪽 고삐를 2개를 말한다. ≪詩經≫〈秦風 小戎〉에 “고리가 있는 속 고삐를 도금하였다.〔鋈以觼軜〕”라고 하였는데, 朱熹의 注에 “觼은 고리에 혀가 있는 것이고, 軜은 驂馬의 속 고삐이니, 觼을 軾 앞에 설치하여 軜에 매단다. 그러므로 觼軜이라고 한다. 또한 白金을 녹여 부어서 장식한다.〔觼 環之有舌也 軜 驂內轡也 置觼於軾前 以係軜 故謂之觼軜 亦消沃白金以爲飾也〕”라고 하였다.

14) 6개의……쥐고 : 원래 말 네 필에는 8개의 고삐가 있는데 이 중에서 양편 驂馬의 안쪽 두 고삐는 軾의 고리 속에 넣으므로, 손에는 여섯 개의 고삐만 쥐게 되는 것이다. ≪詩經≫〈駟驖〉에 “검붉은 네 필의 말 통통하게 살졌구나. 여섯 개의 고삐를 손에 쥐었도다.〔駟驖孔阜 六轡在手〕”라고 하였다.

15) 〔司會〕: 저본에는 없으나, 四部叢刊本에 의거하여 보충하였다.

③ 天官 冢宰는 나라의 정치를 관장하므로 그 大道를 도와 이루게 한 것이다.

天官冢宰는 掌邦治라 輔成其道라

④ 地官 司徒는 나라의 교육을 관장하므로 그 德敎를 도와 이루게 한 것이다.

地官司徒는 掌邦敎라 輔成其德이라

⑤ 春官 宗伯은 나라의 예를 관장하므로 그 仁德을 도와 이루게 한 것이다.

春官宗伯은 掌邦禮라 輔成其仁이라

⑥ 夏官 司馬는 나라의 정치를 관장하므로 그 聖明을 도와 이루게 한 것이다.

夏官司馬는 掌邦治라 輔成其聖이라

⑦ 秋官 司寇는 나라의 형벌을 관장하므로 그 義理를 도와 이루게 한 것이다.

秋官司寇는 掌邦刑이라 輔成其義라

⑧ 冬官 司空은 나라의 일을 관장하므로 그 禮儀를 도와 이루게 한 것이다.

冬官司空은 掌邦事라 輔成其禮라

⑨ 임금이 6개의 관직을 총괄하는 것은 6개의 고삐가 손에 있는 것과 같은 것이다.

人君之總六官은 猶六轡之在手라

⑩ 納(軜)은 말의 힘을 제어하는 것이다.

納은 所以驂馬力者라

⑪ 네 마리의 말을 모는 자는 오직 6개의 고삐를 잡는 것이다.

御四馬者는 惟執其六轡라

⑫ 천하를 다스리는 자는 오직 6개의 관직을 바르게 하는 것이다.

治天下者는 惟正其六官이라

25-4¹⁶⁾ 자하가 말하였다.

"저는 ≪山書≫에서 다음과 같은 글을 보았습니다. '땅은 동서가 緯이고 남북이 經이며, 산은 德을 축적하고 川은 형벌을 축적한다. 그러므로 단단한 땅에 사는 사람은 강하고 부드러운 땅에 사는 사람은 유순하며, 구릉에 사는 사람은 크고 모래가 섞인 땅에 사는 사람은 작으며, 기름진 땅에 사는 사람은 아름답고 척박한 땅에 사는 사람은 추하다. 날개가 있는 동물이 360가지인데 그중에 봉황이 으뜸이고, 털이 있는 동물이 360가지인데 그중에 기린이 으뜸이며, 딱지가 있는 동물이 360가지인데 그중에 거북이가 으뜸이고, 비늘이 있는 동물이 360가지인데 그중

16) 저본의 표제에 "동서가 緯이고 남북이 經이다.〔東西爲緯 南北爲經〕"라고 되어 있다.

에 용이 으뜸이며, 털이 없는 동물이 360가지인데 그중에 사람이 으뜸이다.' 하였습니다."

○ 子夏曰 商聞山書호대 曰^① 地東西爲緯^②요 南北爲經^③이며 山爲積德^④이요 川爲積刑^⑤이라 是故로 堅土之人剛^⑥하고 弱土之人柔^⑦하고 墟土之人大^⑧하고 沙土之人細^⑨하고 息土之人美^⑩하고 乇^⑪土之人醜^⑫하니라 羽蟲三百有六十而鳳爲之長^⑬이요 毛蟲三百有六十而麟爲之長^⑭이요 甲蟲三百有六十而龜爲之長^{⑮⑯}이요 鱗蟲三百有六十而龍爲之長^⑰이요 倮蟲三百有六十而人爲之長^⑱이라

① 자하가 말하기를, "제가 ≪山書≫에서 다음과 같은 글을 보았습니다."라고 한 것이다.
子夏言 商聞山書有云이라

② 땅은 동쪽에서 서쪽까지 橫으로 지나는 것이 緯와 같은 것이다.
地自東至西橫過猶緯也라

③ 남쪽에서 북쪽까지 수직으로 가는 것이 經과 같은 것이다.
自南至北直去猶經也라

④ 땅은 만물을 생장시키기 때문에 덕을 축적하는 것이다.
土生萬物이라 故爲積德이라

⑤ 물은 요동치는 경우가 있기 때문에 형벌을 축적하는 것이다.
水或漂蕩이라 故爲積刑이라

⑥ 단단한 땅에 사는 사람은 강건한 것이다.
堅土之地는 其人剛強이라

⑦ 부드러운 땅에 사는 사람은 유순한 것이다.
弱土之地는 其人柔軟이라

⑧ 언덕에 사는 사람은 장대한 것이다.
墟土之地는 其人壯大라

⑨ 모래가 섞인 땅에 사는 사람은 작은 것이다.
沙土之地는 其人細小라

⑩ 息土는 가늘고 고운 땅이니 그 땅에서는 아름다운 사람이 나오는 것이다.
息土는 細緻之土니 其地出人美貌라

⑪ 頭註 : 乇(척박하다)는 耗의 古字이다.
乇는 古耗字라

⑫ 乇土는 거칠고 성긴 땅이니 그 땅에서는 추한 사람이 나오는 것이다.

坥土는 鸝疏之土니 其地出人醜惡이라

⑬ 날개가 있는 동물 360가지 중에 봉황이 으뜸이다.

羽蟲之屬三百六十에 鳳凰爲長이라

⑭ 털이 있는 동물 360가지 중에 기린이 으뜸이다.

毛蟲之屬三百六十에 麒麟爲長이라

⑮ 頭註 : 長(으뜸)은 丁과 丈의 反切이다.

長은 丁丈切이라

⑯ 딱지가 있는 동물 360가지 중에 거북이가 으뜸이다.

甲蟲之屬三百六十에 龜爲之長이라

⑰ 비늘이 있는 동물 360가지 중에 용이 으뜸이다.

鱗蟲之屬三百六十에 龍爲之長이라

⑱ 털이 없는 동물 360가지 중에 사람이 으뜸이다.

倮蟲之屬三百六十에 人爲之長이라

제26편 타고난 命에 대한 해설 本命解 第二十六[1]

命과 性에 대한 哀公의 질문에 孔子가 대답한 내용을 기록한 편이기에, 편명을 '本命解'로 삼았다. 命은 天道로부터 부여받은 것이고 性은 명을 부여받을 때에 거기에 담긴 이치이므로, 命과 性은 하나이지만 순서를 논해보면 命이 性의 시작이 된다. 陰과 陽이 합하여 형체가 생긴 것을 生이라 하고 음과 양의 기운이 다한 것을 死라고 하므로, 生과 死는 하나이지만 死가 生의 끝이 된다고 주장하였다. 즉, 남녀의 관계를 설정하고 혼인의 시초를 중시하는 데 이러한 원리를 적용한 것이다.

[1] 哀公이 命과 性에 대해 물었기 때문에 '本命解'라고 편명을 붙인 것이다.
　　哀公問命與性이라 故以本命解名篇하니라

26-1[1)] 魯 哀公이 공자에게 물었다.

"사람의 命과 性은 무엇입니까?"

공자가 대답하였다.

"道에서 나뉜 것을 命이라 하고, 하나의 이치에서 형성된 것을 性이라고 하며, 陰陽에 化育되어 형체를 띠고서 나오는 것을 生이라 하고, 氣化가 다하고 운수가 다한 것을 死라고 합니다. 그러므로 命이라는 것은 性의 시작이고 死라는 것은 生의 끝이니, 시작이 있으면 반드시 끝이 있는 법입니다."

　　魯哀公問於孔子曰[①] 人之命與性은 何謂也[②]잇고 孔子對曰[③] 分於道를 謂之命[④]이요 形於一을 謂之性[⑤]이요 化於陰陽하여 象形而發을 謂之生[⑥]이요 化窮數盡을 謂之死[⑦]라 故命者는 性之始也[⑧]요 死者는 生之終也[⑨]니 有始則必有終矣[⑩]니이다

---

1) 저본의 표제에 "애공이 命과 性에 대해 묻다.〔哀公問命性〕"라고 되어 있다.

① 애공이 부자에게 물은 것이다.
公問夫子曰

② 사람에게 命과 性이 있는데 그 뜻은 무엇이냐고 한 것이다.
人之有命有性하니 其義謂何잇고

③ 공자가 말한 것이다.
子言이라

④ 하늘이 이 이치로써 사람에게 나누어 명하였기 때문에 命이라고 하는 것이다.
天以此理로 分命於人이라 故謂之命이라

⑤ 이치가 사람에게 부여된 것이 유일무이하기 때문에 性이라고 하는 것이다.
理賦於人이 有一無二라 故謂之性이라

⑥ 음양이 화육하여 형체를 부여해 사람이 되었기 때문에 生이라고 하는 것이다.
二氣化育하여 賦形爲人이라 故謂之生이라

⑦ 氣化가 다하고 운수가 다한 것을 死라고 하는 것이다.
氣化旣窮하고 壽數已盡을 則謂之死라

⑧ 命이 있은 뒤에 性이 있기 때문에 시작이라고 하는 것이다.
有命而後有性이라 故謂之始라

⑨ 生이 있으면 반드시 死가 있기 때문에 끝이라고 하는 것이다.
夫有生必有死라 故謂之終이라

⑩ 시작이 있으면 반드시 끝이 있는 법이니 이는 필연의 이치라는 것이다.
旣有其始면 必有其終하니 此理之必然也라

26-2 애공이 물었다.

"禮에 남자는 30세에 아내를 두고 여자는 20세에 남편을 둔다고 하는데,[2] 늦지 않습니까?"

공자가 대답하였다.

"대체로 예란 그 極限을 두고 말한 것이니 그 때를 지나쳐서는 안 됩니다. 남자는 20세에 冠禮를 행하니 아버지가 되는 단서가 있고 여자는 15세에 출가를 허락하니 남에게 시집가는 도리가 있습니다. 그러므로 성인께서 혼인할 때에 맞추어

---

2) 禮에……하는데 : ≪禮記≫ 〈內則〉에 남자는 20세에 冠禮를 행하고 30세에 아내를 둔다는 내용과, 여자는 15세에 笄禮를 행하고 20세에 시집간다는 내용이 보인다.

부부의 연을 맺게 한 것입니다. 서리가 내리면 婦功[3]이 이루어지기 때문에 이때에 시집가거나 장가가고,[4] 얼음이 풀리면 농사가 시작되기 때문에 이때에는 혼례가 줄어듭니다.[5]

남자는 하늘의 도를 맡아 만물을 생육하는 자이기 때문에 인륜을 잘 살펴 남녀의 분별을 밝히고, 여자는 남자의 가르침에 순종하여 자신의 도리를 지키는 자이기 때문에 독단적으로 처리하는 의리는 없고 세 가지 따르는 도리가 있습니다. 어려서는 父兄을 따르고 시집가서는 남편을 따르고 남편이 죽으면 아들을 따르니, 再嫁의 단서가 없음을 말한 것입니다. 가르침과 명령이 閨門을 나가지 않고 일은 술과 음식을 마련하는 것만 할 뿐이고[6] 규문 밖에서는 잘못하는 일도 없고 잘하는 일도 없습니다. 이는 성인이 남녀의 관계를 和順하게 하고 혼인의 시초를 중시한 것입니다.

公曰 禮에 男子三十而有室[1]하고 女子二十而有夫也[2]라하니 豈不晩哉[3]리오 孔子曰 夫禮는 言其極이니 不是過也[4]니이다 男子二十而冠[5][6]하니 有爲人父之端[7]이요 女子十五許嫁[8]하니 有適人之道[9]라 故聖人因時以合偶[10]하여 霜降而婦功成하니 嫁娶者行焉[11]이요 冰泮而農桑起하니 婚禮而殺(쇄)[12]於此[13]라 男子者는 任天道而長萬物者也[14]라 是故審其倫而明其別[15][16]이요 女子者는 順男子之敎而長其理者也[17]라 是故無專制之義하고 而有三從之道[18]하니 幼從父兄[19]하고 旣嫁從夫[20]하고 夫死從子[21]하나니 言無再醮之端[22]이라 敎令不出於閨門[23]하고 事在供酒食而已[24]이요 無閫[25]外之非儀也[26]라 此聖人所以順男女之際[27]하고 重婚姻之始也[28]니이다

---

3) 婦功 : 부녀자가 갖추어야 할 네 가지 덕행 중의 하나로, 길쌈, 자수, 바느질 등의 부인의 일을 가리킨다. 참고로 네 가지 덕행은 곧고 유순한 덕인 婦德, 온순한 말씨인 婦言, 공순한 몸가짐인 婦容, 그리고 婦功이다.(≪周禮≫〈天官 九嬪〉)

4) 서리가……장가가고 : 늦가을에 혼례를 치른다는 말로, ≪詩經≫〈衛風 氓〉에 "내가 약속을 어긴 것이 아니라 그대에게 좋은 중매쟁이가 없어서이니, 청컨대 그대는 노여워하지 마세요. 가을로 기약해요.〔匪我愆期 子無良媒 將子無怒 秋以爲期〕"라고 하였다.

5) 얼음이……줄어듭니다 : 농사철이 시작되기 전에 혼례를 치러야 한다는 말로, ≪詩經≫〈衛風 匏有苦葉〉에 "끼룩끼룩 기러기 울고 아침 해가 솟아오르네. 남자가 아내를 데려오는 일은 얼음이 풀리기 전에 해야 하네.〔雝雝鳴雁 旭日始旦 士如歸妻 迨冰未泮〕"라고 하였다.

6) 독단으로……뿐이고 : ≪小學≫〈明倫〉에도 이 구절과 비슷한 공자의 말이 보이는데, 그 내용은 다음과 같다. "부인은 남에게 복종하는 존재이다. 이 때문에 독단적으로 처리할 수 없고 세 가지 따르는 도리가 있다. 집에 있을 때에는 아버지를 따르고, 남에게 시집가서는 남편을 따르고, 남편이 죽으면 아들을 따른다. 그리하여 감히 스스로 이루는 바가 없어서 가르침과 명령이 규문을 나가지 않고 일은 음식을 마련하는 것만 할 뿐이다.〔婦人伏於人也 是故無專制之義 有三從之道 在家從父 適人從夫 夫死從子 無所敢自遂也 敎令不出閨門 事在饋食之間而已矣〕"라고 하였다.

① 애공이 또 묻기를, "禮에 남자 나이 30세에 아내를 둔다고 하였습니다."라고 한 것이다.

　公又問曰 禮云男年三十에 而有妻室이라

② 여자 나이 20세에 남편을 두는 것이다.

　女年二十에 而有夫家라

③ 또한 늦지 않겠느냐는 것이다.

　不亦爲晩잇가

④ 공자가 말하기를, "대체로 예란 다만 極(최고 한도)에 이른 때만을 말하는 것이니 이때를 지나치면 남녀가 혼인할 시기를 놓치게 됩니다."라고 한 것이다.

　子言 夫禮特言其至極之時니 過此則男女失時矣라

⑤ 頭註 : 冠(관례)은 去聲이다.

　冠은 去聲이라

⑥ 남자 나이 20세에 관례를 행하는 것이다.

　男年二十而加冠이라

⑦ 관례를 치르고 성인이 되었으면 아버지가 되는 단서가 있는 것이다.

　旣冠成人이면 則有爲人父之端緒라

⑧ 여자 나이 15세에 출가를 허락받아 笄禮를 행하는 것이다.

　女年十五에 許嫁而笄라

⑨ 출가를 허락받았으면 남에게 시집가는 의리가 있는 것이다.

　旣許嫁면 則有適人之義라

⑩ 이 때문에 성인께서 혼인할 때에 맞추어 부부의 연을 맺게 한 것이다.

　是以聖人因其婚嫁之時하여 使其配合이라

⑪ 늦가을 서리가 내리면 시집가거나 장가가는 것이 이때에 시작하는 것이다.

　季秋霜降이어든 嫁娶者始於此時라

⑫ 頭註 : 殺(줄이다)는 色과 界의 反切이다.

　殺는 色界切이라

⑬ 2월에 얼음이 풀리면 농사와 누에 치는 일이 비로소 시작되니 혼인하는 일이 이때에 비로소 줄어드는 것이다.

　二月冰泮이어든 而農桑蠶事始起하니 婚姻始殺於此時라

⑭ 남자는 하늘의 도를 맡아 만물을 생육하는 것이다.

　爲男子者는 任天之道而長育萬物也라

⑮ 頭註 : 別(구별)은 彼와 列의 反切이다.

　別은 彼列切이라

⑯ 그러므로 인륜을 잘 살펴서 남녀의 분별을 밝히는 것이다.

故能審察人倫하여 而明男女之別이라

⑰ 여자는 마땅히 남자의 가르침에 순종하여 남자를 위해 자신의 도리와 분수를 지키는 것이다.

爲女子者는 當順從男子之敎하여 而爲男(女)〔子〕⁷⁾長養其理分이라

⑱ 그러므로 여자는 독단적으로 처리할 수 없고 오직 남을 따르기만 하는 것이다.

故女子不得自專이요 唯在於從人이라

⑲ 어려서는 父兄의 명을 따르는 것이다.

年幼엔 從父兄之命이라

⑳ 출가해서는 남편의 명을 따르는 것이다.

已出嫁인댄 則從夫〔命〕⁸⁾이라

㉑ 남편이 죽어서는 아들이 행하는 바를 따르는 것이다.

夫旣死인댄 則從子所行이라

㉒ 예에 再嫁하는 단서는 없는 것이다.

禮無再醮之端緖라

㉓ 말이 閨房 밖으로 나가지 않는 것이다.

言語不出閨房之外라

㉔ 그 일은 오직 음식을 마련하는 데 있는 것이다.

其事唯主中饋라

㉕ 頭註 : 閫(문지방)은 苦와 本의 反切이다.

閫은 苦本反이라

㉖ 곤은 문지방이다. ≪詩經≫ 〈小雅 斯干〉에 "잘못하는 것도 없고 잘하는 것도 없이 술과 음식을 마련하는 것만 의논한다."라고 한 것이다.

閫은 門限也라 詩曰 無非無儀라 酒食是〔議〕⁹⁾라

㉗ 이는 성인께서 부부가 교제하는 도리를 和順하게 한 것이다.

此聖人順夫婦交際之道라

㉘ 혼인의 시초를 중시한 것이다.

重婚姻之本始라

---

7) (女)〔子〕: 저본에는 '女'로 되어 있으나 四部叢刊本에 의거하여 '子'로 바로잡았다.

8) 〔命〕: 저본에는 없으나, 慶長本에 의거하여 보충하였다.

9) 〔議〕: 저본에는 없으나, 慶長本에 의거하여 보충하였다.

제27편 禮에 대해 논함 論禮 第二十七①

禮에 대한 子貢·子游·子張의 질문과 공자의 대답을 기록한 편이기에, 편명을 '論禮'로 삼았다. 이들 세 사람은 모두 禮에 대해 물었지만 공자의 대답은 각기 다르다. 子貢에게는 禮는 中道에 맞게 해야 한다고 하였고, 子游에게는 제사의 禮에 밝으면 나라를 다스리기 쉽다고 하였고, 子張에게는 나라를 다스리는 일뿐만 아니라 일상생활에서 禮가 없으면 안 된다고 말하여, 각기 제자들이 처한 위치나 상황에 맞게 禮를 설명하였다. 공자의 禮에 대한 관점을 볼 수 있는 편이다.

① 子張, 子貢, 言游가 禮에 대해 논의가 미쳤기 때문에 이렇게 편명을 붙인 것이다.
　子張子貢言游論及於禮라 故以名篇하니라

27-1 공자가 한가로이 거처할 적에 자장, 자공, 자유가 모시고 있다가 禮에 대해 논의가 미쳤다. 공자가 말하였다.

"내가 너희들에게 禮에 대해 말해주겠다."

자공이 자리에서 나아가 대답하였다.

"감히 묻습니다. 무엇입니까?"

공자가 말하였다.

"공경하면서도 예에 맞지 않는 것을 촌스럽다고 하고, 공손하면서도 예에 맞지 않는 것을 말만 잘한다고 하고, 용감하면서도 예에 맞지 않는 것을 悖逆하다고 한다. 대체로 예란 중도에 맞게 하는 것이다."

孔子閒①居②에 子張子貢子游侍③라가 論及於禮④한대 孔子曰 吾語⑤汝以禮⑥호리라 子貢越席而對曰 敢問如何⑦잇고 子曰 敬而不中⑧禮를 謂之野⑨요 恭而不中禮를 謂之給⑩이요 勇而不中

禮를 謂之逆⑪이니 夫禮는 所以制中也⑫니라

① 頭註：閒(한가하다)은 곱이 閑이다.

閒은 音閑이라

② 부자가 한가롭게 쉴 때이다.

夫子燕私時라

③ 세 사람이 부자를 모시고 앉은 것이다.

三子侍夫子坐라

④ 강론하다가 예에 미친 것이다.

講論至禮라

⑤ 頭註：語(가르치다)는 去聲이다.

語는 去聲이라

⑥ 부자가 말하기를, "내가 너희들에게 예에 대해 말해주겠다."라고 한 것이다.

夫子言 我與汝言禮라

⑦ 자공이 자리에서 나아가 묻기를 "예는 무엇입니까?"라고 한 것이다.

子貢過位問 禮如何잇고

⑧ 頭註：中은 '中禮[1]'의 中이니, 去聲이다.

中은 (中禮中聲)〔中禮之中去聲〕[2]이라

⑨ 공경할 줄 알면서도 예에 맞지 않으면 촌스러운 사람이라고 하는 것이다.

知敬而不合禮면 則謂朴野之人이라

⑩ 공손할 줄 알면서도 예에 맞지 않으면 말을 교묘하게 하고 지나치게 공손하여 말만 잘 하는 사람이 되는 것이다.

知恭而不合禮면 則巧言足(주)恭하여 成捷給之人이라

⑪ 용감하면서도 예에 맞지 않으면 패역한 사람이 되는 것이다.

勇敢而不合禮면 則成悖逆之人이라

⑫ 예란 절제하여 중도에 합치하는 것이다.

禮也者는 所制合乎中道也라

---

1) 中禮 : 예에 합치한다는 뜻이다. ≪孟子≫〈盡心 下〉에 "행동거지와 일처리가 禮에 맞는 것은 盛德이 지극한 것이다.〔動容周旋中禮者 盛德之至也〕"라고 하였고, ≪禮記≫〈射義〉에 "활쏘기는 반드시 모든 행동거지가 예에 맞아야 한다.〔射者 進退周旋必中禮〕"라고 하였다.

2) (中禮中聲)〔中禮之中去聲〕: 저본에는 '中禮中聲'으로 되어 있으나, 慶長本에 의거하여 '中禮之中去聲'으로 바로잡았다.

27-2[3] 자공이 물러가고 자유가 앞으로 나와 말하였다.

"감히 예에 대해 묻습니다."

공자가 대답하였다.

"郊祭와 社祭의 예는 귀신을 사랑하는 것이고, 禘祭(체제)와 嘗祭의 예는 昭穆을 사랑하는 것이고, 祭物을 올리는 예는 죽은 자를 사랑하는 것이고, 鄕射의 禮[4]는 鄕黨을 사랑하는 것이고, 鄕飮의 禮[5]는 賓客을 사랑하는 것이다. 교제·사제의 意義와 체제·상제의 예에 밝으면 나라를 다스리는 것은 손바닥을 가리키는 것처럼 쉬울 것이다.[6] 그러므로 집에 거처하는데 예가 있기 때문에 長幼가 辨別되고, 閨門 안에 예가 있기 때문에 三族이 화목하고, 조정에 예가 있기 때문에 官爵의 차례가 있고, 사냥하는데 예가 있기 때문에 군대의 일에 숙련되고, 전쟁하는데 예가 있기 때문에 武功이 이루어지는 것이다."

子貢退[①]하고 子遊進曰 敢問禮[②]하노이다 子曰 郊社之禮는 所以仁鬼神也[③]요 禘嘗之禮는 所以仁昭[④]穆也[⑤]요 饋奠之禮는 所以仁死喪也[⑥]요 射饗之禮는 所以仁鄕黨也[⑦]요 食饗之禮는 所以仁賓客也[⑧]니 明乎郊社之義와 禘嘗之禮면 治國은 其如指諸掌而已[⑨]니라 是故居家有禮라 故長[⑩]幼辨[⑪]하고 閨門有禮라 故三族和[⑫]하고 朝廷有禮라 故官爵序[⑬]하고 田獵有禮라 故戎事閑[⑭]하고 軍旅有禮라 故武功成[⑮]이니라

① 자공이 물러간 것이다.

  子貢退去라

② 언유가 앞으로 나와 예를 물은 것이다.

  言游進而問禮라

③ 부자가 말하기를, "郊祭는 하늘에 제사 지내는 것이고, 社祭는 땅에 제사 지내는 것이다. 그 제사 지내는 예가 바로 귀신을 사랑하는 것이다."라고 한 것이다.

---

3) 저본의 표제에 "郊祭·社祭·禘祭·嘗祭의 예〔郊社禘嘗之禮〕"라고 되어 있다.

4) 鄕射의 禮 : 향촌에서 활쏘기 시합을 하며 예를 익히고 친목을 도모하는 의식으로, 보통 酒饗을 겸하였다.

5) 鄕飮의 禮 : 鄕飮酒禮를 가리키는 것으로, 향촌의 선비와 유생들이 학교나 서원 등에 모여서 학덕과 연륜이 높은 이를 主賓으로 모시고 예를 갖추어 술을 마시며 잔치하는 것을 말한다.

6) 교제……것이다 : 네 가지의 제사는 근본에 보답하고 멀리 가신 분을 추모하기 위한 것으로 仁孝와 誠敬이 지극하지 않으면 지낼 수 없다. 그러므로 이 제사의 내용에 대해 알면 이치가 아주 밝고 정성에 매우 감동하기 때문에 나라를 다스리는 것이 어렵지 않은 것이다.(≪論語集註≫, ≪中庸章句≫)

夫子言 郊는 所以祭天也요 社는 祭地也라 其祭禮가 乃所以仁其鬼神也라

④ 頭註 : 昭(밝다)는 본래 글자의 뜻이다.

昭는 如字라

⑤ 봄에 조상에게 제사 지내는 것을 禘라고 하고 가을에 조상에게 제사 지내는 것을 嘗이라고 한다. 昭는 남쪽을 향해 자리하고 穆은 북쪽을 향해 자리하니, 소는 아버지이고 목은 아들이다. 이는 존비의 차서를 정하는 예이다.

春祭祖曰禘요 秋曰嘗이라 昭位南向하고 穆位北向하니 昭는 父也요 穆은 子也니 所以序尊卑之禮라

⑥ 사람이 죽으면 제물을 올리는 예를 행하는 것이다.

死喪則行饋奠之禮라

⑦ 잔치 자리에서 활을 쏘는 것은 향당에서 행하는 예이다.

燕射는 行鄉黨之禮라

⑧ 잔치 자리에서 술을 마시는 것은 빈객을 대우하는 예이다.

燕飲은 待賓客之禮라

⑨ 이 교제・사제・체제・상제의 예에 밝으면 천하를 다스리는 것은 손바닥을 가리키는 것처럼 쉽다는 것이다.

明此郊社禘嘗之禮면 治天下는 如指掌之易라

⑩ 頭註 : 長(어른)은 丁과 丈의 反切이다.

長은 丁丈切이라

⑪ 집에 거처하는데 예가 있으면 尊卑의 분별이 있는 것이다.

居家有禮면 則尊卑有別이라

⑫ 閨門 안에 예가 있기 때문에 三族이 화목하게 되는 것이다.

閨門之內有禮라 故三族和睦이라

⑬ 조정에 예가 있으면 官爵의 차례가 있는 것이다.

朝廷有禮면 則官爵有序라

⑭ 사냥하는데 예가 있으면 군대의 일에 숙련되는 것이다.

田獵有禮면 則軍事閑雅라

⑮ 전쟁하는데 예가 있으면 武功이 이루어지는 것이다.

軍旅有禮면 則武功有成이라

27-3 언유가 물러가고 자장이 앞으로 나와 말하였다.

"감히 묻습니다. 예는 무엇을 말한 것입니까?"

공자가 대답하였다.

"나라를 다스리는데 예가 없는 것은, 비유하자면 소경에게 도와주는 사람이 없는 것과 같으니 갈팡질팡하면서 어디로 가겠으며, 비유하자면 밤새도록 캄캄한 방 안에서 물건을 찾는 것과 같으니 燈燭이 아니면 어떻게 볼 수 있겠느냐. 그러므로 예가 없으면 손과 발을 둘 데가 없고, 눈과 귀를 사용할 수 없고, 進退하고 揖讓하는데 절제할 수 없는 것이다. 이 때문에 거처하는데 長幼의 분별이 없고, 閨門 안에서는 三族이 화목하지 못하고, 조정에서는 官爵의 次序가 없고, 사냥하는데 군사의 일에 숙련되지 못하고, 전쟁하는데 武功을 이루어 위세를 떨칠 수 없는 것이다. 그러므로 옛날의 군자는 굳이 직접 말을 하지 않고 예와 악으로 보여줄 뿐이었다."

言遊退^①하고 子張進曰 敢問禮何謂也^②잇고 子曰 治國而無禮는 譬猶瞽之無相^③이니 倀倀(창창)^④乎何所之^⑤며 譬猶終夜有求於幽室之中이니 非燭何以見^⑥이리오 故無禮^⑦면 則手足無所措^⑧하고 耳目無所加^⑨하고 進退揖讓無所制^⑩라 是故居處長幼失其別^{⑪⑫}하고 閨門三族失其和^⑬하고 朝廷官爵失其序^⑭하고 田獵戎事失其策^⑮하고 軍旅武功失其勢^⑯니라 是故古之君子^⑰는 不必親相與言也^⑱요 以禮樂相示而已矣^⑲니라

① 言偃이 물러간 것이다.
   言偃退去라

② 자장이 앞으로 나와 묻기를, "예는 무엇입니까?"라고 한 것이다.
   子張進問 禮如何잇고

③ 頭註 : 相(도와주는 사람)은 去聲이다.
   相은 去聲이라

④ 頭註 : 倀(갈팡질팡하다)은 丑와 亮의 反切이다.
   倀은 丑亮切이라

⑤ 부자가 말하기를, "나라를 다스리는데 예가 없는 것은 바로 소경에게 부축하는 사람이 없는 것과 같으니 아득하여 어디로 가겠는가."라고 한 것이다.
   夫子言 治國無禮는 正猶瞽者無人扶持니 茫茫何所往이리오

⑥ 비유하자면 밤새도록 어두운 방 안에서 물건을 찾는 것과 같으니 燈燭이 아니면 어떻게 볼 수 있겠느냐고 한 것이다.
   譬如盡夜求物於暗室之中이니 非燈燭이면 安得見이리오

⑦ 진실로 예가 없을 경우이다.

　苟無禮라

⑧ 손과 발을 어디에 두겠느냐고 한 것이다.

　手足何所安頓이리오

⑨ 눈과 귀를 어디에 사용하겠느냐고 한 것이다.

　耳目何所用이리오

⑩ 進退하고 揖遜하는 데 무엇으로써 절제하겠느냐고 한 것이다.

　進退揖遜에 何以節制리오

⑪ 頭註：別(분별)은 皮와 列의 反切이다.

　別은 皮列反이라

⑫ 평상시 거처할 적에는 존비의 차서에 분별이 없는 것이다.

　其平居엔 尊卑之序가 無以分別이라

⑬ 규문에서는 族屬이 모두 화목하지 못한 것이다.

　閨門엔 族黨이 皆不得和睦이라

⑭ 조정에서는 관작의 차서가 없는 것이다.

　朝廷엔 官爵無其序라

⑮ 사냥하는 데 군사의 일에 숙련되지 못한 것이다.

　田獵엔 武事失其策이라

⑯ 전쟁하는 데 위세를 떨칠 수 없는 것이다.

　軍陣에 無威〔勢〕[7]라

⑰ ‘그러므로 옛날의 군자는’의 뜻이다.

　所以古者君子라

⑱ 군이 직접 말하지 않은 것이다.

　不必親與之言이라

⑲ 다만 예와 악으로 보여줄 뿐이라고 한 것이다.

　但以禮樂相示而已라

27-4[8] 자하가 공자를 모시고 앉아 물었다.

“감히 묻습니다. ≪詩經≫에 ‘和樂한 군자여! 백성의 부모로다.’[9]라고 하였는데,

---

7) 〔勢〕：저본에는 이 글자가 없으나, 慶長本에 의거하여 보충하였다.

8) 이 부분은 四部叢刊本을 저본으로 하였다.

9) 화락한……부모로다 : ≪詩經≫ 〈大雅 泂酌〉에 보인다.

어떻게 해야 백성의 부모라고 할 수 있습니까?"

공자가 대답하였다.

"백성의 부모는 반드시 禮와 樂의 근원에 통달하여 五至를 이루고 三無를 행하여 이것을 천하에 시행하여 사방에 재앙의 조짐이 있으면 반드시 먼저 안다. 이것을 백성의 부모라고 한다."

자하가 물었다.

"감히 묻습니다. 무엇을 五至라고 합니까?"

공자가 대답하였다.

"志가 이르는 바에 詩 또한 이르고, 시가 이르는 바에 禮 또한 이르고, 예가 이르는 바에 음악 또한 이르고, 음악이 이르는 바에 슬픔 또한 이른다. 그리하여 시와 예가 서로 이루어 주고, 슬픔과 즐거움이 서로 생긴다. 이 때문에 바로 눈을 크게 뜨고 보아도 볼 수 없고 귀를 기울여 들어도 들을 수 없으며, 志와 氣가 天地에 가득차고 행하는 것이 四海에까지 미친다. 이것을 오지라고 한다."

자공이 물었다.

"감히 묻습니다. 무엇을 三無라고 합니까?"

공자가 대답하였다.

"소리가 없는 음악과 형체가 없는 예와 服이 없는 喪, 이것을 삼무라고 한다."

자하가 물었다.

"감히 묻습니다. 삼무는 어떤 시가 여기에 가깝습니까?"

공자가 대답하였다.

"'밤낮으로 信義를 다져서 너그럽게 가르쳐 편안하게 한다.'[10]라는 말은 소리가 없는 음악이고, '威儀가 성대하여 가려낼 것이 없다.'[11]라는 말은 형체가 없는 예이고, '백성들에게 喪事가 있으면 달려가 구해준다.'[12]라는 말은 服이 없는 喪이다."

子夏侍坐於孔子曰 敢問詩云 愷悌君子여 民之父母라하니 何如라야 斯可謂民之父母니잇고 孔

---

10) 밤낮으로……한다 : 《詩經》 〈周頌 昊天有成命〉에 보인다.

11) 威儀가……없다 : 《詩經》 〈邶風 柏舟〉에 보인다. 《詩經》에는 '逮逮'가 '棣棣'로 되어 있다.

12) 백성들에게……준다 : 《詩經》 〈邶風 谷風〉에 보인다. 《詩經》에는 '扶伏'이 '匍匐'으로 되어 있다.

子曰 夫民之父母는 必達於禮樂之源하여 以致五至而行三無하여 以橫於天下하여 四方有敗에 必先知之하나니 此之謂民之父母니라 子夏曰 敢問何謂五至니잇고 孔子曰 志之所至에 詩亦至焉하고 詩之所至에 禮亦至焉하고 禮之所至에 樂(악)亦至焉하고 樂(악)之所至에 哀亦至焉이라 詩禮相成하고 哀樂(락)相生하나니 是以正明目而視之라도 不可得而見하고 傾耳而聽之라도 不可得而聞하며 志氣塞于天地하고 行之克于四海하나니 此之謂五至矣니라 子貢曰 敢問何謂三無니잇고 孔子曰 無聲之樂과 無體之禮와 無服之喪을 此之謂三無니라 子夏曰 敢問三無는 何詩近之잇고 孔子曰 夙夜基命宥密은 無聲之樂也①요 威儀逮逮라 不可選也는 無體之禮也요 凡民有喪에 扶伏救之는 無服之喪也니라

① 밤낮으로 한다는 것은 공경한다는 뜻이다. 基는 시작한다는 뜻이다. 命은 信義라는 뜻이다. 宥는 관대하다는 뜻이다. 密은 편안하다는 뜻이다. 자신이 백성과 함께 신의를 행하여 왕의 가르침을 너그럽게 베풀면 백성들이 이것으로 편안해하기 때문에 소리가 없는 음악이라고 이른 것임을 말한 것이다.

夙夜는 恭也요 基는 始也요 命은 信也요 宥는 寬也요 密은 寧也니 言(以)〔己〕[13]行與民信하여 王教[14]在寬하면 民以安寧이라 故謂之無聲之樂也라

27-5[15] 자하가 물었다.

"말씀이 훌륭하고 성대한데 해주실 말씀이 이것 말고 더 없는지요?"

공자가 대답하였다.

"어찌 그러하겠느냐. 내가 너에게 가르쳐 주겠다. 三無의 뜻을 起發하는 데 오히려 다섯 가지가 있다."

자공이 물었다.

"어떤 것입니까?"

공자가 대답하였다.

"소리가 없는 음악은 氣志가 어긋나지 않고, 형체가 없는 예는 威儀가 느긋하고, 服이 없는 喪은 마음으로 남을 헤아려 매우 슬퍼하는 것이다. 소리가 없는 음악은 원하는 바를 반드시 따르고, 형체가 없는 예는 상하가 화합하고 服이 없는 喪은 萬

13) (以)〔己〕: 저본에는 '以'로 되어 있으나, 四庫全書本에 의거하여 '己'로 바로잡았다.
14) 王教: 四庫全書本에는 '五教'라고 되어 있다.
15) 이 부분은 四部叢刊本을 저본으로 하였다.

邦에까지 미치는 것이다.[16] 이미 이러한
상태에서 또 三無私로 받들어 천하 사람
들을 위로하니 이것을 五起라고 하는 것
이다."

자하가 물었다.

"무엇을 三無私라고 합니까?"

공자가 대답하였다.

"하늘은 사사로이 덮는 일이 없고, 땅
은 사사로이 싣는 일이 없고, 해와 달은
사사로이 비추는 일이 없는 것이다. ≪詩
經≫에 '상제의 명을 어기지 않아 탕임금

湯

에 이르러 하늘의 마음과 같았네. 탕임금이 남에게 낮추기를 빨리 하여 성스럽고
공경스러운 덕이 날로 올라가 알려졌네. 탕임금의 덕이 밝고 두루 퍼져 느긋하니
상제가 공경하였네. 그리하여 상제가 명하여 九州에 임금으로 등용하셨네.'[17]라고
하였으니 이는 탕임금의 덕을 말한 것이다."

자하가 벌떡 일어나 벽을 등지고 서서 말하였다.

"이 제자가 감히 지금 하신 말씀을 기억하지 않을 수 있겠습니까."

---

16) 소리가……것이다 : 참고로 五起와 관련하여 ≪禮記≫〈孔子閒居〉에 실린 내용은 다음과 같다.
  "① 소리가 없는 음악은 氣志가 어긋나지 않고, 형체가 없는 예는 威儀가 느긋하고, 服이 없는
  喪은 마음으로 남을 헤아려 심히 슬퍼하는 것이다.〔無聲之樂 氣志不違 無體之禮 威儀遲遲 無服之喪
  內恕孔悲〕② 소리가 없는 음악은 氣志가 이미 얻어지고, 형체가 없는 예는 威儀가 공손하고, 服
  이 없는 喪은 仁한 마음이 사방 나라에까지 미치는 것이다.〔無聲之樂 氣志旣得 無體之禮 威儀翼翼
  無服之喪 施及四國〕③ 소리가 없는 음악은 氣志가 이미 따르고, 형체가 없는 예는 上下가 화합하
  고, 服이 없는 喪은 만방의 사람들을 길러주는 것이다.〔無聲之樂 氣志旣從 無體之禮 上下和同 無服
  之喪 以畜萬邦〕④ 소리가 없는 음악은 명성이 날로 사방에 알려지고, 형체가 없는 예는 날이 갈
  수록 발전하고, 服이 없는 喪은 순수한 덕이 심히 밝은 것이다.〔無聲之樂 日聞四方 無體之禮 日就月
  將 無服之喪 純德孔明〕⑤ 소리가 없는 음악은 氣志가 이미 흥기하고, 형체가 없는 예는 四海에까
  지 미치고, 服이 없는 喪은 은택이 자손에까지 미치는 것이다.〔無聲之樂 氣志旣起 無體之禮 施及四
  海 無服之喪 施于孫子〕"

17) 상제의……등용하셨네 : ≪詩經≫〈商頌 長發〉에 보인다. 이 부분은 주희의 주석과 조금 다르
  다. 참고로 주희의 주석대로 원문을 번역하면 다음과 같다. "상제의 命이 어긋나지 않아 탕임금
  에 이르러 부합되었네. 탕임금이 늦지 않게 태어나시고 성스럽고 공경스러운 덕이 날로 더해졌
  네. 밝게 상제께 이르러 오래도록 그치지 않아 상제를 공경하니, 상제께서 九州에 왕이 되도록
  명하셨네."

子夏曰 言則美矣大矣니 言盡於此而已잇가 孔子曰 何謂其然이리오 吾語汝호리라 其義猶有五
起焉①하니라 子貢曰 何如잇고 孔子曰 無聲之樂은 氣志不違하고 無體之禮는 威儀遲遲하고 無服
之喪은 內恕孔悲요 無聲之樂은 所願必從하고 無體之禮는 上下和同하고 無服之喪은 施(이)及萬
邦이라 旣然而又奉之以三無私하여 而勞天下하니 此之謂五起니라 子夏曰 何謂三無私잇고 孔子
曰 天無私覆(부)하고 地無私載하고 日月無私照니 其在詩曰 帝命不違하여 至于湯齊②하니 湯降
不遲하여 聖敬日躋③하니 昭假遲遲하여 上帝是祗④하니 帝命式于九圍⑤라하니 是湯之德也니라 子
夏蹶然而起하여 負墻而立曰 弟子敢不志之잇가

① 語(가르치다)는 魚와 據의 反切이다.
　語는 魚據反이라
② 탕임금 때에 이르러 하늘의 마음과 같아진 것이다.
　至湯하여 以(大)〔天〕[18]心齊라
③ 不遲는 빠르다는 말이다. 躋는 오른다는 뜻이다. 탕임금이 남에게 낮추는 도리를 빨리
　행하여 그 성스럽고 공경스러운 덕이 날로 올라가 알려진 것이다.
　不遲는 言疾이라 躋는 升也라 湯疾行下人之道하여 其聖敬之德이 日升聞也라
④ 탕임금의 위엄 있는 덕이 밝아지고 두루 퍼져서 교화가 여유롭고 느긋하게 행해졌기
　때문에 상제가 그의 덕을 공경한 것이다.
　湯之威德이 昭明遍至하고 化行寬舒遲遲然이라 故上帝敬其德이라
⑤ 九圍는 九州이다. 하늘이 명하여 구주에 등용하였으니 천하의 왕으로 삼았음을 말
　한다.
　九圍는 九州也라 天命用于九州하니 謂以爲天下王이라

---

18) (大)〔天〕: 저본은 '大'로 되어 있으나, 四庫全書本에 의거하여 '天'으로 바로잡았다.

제28편 鄕射禮를 관찰함 觀鄕射 第二十八①

孔子가 鄕射禮를 본 뒤에 크게 탄식하고 물러나 직접 제자들과 연습한 일을 기록한 편이기에, 편명을 '觀鄕射'로 삼았다. 射禮는 단순히 활 쏘는 재주를 겨루는 것뿐만 아니라 질서를 유지하고 어진 사람을 선발하는 의식의 일환으로 행해졌다. 그래서 ≪論語≫에서도 활을 쏘는 의식과 절차를 두고 군자다운 다툼이라고 하였다. 또한 臘享 제사에서 고생한 백성들을 하루 동안 즐기게 하는 것은 한 번 당기고 한 번 풀어주는 一張一弛의 방법으로써 바로 文王과 武王의 행했던 방법이라고 설명하여, 정치의 유연성을 중시하였다.

① 공자가 鄕射禮를 보았기 때문에 이렇게 편명을 붙인 것이다.
孔子觀鄕射라 故以名篇하니라

28-1 공자가 향사례를 보고 한숨 쉬고 탄식하면서 말하였다.

"몸을 닦은 뒤에 활을 쏘아 正鵠을 맞추는 자는 오직 賢者일 것이다."

그리고는 물러나 門人과 矍相圃(확상포)[1]에서 활쏘기를 연습하려고 하니 구경하는 자가 담처럼 둘러섰다. 자로로 하여금 활과 화살을 잡고 나아가 활 쏠 사람을 맞이하면서 다음과 같이 말하게 하였다.

"戰場에서 패주한 장수와 망한 나라의 대부, 그리고 남의 양자로 들어간 자는 들어오지 말고 그 외에는 모두 들어오시오."[2]

---

1) 矍相圃(확상포) : 중국 山東省 曲阜縣 闕里의 서쪽에 있던 곳으로, 공자가 여기에서 大射禮를 행하였다.
2) 戰場에서……들어오시오 : 이 부분은 ≪禮記≫〈射義〉에 보이는데, ≪禮記集說大全≫에는 이 세 부류를 들어오지 못하게 한 이유를 다음과 같이 설명하였다. "전장에서 패주한 장수는 용맹이

그러자 떠난 자가 절반이었다. 또 公罔之裘와 序點으로 하여금 술잔을 들고 다음과 같이 말하게 하였다.

"어려서부터 장성할 때까지 孝弟를 행하고 늙어서도 예를 좋아하며 時俗을 따르지 않으면서 몸을 닦아 죽을 때까지 지조를 변치 않는 자는 이 자리에 남으시오."

그러자 떠난 자가 절반이었다. 서점이 술잔을 들고 말하였다.

"배우기를 좋아하여 게을리하지 않고 예를 좋아하여 시종 변치 않으며 노인으로서 도에 맞는 말을 하고 난잡하지 않는 자는 이 자리에 남으시오."

그러자 겨우 몇 사람만 남아 있었다. 활쏘기를 마치자 자로가 앞으로 나와 말하였다.

"제가 몇 사람과 함께 司馬의 직책[3]을 수행하였는데 어떻습니까?"

공자가 대답하였다.

"명령을 잘 따랐다."

공자가 말하였다.

"나는 향사례를 보고서 王道를 행하기가 매우 쉽다는 것을 알게 되었다."

孔子觀於鄕射①하고 喟然嘆曰② 修身而發③하여 而不失正④鵠⑤(정곡)者⑥는 其唯賢者乎⑦인저하고 於是에 退而與門人習射於矍相⑧之圃⑨한대 蓋觀者如堵墻焉⑩이러라 使子路로 執弓矢하여 出延射者曰⑪ 奔軍之將⑫과 亡國之大夫와 與爲人後者는 不得入⑬하고 其餘皆入⑭하라하니 蓋去者半⑮이러라 又使公罔之裘와 序點으로 揚觶(치)⑯而語曰⑰ 幼壯孝悌⑱하고 耆老好⑲禮⑳하고 不從流俗㉑하여 修身以俟死者㉒는 在此位㉓하라하니 蓋去者半㉔이러라 序點揚觶而語曰㉕ 好學不倦㉖하고 好禮不變㉗하고 耄期稱道而不亂者㉘는 在此位㉙하라하니 蓋僅有存焉㉚이러라 射旣闋㉛에 子路進曰 由與二三子者之爲司馬가 何如㉜잇고 孔子曰 能用命矣㉝니라 孔子曰 吾觀於鄕㉞而知王道之易易(이이)㉟也㊱라

① 부자가 향사례를 본 것이다.
　　夫子觀鄕射라

② 탄식하며 말한 것이다.

없고 망한 나라의 대부는 충성스럽지 못하고 남의 양자로 들어간 자는 자신의 부모를 버리고 이익을 탐하였기 때문이다."라고 하였다.

3) 司馬의 직책 : 활쏘기를 돕는 직책을 말한다. 향음주례에서 여럿이 酬酢할 때는 한 사람에게 일을 돕게 하는데 이를 司正이라고 한다. 그러다가 활쏘기를 할 때에는 司正을 司馬로 전환하여 활 쏘는 일을 돕게 한다.(≪禮記集說大全≫〈射義〉)

嗟嘆曰

③ 몸을 잘 닦은 이후에 활을 쏜 것이다.
能修身而後發矢라

④ 頭註 : 正(과녁)은 音이 征이다.
正은 音征이라

⑤ 頭註 : 鵠(과녁)은 音이 谷이다.
鵠은 音谷이라

⑥ 쏜 화살이 과녁을 맞춘 사람이다.
中其所射者라

⑦ 賢人일 것이다.
其賢人也라

⑧ 頭註 : 相(보다)은 去聲이다.
相은 去聲이라

⑨ 부자가 마침내 제자들과 확상포에서 활쏘기를 연습하려고 한 것이다.
夫子遂與弟子로 習射于矍相圃라

⑩ 外人들이 부자가 활 쏘는 것을 구경하려고 빙 둘러 선 모습이 마치 담으로 두른 것과 같았다. 사람이 많다는 말이다.
外人觀夫子射環遶而立이 如墻之環이라 言人多也라

⑪ 부자가 자로로 하여금 활과 화살을 잡고서 나가 활 쏠 자들을 招致하면서 말하게 한 것이다.
夫子使子路로 持弓矢하여 出招延射者曰

⑫ 전장에서 패주한 장수이다.
軍陣中에 敗走之將帥라

⑬ 망한 나라의 대부와 남의 양자로 들어간 자는 모두 들어오는 것을 허락하지 않은 것이다.
亡國大夫及爲人後者는 竝不許入이라

⑭ 나머지는 모두 활 쏘는 확상포에 들어올 수 있다고 한 것이다.
餘人皆得入射圃라

⑮ 자로의 말을 듣고 떠난 자가 절반이 된 것이다.
聞子路之語하고 去者一半人이라

⑯ 頭註 : 觶(술잔)는 音이 寘이다.
觶는 音寘라

⑰ 활을 쏘기 전에 먼저 鄕飮酒禮를 행하기 때문에 두 사람으로 하여금 술잔을 들고 말하게 한 것이다. 觶는 술잔이다.

未射에 先行鄕飮酒禮라 故使二子로 揚觶而言이라 觶는 酒器也라

⑱ 어려서부터 장성할 때까지 늘 효제를 행한 것이다.

自幼至壯히 常行孝弟라

⑲ 頭註 : 好(좋아하다)는 去聲이다. 아래도 같다.

好는 去聲이라 下同이라

⑳ 늙어서도 예를 좋아하여 게을리하지 않은 것이다.

至老好禮不倦이라

㉑ 늘 자립하여 時俗을 따르지 않은 것이다.

常自立하여 不隨流俗이라

㉒ 몸을 닦아 늙어 죽도록 지조를 변치 않는 자이다.

修身하여 至老死不變者라

㉓ 이런 사람들은 모두 향음주례의 자리에 참여할 수 있다는 것이다.

此等人은 皆得與鄕飮之位라

㉔ 스스로 떠나서 감히 이 자리에 있지 않은 자가 절반이 된 것이다.

自去不敢居此位者半이라

㉕ 서점이 또 술잔을 들고서 말한 것이다.

序點又擧酒器而言曰

㉖ 배움을 좋아하여 게을리하지 않은 것이다.

好學不怠라

㉗ 예를 좋아하여 시종 변치 않은 것이다.

好禮不變이라

㉘ 8, 90세의 노인으로서 하는 말이 도에 맞고 난잡하지 않은 자이다.

八十九十之老가 所言合道不雜者라

㉙ 이런 사람들은 모두 향음주례의 자리에 참여할 수 있다는 것이다.

此等人은 皆得與鄕飮位라

㉚ 사람들이 서점의 말을 듣고 떠난 자가 대다수였고 그곳에 남아 있는 자는 겨우 몇 사람뿐이었던 것이다.

衆聞序點之語하고 去者多요 在此者僅有라

㉛ 활쏘기를 마친 뒤이다.

射已畢이라

㉜ 부자가 자로에게 사마의 직책을 맡겼다. 그러므로 자로가 부자에게 몇 사람과 함께 이 직책을 수행한 것이 어떠하였는지 물은 것이다.

夫子使子路로 爲司馬之職이라 故子路問夫子與二三子居此職如何라

㉝ 부자가 말하기를, "마음을 다하였다."라고 한 것이다.

夫子言 能盡心矣라

㉞ '내가 향사례를 보고서'의 뜻이다.

吾觀於鄕射라

㉟ 頭註 : 易(쉽다)는 去聲이다.

易는 去聲이라

㊱ 비로소 왕의 도를 행하기가 매우 쉽다는 것을 알게 되었다고 한 것이다.

乃知王者之道甚易라

28-2 자공이 臘享 제사[4]를 구경하고 있을 때에 공자가 물었다.

"賜야! 즐거우냐?"

자공이 대답하였다.

"온 나라 사람들이 모두 미친 듯 열광하는데 저는 무엇이 즐거운지 모르겠습니다."

공자가 말하였다.

"백일 동안 고생한 뒤에 하루 즐기게 한 것은 하루 동안 임금의 은택을 받는 것이니 네가 알 수 있는 바가 아니다. 한 번 당기고 한 번 풀어놓는 것[5]이 文王과 武王의 도이다."

○ 子貢觀於蜡(사)①②할새 孔子曰 賜也樂③乎④아 對曰 一國之人이 皆若狂⑤이어늘 賜未知其爲樂也⑥니이다 孔子曰 百日之勞⑦에 一日之樂⑧은 一日之澤⑨이니 非爾所知也⑩라 一張一弛⑪가 文武之道也⑫니라

① 頭註 : 蜡(납향 제사)는 音이 乍이다.

蜡는 音乍라

---

4) 臘享 제사 : 섣달에 올리는 제사로, 동지로부터 셋째 戌日에 선조와 온갖 신에게 지내는 제사를 말한다.

5) 한……것 : 활줄을 한번 팽팽하게 잡아당기고 한번 느슨하게 풀어 놓는 것처럼 백성을 다스리는 데 寬容과 嚴正을 병용한다는 말이다.

觀蜡論俗

② 蜡는 찾는다는 뜻이다. 매년 12월이 되면 여러 신을 찾아서 제사 지냈는데 지금의 臘享이다.

蜡는 索也라 歲十有二月에 索群〔神〕[6]而祀之하니 今之臘也라

③ 頭註 : 樂(즐겁다)은 音이 洛이다.

樂은 音洛이라

④ 부자가 자공에게 묻기를, "너는 그 즐거움을 아느냐?"라고 한 것이다.

夫子問子貢曰 汝知其樂乎아

⑤ 술에 취하였다는 말이다.

言醉酒也라

⑥ 무엇이 즐거운지 모르겠다는 것이다.

不知何以爲樂이라

⑦ 옛날에 모두 농사일에 애써서 백일 동안 고생한 것이다.

古者에 皆勤苦稼穡하여 有百日之勞라

⑧ 하루 술을 마시는 즐거움이다.

一日飲酒之樂이라

---

6)〔神〕: 저본에는 없으나, 慶長本에 의거하여 보충하였다.

⑨ 그 즐거움은 바로 임금의 은택이다.
其樂은 乃君之恩澤이라

⑩ 이는 네가 알 수 있는 바가 아니라는 것이다.
此非爾之所知라

⑪ 한 번은 관대하고 한 번은 엄정한 것이다.
一寬一嚴이라

⑫ 문왕과 무왕의 정사가 이러하다고 한 것이다.
此文武之政이 如此라

제29편 郊祭에 대한 질문 郊問 第二十九①

郊祭에 대한 定公의 질문과 孔子의 대답을 기록한 편이기에, 편명을 '郊問'으로 삼
았다. 郊祭는 天地에 지내는 제사로, 천자가 冬至에 남쪽 교외에 나가 하늘에 제사 지
내고, 夏至에 북쪽 교외에 나가 땅에 제사 지냈다. 郊祭는 조상의 은덕에 보답하고 하
늘을 함께 配享하는 제사로, 원래는 천자만이 지내는 제사인데 魯나라에서는 등급을
낮추어 제사를 지냈다. 그리고 犧牲과 祭器는 가장 질박한 것을 사용하여 천지자연의
본성을 따랐다. 孔子는 郊祭를 통해 天道, 즉 천지자연의 질서를 바로잡으려 하였다.

① 정공이 부자에게 郊祭의 意義에 대해 물었기 때문에 이렇게 편명을 붙인 것이다.
定公問夫子郊祀之義라 故以名篇하니라

29-1[1] 정공이 공자에게 물었다.

"옛날의 제왕이 반드시 郊野에서 그 조상을 제사 지내고 하늘에 배향한 것은 어
째서입니까?"

공자가 대답하였다.

"만물은 하늘에 근본을 두고 사람은 조상에 근본을 둡니다. 郊祭는 크게 근본에
보답하고 시초를 돌이켜보는 것이므로 상제에게 배향하는 것입니다. 하늘이 형상
을 드리우자 성인이 이를 본받았으니 이 때문에 천도를 밝힐 수 있는 것입니다."

定公問於孔子曰① 古之帝王②이 必郊祀其祖以配天은 何也③잇고 孔子對曰 萬物本於天④하고
人本乎祖⑤하니 郊之祭也⑥는 大報本反始也⑦라 故以配上帝⑧라 天垂象이어늘 聖人則之⑨하니 所

---

1) 저본의 표제에 "郊祭에 대해 묻다.[問郊祀]", "근본에 보답하고 시초를 돌이켜보다.[報本反始]"라
고 되어 있다.

以明天道也^⑩니이다

① 정공이 부자에게 물은 것이다.
   公問夫子라

② 上古의 五帝와 三王이다.
   上古五帝三王이라

③ 모두 郊野에서 자신의 조상을 제사 지내고 上天에 배향한 것은 어째서이냐고 한 것이다.
   皆郊祀其祖하여 以配於天은 何也잇고

④ 부자가 말하기를, "만물은 모두 하늘이 낳은 것입니다."라고 한 것이다.
   夫子言 萬物皆天所生이라

⑤ 사람은 조상에 근본을 두는 것이다.
   人則本原乎祖라

⑥ '郊祭라는 것은'의 뜻이다.
   夫郊祭者라

⑦ 근본에 보답하고 시초를 돌이켜보는 것이다.
   報其本反其初也라

⑧ 그러므로 조상을 제사 지내고 上天과 합하여 함께 제사 지내는 것이다.
   故祭祖以合上天同祀라

⑨ 上天이 일월성신 같은 형상을 드리우자 성인이 이를 본받은 것이다.
   上天垂日月星辰之象이어늘 聖人因而法之라

⑩ 이것이 성인이 上天의 도를 밝힐 수 있는 이유라고 한 것이다.
   聖人昭明上天之道라

29-2 정공이 물었다.

"과인은 郊祭가 나라마다 같지 않다고 들었습니다. 어째서입니까?"

공자가 대답하였다.

"교제는 장차 길어질 해가 이르는 것을 맞이하는 것입니다. 하늘의 은덕에 크게 보답하는데 해를 主로 하고 달을 배향합니다. 그러므로 주나라에서 처음 교제를 지낼 때에, 달은 동짓달을 쓰고 날은 上旬의 辛日을 썼으며, 冬眠하던 벌레가 나오는 달(正月)에 이르러서는 또 상제에게 祈穀祭를 올렸습니다. 이 두 가지는 바로

천자가 행하는 예입니다. 노나라에서 동지에 크게 교제를 지내지 않는 것은 천자
보다 낮추어야 하기 때문입니다. 그러므로 같지 않은 것입니다."

  公曰 寡人聞郊而莫同은 何也^①잇고 孔子曰 郊之祭也는 迎長日之至也^②라 大報天而主日하고
配以月^③이라 故周之始郊에 其月以日至^④하고 其日用上辛^⑤하며 至於啓蟄之月하여는 則又祈穀
于上帝^⑥하니 此二者는 乃天子之禮也^⑦라 魯無冬至大郊之事^⑧는 降殺(쇄)^⑨於天子라 是以不同
也^⑩니이다

  ① 정공이 부자에게 묻기를, "교제의 예가 나라마다 같지 않은 것은 어째서입니까?"라고
    한 것이다.
    定公問夫子曰 郊禮有不同은 何也잇고

  ② 주나라 사람은 동지에 해가 길어진다고 여겼기 때문에 맞이하여 제사 지낸 것이다.
    周人以冬至日長故로 迎而祭之라

  ③ 크게 天神에게 예로 보답하는데 해를 주로 하고 달을 함께 제사 지내는 것이다.
    大禮答天神하니 以日爲中하고 合其月而祭라

  ④ 그러므로 주나라에서 처음 교제를 지낼 때에 동짓달의 날을 취한 것이다.
    故周家初郊에 取冬至之日也라

  ⑤ 11월 상순의 辛日을 말하는 것이다.
    謂十一月上旬辛日이라

  ⑥ 冬眠하던 벌레가 나오는 때에 이르러서는 또 농사를 위해 天帝에게 풍년이 들기를 기
    원하는 것이다.
    至蟄虫開戶之時하여는 又爲農祈年谷²⁾于天帝라

  ⑦ 이 두 제사는 바로 천자가 행하는 예이다.
    此二祀는 乃天子所行之禮라

  ⑧ 노나라는 동지 때 하늘에 교제를 지내는 예가 없었던 것이다.
    魯國無冬至郊天之禮라

  ⑨ 頭註 : 殺(낮추다)는 色과 界의 反切이다.
    殺는 色界切이라

  ⑩ 公은 천자보다 한 등급이 낮으니 하늘에 제사 지내는 예를 낮추어야 하기 때문에 같지
    않은 것이다.
    公降天子一等이라 其祀天之禮有減殺라 故不同也라

---

2) 谷 : 여기서 谷은 穀(곡식)의 의미로 쓰였다.

29-3 정공이 물었다.

"말씀하신 郊祭는 어떤 것입니까?"

공자가 대답하였다.

"남쪽에 圓丘를 설치한 것[3]은 따뜻한 陽의 위치에 나아간 것이고, 郊野에서 지내기 때문에 교제라고 합니다."

정공이 물었다.

"희생과 제기는 어떤 것을 사용하였습니까?"

공자가 대답하였다.

"上帝에게 제사 지내는 소는 그 뿔이 누에고치나 밤톨만한 것을 쓰고 后稷에게 제사 지내는 소는 형체만 갖추면 썼으니, 이는 天神과 人鬼를 구별하여 섬긴 것입니다. 희생으로 붉은 소를 쓴 것은 적색을 숭상해서이고 송아지를 쓴 것은 신을 귀하게 여겨서이며, 제기로 질그릇과 바가지를 쓴 것은 천지자연의 본성을 상징하기 때문입니다."

公曰 其言郊는 何也[1]잇고 孔子曰 兆丘於南은 所以就陽位也[2]요 於郊라 故謂之郊焉[3]이니이다 曰其牲器는 何如[4]잇고 孔子曰 上帝之牛角繭栗[5]하고 后稷之牛唯具[6]하니 所以別[7]事天神與人鬼也[8]라 牲用騂은 尙赤也[9]요 用犢은 貴神也[10]요 器用陶匏는 以象天地之性也[11]니이다

① 정공이 묻기를, "말씀하신 교제의 예는 어떤 것입니까?"라고 한 것이다.
　　公問 所言郊禮는 何如잇고

② 남방에 圓丘를 세운 것은 陽의 위치에 의거한 것이다.
　　立員[4]丘於南方은 依陽位也라

③ 교야에서 지내기 때문에 교제라고 하는 것이다.
　　於郊野之中이라 故謂之郊祭라

④ 정공이 또 묻기를 "사용하는 희생과 제기는 어떤 것입니까?"라고 한 것이다.
　　公又問 其用牲與器는 何如잇고

⑤ 상제에게 제사 지내는 소는 그 뿔이 막 나와 누에고치나 밤톨만한 것을 쓴다. 작다는

---

3) 圓丘를……것 : 원문의 '兆丘'를 번역한 말로, '兆'는 제단을 설치해서 제사를 지내는 것을 말하고 '丘'는 圓丘로 하늘에 제사를 지내던 둥근 형태의 높은 壇을 말한다. ≪周禮≫〈春官 小宗伯〉에 "사방 郊外에 제단을 쌓아 五帝를 제사 지낸다.〔兆五帝於四郊〕"라고 하였다.

4) 員 : 慶長本에는 '圓'으로 되어 있다.

말이다.

祀上帝之牛는 用其角方出如繭栗者라 言其小也라

⑥ 후직에게 제사 지내는 소는 온전한 소를 쓴 것이다.

祭后稷之牛는 則用全牛라

⑦ 頭註 : 別(구별하다)은 彼와 列의 反切이다.

別은 彼列切이라

⑧ 天神을 섬기고 人鬼를 섬기는 것이 같지 않음을 분별하기 위해서이다.

所以分別事神事鬼之不同也라

⑨ 희생으로 적색을 쓴 것은 주나라에서 적색을 숭상하였기 때문이다.

牲用赤色은 蓋周家尙赤也라

⑩ 송아지를 쓴 것은 질박함을 취한 것이다.

用牛犢者는 取其質也라

⑪ 질그릇과 바가지를 쓴 것은 천지자연의 본성을 취한 것이다.

用瓦器及匏는 取天地自然之性也라

29-4[5] 정공이 물었다.

"천자가 지내는 郊祭의 **禮儀**를 들을 수 있겠습니까?"

공자가 대답하였다.

"신이 듣기로, 천자가 교제를 지낼 날짜를 잡을 때에는 선조의 사당에서 명을 받고 아버지의 사당에서 거북점을 친다고 하니, 선조를 높이고 아버지를 친근히 하는 뜻입니다. 천자가 〈교제를 지낼 때〉 도끼 문양이 새겨진 큰 갖옷을 입으니 그 갖옷의 곤룡포를 입는 것은 하늘을 상징한 것이고, 흰 수레를 타는 것은 질박함을 귀하게 여겨서입니다. 또 旂[6]에는 12개의 깃발이 있는데 용 문양에 해와 달을 그린 것은 하늘을 본받은 것이고, 곤룡포를 입고서 제사 지낼 때에는 나무를 태웁니다.[7] 면류관을 쓰고 12개의 술을 드리우는 것은 하늘의 수인 12개월을 본받은 것

5) 저본의 표제에 "곤룡포를 입는 것은 하늘을 상징한 것이다.〔被袞象天〕"라고 되어 있다.

6) 旂 : 붉은 바탕에 두 마리 용을 그리고, 깃대 머리에 방울을 단 기를 말한다.

7) 나무를……태웁니다 : 원문의 '燔柴'는 나무를 쌓은 다음 그 위에 犧牲과 玉帛을 올려놓고 불을 붙여 제물의 타는 냄새가 하늘에 오르도록 하여 하늘에 제사하는 것을 말한다. ≪禮記≫ 〈祭法〉에 "나무를 泰壇에 태워서 하늘에 제사 지내고, 폐백과 희생을 泰折에 묻어서 땅에 제사 지낸다.〔燔柴於泰壇 祭天也 瘞埋於泰折 祭地也〕"라고 하였다. 泰壇과 泰折은 흙을 높이 쌓아 올려서 제

입니다. 이 때문에 군자는 감히 가볍게 예에 대해 의논하지 않는 것입니다."

公曰 天子之郊는 其禮儀可得聞乎①잇가 孔子對曰 臣聞天子卜郊②則受命于祖廟③하고 而作龜于禰宮④은 尊祖親考之義也⑤라 天子大裘以黼之⑥하니 被袞象天⑦이요 乘素車는 貴其質也⑧라 旂十有二斿하고 龍章而設以日月은 所以法天也⑨요 服袞以臨燔柴⑩라 戴冕璪⑪十有二旒⑫는 則天數也⑬라 是以君子無敢輕議於禮者也⑭니이다

① 정공이 또 묻기를, "천자가 지내는 교제의 예를 알 수 있겠습니까?"라고 한 것이다.
公又問 天子郊祀之禮를 可以知不잇가

② 부자가 말하기를, "신이 듣기로 천자가 교제를 지낼 때에 먼저 거북점을 쳐서 吉日을 정합니다."라고 한 것이다.
夫子言 臣所聞天子郊에 先用龜卜吉日이라

③ 선조에게 하늘에 제사 지내라는 명을 받은 것이다.
受祭天之命于祖라

④ 아버지의 사당에서 거북점을 쳐 날을 잡는 것이다.
而卜龜於父廟之中이라

⑤ 이는 바로 선조를 공경하고 아버지를 친근히 하는 뜻이다.
此乃敬祖親父之義라

⑥ 천자가 들어가 제사 지낼 때에 큰 갖옷을 입는데 거기에는 도끼 문양이 그려져 있는 것이다.
天子入祭時에 衣以大裘호대 其上畫黼文이라

⑦ 곤룡포를 입는 것은 하늘을 상징하는 것이다.
被袞服以象天이라

⑧ 흰 수레를 타는 것은 질박함을 숭상하는 것이다.
乘白輦은 尙質朴也라

⑨ 수레 앞에 旂가 있고 거기에는 12개의 깃발을 드리우는데, 그 위에 용 문양과 일월을 그린 것은 天文을 상징한 것이다.
車前有旂하고 垂十二(背)〔斿〕⁸⁾호대 上畫龍文日月은 以象天文也라

⑩ 곤룡포를 입고서 제사 지낼 때에 나무를 태우는 것은 밝음을 취한 것이다.
服袞衣以臨祭에 所燔柴는 取明이라

사 지내는 곳이다.
8) (背)〔斿〕: 저본에는 '背'로 되어 있으나, 慶長本에 의거하여 '斿'로 바로잡았다.

⑪ 頭註 : 璪(면류관에 드리우는 옥)는 音이 早이다.

　　璪는 音早라

⑫ 면류관과 皮弁을 쓰고 12개의 술을 드리운 것이다.

　　載冕弁하고 有十二垂旒라

⑬ 12개월인 하늘의 수를 본받은 것이다.

　　法天十二數也라

⑭ 이 때문에 군자는 감히 함부로 예에 대해 의논하지 않는 것이다.

　　所以君子之人은 不敢妄議論於禮也라

제30편 五刑에 대한 해설 五刑解 第三十①

五刑에 대한 冉有의 질문에 孔子가 대답한 내용을 기록한 편이기에, 편명을 '五刑解'로 삼았다. 五刑은 얼굴에 刺字하는 墨刑, 코를 베는 劓刑, 발꿈치를 베는 剕刑, 남녀의 생식기를 못 쓰게 하는 宮刑, 사형인 大辟을 말한다. 성인이 五刑을 만든 것은 죄를 짓지 않도록 예방하기 위해서이다. 그러므로 지극한 다스림은 형벌을 쓰지 않는 것이다. 또한 大夫 이상에게 형벌을 시행하지 않는 것은 그들이 염치를 알아 다시는 죄를 짓지 않게 하려는 의도였다. 孔子의 刑罰觀을 볼 수 있는 편이다.

① 염유가 五刑에 대해 물었기 때문에 이렇게 편명을 붙인 것이다.
　　冉有問五刑이라 故以名篇하니라

30-1[1] 염유가 공자에게 물었다.

"옛날에 三皇五帝[2]는 五刑[3]을 사용하지 않았다고 하는데 진실로 그러합니까?"

공자가 대답하였다.

"성인께서 형벌을 만들어 예방한 것은 죄를 짓지 않는 것을 귀하게 여겨서이니, 오형을 제정하되 사용하지 않는 것이 지극한 다스림이다.

대체로 사람들이 간사한 짓을 하고 도적질을 하며 불법을 저지르고 망령된 행동을 하는 것은 부족한 데서 생기고, 부족함은 무절제한 데서 생긴다. 이 때문에 위

---

1) 저본의 표제에 "三皇五帝가 五刑을 사용하지 않다.〔三皇五帝不用五刑〕", "위에서 임금이 법도를 만들면 백성은 금지할 줄을 안다.〔上有制度則民知止〕"라고 되어 있다.

2) 三皇五帝 : 三皇은 伏羲・神農・軒轅을 가리키며, 五帝는 少昊・顓頊・帝嚳・堯・舜을 가리킨다.

3) 五刑 : 《書經》〈呂刑〉에서 말한 다섯 가지 형벌로, 얼굴에 刺字하는 墨刑, 코를 베는 劓刑(의형), 발꿈치를 베는 剕刑, 남녀의 생식기를 못 쓰게 하는 宮刑, 사형인 大辟이다.

에서 임금이 법도를 만들면 백성이 금지할 줄을 알고, 백성이 금지할 줄을 알면 죄를 짓지 않을 것이다. 그러므로 간사한 짓을 하고 도적질을 하며 불법을 저지르고 망령된 행동을 하는 자를 처벌하는 刑獄이 있더라도 형벌에 빠지는 백성이 없는 것이다.

효도하지 않는 것은 仁하지 못한 데서 생기는데, 喪禮와 祭禮가 仁愛를 가르치는 것이다. 상례와 제례가 밝게 시행되면 백성들이 효도할 것이다. 그러므로 효도하지 않는 자를 처벌하는 형옥이 있더라도 형벌에 빠지는 백성이 없는 것이다.

윗사람을 시해하는 것은 의롭지 못한 데서 생기는데, 朝聘의 예4)가 義를 밝히는 것이다. 義가 분명하게 밝아지면 백성들이 죄를 짓지 않을 것이다. 그러므로 윗사람을 시해하는 자를 처벌하는 형옥이 있더라도 형벌에 빠지는 백성이 없는 것이다.

싸움을 하고 變故를 일으키는 것은 상대를 능멸한 데서 생기고, 상대를 능멸하는 것은 長幼의 次序가 없고 공경과 겸양을 버리는 데서 생기는데, 鄕飮酒禮가 장유의 차서를 밝히고 공경과 겸양을 높이는 것이다. 그러므로 변고를 일으키고 싸움을 하는 자를 처벌하는 형옥이 있더라도 형벌에 빠지는 백성이 없는 것이다.

음특한 짓을 하고 난리를 일으키는 것은 남녀의 분별이 없는 데서 생기니, 남녀의 분별이 없으면 부부의 의리를 잃을 것이다. 혼례와 聘享(聘禮와 宴享)이 남녀를 분별하고 부부의 의리를 밝히는 것이다. 그러므로 음특한 짓을 하고 난리를 일으키는 자를 처벌하는 형옥이 있더라도 형벌에 빠지는 백성이 없는 것이다.

이 다섯 가지는 형벌이 생기게 된 각각의 근원이니, 미리 근원을 막지 않고 그때마다 형벌로 다스리면 이는 함정을 파서 백성들을 빠뜨리는 격이라고 할 수 있다. 삼황오제가 백성을 교화한 방법이 이러하였으니 비록 오형이 있더라도 사용하지 않는 것이 또한 가능하지 않겠는가."

冉有問於孔子曰 古者三皇五帝不用五刑하니 信乎①잇가 孔子曰 聖人之設防은 貴其不犯也②니 制五刑而不用이 所以至治也③라 凡夫人之爲姦邪竊盜靡法妄行者④는 生於不足⑤하고

---

4) 朝聘의 예 : 제후가 친히 가거나 혹은 사신을 파견하여 천자를 알현하는 것을 말한다. ≪禮記≫ 〈王制〉에 "제후가 천자에게 해마다 한 번씩 小聘을 하고, 3년마다 한 번씩 大聘을 하고, 5년마다 한 번씩 조회에 나가 알현한다."라고 하였다.

不足은 生於無度⁶라 是以上有制度則民知所止⁷하고 民知所止則不犯⁸이라 故雖有姦邪賊盜靡法妄行之獄이라도 而無陷刑之民⁹이니라 不孝者는 生於不仁¹⁰하니 喪祭之禮가 所以敎仁愛也¹¹라 喪祭之禮明이면 則民孝矣¹²라 故雖有不孝之獄이라도 而無陷刑之民¹³이니라 弑上者는 生於不義¹⁴하니 朝¹⁵聘之禮者가 所以明義也¹⁶라 義必明이면 則民不犯¹⁷이라 故雖有弑上之獄이라도 而無陷刑之民¹⁸이니라 鬪變者는 生於相陵¹⁹하고 相陵은 生於長幼無序而遺敬讓²⁰이니 鄕飮酒之禮者가 所以明長幼之序而崇敬讓也²¹라 故雖有變鬪之獄이라도 而無陷刑之民²²이니라 淫亂者는 生於男女無別²³²⁴하고 男女無別則夫婦失義²⁵니 婚禮聘享者가 所以別男女明夫婦之義也²⁶라 故雖有淫亂之獄이라도 而無陷刑之民²⁷이니라 此五者는 刑罰之所從生이 各有源焉²⁸하니 不豫塞²⁹其源³⁰而輒繩之以刑³¹이면 是謂爲民設穽而陷之³²니라 三皇五帝之所化民者如此³³하니 雖有五刑之不用이 不亦可乎³⁴아

① 염유가 묻기를, "상고시대에 삼황오제가 오형을 사용하지 않았다고 하니 진실로 그러합니까?"라고 한 것이다.
　冉有問 上古에 三皇五帝가 不用五刑이라하니 其信然乎잇가

② 부자가 말하기를, "성인께서 刑法을 만들어서 백성들이 법을 위반하는 하는 것을 막고 단절시킨 것은 죄를 짓지 않는 것을 귀하게 여겨서이다."라고 한 것이다.
　夫子言 聖人設刑法하여 以防閑於民은 貴其不犯이라

③ 다섯 등급의 형벌을 제정하였지만 백성들이 어기지 않는 것이 지극한 다스림이 되는 것이다.
　制五等之刑호되 民不犯이 所以極治라

④ 무릇 사람이 간사한 짓을 하고 도적질을 하며 불법을 저지르고 망령된 행동을 하는 경우이다.
　凡人之奸邪盜竊不法妄亂所爲者라

⑤ 대부분 부족한 데서 생기는 것이다.
　多生於不足이라

⑥ 스스로 만족하지 못하는 것은 대부분 절제하고 검약하지 못하는 데서 생기는 것이다.
　不能自足은 多生於不能節約이라

⑦ 임금이 위에서 법도를 만들어서 백성들을 제재하면 백성들이 금지할 줄을 아는 것이다.
　君爲制度於上하여 以制其民하면 則民知所禁止라

⑧ 백성들이 금지할 줄을 알면 임금의 명령을 어기지 않는 것이다.
　民旣知止하면 則不犯君令이라

⑨ 그러므로 비록 이러한 刑獄을 설치하더라도 백성들이 거기에 빠지지 않는 것이다.
雖設此等之刑獄이라도 而民不陷入其中이라

⑩ 무릇 효도하지 않는 것은 仁愛를 알지 못한 데서 생기는 것이다.
夫不孝者는 生於不知仁愛라

⑪ 상례와 제례가 백성들에게 仁愛를 알도록 가르치는 것이다.
死喪祭祀之禮가 所以教民知有仁愛也라

⑫ 상례와 제례의 뜻이 밝아지면 백성들이 효도할 줄을 아는 것이다.
喪祭之禮旣明이면 則民知孝道矣라

⑬ 그러므로 비록 효도하지 않는 자를 처벌하는 형옥을 설치하더라도 백성들이 거기에 빠지지 않는 것이다.
雖置不孝之獄이라도 而民不陷其中이라

⑭ 무릇 弑逆하는 것은 義를 알지 못한 데서 생기는 것이다.
(去)〔夫〕[5]弑逆者는 蓋起於不知義라

⑮ 頭註 : 朝(조회하다)는 音이 潮이다.
朝는 音潮라

⑯ 임금이 朝聘의 예를 만든 것이 貴賤과 尊卑의 義를 밝히는 것이다.
上設朝聘之禮者가 所以明貴賤尊卑之義也라

⑰ 義가 밝아지면 백성들이 윗사람을 범하지 않는 것이다.
義旣明이면 則民不犯上이라

⑱ 그러므로 비록 윗사람을 시해하는 자를 처벌하는 형옥을 설치하더라도 백성들이 거기에 빠지지 않는 것이다.
雖置弑上之獄이라도 而民不陷其中이라

⑲ 싸움을 하는 것은 백성들이 서로 속이고 능멸한 데서 생기는 것이다.
鬪狠은 生於民之相欺陵이라

⑳ 백성들이 서로 능멸하는 것은 長幼의 차서가 없고 서로 공경하고 겸손한 마음을 잃었기 때문이다.
民之相陵은 由於少長無倫하고 忘其相敬相遜이라

㉑ 향음주례를 행하는 것이 老少와 尊卑의 차서를 밝히고 공경과 겸손을 중시하는 것이다.
行鄕飮酒之禮가 蓋明老少尊卑之序하고 重敬遜也라

---

5) (去)〔夫〕: 저본에는 '去'로 되어 있으나, 慶長本에 의거하여 '夫'로 바로잡았다.

㉒ 그러므로 비록 변고를 일으키고 싸움을 하는 자를 처벌하는 형옥을 설치하더라도 백성들이 그곳을 밟지 않는 것이다.

雖置變鬪之獄이라도 而民不蹈其中이라

㉓ 頭註 : 別(분별하다)은 彼와 列의 反切이다.

別은 彼列切이라

㉔ 음특한 짓을 하고 난리를 일으키는 것은 남녀가 뒤섞여 분별이 없는 데서 생기는 것이다.

淫邪作亂者는 起於男女混然無分別이라

㉕ 남녀가 분별이 없으면 부부의 바른 의리를 잃게 되는 것이다.

男女無別이면 則失夫妻之正義라

㉖ 婚禮와 聘禮가 남녀를 분별하고 부부의 큰 의리를 밝히는 것이다.

婚聘之禮가 所以分別男女하고 明夫妻之大⁶⁾義라

㉗ 그러므로 비록 음특한 짓을 하고 난리를 일으키는 자를 처벌하는 형옥을 설치하더라도 백성들이 거기에 빠지지 않는 것이다.

雖置淫亂之獄이라도 而民不陷其中이라

㉘ 무릇 이 다섯 가지는 형법이 생겨난 이유로서 각각 근본이 있는 것이다.

凡此五者는 形法所由起也라 而各有其本이라

㉙ 頭註 : 塞(막다)은 悉과 則의 反切이다.

塞은 悉則切이라

㉚ 먼저 법을 어기는 근원을 막지 않는 것이다.

不先遏其犯刑之源이라

㉛ 그때마다 형법을 가하는 것이다.

而動以刑法加之라

㉜ 그야말로 함정을 파서 백성들이 함정에 들어가기를 바라는 것과 같은 것이다.

正如開坑窣以冀民之入이라

㉝ 옛사람이 백성을 교화하는 것이 이와 같은 것이다.

古人化民若此라

㉞ 그러므로 비록 형법이 있더라도 단지 놔두고 사용하지 않는 것이 어찌 가능하지 않겠느냐고 한 것이다.

故雖有刑法이라도 但措而不用이 豈不可哉리오

---

6) 大 : 慶長本에는 ‘正’으로 되어 있다.

30-2 염유가 공자에게 물었다.

"선왕께서 법을 제정할 때에 형벌은 위로 大夫에게 미치지 않게 하고 예는 아래로 庶人에게 요구하지 않았습니다. 그렇다면 대부가 죄를 지어도 형벌을 가할 수 없고 서인이 일을 행하는 데 예로써 다스릴 수 없는 것입니까?"

공자가 대답하였다.

"그렇지 않다. 무릇 군자를 다스릴 때에는 예로써 그 마음을 제어하니 이는 그의 廉恥의 節操에 맡긴 것이다. 그러므로 옛날에 대부가 청렴하지 못해 貪汚한 죄를 저질러 추방되었을 경우에는 청렴하지 못해 탐오한 죄를 저질러 추방되었다고 말하지 않고 簠簋(보궤)[7]가 정돈되지 못하였다고 말하며, 음란하여 남녀의 분별이 없는 죄를 저질렀을 경우에는 음란하여 남녀의 분별이 없다고 말하지 않고 帷幕[8]을 단속하지 못했다고 말하며, 윗사람을 欺罔하여 不忠한 죄를 저질렀을 경우에는 윗사람을 기망하여 불충하다고 말하지 않고 신하의 절개가 드러나지 못했다고 말하며, 無能하여 직임을 감당하지 못한 죄를 저질렀을 경우에는 무능하여 직임을 감당하지 못했다고 말하지 않고 부하 관원들이 직책을 수행하지 못했다고 말하며, 국가의 기강을 범한 죄를 저질렀을 경우에는 국가의 기강을 범했다고 말하지 않고 직무를 수행하는 데 命을 요청하지 않았다고 말하였다. 이 다섯 가지는 대부가 이미 스스로 罪名을 인정한 것인데 감추어 준 것은 그를 부끄럽게 하려는 것이다.

○ 冉有問於孔子曰 先王制法에 使刑不上於大夫[①]하고 禮不下庶人[②]하니 然則大夫犯罪에 不可以加刑[③]하고 庶人之行事에 不可以治於禮乎[④]잇가 孔子曰 不然[⑤]하다 凡治君子에 以禮御其心하나니 所以屬之以廉恥之節也[⑥]라 故古之大夫가 其有坐不廉汚[⑦]穢(오예)而退放之者[⑧]인댄 不謂之不廉汚穢而退放[⑨]이요 則曰簠[⑩]簋(보궤)[⑪]不飭[⑫]이라하며 有坐淫亂男女無別者[⑬]인댄 不謂之淫亂男女無別[⑭]이요 則曰帷幕不修也[⑮]라하며 有坐罔上不忠者[⑯]인댄 不謂之罔上不忠[⑰]이요 則曰臣節未著[⑱]라하며 有坐罷(피)[⑲]軟不勝任者[⑳]인댄 不謂之罷軟不勝[㉑]任[㉒]이요 則曰下官不職[㉓]이라하며 有坐干國之紀者[㉔]인댄 不謂之干國之紀[㉕]요 則曰行事不請[㉖]이라하니라 此五者는 大夫旣自定有罪名矣[㉗]로대 而爲之諱는 所以媿恥之[㉘]라

① 염유가 묻기를, "선왕께서 법을 제정할 때에 형벌이 대부의 몸에 가해지지 않게 하였습

---

7) 簠簋(보궤): 黍稷과 稻粱을 담는 祭器이다.

8) 帷幕: '帷箔과 같은 뜻으로, 휘장을 치고 발을 늘어뜨리는 閨門을 상징한다.

니다."라고 한 것이다.

冉有問 先王之制法에 使刑罰不加於大夫之身이라

② 예절이 서인에게 내려가지 않게 한 것이다.

禮文不降於庶民이라

③ 대부에게 죄가 있더라도 형벌을 가할 수 없는 것이냐고 한 것이다.

大夫有罪라도 不可加刑乎잇가

④ 서인이 일을 하는 데 예로써 요구하지 못하는 것이냐고 한 것이다.

庶人作事에 不責之以禮乎잇가

⑤ 부자가 말하기를, "그런 말이 아니다."라고 한 것이다.

夫子言 非此之謂也라

⑥ 임금이 신하를 예로써 다스려서 염치의 절조를 알게 하는 것이다.

君以禮御臣하여 使知有廉恥之節이라

⑦ 頭註 : 汚(더럽다)는 晋이 烏이다.

汚는 音烏라

⑧ 옛날에 대부가 청렴하지 못해 탐오해서 쫓겨난 경우이다.

古之大夫가 有因貪汚不淸廉而見黜者라

⑨ 청렴하지 못해 탐오해서 쫓겨났다고 말하지 않는 것이다.

不言其貪汚不廉而黜之라

⑩ 頭註 : 簠(祭器 이름)는 晋이 甫이다.

簠는 音甫라

⑪ 頭註 : 簋(제기 이름)는 晋이 鬼이다.

簋는 音鬼라

⑫ 보궤를 정돈하지 못했다고 말할 뿐이다.

惟言其不能整齊簠簋라

⑬ 음란하여 남녀의 분별이 없는 죄를 저질렀을 경우이다.

有犯淫亂男女無別之罪라

⑭ 음란하여 분별이 없다고 말하지 않는 것이다.

不言其淫亂無別이라

⑮ 帷箔에서의 예절을 검속하지 못했다고 말할 뿐이다.

惟言其帷箔之禮不能修飾이라

⑯ 임금을 기망하여 불충한 죄를 저질렀을 경우이다.

有犯欺君不忠之罪라

⑰ 임금을 기망하여 불충하다고 말하지 않는 것이다.

不言其欺君不忠이라

⑱ 신하로서 그 절개를 드러내지 못했다고 말할 뿐이다.

惟言其爲臣不能顯其節이라

⑲ 頭註 : 罷(약하다)는 音이 皮이다.

罷는 音皮라

⑳ 무능하여 직무를 감당하지 못한 잘못을 저질렀을 경우이다.

有犯疲弱不能任事之過라

㉑ 頭註 : 勝(감당하다)은 音이 升이다.

勝은 音升이라

㉒ 무능하여 직무를 감당하지 못했다고 말하지 않는 것이다.

不言其疲弱不能任事라

㉓ 부하 관원들이 직무를 수행하지 못했다고 말할 뿐 대부의 몸을 指斥하지 않은 것이다.

惟言其下官不稱職하고 不斥其身也라

㉔ 국법을 어긴 경우이다.

有犯國法者라

㉕ 국가의 법을 어겼다고 말하지 않는 것이다.

不言其犯國之法이라

㉖ 命을 청하지 않고 멋대로 행하였다고 말할 뿐이다.

惟言其不請命而擅行이라

㉗ 신하가 이 다섯 가지의 죄를 저지르면 그가 지은 죄를 스스로 인정하게 하는 것이다.

臣犯此五條면 則令其自定其所犯之罪라

㉘ 오히려 그를 위해 감추어 준 것은 바로 부끄럽게 하려는 것이다.

而猶爲之隱諱者는 正所以媿恥之也라

30-3 이 때문에 대부는 자신의 죄가 오형의 범위에 해당하는데 그것이 소문이 나 견책당하고 탄로 나게 되면, 흰 冠에 들소 꼬리털로 만든 갓끈을 달아 대야에 물을 담고 그 위에 칼을 얹고서 대궐에 나아가 스스로 죄를 청한다. 그러면 임금은 有司로 하여금 묶어 끌면서 형벌을 가하지 못하게 하고, 큰 죄가 있더라도 임금은 사람으로 하여금 잡아끌면서 刑戮할 수 없게 한다. 그리고는 '그대 대부가 스스로 죄를 저질렀으니 내가 그대를 예로 대우하는 것이다.'라고 한다. 그러므로 형벌이 위

로는 대부에게 미치지 않고 대부 또한 자신이 지은 죄를 피하지 않았으니 이는 임금의 教令이 그렇게 한 것이다. 무릇 이른바 예는 아래로 서인에게 요구하지 않는다는 것은 서인들은 일을 하는 데 급급하여 예의를 차릴 수가 없기 때문에 예의를 갖추도록 요구하지 않는 것이다."

염유가 자리에서 일어나 말하였다.

"말씀이 훌륭합니다. 저는 전에 이러한 말을 듣지 못했습니다."

그리고 물러나 그 말을 記誦하였다.

是故로 大夫之罪가 其在五刑之域者하여 聞而譴發[1]이면 則白冠氂9)纓[2]하고 盤水加劍하여 造[3]乎闕而自請罪[4]어든 君不使有司執縛牽掣而加之也[5]요 其有大罪者[6]라도 君不使人捽(졸)[7] 引而刑殺之也[8]라 曰子大夫自取之耳[9]니 吾遇子有禮矣[10]니라 以刑不上大夫[11]하고 而大夫亦不失其罪者[12]는 教使然也[13]라 凡所謂禮不下庶人者[14]는 以庶人遽其事而不能充禮[15]라 故不責之以備禮也[16]니라 冉有免席曰[17] 言則美矣[18]니 求未之聞[19]이라 退而記之[20]하다

① '그러므로 대부의 죄가 오형의 범위에 해당하는데 비로소 견책당하고 그 죄가 탄로 나게 되면'의 뜻이다.

故大夫罪在五刑之數者하여 始譴責而發露其罪라

② 흰 관을 쓰고 들소 꼬리털로 만든 갓끈을 다는 것이다.

則冠素冠而氂纓이라

③ 頭註: 造(나아가다)는 七과 到의 反切이다.

造는 七到切이라

④ 또 대야에 물을 채우고 대야 위에 검을 얹고서 직접 대궐에 나아가 임금에게 죄를 청하는 것이다.

又以盤水하고 而加劍於盤上하여 自(諧)〔詣〕10)闕庭而請罪於君이라

⑤ 임금 또한 담당 官司로 하여금 묶어 끌어서 그 몸을 욕되게 하지 못하도록 하는 것이다.

君亦不令官司로 執縛牽掣以辱其身也라

⑥ 큰 죄를 저지른 경우이다.

有犯大罪者라

---

9) 氂 : 여기서 氂는 氂(들소 꼬리털)의 의미로 쓰였다.

10) (諧)〔詣〕 : 저본에는 '諧'로 되어 있으나, 慶長本에 의거하여 '詣'로 바로잡았다.

⑦ 頭註 : 捽(잡다)은 昨과 沒의 反切이다.

　　捽은 昨沒切이라

⑧ 임금 또한 사람으로 하여금 그 몸을 잡아 끌어서 형륙하지 못하게 하는 것이다.

　　君亦不使人捽拽其身而刑戮之라

⑨ "그대 대부가 스스로 죄를 지었다."라고만 말하는 것이다.

　　惟言 子大夫自犯其罪라

⑩ "내가 그대를 대우하는 것 또한 예에 맞게 하는 것이다."라고 하는 것이다.

　　吾待汝亦有禮矣라

⑪ 그러므로 형법이 위로는 대부에게 미치지 않은 것이다.

　　故刑法不上於大夫라

⑫ 대부가 죄를 지어도 구차하게 피하려고 하는 데 이르지 않은 것이다.

　　而大夫有罪라도 亦不至於苟免者라

⑬ 임금의 敎令이 절로 그렇게 하도록 하였기 때문이다.

　　由君之敎令이 使之自然故也라

⑭ 무릇 예는 아래로 서인에게 요구하지 않는다는 말이다.

　　夫言禮不下庶人者라

⑮ 서인은 일에 바빠서 예의를 두루 차릴 수 없기 때문이다.

　　蓋以庶人忽遽於事하여 而不能充周於禮義라

⑯ 이 때문에 서인에게 예의 갖추기를 요구하지 않는 것이다.

　　是以不責庶人之備禮也라

⑰ 염유가 자리에서 일어나 말한 것이다.

　　冉有避席而言曰

⑱ 부자의 말씀이 훌륭하다고 한 것이다.

　　夫子之言이 可謂善矣라

⑲ 자신은 이전에 이러한 말을 듣지 못했다는 것이다.

　　求前未聞此言이라

⑳ 물러나 그 말을 記誦한 것이다.

　　退而記誦其言이라

제31편 형벌과 정치   刑政 第三十一^①

형벌과 정치에 대한 仲弓의 질문에, 孔子가 정치로써 인도하고 형벌로써 금지시킨 성인의 교화로 대답한 것을 기록한 편이기에, 편명을 '刑政'으로 삼았다. 형벌은 德으로 교화하고 인도하여도 따르지 않을 경우에 부득이하게 사용하는 것으로, 형벌을 사용할 때는 여러 차례 살펴보고 여러 사람과 함께 의논하여 시행하되, 그 죄가 확실하지 않은 경우에는 용서하였다. 그만큼 신중하게 형벌을 시행한 것을 알 수 있다. 法家의 사상과 대비되는 점이다.

① 중궁이 刑政에 대해 물었기 때문에 이렇게 편명을 붙인 것이다.
　　仲弓問刑政이라 故以名篇하니라

31-1¹⁾ 중궁이 공자에게 물었다.

"제가 듣기로, 지극히 악독한 형벌에는 정치를 쓸 것이 없고 지극히 훌륭한 정치에는 형벌을 쓸 것이 없으니, 지극히 악독한 형벌로 정치를 쓸 것이 없었던 때는 桀王과 紂王의 시대가 그러하였고, 지극히 훌륭한 정치로 형벌을 쓸 것이 없었던 때는 成王과 康王의 시대가 그러하였다고 하는데, 진실로 그러합니까?"

仲弓

---

1) 저본의 표제에 "중궁이 형정에 대해 묻다.〔仲弓問刑政〕", "태곳적에 덕으로써 백성을 교화하다.〔太上以德教民〕"라고 되어 있다.

공자가 대답하였다.

"성인께서 다스리고 교화할 때에는 반드시 형벌과 정치를 섞어서 사용하였다. 태곳적에는 덕으로써 백성을 교화하고 예로써 가지런히 하였고 그 다음 시대에는 法令으로써 백성들을 인도하고 형벌로써 금지하였다.[2] 하지만 형벌이 있어도 형벌을 사용하지 않다가 교화해도 바뀌지 않고 인도하여도 따르지 않아 義를 해치고 풍속을 그르치게 되면 비로소 형벌을 사용하였다. 형벌은 거푸집〔佣〕이고 거푸집은 완성된

成王

것이니 한 번 완성되면 변경할 수 없다. 그러므로 군자는 여기에 마음을 다하는 것이다."

仲弓問於孔子曰[1] 雍聞至刑無所用政[2]이요 至政無所用刑[3]하니 至刑無所用政은 桀紂之世是也[4]요 至政無所用刑은 成康之世是也[5]라하니 信乎[6]잇가 孔子曰[7] 聖人之治化也는 必刑政相參焉[8]이라 太上엔 以德敎民하고 而以禮齊之[9]하며 其次는 以政事導民하고 以刑禁之[10]라 刑不刑也[11]라 化之弗變하고 導之弗從[12]하여 傷義以敗俗[13]이면 於是乎用刑矣[14]라 刑은 佣也요 佣은 成也[15]니 壹成而不可更[16][17]이라 故君子盡心焉[18]하니라

① 冉雍이 부자에게 물은 것이다.
　冉雍問夫子言이라

② 자신이 듣기로, 지극히 악독한 형벌에는 정치를 일삼을 것이 없다고 한다는 것이다.
　雍聞至刑之中에 無事乎政이라

---

2) 태곳적에는……금지하였다 : 德과 禮는 백성을 교화하는 근본이고, 刑과 政은 백성을 다스리는 말단이라는 말이다. 《禮記》〈緇衣〉에 "대체로 백성들을 덕으로써 가르치고 예로써 가지런히 하면 백성들이 이르려는 마음이 생기지만 법령으로써 가르치고 형벌로써 가지런히 한다면 백성들이 달아나려는 마음이 생긴다.〔夫民敎之以德 齊之以禮 則民有格心 敎之以政 齊之以刑 則民有遯心〕"라고 하였고, 《論語》〈爲政〉에 "법령으로써 인도하고 형벌로써 가지런히 하면 백성들이 처벌을 면하려고만 하고 부끄러움을 느끼지 않지만, 덕으로써 인도하고 예로써 가지런히 하면 백성들이 부끄러움을 느끼고 선해질 것이다.〔道之以政 齊之以刑 民免而無恥 道之以德 齊之以禮 有恥且格〕"라고 하였다.

③ 지극히 훌륭한 정치에는 형벌을 일삼을 것이 없다는 것이다.

至政之中에 無事乎刑이라

④ 걸왕과 주왕은 嚴刑은 있고 善政은 없었던 것이다.

桀紂之君은 有嚴刑無善政이라

⑤ 성왕과 강왕은 선정은 있고 엄형은 없었던 것이다.

成康之君은 有善政無嚴刑이라

⑥ 진실로 그러하냐고 한 것이다.

信然如此乎잇가

⑦ 부자가 말한 것이다.

夫子言이라

⑧ 성인이 세상을 다스릴 때에 반드시 형벌과 정치를 섞어 사용한 것이다.

聖人治世에 必以刑政相參而用이라

⑨ 태곳적에는 순수하게 덕만 사용하여 백성을 교화하고 또 예로써 가지런히 한 것이다.

太古之時엔 純用德以化民하고 又以禮齊一之라

⑩ 그 다음 시대에는 정사로써 백성을 인도하고 형법으로써 금지한 것이다.

其次則用政事引導於民하고 以刑法禁止之라

⑪ 비록 형벌이 있더라도 오히려 그 형벌을 쓰지 않은 것이다.

雖有刑而猶不用其刑이라

⑫ 교화해도 풍속이 변하지 않고 인도해도 백성들이 따르지 않은 것이다.

至於化之而俗不革하고 導之而民不從이라

⑬ 義를 해치고 풍속을 그르치게 된 것이다.

傷於義하고 敗於俗이라

⑭ 이에 부득이하게 형법을 사용한 것이다.

於是不得已而用刑法矣라

⑮ 형벌은 거푸집이고 거푸집은 완성된 것이다.

刑者는 侀也요 侀者는 成也라

⑯ 頭註 : 更(고치다)은 平聲이다.

更은 平聲이라

⑰ 한 번 완성된 뒤에는 변경할 수 없는 것이다.

一成之後엔 不可更改라

⑱ 이 때문에 군자는 늘 여기에 마음을 다하여 감히 경솔하게 하지 않는 것이다.

是以君子每盡心於此하여 不敢輕易也라

31-2 공자가 말하였다.

"大司寇는 형법을 바르게 하고 죄를 분명하게 가려서 옥사를 살피는 책임이 있으므로 옥사는 반드시 세 번 물어야 한다. 心證은 있는데 증거가 없을 경우에는 論罪하지 않고, 죄를 줄 경우에는 가벼운 쪽으로 하고 용서할 경우에는 후한 쪽으로 하며, 의심스러우면 용서해준다.[3] 그러므로 사람에게 官爵을 줄 때에는 조정에서 여러 사람과 함께 보고, 사람에게 형벌을 시행할 때에는 저자에서 여러 사람과 함께 버리는 것이다."

孔子曰 大司寇는 正刑明辟以察獄①하니 獄必三訊焉②이라 有指無簡則不聽也③요 附從輕赦從重④이요 疑則赦之⑤라 是故爵人엔 於朝⑥與衆共之也⑦요 刑人엔 於市與衆棄之也⑧라

① 대사구는 獄官의 우두머리이다. 대체로 옥사를 다스릴 때에는 반드시 형법을 바르게 하고 그 죄를 분명하게 가려서 공정한 마음과 뜻으로 옥사의 실정을 살펴야 하는 것이다.
　　大司冠는 獄官之長也라 夫治獄엔 必正其刑明其罪하여 公心意以察獄情하니

② 첫째, 신하들에게 묻고, 둘째, 관리들에게 묻고, 셋째, 만백성에게 묻는 것이다.
　　一曰訊群臣이요 二曰訊群吏요 三曰訊萬民이라

③ 簡은 증거이다. 심증은 있는데 증거가 없는 경우에는 논하여 죄로 삼지 않는 것이다.
　　簡은 誠也라 有其意無其誠者는 不論以爲罪也라

④ 남에게 죄를 줄 경우에는 가벼운 쪽으로 하고, 남의 죄를 용서할 경우에는 후한 쪽으로 하는 것이다.
　　附人之罪는 以輕爲比하고 赦人之罪는 以重爲比라

⑤ 옥사를 처리할 때, 죄를 지었는지 아닌지 의심스러우면 용서해주는 것이다.
　　獄有疑罪면 則赦宥之라

⑥ 頭註 : 朝(조정)는 直과 遙의 反切이다.
　　朝는 直遙切이라

⑦ 관작을 사람에게 줄 때에는 반드시 조정에서 여러 사람과 함께 보는 것이다.
　　以官爵與人엔 必於朝中與衆共見之라

⑧ 무릇 죄인을 형륙할 때에는 반드시 저자에서 여러 사람과 함께 버리는 것이다.

---

3) 의심스러우면……준다 : 皐陶가 순임금의 덕을 찬양하여 말하기를, "죄가 의심스러울 경우에는 가벼운 쪽으로 처벌하고, 공이 의심스러울 경우에는 후한 쪽으로 상을 주었다.〔罪疑惟輕 功疑惟重〕"라고 하였다.(《書經》〈大禹謨〉)

凡刑戮罪人엔 必在市中與衆共棄之라

31-3[4) 중궁이 물었다.

"금지해야 할 것은 무엇을 금지해야 합니까?"

공자가 대답하였다.

"교묘한 말로 법률을 파괴하며 物名을 속여서 바꾸며 邪道를 가지고서 정치를 어지럽히는 자는 죽이고, 음란한 음악[5)을 만들며 기이한 복장을 지으며 괴이한 기예와 기물[6)을 만들어서 윗사람의 마음을 어지럽게 하는 자는 죽이고, 행실이 거짓되면서도 굳게 지키고 속이는 말을 하면서도 변론을 잘하고 학문이 그릇되면서도 박식하고 잘못된 도를 따르면서도 거침없이 말하여 사람들을 迷惑시키는 자는 죽이고, 鬼神의 禍福과 時日의 길흉과 卜筮의 길흉을 가탁하여 사람들을 疑惑시키는 자는 죽인다. 이 네 부류의 사형수에 대해서는 審理를 거치지 않고 처리한다."

중궁이 물었다.

"금지해야 하는 것이 이것뿐입니까?"

공자가 대답하였다.

"이것은 아주 급한 것이고 그 외에 금지해야 하는 것이 14가지가 있다. 命服과 命車[7)는 시장에 팔 수 없고, 珪璋과 璧琮[8)은 시장에 팔 수 없고, 宗廟의 기물은 시장에 팔 수 없고, 兵車와 旌旗는 시장에 팔 수 없고, 犧牲과 秬鬯(거창)[9)은 시장

---

4) 이 부분은 四部叢刊本을 저본으로 하였다.

5) 음란한 음악 : 남녀의 문란한 애정을 주제로 한 음악을 뜻한다. ≪詩經集傳≫〈鄘風 桑中〉에 "鄭나라와 衛나라의 음악은 난세의 음악이고……桑間과 濮上의 음악은 망국의 음악이다.〔鄭衛之音 亂世之音也……桑間濮上之音 亡國之音也〕"라고 하였다.

6) 괴이한……기물 : 평범하지 않은 기예와 기물로, 武王이 紂를 정벌할 때에 군사들에게 선포한 죄목 중의 하나이다. ≪書經≫〈泰誓 下〉에 "지금 商나라 왕 受(주왕)는……기괴한 기예를 부리고 지나치게 공교로운 물건들을 만들어 부인 姐己를 기쁘게 하고 있다.〔今商王受……作奇技淫巧 以悅婦人〕"라고 하였다.

7) 命服과 命車 : 명복은 임금이 내려주는 官服이고, 명거는 임금이 조정의 중신에게 내려주는 수레이다.

8) 珪璋과 璧琮 : 규장은 옥으로 만든 禮器로 朝聘하거나 제사 지낼 때에 사용하고, 벽종도 옥으로 만든 예기로 聘禮에 사용한다.

9) 秬鬯(거창) : 검은색이 나는 기장과 울금 및 향초를 버무려서 빚은 술로, 고대에 제사를 지내거나 공이 있는 제후에게 술을 하사할 때 사용하였다.

에 팔 수 없고, 兵器와 兵甲은 시장에 팔 수 없고, 일상에 쓰이는 기물이 법도에 맞지 않으면 시장에 팔 수 없고, 베와 비단의 품질이 정해진 새〔升〕의 수에 맞지 않고[10] 幅이 정해진 넓이에 맞지 않으면 시장에 팔 수 없고, 간사한 색이 정색을 어지럽히면[11] 시장에 팔 수 없고, 무늬가 있는 비단과 珠玉으로 만든 기물을 화려하게 꾸몄으면 시장에 팔 수 없고, 완성된 의복과 익힌 음식은 시장에 팔 수 없고, 과실이 때에 맞지 않으면 시장에 팔 수 없고, 五木이 벨 때가 되지 않으면 시장에 팔 수 없고, 鳥獸와 魚鼈이 잡기에 적당하지 않으면 시장에 팔 수 없다.[12] 그러므로 이 금령으로 사람들을 다스릴 때에는 작은 실수도 용서하지 않는 것이다.”

仲弓曰 其禁何禁고 孔子曰 巧言破律[1]하고 遁名改作[2]하고 執左道與亂政者殺[3]하며 作淫聲[4]하고 造異服[5]하고 設〔奇〕[13]伎奇器하여 以蕩上心者殺[6]하며 行僞而堅[7]하고 言詐而辯하고 學非而博하고 順非而澤[8]하여 以惑衆者殺하며 假於鬼神時日卜筮하여 以疑衆者殺하니 此四誅者는 不以聽[9]이니라 仲弓曰 其禁盡於此而已잇가 孔子曰 此其急者니 其餘禁者十有四焉하니라 命服命車는 不粥於市[10]하고 珪璋璧琮은 不粥於市하고 宗廟之器는 不粥於市하고 兵車旌旗는 不粥於市하고 犧牲秬鬯은 不粥於市하고 戎器兵甲은 不粥於市하고 用器不中度[11]어든 不粥於市하고 布帛精麤가 不中數하며 廣狹不中量이어든 不粥於市하고 姦色亂正色이어든 不粥於市하고 文錦珠玉之器가 雕飾靡麗어든 不粥於市하고 衣服飮食은 不粥於市[12]하고 菓實不時어든 不粥於市하고 五木不中伐이어든 不粥於市하고 鳥獸魚鼈不中殺이어든 不粥於市하니라 凡執此禁以齊衆者는 不赦過也니라

---

10) 베와……않고 : 예를 들면 직물의 날실이 朝服은 15새이고, 斬衰服은 3새이고, 齊衰服은 4새와 같은 것이다.

11) 간사한……어지럽히면 : 간사한 색은 間色이라고도 하는데 두 가지의 색깔이 혼합된 것이고, 정색은 純色으로 靑·黃·赤·黑·白을 말한다. 공자가 ≪論語≫〈陽貨〉에서 “간색인 자주색이 정색인 붉은색을 빼앗는 것을 미워한다.〔惡紫之奪朱也〕”라고 하였고, ≪孟子≫〈盡心 下〉에서 “자주색을 미워하는 것은 그것이 붉은색을 어지럽힐까 두려워해서이다.〔惡紫 恐其亂朱也〕”라고 하였다.

12) 五木이……없다 : 오목은 天時에 응한다고 여겨서 계절에 따라 달리 불을 취한 다섯 종류의 나무, 즉 느릅나무, 대추나무, 뽕나무, 떡갈나무, 홰나무를 가리킨다. ≪孟子≫〈梁惠王 上〉에 맹자가 王道 정치를 실현하기 위한 방법을 제시하면서 “농사철을 놓치지 않게 하면 곡식을 이루 다 먹을 수 없으며, 촘촘한 그물을 웅덩이와 연못에 넣지 않으면 魚鼈을 이루 다 먹을 수 없으며, 도끼와 자귀를 때에 따라 산림에 들어가게 하면 재목을 이루 다 쓸 수 없을 것입니다.〔不違農時 穀不可勝食也 數罟不入洿池 魚鼈不可勝食也 斧斤以時入山林 材木不可勝用也 穀與魚鼈 不可勝食 材木不可勝用 是使民養生喪死無憾也 養生喪死無憾 王道之始也〕”라고 하였다.

13) 〔奇〕: 저본에는 이 글자가 없으나, 四庫全書本과 ≪禮記≫〈王制〉에 의거하여 보충하였다.

① 교묘하게 법령을 속이는 것이다.

　巧賣法令者也라

② 物名을 바꾸어 말한 것이다.

　變言與物名也라

③ 左道는 어지럽다는 뜻이다.

　左道는 亂也라

④ 淫은 음탕하다는 뜻이니, 사람을 미혹시키고 어지럽게 하는 음악이다.

　淫은 (逆)〔逸〕14)也니 惑亂人之聲이라

⑤ 異服은 평상시 볼 수 있지 않은 옷이다.

　非所常見이라

⑥ 괴이한 기예는 사람의 마음이라는 기관을 어지럽혀 動蕩시킨다.

　怪異之伎는 可以眩曜人心之器하여 蕩動이라

⑦ 행실이 거짓되면서도 견고하게 지키는 것이다. 行(행실)은 下와 孟의 反切이다.

　行詐僞而守之堅也라 行은 下孟反이라

⑧ 그릇된 도를 따르면서도 말을 거침없이 하는 것이다.

　順其非而滑澤이라

⑨ 棘木15) 아래에서 옥사를 처리하지 않는 것이다.

　不聽棘木之下라

⑩ 粥은 판다는 뜻이다. 粥(팔다)은 餘와 六의 反切이다.

　粥은 賣라 粥은 餘六反이라

⑪ 中(알맞다)은 陟와 仲의 反切이다.

　中은 陟仲反이라

⑫ 완성된 의복을 파는 것을 금지하는 것은 사치스럽지 않으면 반드시 속이기 때문에
　금지하는 것이고, 익힌 음식을 파는 것을 금지하는 것은 전염병을 얻을 수 있기 때문
　이다.

　賣成衣服은 非侈必僞이라 故禁之요 禁賣熟食은 所以厲16)取也라

---

14) (逆)〔逸〕: 저본에는 '逆'으로 되어 있으나, 四庫全書本에 의거하여 '逸'로 바로잡았다.

15) 棘木 : 大司寇가 옥사를 처리하는 곳을 말한다. ≪禮記≫〈王制〉에 "대사구는 棘木 아래에서 옥
　사를 듣고 처리한다.〔大司寇聽之棘木之下〕"라고 하였다.

16) 厲 : 여기서 厲는 癘(전염병)의 의미로 쓰였다.

〔附 錄〕

1. ≪孔子家語≫ 總目次

2. ≪孔子家語 1≫ 圖版目錄

3. 孔子周遊列國圖

(匡亞明, ≪孔子評傳≫〈孔子訪問列國諸侯示意圖〉(山東：齊魯書社, 1988))

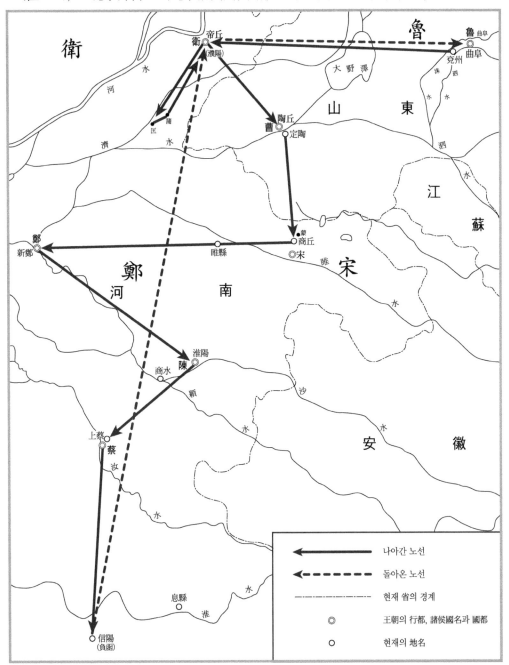

4. ≪孔子聖蹟圖≫로 보는 공자의 일생

QR코드를 스캔하면 ≪孔子聖蹟圖≫를 통해 孔子의 일생에 대한 설명을 보실 수 있습니다.

5. ≪孔子家語≫ 講義資料

QR코드를 스캔하면 모바일 기기로 ≪孔子家語≫ 강의를 들을 수 있습니다.

- 강사 : 許敬震(前 延世大學校 敎授)
- 제목 : ≪論語≫에서 듣지 못했던 이야기
- 강좌 제공 홈페이지 : 전통문화연구회 사이버서원(http://hm.cyberseodang.or.kr)

責任飜譯

許敬震

1953년 출생
淵民 李家源 先生 師事
延世大學校 國文科 大學院 문학박사
牧園大學校 國語教育科, 延世大學校 國文科 교수 역임
洌上古典研究會 회장(現), 淵民學會 편집위원장(現)
서울시 문화재위원(現)

論著 및 譯書

論著 《허균평전》, 《사대부 소대헌·호연재 부부의 한평생》, 《조선의 중인들》 등
譯書 《西遊見聞》, 《海東諸國紀》,
　　　《연암 박지원 소설집》(공역), 《三國遺事》(공역) 등

共同飜譯

具智賢

1970년 출생
延世大學校 국어국문학과 및 동 대학원 박사
民族文化推進會 國譯研修院 연수부 졸업
鮮文大學校 국어국문학과 교수(現)

論著 및 譯書

論著 《通信使 筆談唱和集의 세계》, 《癸未通信使 使行文學 研究》,
　　　《朝鮮通信使登城行列圖》(공저) 등
譯書 《滄槎紀行》, 《懲毖錄》, 《雲養集》(공역), 《經山日錄》(공역) 등

崔二浩

1978년 출생
韋堂 金在希 先生 師事
朝鮮大學校 국어국문학부 졸업
高麗大學校 大學院 박사과정 수료
韓國古典飜譯院 부설 飜譯教育院 전문과정 Ⅰ·Ⅱ 졸업
韓國古典飜譯院 전문번역위원(現)

論著 및 譯書

論著 〈茶山 丁若鏞의 書札 研究〉
譯書 《長門戊辰問槎·韓客對話贈答》,
　　　《寄事風聞·東渡筆談·南宮先生講餘獨覽》 등

東洋古典譯註叢書 108

譯註 孔子家語 1   정가 39,000원

─────────────────────────────────────

2018년 12월 30일 초판 발행
2024년 01월 30일 초판 3쇄

句   解   王廣謀
責任飜譯   許敬震
共同飜譯   具智賢 崔二浩
諮問委員   吳圭根
潤文校訂   朴勝珠 南賢熙 金曉東 李孝宰 田炳秀
編   輯   東洋古典飜譯編輯委員會

發 行 人   郭成文

發 行 處   社團法人 傳統文化研究會

서울시 종로구 삼일대로 428 낙원빌딩 411호
전화 : (02)762-8401   전송 : (02)747-0083
전자우편 : juntong@juntong.or.kr
홈페이지 : juntong.or.kr
사이버書堂 : cyberseodang.or.kr
온라인서점 : book.cyberseodang.or.kr
등록 : 1989. 7. 3. 제1-936호

인쇄처 : 한국법령정보주식회사(02-462-3860)
총   판 : 한국출판협동조합(070-7119-1750)

ISBN 979-11-5794-191-9 94150
       978-89-85395-71-7(세트)

※ 이 책은 2018년도 교육부 고전문헌 국역지원사업 지원비에 의해 번역되었음.